메디치가 살인사건의 재구성

APRIL BLOOD
copyright ⓒ 2003 Lauro Martines
Korean edition ⓒ 2008 Prunyoksa

The Korean edition published by arrangement with
Oxford University Press through PubHub Agency, Seoul.
All right reserved.

이 책의 한국어판 저작권은 PubHub 에이전시를 통한 저작권사와의 독점 계약으로 푸른역사에 있습니다. 저작권법에 의해 한국 내에서 보호를 받는 저작물이므로 무단 전재와 무단 복제를 금합니다.

APRIL BLOOD

메디치가 살인사건의 재구성

라우로 마르티네스 지음 — 김기협 옮김

푸른역사

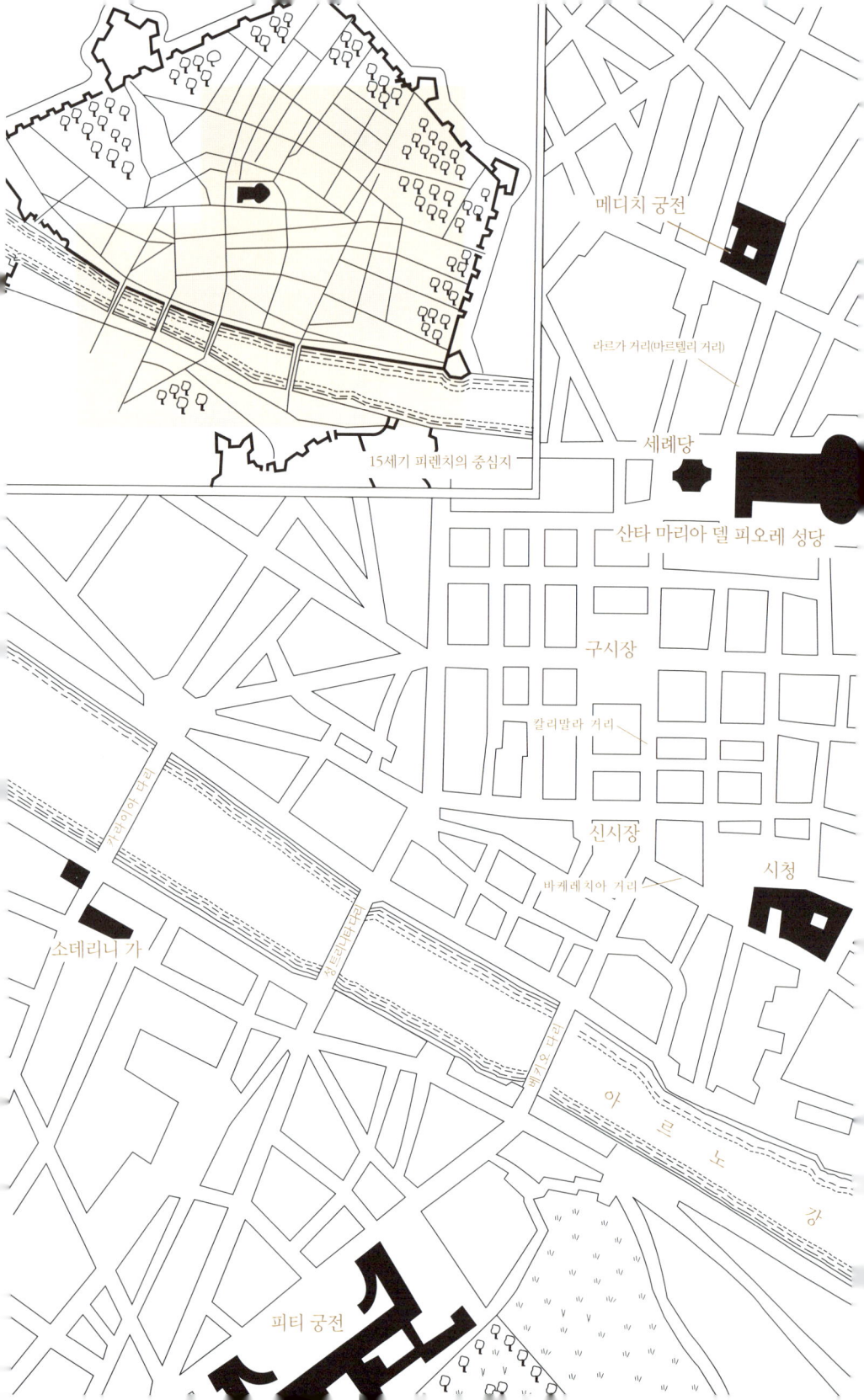

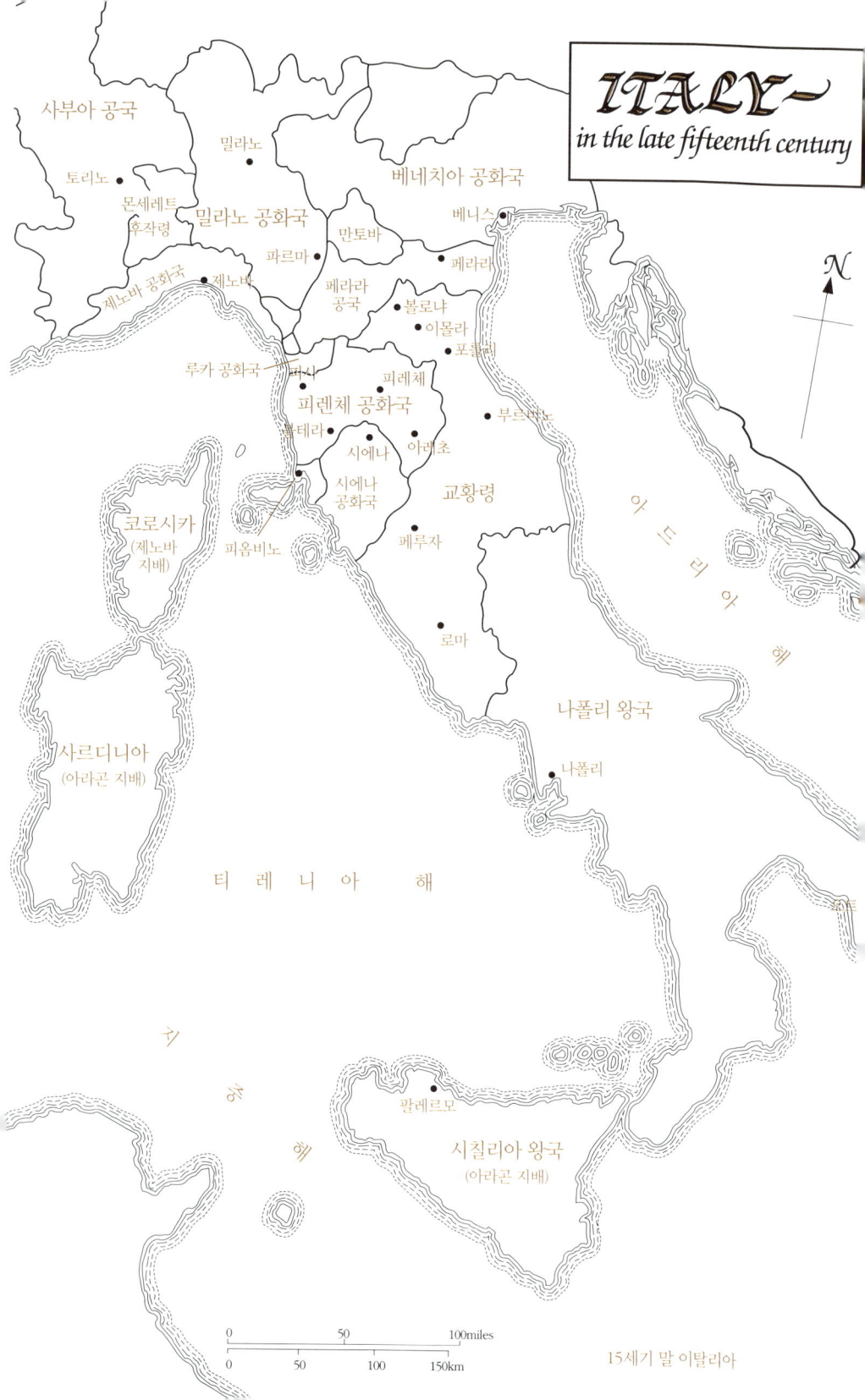

차례

서장 Prologue 9
음모 Chapter 1 Conspiracy 19
신분 상승 Chapter 2 Social Climbers 47
마네티의 프로필 Chapter 3 Profile : Manetti 93
파치 가문 Chapter 4 The Pazzi Family 107
소데리니의 프로필 Chapter 5 Profile : Soderini 139
로렌초의 등장 Chapter 6 Enter Lorenzo 147
피의 4월 Chapter 7 April Blood 187
시신 훼손과 식인 풍속 Chapter 8 Assaulting the Body: 'Cannibalism' 231
군인의 진술 Chapter 9 A Soldier Confesses 251
분노의 대결: 교황과 시민 Chapter 10 Raging : Pope and Citizen 291
파치가의 재앙 Chapter 11 The Pazzi Cursed 329
리누치니의 프로필 Chapter 12 Profile : Rinuccini 355
영주이자 시민, 로렌초 Chapter 13 Lorenzo : Lord and Citizen 367
결산 Chapter 14 The Bottom Line 419

주석 438
참고문헌 462
감사의 말씀 473
서평 · 김기봉(경기대 사학과 교수) 475
찾아보기 485

서장
Prologue

    1478년 4월의 어느 일요일, 한 무리의 암살자들이 메디치가의 두 지도자를 피렌체 대성당에서 살해하려 했다. 피렌체의 비공식적 국가원수 '위대한 로렌초'와 그의 동생 줄리아노가 표적이었다. '파치 음모'라 알려진 이 시도는 실패로 돌아갔고, 피비린내 나는 보복이 뒤를 이었다. 그래서 '피의 4월'이라 하는 것이다.

    악마 같은 열정에 휩싸인 사람들의 이야기였다. 자부심 강하고 재능이 뛰어난 젊은 정치가이자 시인 로렌초 데 메디치, 교회의 부와 권력을 조카들에게 빼돌리는 데 열중한 교황, 암살을 출세의 수단으로 삼으려 한 추기경, 나폴리의 왕, 용병들 그리고 피렌체의 거부 파치 가문의 유능한 인물들이 이 이야기에 등장한다.

    이 사건은 피렌체 역사에서 하나의 분기점이기도 했다. 사건 전 피렌체는 13세기부터 이어져온 활기찬 공화국이었으나 1478년부터는 독재국가로 변해갔다. 이 전환과 피렌체를 물들인 피, 그리고 그 결과들은 하나의 불안정하고 복합적인 사연을 중심으로 펼쳐진 것이었다. 대미사를 배경으로 벌어진 이 처절한 사연은 인간 정신의 비극적 측면을 두드러지게 보여준다.

    이 음모에 관한 좀더 합리적인 이유를 제시한다면, 사건이 일어난 후 불과 하루 이틀 사이에 이탈리아의 큰 국가 다섯이 모두 절실한 이해관계를 표명했다는 사실을 지적할 수 있다. 메디치 가문은 밀라노 공국의 지배자인 스포르차 가문과 긴밀한 정치적 유대를 가지고 있었고, 로렌초는 스포르차 공작을 보호자 내지 후원자로 여기고 있었다. 피렌체는 또한 베네치아 공화국과도 동맹관계를 맺어 어떤 위기가 닥치더라도 베네치아 군이 도와주게 되어 있었다.

나중에 밝혀진 바에 따르면 놀랍게도 피렌체 남쪽에 있던 두 대국, 교황령과 나폴리 왕국이 암살 음모에 깊이 개입하고 있었다. 교황 식스투스 4세와 나폴리의 페란테 왕은 피렌체 국경선 주변에서 은밀하게 도모하는 일들이 있었다. 쇠퇴해 가고 있던 피렌체 공화국이 메디치 가문의 영도력과 결합되지 않아야만 원활하게 추진될 수 있는 일들이었다.

교황과 나폴리 왕은 피렌체 가까이 있던 두 세력을 끌어들였다. 하나는 조그만 공화국 시에나였고, 또 하나는 당대 최고의 용병대장 우르비노 공작이었다. 피렌체 대성당 사건[파치 음모] 이후 2년 가까이 온갖 폭력과 교묘한 책략이 난무하는 상황이 이어졌다. 이를 '파치전쟁'이라고 한다.

르네상스 시대 이탈리아에서는 정치적 폭력이 낯선 것이 아니었다. 분노의 폭발이나 권위에 대한 항거는 활력이 넘치고 긴장된 사회에 자연스럽게 나타나는 것이었다. 근대 초기 이탈리아의 모습은 중세 후기(1050~1350년경)에 걸쳐 독일의 황제들, 교황들, 영주들, 그리고 외부 침략자들을 상대로 하는 폭동과 전쟁을 통해 빚어진 것이었다.

14세기 말까지 이탈리아 반도는 여러 독립세력을 중심으로 한 고전적 형태로 분할되었다. 베네치아, 밀라노, 피렌체, 교황령, 나폴리 왕국 등이 큰 세력들이었으며, 그 밑에 수많은 도시와 영지들이 종속되어 있었다. 페라라 영지나 루카, 시에나 같은 꼬마 공화국들은 덩치 큰 이웃들 곁에서 위태롭게 명맥을 이어갔다. 거항 제노아는 밀라노의 지배하에 있었다. 외교술의 발달에 적합한 환경이었는데, 이곳에서 형성된 상주대사 제도는 외교계의 표준 관행이 되었다.

그런 가운데서도 토지와 병력, 그리고 영도력을 획득하기 위한 투쟁은 계속되었다. 병력의 동원이 일상적인 일은 아니었지만 그렇다고 드문 일도 아니었다. 냉혹한 정략과 두둑한 배짱이 중요한 미덕이었으며, 조심성과 합리성 역시 필수적이었다. 정략결혼도 중요한 정책으로 취급되었다. 4월의 음모, 그 뒤의 파치 전쟁, 그리고 1480년대에 강화된 로렌초 데 메디치의 고압적 정책에 이 모든 것들이 얼마씩 들어 있었다.

은행업이 발달한 피렌체에는 금융 중심지로서 특별한 위상이 있기는 했지만, 예산 규모나 병력동원 능력에서 5대 강국 중 가장 약한 나라였다. 따라서 피렌체 사람들과 그들의 '부르주아' 공화국은 전쟁이라는 것을 싫어할 수밖에 없었다. 그럼에도 투쟁정신이나 문화역량이 결코 낮지 않았다는 것은 잘 알려져 있는 사실이다.

피렌체가 1494~1495년 공화정의 자유를 갑자기 되찾게 되는 상황으로 치달아가는 정치 환경 속에서 마키아벨리(b. 1469)가 자라났다. 그 시절 그는 메디치 가문의 독재에 반항하는 치열한 투쟁을 목격하며 자라났고, 그의 정치 관련 저술에는 그 흔적이 남아 있다.

바로 그 시절에 베로키오와 폴라이우올로 형제를 비롯한 피렌체 예술가들은 평온해 보이는 세상 속에서 개인 후원자와 종교기관들을 위한 작품을 만들어내고 있었다. 보티첼리가 〈프리마베라〉를 그린 것은 4월의 음모 이후 2년이나 3년 뒤로, 고급 감식가들이나 알아볼 수 있는 심오한 비유를 담은 작품이었다.

이 시기에 기를란다이오와 보티첼리 등이 그린 종교화나 동시대 인물들의 초상화에 보이는 평온하고 고상한 분위기는 그림을 주문한 사람들이 정신수양을 위해 요청한 것일지도 모른다. 이익을 위한 투쟁과 냉혹한 정치 속에 살아가는 사람들은 그와 대조되는 초월적 평화와 조화의 순간을 예술작품에서라도 갈구했을 것이다. 로렌초 데 메디치의 작품을 포함한 그 시대의 시 작품에도 도시의 야망과 탐욕, 부도덕에 대비되는 전원에 대한 동경이 담겨 있다.

이 모든 것들이 이 이야기의 흐름 언저리에서 소리 없이 흐르고 있겠지만, 직접 다루지는 못할 것이다. 다만 여기서 잠시, 피렌체 구석구석에 정치가 미치지 않는 곳이 없었던 상황을 돌이켜보고, 고전문헌의 회복 및 연구와의 계속적인 접촉을 통해 정치가 고급문화에 끼친 영향을 살펴보자.

피렌체대학이나 피사대학의 교수 자리를 얻으려면 작가나 학자들은 정치적 후원자의 지원을 얻어야 했다. 문인과 지식인들에게만 문호가 열려 있던 고위 사무직을 얻는 데도 정치가들의 개입이 필요했다.

인문학자들이 고전문헌을 그리스어에서 라틴어로, 또는 라틴어에서 각국어로 번역하는 일도 영향력을 가진 시민들의 위촉으로 이루어지는 경우가 많았다. 위촉받지 않은 번역이나 저술을 정치 지도자들에게 헌정하기도 했고, 부유한 상인이나 은행가, 정치가 또는 인근 군주의 입맛에 맞을 만한 고전 작품을 찾아보기도 했다.

　그런 의미에서 그들은 고대 작가 중 특정한 사람들의 목소리를 당대 사람들에게 전하기 위해 고전 자료의 일부를 대중화하는 노력을 기울인 것이라 할 수 있다. 퀸틸리아누스, 리비우스, 플라톤, 플루타르크, 플리니우스 등이 이런 식으로 소개되었다.

　그러나 1434년 가을, 코시모 데 메디치가 추방에서 돌아온 후로는 어느 가문도 메디치가에 쏟아지는 헌정과 번역과 찬양의 시를 능가하기는커녕 비교할 만한 분량을 받아들이는 일이 더 이상 없게 되었다. 사람들을 매혹시키는 문학의 힘이 메디치가로 모여들어 선전과 아첨의 역할을 수행했던 것이다. 메디치가는 권력을 획득하면서 찬양을 필요로 하는 속성을 가지게 되었다.

　이는 정치적 반감을 불러일으키기도 하는 방향이었다. 그래서 문장력을 팔아먹는 작가와 학자들은 폴리치아노가 《음모의 회고》에서 그랬던 것처럼 사상의 거래와 여러 등급의 당파성 안으로 끌려들게 되었다. 그들 자신이 정치적 폭력에 직접 개입했든 그렇지 않았든 언제나 그 그림자 안에서 움직이고 있었다.

　르네상스 시대 피렌체 역사에 관한 엄청난 분량의 근래 연구에서는 정치를 매우 축소해서 보거나 심지어 무시하기까지 하고 있다. 정치라는 것이 더럽고 사악한 것이거나, 아니면 너무나 재미

산드로 보티첼리의 〈프리마베라〉(1482년경, 피렌체, 우피치 미술관). 많은 알레고리를 숨기고 있어 학자들마다 의견이 분분하다. 일부 학자들은 이 작품이 당시 로렌초와 교황 식스투스 4세의 화해를 기념하려 한 것이라는 해석을 내놓고 있다.

없는 것이어서 입에 담지 않는 편이 좋다고 여기는 듯하다.

　정치가 '비열하고 더러운' 것이었다고는 할 수 있을지 모르지만 재미없는 것은 결코 아니었다. 이를 도외시한다는 것은 르네상스 시대 이탈리아 도시의 역사를 이해하는 중요한 열쇠 하나를 내버리는 것과 마찬가지다. 조그맣고, 빽빽하고, 주의력이 높고, 근면하고, 성벽으로(베네치아의 경우는 바닷물로) 둘러싸인 하나하나의 도시가 정치의 무대였다. 국가의 권력이 미치지 않는 곳이 없는 공간이었다.

　도시에서는 모든 시민들이 수백 미터 거리 내에 있는 시 청사에서 이뤄지는 결정들에 매일같이 영향을 받았다. 권력체로서 시 정부의 존재는 늘 시민들의 눈과 귀에 닿아 있었다. 제복 입은 위병들과 전령들, 관청의 종소리, 나팔소리, 화려한 환영식과 환송식들, 떼 지어 다니는 관리들의 눈에 매일 하루도 빠짐없이 보이고 귀에 들렸다.

　시민들이 내는 재산세와 '강매채권' 외에도 모든 계약과 식료품에 세금이 붙었으며, 사치스러운 종류의 복장은 법의 규제를 받았다. 매일 밤 통행금지가 실시되었고, 고문이 예사로 행해졌다. 그리고 사형 집행은 일부러 구경거리로 만들었다. 정부의 밀정들이 가문들 내의 사적인 일을 시민들의 눈과 귀로 전해주었다. 여기에 중세 후기 기독교의 가르침이 더해져, 이들 도시는 예술과 사상만이 아니라 사회적, 개인적 정체성을 빚어내는 도가니 노릇을 했다.

　교황 식스투스는 이 책의 여러 대목에서 중요한 역할로 나타날 것이다. 교황이라는 존재가 서구 기독교세계의 공인된 수장으로 그리스도의 대행자였을 뿐 아니라, 세속적인 국가의 원수이기도 했다는 사실을 일깨워두어야겠다. 그 국가는 이탈리아 반도를 로마에서 아드리아 해까지 가로질러 있는 교황령이었다. 교황은 이탈리아의 여느 군주나 마찬가지로 관리, 법정, 경찰, 그리고 세무 관리들로 둘러싸여 있었고, 군대와 외교관들을 보유하고 있었다.

이 이야기에서 또한 나름의 역할을 할 추기경들의 중요성에 대해서는, 그들이 대개 명망 있는 시민이나 영주 및 군주 가문 출신이었다는 점만을 말해 두어도 충분할 것이다. 교황에 의해 임명된 추기경들은 반대로 교황을 선출했다. 막대한 재산을 가지고 있지 않은 추기경이 있다면, 그로 하여금 많은 수의 하인을 부리며 호사스러운 생활을 하고 후원자 역할도 할 수 있도록 수입을 보장해주는 것이 교황의 할 일이었다.

모든 지역과 모든 도시가 로마에 적어도 하나 이상의 추기경을 자기편으로 두려고 노력했다. 지역 출신 성직자들의 진출에 도움을 받는 것은 물론, 교회와 수도원에 대한 과세로부터 로마에서의 재판에 힘을 얻는 등 온갖 혜택이 추기경들의 태도에 달려 있었기 때문이었다. 추기경들은 교회의 거물이었다.

이 책에 나오는 '참사회'는 피렌체의 통치위원회Signoria를 가리키는 것이다. 여덟 명의 참사와 국가원수인 집법관으로 구성되는 참사회는 두 달의 임기를 위해 선출되었다. 따라서 놀랍게도 1년에 여섯 번이나 정부가 바뀌었다. 그러나 이 제도는 보통 상당한 안정성을 보였다. 정치계급의 가장 경험이 많은 구성원들과 거의 매일같이 머리를 맞대고 의논하는 관습 덕분도 있었고, 많은 시민들이 고위직을 지낼 수 있다는 기대감을 가지고 정치에 깊이 관여했기 때문이기도 했다.

    파치 음모의 전모와 영향에 대해서는 더 깊은 검토를 통해 책의 결론부에서 이야기될 것이다.

음모
Chapter 1 Conspiracy

복수

"복수의 요리는 차갑게 먹는 것이 좋다." 프랑스 사람들이 하는 말이다. 로렌초 데 메디치가 자기 접시를 비운 것은 1488년 4월, 피렌체 대성당에서 암살을 가까스로 면한 극적 사건 후 꼭 10년 만의 일이었다.

유일하게 그때까지 살아남은 암살 음모자가 피렌체에서 동북쪽 40마일 거리에 있는 포를리의 시공관 거처에서 난자당해 죽었다. 그 시체는 발가벗겨진 채 광장에 내던져졌다. 성난 시민들이 이 광경을 바라보았고, 몇몇은 시체에 달려들어 폭행을 가했다. 죽은 사람은 이몰라-포를리의 영주 지롤라모 리아리오 백작이었다. 그는 몇 해 전 죽은 교황 식스투스 4세의 조카이기도 했다.

며칠 후 암살자들은 로렌초에게 편지를 보내 그의 원수를 갚아준 것이라고 주장했다. 로렌초가 암살을 조종한 것은 아니었지만 10년 동안 첩자와 외교관들을 통해 백작의 일거일동을 감시해 온 것은 사실이었다. 백작의 영지에서 불만이 자라나도록 획책하기도 했고, 앞서 세 차례 암살 시도에 관여하기도 했다. 또한 피렌체의 영향력을 동원해 백작의 야망을 좌절시키려 노력하기도 했다.[1]

그러니 포를리의 소식을 접한 피렌체 지도자로서 가장 기뻐한 사람은 바로 로렌초일 수밖에 없었다. 르네상스 시대 이탈리아에서 복수의 맛을 모르는 자는 사내가 아니었다. 로렌초 또한 아무리 뛰어난 시인이자 감식가였다 하더라도 잔혹한 복수에 가슴이 떨릴 만큼 심약한 인물은 결코 아니었다. 그는 정치가이기도 했던 것이다.

8, 9천 가량의 인구를 가진 포를리는 흑사병의 여파 속에도 그 다섯 배의 인구를 가진 활기찬 피렌체와는 전혀 다른 곳이었다. 그러나 독살이든, 교살이든, 척살이든 암살의 방법에는 차이가 없었다.[2] 특히 국가적 이유로 인한 공인의 죽음은 험악한 구경거리가 되는 일이 많았다. 시체가 공공건물에 내걸리거나 광장에 쓰레기처럼 팽개쳐지곤 했다. 모든 개인이 지역사회와 긴밀하게 맺어져 있는 도시 안에서 군주나 공익을 위협한 대역죄에 대한 처벌은 잔혹해야 했기 때문이다. 그리고 사람들이 그 잔혹함을 두 눈으로 똑똑히 볼 수 있어야 했다.

현금의 필요와 세금, 수많은 정부를 무너뜨린 그 주범들이 지롤라모 백작 역시 쓰러뜨린 것이었다. 당시 이탈리아에서도 가장 어지러운 곳이던 교황령 내 소국가 군주였던 백작은 아내의 보석까지 볼로냐와 제노바의 전당포에 맡겨놓아야 할 형편이었다.[3]

제노바 부근 이름 없는 마을의 비교적 한미한 출신인 지롤라모를 사람들은 벼락출세자로 보았다. 삼촌인 교황 식스투스 4세(d. 1484)가 그 신분을 하루아침에 만들어준 셈이었다. 교황은 교황령 내의 자치령인 이몰라-포를리를 그의 손에 쥐어주었을 뿐 아니라, 밀라노 공작 갈레아초 마리아 스포르차의 서녀庶女 카테리나

와 결혼시켜 주었다.[4]

이런 상황이 인근의 아펜니노 산맥과 함께 이몰라-포를리의 사정을 불안정하게 만들었다. 아펜니노 산맥을 거점으로 한 비적들과 비적 비슷한 영주들은 교황령의 안보에 중대한 위협이었는데, 지롤라모 백작도 그들 때문에 막대한 지출을 하고 있었다. 소규모의 수비대와 함께 100명 규모의 부대를 유지해야 했던 것이다.[5]

재무관인 오르시 집안의 두 형제와 장교 두 사람이 백작을 살해하기로 뜻을 모은 것은 백작과 돈 문제로 심각한 언쟁을 벌인 뒤였다. 그들은 시민들의 불만이 자기네에게 유리한 쪽으로 터져 나올 것을 예상했다. 주된 명분의 하나가 지주층에 직접 부과되어 원성의 표적이 된 토지세였기 때문이다.

더 직접적인 동기도 있었다. 밀린 봉급을 달라고 하는 장교에게 백작이 호통을 쳤다. "당장 꺼지지 않으면 네 목을 매달 테다!" 장교가 대꾸했다. "무슨 말씀입니까, 영주님. 목을 매다는 것은 도둑과 반역자들인데, 나는 그런 놈이 아닙니다. 나는 어느 용사 못지않게 손에 칼을 쥔 채로 죽을 자격이 있는 사람입니다."[6]

오르시 형제는 지역 귀족사회의 일원으로서, 초대나 선약 없이 영주를 만날 수 있는 자격을 말하는 '금박 열쇠'의 특권을 가지고 있었다. 모든 계획을 세운 그들은 1488년 4월 14일 월요일 저녁 시공관의 백작 거처로 찾아갔다. 님프 홀에 몇 명의 하인과 함께 있는 백작을 보자 먼저 들어간 두 사람 중 하나가 단검으로 인사를 올렸다. 백작이 비명을 지르며 테이블 밑으로 숨자 하인들은 겁에 질려 도망치고, 밖에 있던 두 사람이 들어와 일을 마무리했다.[7]

잠시 후 두 사람이 익숙한 예식을 치르는 것처럼 백작의 시체

보티첼리의 〈유대교의 번제와 그리스도의 시험〉(1481~1482, 바티칸, 시스티나 예배당). 오른쪽 끝에 지롤라모 백작이 보인다.

에서 옷을 벗겨 광장에 내던졌다. 광장에는 잠깐 사이에 많은 시민들이 모여들어 정변을 환영하고 암살자들에게 키스를 보냈다. 공관에 있던 카테리나 스포르차 리아리오 부인과 아이들이 붙잡힌 뒤, 폭도들이 공관을 휩쓸고 지나가면서 보석을 비롯한 많은 재산이 자취를 감췄다.

닷새 후 이제 불안과 초조에 휩싸여 도움의 손길을 찾게 된 세리(재무관)들, 즉 체코 오르시와 루도비코 오르시가 "존경해 마지 않는 위대한 로렌초 (데 메디치)"에게 편지를 쓰고 있었다. "당신의 은혜를 갚기 위해" 편지를 쓰는 것이라 밝힌 그들은 잔혹한 암살 경위를 자기네 식으로 설명하고 로렌초의 조언을 구했다. 이 "폭군(지롤라모 백작)"이 "고귀한 귀하 가문의 피를 파렴치하게 손에 바른" 짓을 위시해 나열한 갖가지 죄악 중에는 하느님과 성인들을 존경하지 않은 것도 있었고, "불쌍한 백성들의 피를 빨아먹은" 것도 있었다.[8]

로렌초의 답장이 얼마나 빨랐는지, 이틀 뒤인 21일에는 피렌체의 카스트로카로 성 출신인 스테파노라는 비서가 벌써 오르시 형제를 만나고 있었다. 스테파노는 주군에게 보낸 편지에 오르시 형제와 만난 일과 함께 암살에 관한 설명도 적어놓았다. 포를리 백성들은 지롤라모 백작의 죽음을 기뻐하고 있고, 모두들 교회가 그 지역의 통치를 넘겨받기를 바라고 있으며, 다른 자의 손에 도시가 떨어지는 꼴을 보느니 차라리 몸이 네 조각으로 찢기는 형벌을 받으려 한다고 전했다.

스테파노는 오르시 형제에게 로렌초가 전폭적인 지원을 보낼 것이라고 장담했다. 그 지원 중에는 그들의 행동과 명분을 교황 이노켄티우스 8세에게 잘 이야기해 주겠다는 약속도 있었다. 이노켄티우스 8세는 피렌체의 최고 동맹자로서, 바로 그 해에 로렌초의 셋째 딸을 며느리로 맞아들일 참이었다.

스테파노의 편지에는 오

르시 형제 중 한 명의 말도 인용되어 있다. "나는 내 모든 가족과 함께 위대한 로렌초의 충실한 하인이며, 내 평생 다른 일을 이루는 것이 없더라도 그분 동생의 고귀한 피값을 받아낸 것으로 만족할 수 있습니다."

그러나 로렌초가 자기 손으로 서명해서 오르시 형제에게 보낸 것은 아무것도 없었다. 음모에 끼어들어 힘을 쓰는 것은 가능한 일이라 하더라도, 그 증거를 남긴다는 것은 차원이 다른 일이었던 것이다.

열흘 후, 두려움에 사로잡혀 도망칠 처지가 된 오르시 형제가 로렌초에게 다시 편지를 썼다. 군사지원을 요청하는 편지였다. 그러나 털끝에서 뼛속까지 철저한 정치가인 로렌초는 손가락 하나 까딱하지 않았다. 이미 복수는 이뤄졌으니 아쉬울 게 없었던 것이다. 게다가 로렌초와 이노켄티우스 8세는 밀라노 스포르차 가문의 의도에 의구심을 가지고 있었으므로, 군대를 보내 포를리 사람들을 도와주거나 교황의 통치를 확립하려 하지 않았다.

그 사이 밀라노와 볼로냐에서 보낸 소규모 병력이 벌써 포를리 외곽에 당도해 있었다. 그 병력은 도시를 탈환해 백작 미망인 카테리나 스포르차 리아리오에게 돌려주라는 명령을 받고 있었다. 마침 카테리나는 꾀를 써서 도시의 한쪽 끝에 있는 리발디노 요새에 들어가 신변의 안전을 확보하고 있었다.[9]

도시를 포격하겠다는 카테리나의 위협이 몇 채의 집을 파괴한 후 먹혀들어 도시는 침략군의 무자비한 약탈을 면할 수 있었다. 만약 약탈이 벌어졌다면 카테리나가 가장 큰 비난을 받았을 것이다. 이제 복수의 기회가 왔다, 완전한 복수도 못 되고 차가운 요리도 아니었지만. 이때도 로렌초 데 메디치는 사태를 면밀하게 주시하고만 있었다.

침략군이 몰고 올 살육과 약탈과 강간의 위협 앞에서 포를리 사람들은 편을 완전히 뒤집었다. 누구든 자신들을 구해줄 수 있는 사람에게 매달릴 태세였는데, 카테리나가 그 인물이었다. 많지 않지만, 공관 약탈로 사라졌던 물건들 중 일부가 요술처럼 다시 나타났다. 그러나 그중에 보석은 많지 않았다. 백작 암살 2주일 후인 4월 29일 밤 도시를 떠난 오르시 형제와 동지들은 값진 물건들을 많이 지니고 있었다.[10]

카테리나가 포를리를 장악한 4월 30일, 광장을 제일 먼저 행진한 자는 옥타비안이라는 어마어마한 이름을 가진 카테리나의 맏아들이었다. 얼마 후 승리자 카테리나가 입성하는 모습은 권력의 상징 그 자체였다. 갑옷과 화려한 복장의 귀족들에 둘러싸인 그녀는 병사들이 두 줄로 늘어선 사이로 말을 몰아 행진했다.[11]

오르시 형제에게 적극 협조하고도 도시를 빠져나가지 못한 사람들은 공포에 빠졌다. 카테리나가 끌어들인 용병들은 그날부터 피를 뿌렸다. 오르시 집을 비롯해 장교 판섹치와 론치 등 여러 사람의 집이 약탈과 방화를 당했다. 5월 1일과 2일에 이어진 학살의 중심지가 된 중앙광장은 '피의 연못'이었다.

오르시 형제의 아버지, 85세의 안드레아는 400명의 군중이 삽시간에 자기 집을 허물어버리는 것을 지켜봐야 했다. 그런 뒤에는 말꼬리에 매달린 널판에 묶여 시공관 둘레를 세 바퀴나 끌려다녔다. 얼굴을 땅에 댄 자세였다. 이후 몸이 네 조각으로 찢기고 내장이 광장에 흩어졌다. 연대기 작가 코벨리는 이렇게 적었다.

"개 같은 병사 한 놈이 심장을 뜯어내고는 입으로 가져가 깨물었다. 나는 그 꼴을 보고 자리를 피했다."

이런 상징적 식인 관습에 대해서는 다른 장에서 이야기할 것이다. 피의 광란이 벌어지는 동안 카테리나는 마치 살해 장면의 참혹함을 보상하려는 듯 지롤라모 백작의 시신을 파내 사흘간 산 프란체스코 교회에 정중하게 안치해 놓았다. 암살 몇 시간 후 보초들이 보는 앞에서 한 수사가 광장으로 걸어나가 버려진 시체를 수습해 놓았었다. 그 수사가 속한 수도회가 사형수들을 위해 기도해 주는 단체였다는 것은 아이러니컬한 사실이었다.

로렌초 데 메디치와 교황 이노켄티우스 8세가 리아리오의 퇴장을 기뻐할 만한 또 하나의 특별한 이유가 있었다는 사실은 지금까지의 기록만으로 드러나지 않는다. 성직에 들어오기 전의 일이라고는 하지만(그것도 자기 주장이다) 한때 공공연히 내연관계를 가지고 있던 '거룩하신 아버지'께서는 별로 거룩하지 않은 아버지이며 할아버지이기도 했다. 교황에게는 프란체스케토라는 아들이 있었다. 로렌초의 딸 마달레나는 프란체스케토의 아내가 된다.

교황은 그 아들에게 이몰라-포를리의 통치권으로 조그만 나라 하나를 만들어주고 싶었다. 파엔차까지 줄 수 있으면 더욱 좋을 일이었다. 그러나 이는 지롤라모 백작이 살아있는 한 불가능한 일이었다. 백작은 베네치아의 군사지원뿐 아니라, 아내의 숙부인 밀라노 군주 루도비코 스포르차의 강력한 도움도 받을 수 있는 입장이었다.[12]

그런데 백작이 갑자기 사라지고나자 교황은 두 도시를 프란체스케토에게 선사할 방법을 찾을 수 있게 되었다. 명목상이나마

두 도시는 교회의 수장인 그에게 속해 있는 영지였으니까. 그리고 메디치의 명성과 스스로 즐겨 말하는 '우리 가문'을 마음에서 떼어놓는 일이 없는 로렌초도 교황을 도울 준비가 되어 있는 것으로 보였다. 자신의 딸 마달레나를 이몰라–포를리 '백작부인'으로 만들어주는 일이었다.

로렌초는 이 일을 더할 수 없이 바라면서도 교황의 개입을 통해 이루어지는 것만은 바라지 않았다. 아무리 사돈이라 하더라도 애국심을 가진 피렌체 사람이라면 울타리 바로 밖에서 교황의 권력이 강력하게 행사되는 꼴을 볼 수는 없는 일이었다. 그래서 로렌초는 딴전을 피웠다. 그동안에도 피렌체는 이몰라 경내의 피안칼돌리 성을 탈취했다.

지롤라모 백작이 암살당한 지 7주 뒤에 비슷한 차원의 암살이 또 하나 벌어졌다. 로렌초 데 메디치의 영향력 아래 있던 교황령의 한 중요 인물이 그 대상이었다. 이 암살을 유발한 추악한 이권 관계는 피렌체, 밀라노, 교황청과 베네치아를 갈라놓고 있던 것이었다.

파엔차 영주 갈레오토 만프레디는 엽색행각을 아내에게 감출 생각도 하지 않는 난폭한 사내였는데, 그 아내는 볼로냐 지배자 벤티볼리오 가문 출신의 자존심 강한 여인이었다. 어느 날 그녀가 몸이 아픈 체하고 남편을 자기 방으로 불러들여 그의 목숨을 침대 밑에 숨어 있던 하인들 손에 맡긴 것은 그 아버지의 훈수였을 가능성이 있다. 두 사람의 결혼을 중매한 이가 바로 로렌초였다. 로렌초는 파엔차를 지롤라모 백작에 대한 작전기지로 활용하고 있었다.[13]

음모의 시대

교황령을 용병과 음모가들의 온상이라고 하지만, 다른 지역들이라 해서 늘 평온한 것은 아니다. 특히 지배자들이 충분히 뿌리내리지 못하고 있는 지역에는 폭발적인 정치적 폭력의 전염성이 강했다. 이 사실은 마키아벨리도 지적한 것이었다. 메디치 지도자들을 암살하려는 시도는 밀라노 공작 암살(1476년 12월)로부터 불과 16개월 후에 터져 나온 일이었다. 로마의 스테파노 포르카리 음모(1452~1453) 이래 그야말로 '음모의 시대'라 부를 수 있는 시기였다.[14]

메디치가의 로렌초와 줄리아노 형제에 대한 극적인 암살 시도를 밀라노 공작 암살사건과 비교해 본다면 피렌체에서 정치적 암살이 어려웠음을 알 수 있다. 현실이 어떻든 피렌체는 명목상으로 공화국이었던 것이다. 하지만 양쪽 음모의 정치적, 종교적 입장을 보면 피렌체의 음모가들이 밀라노 '시해' 사건의 반향을 의식하고 있었음이 분명하다. 그 관련성은 너무 명백한 것이어서 당시 사람들은 굳이 지적하지도 않았다. 무엇보다 중요한 관련성은 암살당한 밀라노 군주 갈레아초 마리아가 자수성가한 권력자 프란체스코 스포르차 장군의 아들이었으며, 프란체스코 스포르차는 로렌초의 할아버지 코시모 데 메디치가 피렌체에 대한 통제력을 강화할 수 있도록 계속해서 외부의 위협을 제거해 준 인물이었다는 데 있다.

밀라노 공작 암살 사건은 르네상스 시대 이탈리아에서 권위주의 통치가 어떤 억눌린 분노를 불러일으킬 수 있는 것이었는지 보여준다. 또한 1500년경까지는 도시 군주에게 지역 귀족 대부분이 쉽게 접근할 수 있었던 흥미로운 상황을 보여준다. 이 두 가지 조건에 밀라노 암살의 본질이 있었다.

1476년 크리스마스 이튿날 대미사가 열리기 직전에 밀라노 공작이 세 사람에게 살해당했다. 그 세 사람은 카를로 비스콘티, 조바니 안드레아 람푸냐니, 제롤라모 올지아티였다. 자기 아버지조차 질색할 정도로 사악하고 잔인한 인물로 악명을 날리던 갈레아초 마리아 스포르차의 몸에 칼을 꽂고 싶은 동기를 세 사람은 제가끔 가지고 있었다.[15]

음악을 너무나 사랑하여 당대 최고의 음악가들을 고용하는 데 비용을 아끼지 않은 인물이 동시에 잔인한 괴물일 수 있겠냐고 의아해할 사람이 있을까? 그러나 그것은 사실이었다. 사실로 확증된 것은 아니지만, 자기 어머니를 독살했다는 소문이 끈질기게 나돌 만큼 갈레아초 마리아는 좋지 않은 평판을 가진 인물이었다. 여자애건 아줌마건 욕심나는 대로 사들여서 실컷 가지고 놀다가 싫증나면 부하들에게 물려주었다는 이야기도 있다. 그는 자신의 통치기간이 짧을 것이라고 고지식하게 예언한 성직자 한 사람을 굶겨죽이기도 했다. 또 여자를 향한 질투로 피에트로 다 카스텔로라는 사람의 두 손을 자르게 한 일도 있었으며, 피에트로 드라고라는 사람을 산 채로 관에 넣어 못을 박기도 했다. 밀렵꾼을 붙잡았을 때는 토끼 한 마리를 털까지 통째로 목구멍에 쑤셔 넣어서 죽인 일도 있었다.

갈레아초 마리아는 당시 상류사회의 유행에 따라 라틴어를 착실하게 배우고 고전 교육도 상당히 받은 사람이었다. 이런 교육 방향은 후에 '인문학'이라 불리게 된 것이지만, 그를 인간적으로

피에로 델 폴라이우올로의 〈갈레아초 마리아 스포르차〉(1471, 피렌체, 우피치 미술관).

만드는 효과는 거두지 못했다.

그러니 누구보다 그의 사람됨을 잘 알고 있던 미망인 보나 데 사보이아가 암살 1주일 후 로마의 지인인 첼소 데 마페이스(사교좌 성당 참사회원)에게 다급하게 보낸 편지에서, 죽은 공작의 죄악을 열거하며(강도질, 무분별한 폭력, 부정행위, 성직매매 등) 그의 영혼을 걱정한 것도 이해할 만하다. 이미 교회 법학자들과 신학자들의 자문을 받은 미망인은 마페이스에게 교황 식스투스 4세로부터 갈레아초 마리아의 죄악에 대한 포괄적 사면을 얻어달라고 간청하면서, 교회에 대한 기부와 자선 등 물질적 보상책을 제안했다. 미망인은 더 나아가 자기 남편이 회개를 시작하고 있었는데, 암살로 인해 결실을 보지 못했다고 주장했다.

범인들을 한번 살펴보자.

카를로 비스콘티가 갈레아초 마리아 살해 음모에 끌려든 것은 가문의 명예 때문이었다. 밀라노 사법부의 서기로 근무하던 카를로는 좋은 연줄을 갖고 있었는데, 그의 누이동생이 색마 같은 공작에게 유린당한 것으로 보인다.

공작이 조바니 안드레아 람푸냐니의 아내에게도 흑심을 품었다는 이야기가 있지만, 확증이 있는 것은 아니다. 주모자로 알려진 조바니 안드레아는 법률가와 고급공직자를 많이 배출한 귀족 가문 출신으로 다리를 약간 절고 불같은 성미를 가진 사람이었다. 공작을 위해 일한 적도 있는 그는 공작의 조정에 드나드는 위치에 있었다. 그러나 공작을 향한 그의 살의는 강력한 코모 주교와의 사이에 벌어진 첨예한 분쟁에서 유래한 것이었다.

람푸냐니 형제는 지방의 유서 깊은 모리몬도 수도원의 전 원장에게서 좋은 농장 하나를 임대받아 쓰고 있었다. 그런데 수도원이 코모의 새 주교 관할로 들어가자, 사치로 악명 높은 인물이며 갈레아초 마리아의 조정에서 유력한 대신이던 고위 성직자 브란다 다 카스틸리오네 주교가 임대를 취소하고 람푸냐니 형제를 문제의 농장에서 '몰아내듯이' 내보냈다. 람푸냐니 집안의 제소에 대해 공작은 개입하기는커녕 적절한 법정에서 심사하도록 배정해 주지도 않았다. 결국 이에 대한 조바니 안드레아의 분노가 살의로 자라난 것이었다.

범인 중 가장 젊은 스물세 살의 제롤라모 올지아티는 순전히 공화정의 이상 때문에 범행에 가담한 것 같다. 그 역시 공직자들을 배출한 명망 있는 가문 출신이었다. 볼로냐의 뛰어난 인문주의자 콜라 몬타노의 지도하에 공화정시대의 로마를 공부한 그는 로마 역사가 살루스티우스의 카틸리나 음모에 관한 저술을 읽으면서 자기 '나라'를 해방시키고 영광을 얻기 위한 열망을 불태우게 되었다. 그 꿈을 이루기 위해 폭군을 시해해야 했다. 한편 밀라노의 암브로시아 공화국에 대한 감동적인 기억도 세 사람 모두에게 영향을 끼쳤다. 암브로시아 공화국은 13세기의 자치권을 회복하려는 3년간의(1447~1450) 항쟁이었다.

갈레아초 마리아의 습관과 행동을 모두 알고 있던 범인들은 순교자 성 스테파노 축일을 거사 날로 정했다. 그래서 1476년의 크리스마스 다음날인 목요일에 산토 스테파노 교회에서 암살을 자행하게 된 것이었다. 미사 전 교회에 모인 범인들은 성인의 가호를 위해 기도했다. 조바니 안드레아가 기도를 이끌고 두 사람이 그의 말을 되풀이했다. 교회를 피로 더럽히지만 밀라노와 시민들을 위한 일이니 성인께서 양해해 달라는 내용이었다는 이야기가 전해진다.

 12월 26일은 지독하게 추운 날씨였다. 그날 아침 공작은 무슨 예감이라도 들었는지 불안한 기색이었다고 하는데, 이는 연대기를 쓸 때 통상 하는 소리다. 산토 스테파노 교회의 대미사에 참석하러 떠나기 전 거의 마지막 순간까지도 공작이 교회까지 갈지는 확실치 않았다. 그 대신 성채에서 미사를 볼 수도 있었다. 그런데 집안 신부와 성가대가 벌써 교회로 가 있었고, 어떤 이유에선지 코모 주교도 성사를 집전할 수 없는 형편이었다. 명절 때면 늘 그렇듯 그날 아침에도 많은 귀족과 대사들이 조정에 나와 있었는데, 바깥이 워낙 추웠기 때문에 모두들 성채에서 나가고 싶어 하지 않았다.

 그때 공작이 갑자기 망설임을 떨쳐버리고 방에서 나와 양쪽에 페라라 대사, 만토바 대사와 팔짱을 끼고 성채를 나서자 온 조정이 그 뒤를 따랐다. 밖으로 나온 사람들은 서둘러 말을 타고 멀지 않은 곳에 있는 산토 스테파노 교회로 갔다. 교회에는 이미 사람들이 꽉 차 있었다. 가정을 가진 공작의 정부들도 지시에 따라 교회에 와 있었다. 그 자리에 있던 역사가 코리오가 그 이름들을 명시하지 않은 것은 체통도 지키고 스캔들도 피하자는 뜻이었을 것이다.

 그와 다른 패거리 하나가 교회에 와 있었으니 범인들의 친구 약 30명이었다. 그들은 그날 아침에 나와 달라는 부탁을 받았는

데, 조바니 안드레아가 공작에게 모리몬도 농장에 대한 람푸냐니 집안의 권리를 인정해 달라고 간청할 참이어서 그 분위기를 만드는 데 도와달라는 정도로 생각하고 있었다. 모리몬도 농장의 분쟁은 당시 밀라노 상류사회에 널리 알려져 있었던 것이다. 그러나 친구들도 암살 음모 자체에 대해서는 아무것도 모르고 있었다.

옷 밑에 흉갑을 받쳐 입은 올지아티, 비스콘티, 조바니 세 사람이 무고한 아이들의 돌 앞에 모였다. 산토 스테파노 교회 한가운데 있는 그 전설적인 돌은 무고한 아기들의 핏자국이 남아 있는 것이라고 전해진다. 공작이 코모 주교를 뒤에 달고 그 위치에 이르렀을 때 세 사람이 앞으로 나섰다. 그리고 조바니 안드레아가 놀란 스포르차 군주 앞에 한쪽 무릎을 꿇었다.

몇 마디 말이 오간 다음 조바니 안드레아가 몸을 일으키다가 갑자기 달려들어 공작의 명치를 찌르고, 이어 가슴을 찔렀다. 다음 순간 올지아티와 비스콘티가 달려들었고, 조바니 안드레아의 하인 프란초네가 그 뒤를 따라 공작의 가슴과 등, 목과 어깨, 이마에 칼질을 했다. 피가 흐르는 상처 안으로 프란초네가 손을 집어넣었다고 말한 목격자도 있었다. 공작은 숨이 끊어지기 전에 "죽었구나!", "성모님!" 정도의 말을 할 겨를 밖에 없었다고 한다.

교회 안은 들쑤셔놓은 벌집 꼴이 되었다. 16개월 후 피렌체 대성당에서 펼쳐질 것과 같은 광경이었다. 만토바 대사는 암살자가 넷이 아니라 여섯 명이라고 생각했을 정도였다. 살인이 계속될 것을 두려워한 사람들이 교회에서 정신없이 도망쳐 나갔다. 병사 하나가 공작과 함께 죽었고, 또 하나가 부상당했다. 여성 회중석으로 절뚝이며 달아나다가 천에 휘감겨 넘어진 조바니 안드레아

를 호위병 하나가 쫓아가 죽였다. 그러나 다른 범인들은 그대로 달아났다.[16]

 몇 분 사이에 산토 스테파노 교회는 텅 비어 기이한 정적에 휩싸였다. 열네 군데에 상처를 입은 갈레아초 마리아 스포르차의 시체만이 핏물 속에 쓰러져 있었다. 정치적 음모에 비밀과 사술이 많다는 사실을 익히 아는 조신과 대사들은, 무장을 갖춘 음모자들이 숨어서 살해당한 군주를 위해 나서는 사람을 노리고 있을지도 모른다고 생각했다. 그래서 모두 교회에서 도망친 것이었고, 공작의 호위대가 도망친 것도 아마 그런 명령을 받았기 때문이었을 것이다. 그들은 성채와 공작의 다른 궁전으로 물러났다.

 암살자들은 공작을 해치운 다음의 일에 대해 별로 궁리한 것이 없어 보인다. 따라서 음모의 수준이 유치한 것이었다고 할 수 있다. 조바니 안드레아와 같은 통치에 대한 반감이 밀라노에 팽배해 있기는 했다. 하지만 밀라노 사람들이 자신들을 위해 일어설 것이라고 조바니 안드레아와 동료들이 믿을 만한 근거는 거의 없었다. 암브로시아 공화국, 그리고 군주와 귀족들, 베니스와 프란체스코 스포르차에 맞선 공화국 항쟁에 대한 기억을 소중히 간직하고 있던 사람들은 분명히 있었을 것이다. 그러나 공화국으로 돌아갈 현실적

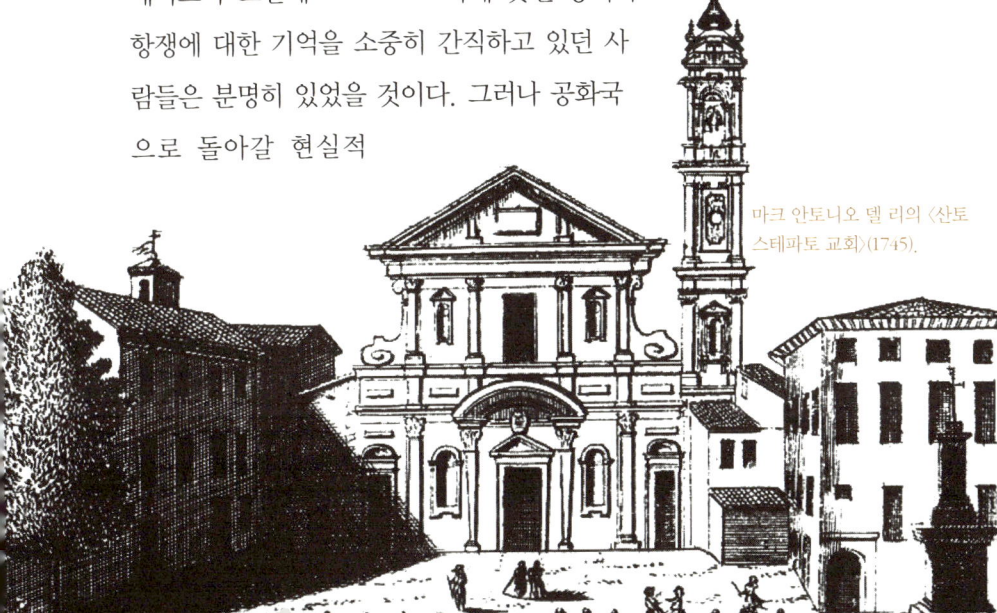

마크 안토니오 델 리의 〈산토 스테파노 교회〉(1745).

희망은 이미 사라진 지 오래였다. 무엇보다도 귀족층을 배제했기에 분노를 샀던 최근의 공화정 경험(1447~1450)이 그 희망을 무너뜨렸다.

세 사람의 범인이 평민층이나 시민층을 선동하려 노력했다는 것을 확인할 수 없다. 그들은 외톨이였다. 공작을 향한 강한 증오심과 환상적 공화주의에 눈이 먼 그들은 공작 암살이 어떤 기적을 이끌어내리라고 상상한 것임에 틀림없다. 그 상상력이 가져다준 결과는 참혹한 보복이었다.

공작의 시체는 금세 치워졌으나 조바니 안드레아의 시체는 1478년 피렌체에서 재연된 것과 같이 혐오스러운 공연의 표적이 되었다. 소년들이 시체를 교회 밖으로 끌고 나가 시내를 돌아다니며 돌질과 칼질을 실컷 당하게 한 다음, 그가 살던 집으로 끌고 가 창문 옆에 거꾸로 매달아놓았다. 다음날 아침 다시 끌어내려 시내로 끌고 다닐 때는 머리가 없었다. 나중에 다른 행사에 쓰려고 머리를 베어놓은 것이었다. 또 전통적 상징법에 따라 죄를 지은 오른손을 자른 후 불에 구워 중앙광장의 말뚝에 못박아놓았다. 그날의 상황을 묘사한 어느 시에서는 여러 사람이 조바니 안드레아의 심장과 간, 손 등을 잘라 먹었다고 주장했다. 얼마나 남았는지 몰라도 남은 시체는 돼지우리에 던져졌다.[17]

영혼이나 종부성사, 매장 등에 관련된 기독교 교리를 놓고 보자면, 시체를 찢어발기는 짓은 도리를 형편없이 벗어난 것이다. 그런데도 경찰을 비롯한 관리들은 이런 짓을 부추겼으면 부추겼지, 말리려 한 흔적이 없다. 공작 암살을 무덤 너머까지도 처벌을 이어갈 흉악한 범죄로 본 것이다.

공작이 이끌던 정부의 복수와 '정의'를 향한 광란으로 희생된 사람들은 또 있었다. 산토 스테파노 교회의 활극이 벌어진 이튿날인 12월 27일 안드레아의 충성스러운 하인 프란초네가 체포되어 모든 공모자를 불도록 고문 받았다. 그가 붙잡힌 것은 스타킹에 람푸냐니가 문장이 그려져 있었기 때문이다.[18]

12월 29일에는 카를로 비스콘티가 체포되었다. 공작의 고문관인 카를로의 친척 하나가 겁에 질려 밀고했기 때문이다. 고문을 받은 뒤 범행을 자백한 카를로 비스콘티는 유죄판결을 받았다.

12월 30일에야 붙잡힌 제롤라모 올지아티는 여러 사람의 고발을 받았는데, 그중에는 자기 아버지도 있었다. 분노를 터뜨리기 위해, 그리고 자신을 보호하기 위해 올지아티의 아버지가 공작 미망인에게 쓴 편지에는 "만약 그 범인[자기 아들]이 자기 손에 넘겨진다면 백 번이라도 천 번이라도 그놈을 내 손으로 죽일 수 있는 것을 기쁘게 생각할 것"이라고 적혀 있었다.

올지아티와 비스콘티, 프란초네, 세 사람은 1477년 1월 2일 동트기 전 성채에서 처형당했다. 가장 잔인한 처형도구의 하나로 '물레방아'라 불리는 장치 위에서 한 사람씩 산 채로 사타구니에서 목까지 반으로 찢어졌다. 역사학자들이 깊이 들여다보고 싶어 하지 않는 장면이지만, 그 시대의 도덕이라든가, 육체, 정의, 죄악 등에 대한 태도를 보여주는 것이다.[19]

처형이 끝난 뒤에는 정의와 질서의 본보기로 삼기 위해 시체들을 일곱 성문에 걸어놓았다. 다섯 성문에 걸어놓고 보니 시체가 모자라 남은 한 토막을 둘로 쪼개 나머지 두 성문에 걸어놓았다. 그래서 쿠마나 문에는 팔과 어깨가, 누오바 문에는 엉덩이와 다

🎭 1548년에 행해진 차형(스위스 신문 《슈툰프》에서). 당시 물레방아라 불린 장치를 짐작해 볼 수 있다.

리가 걸리게 되었다. 조바니 안드레아 것까지 네 개의 머리는 브롤레토 종탑에 창으로 꽂아놓았다. 시체는 얼마 지나자 악취 때문에 치우지 않을 수 없게 되었지만, 말라비틀어진 머리통들은 1490년대까지도 그 자리를 지키고 있었다.

르네상스 시대 이탈리아의 유산계층에서 가문이란 지위를 결정해 주는 대단히 중요한 요소였다. 따라서 범인들의 친척들은 공포에 휩싸이지 않을 수 없었다. 죄악과 치욕이 어느 정도 가문에 공유되는 것으로 간주되는 세상에서 범인의 집안 사람들이 책임을 완전히 면한다는 게 가능한 일이었겠는가? 암살이 있던 날 조바니 안드레아의 집 외에 람푸냐니 가문의 저택 두 군데가 폭도의 습격을 받았고, 그 후 여러 날 동안 많은 집들이 위협에 시달렸다. 일가 사람들 중에는 범인이 진짜 람푸냐니가 아니라 이름을 도용한 자라고 우긴 사람들도 있었다. 그 자랑스러운 이름을 가진 사람들은 겨울부터 봄에 걸쳐 결백을 입증하는 데 많은 노력을 들여야 했다.

그럼에도 여러 명의 람푸냐니가 체포당했다. 그중 베르나르디노라는 자는 처형당했고, 산토 스테파노 교회에 있었던 다른 두 사람은 만약 그 음모에 대해 알았더라면 "그 반역자[조바니 안드레아]와 패거리를 붙잡아 이빨로 씹어 먹었을 것"이라고 맹세했다.[20] 반역자의 동생 프린치발레는 군대에서 쫓겨나 처음에는 피렌체로, 나중에는 만토바로 추방당했다.

겁에 질린 제롤라모 올지아티의 아버지는 겨우 재산몰수를 면했지만 즉각 토리노로 추방당했다. 추방이란 신분이 높은 사람에게 엄청난 처벌이 될 수 있는 것이었다. 추방자는 자신의 사회적 뿌리로부터 단절되며, 정체성을 확인하는 길이 막히고 정상적 소득원이 차단되기 때문에 절반만 살아 있는 상태에 빠지는 것이다.

범인의 친구로 알려진 사람들 중 암살 현장에 있던 여덟 사람이 1월 8일에 교수형을 받았다. 반면 범인을 감춰준 죄가 드러난 성직자 셋은 죽음을 면했다. 성직자의 신분이 감안되었고, 공작

미망인 보나 데 사보이아가 처벌을 완화하도록 요청한 덕분이기도 하다. 미망인은 죽은 남편의 영혼이 어디로 갈지 걱정되었던 것이다.

극도의 인간적 증오심뿐 아니라 정치사상도 범인들을 움직이는 데 한몫했다. 보나 부인의 측근들이 밀라노에서 18개월 전에 추방되었던 한 인물을 바로 그 시점에서 잡아넣을 수 있었다면 대단히 기뻤을 것이다. 갈레아초 마리아 스포르차의 천적이라 할 수 있는—인문학자이며 교육가인—콜라 몬타노를 말하는 것이다.[21]

범인들의 마음에 로마 공화정의 영광과 미덕을 불어넣어 범행동기를 유발한 인물로 콜라 몬타노를 지목하는 사람들이 많았다. 이런 주장을 뒷받침하는 요소들이 범인들, 특히 공상가 올지아티의 자백에서 적지 않게 나타난다. 그러나 암살 음모가 1476년 여름에서 가을에 걸쳐 빚어진 일이었고, 그 훨씬 전에 밀라노를 떠난 콜라 몬타노를 범인 중 누구도 다시 보지 못했으므로 그에게 혐의를 걸 여지는 없었다. 그래서 밀라노 당국은 마지못해 콜라의 결백을 선포했지만, 그가 다시 밀라노를 방문하지 않은 것은 현명한 일이었다.

공교롭게도 콜라 몬타노를 체포하는 역할은 5년 후 로렌초 데 메디치의 첩자들과 메디치 정권에 떨어졌다. 1482년 2월 제노아에서 로마를 향해 여행하던 콜라는 미행을 당하다가 피렌체 경내인 포르토 에르콜레 부근에서 체포되었다. 콜라는 소지하고 있던 문서를 증거로 그 전 해 일어난 로렌초 암살 시도의 중심인물로 기소되었다.

더 고약한 일은 그가 피렌체 군주의 숙적 지롤라모 리아리오의 돈을 받은 사실이 드러난 것이었다. 고문을 당한 콜라는 피렌체와 로렌초에 대해 지속적으로 음모를 꾸며온 사실을 자백하고, 한 달 후 피렌체의 중앙재판소인 바르젤로에서 교수형에 처해졌다.

콜라 몬타노의 경력 가운데 군주통치의 한 측면을 살펴볼 수 있는 대목이 있다.

볼로냐 인근 산간 마을 출신으로 활동력이 왕성한 콜라 몬타노는 1462년경 밀라노에 나타났다. 그는 고전 라틴어 수사학을 가르치는 학교를 열어 상류층의 재능 있는 학생들을 모으는 데 성공했다. 밀라노 공작도 그에게 우호적인 태도를 보여 결국 후원자가 되었다. 그 결과 1468년에 중요한 교사직을 얻었고, 그 4년 후에는 몇몇 사람과 함께 밀라노 최초의 인쇄소 중 하나를 차렸다.

그런데 개성 강한 콜라는 질투가 넘쳐흐르는 문예계에 적을 많이 만들었다. 그 적들 중에는 조정에 끈이 있는 사람도 있었는데, 이때부터 콜라의 운은 돌아서기 시작했다. 1474년에는 공작도 그에게 등을 돌려 석연치 않은 분쟁으로 잠깐 감옥신세를 졌다. 1475년 5월 갑자기 파비아로 소환된 콜라는 조정에 출두해 공작에게서 어느 백작의 아내와 자녀들을 '타락' 시켰다는 비난을 받았다. 그 백작이 누구인지는 우리의 사료인 피렌체 공술서에서 지워져 있다.

콜라는 혐의를 부인했지만, 다시 감옥살이를 한 후 밀라노 영토에서 추방당했다. 그러나 추방당하기 전에—이것이 미묘한 대목인데—그는 병사의 어깨 위에 태워져 공개적 태형을 받았다. 태형을 받을 때 궁둥이를 드러냈다는 사실은 너무 당연해서인지 공술서에 명시되어 있지 않다. 이런 식의 공개처벌은 지독한 치욕인데, 갈레아초 마리아는 떠돌이 창녀들에게나 써먹을 형벌을 기분 내키는 대로 구사하는 인물이었다. 태형이 보통 그런 것처럼 콜라 몬타노도 살이 벗겨져 피가 흐를 때까지 매를 맞았을까? 그가 공작에게 깊은 증오심을 품게 된 것도 이상한 일이 아니었다.

로마에서 있었던 스테파노 포르카리 음모(1453)는 밀라노나 포를리에서처럼 유혈이 낭자한 장면을 연출하지는 않았다. 하지만 그 음모에도 피렌체와의 관련성이 나타난다.[22]

로마의 퇴락한 귀족가문에서 태어난 스테파노 포르카리는 소년기에 피렌체 상인 마테오 데 바르디의 보호를 받았다. 고전교육을 받고 고급 수사학에 재능을 가진 뛰어난 논객이 된 그는 나중에 피렌체에서 1년간(1427~1428) 법관 내지 경찰간부에 해당되는(Capitano del Popolo) 직책을 맡았다.[23]

피렌체에서 그는 인문학자들의 동아리와 긴밀한 접촉을 가지게 되었다. 회원 대부분은 고전 연구의 매력에 사로잡혀 고대 로마 공화국의 열정과 자유에 매혹된 사람들이었는데, 그들은 피렌체가 그런 모습이길 갈망했다. 이미 공화주의 사상에 심취해 있던 포르카리는 피렌체에서 이 경험으로 큰 용기를 얻었고, 그가 행한 연설을 나중에 많은 사람들이 복사하고 돌려보았다. 그런 연설에서 그는 이렇게 말했다. "피렌체는 나에게 시민생활과 정치생활의 완벽한 이상향으로 보였고, 공화국의 위대함과 아름다움과 영광은 나를 놀라게 하고 눈부시게 했다."

당시 이탈리아에는 여러 나라를 돌아다니며 단기간 공직에 근무하는 행태가 일반화되어 있었다. 포르카리는 볼로냐, 시에나,

오르비에토, 트라니 등 여러 도시에서 근무했으며, 1435년 이후에는 잉글랜드와 북유럽을 여행한 일도 있었다. 따라서 공화주의자인 그가 베네치아에 체류한 사실은 분명해 보인다.

그 시절의 많은 이탈리아 지식인들과 마찬가지로 포르카리도 성직자들이 국정에 관여하는 것을 싫어했다. 1467년 유게니우스 4세가 죽은 후 그는 로마에서 이 생각을 공표했다. 한 집회에서 고대 로마인의 후예인 로마 사람들이 대부분 외국인인 "성직자들의 발밑에서" 살고 있다는 것은 수치스러운 일이라고 연설한 것이다.[24]

실질적으로 교황에 대한 반란을 선동한 셈이었지만 당시 로마의 정치 상황 덕분에 무사히 넘어갈 수 있었다. 그러나 새로 교황이 된 인문학자 니콜라스 5세가 관대하게도 그를 채용했기 때문에 오히려 교황청 사람들의 눈에 띄게 되었고, 1451년 사육제 행사 중 일어난 나보나 광장 소요사태에 연루되어 도시에서 추방되었다. 교황은 그의 능력을 아끼면서도 염려가 되어 넉넉한 연금을 주고 볼로냐로 추방, 인문학자인 베사리온 추기경의 감독을 받도록 했다.

그러나 포르카리는 만족할 줄 몰랐다. 로마에 공화정을 도입해야만 직성이 풀릴 것이었다. 밀라노의 올지아티나 피렌체에서 공화국의 부활을 꿈꾼 사람들은 그의 뒤를 따른 것이다.

로마 동지들과 연락을 취한 포르카리는 1452년 12월 말 볼로냐를 몰래 빠져나와 1월 2일 로마에 들어갔다. 보통 열흘 가까이 걸리는 길을 단 나흘 만에 주파한 초고속 행군이었다. 텃밭에 돌아온 포르카리는 가까운 친척 한무리와 협력하여 음모를 실행하

음모 43

는 데 필요한 인력과 무기, 자금을 모았다. 그들은 300내지 400명을 동원해 1월 6일 토요일(공현 축일)에 거사할 계획이었다.[25]

바티칸궁 마구간에 불을 질러 혼란을 일으킨 후, 대미사를 올리고 있는 교황과 추기경들을 불시에 공격하여 시내의 요새 산타 안젤로 성을 탈취한 다음 자유공화정을 선포한다는 것이었다. 포르카리의 공술서에는 나타나 있지 않지만, 음모자들은 필요할 경우 교황과 추기경 모두를 죽이려 했다고 당시 사람들은 이야기했다. 그뿐 아니라 이어질 공황사태에서 '인민'의 지지를 얻기 위해 군중이 교황의 곳간과 추기경 및 교황청 관리들의 저택, 심지어 외부 상인과 은행가들의 재산을 약탈하도록 유도하려 한 음모자들도 있었다. 외부의 부와 권력에 대한 지역민들의 반란을 생각한 것이다.

음모자들은 동원하려는 사람들 대부분에게 진정한 목적을 알려주지 않았지만, 그 움직임이 느리고 숫자가 너무 많았다. 교황청에서는 포르카리가 볼로냐를 떠나기 전부터 음모의 소문을 듣고 있었다. 거사 예정일 전날인 금요일 아침 늦게, 100명의 교황 근위대 병력이 미네르바 광장 바깥에 있는 음모자들의 본거지를 둘러쌌다.

본거지에는 70명가량이 무장을 갖추고 있어서 교착상태에 들어갔다. 근위대 지휘관은 공공연한 전투로 소란이 일어나는 것을 바라지 않았고 음모자들을 빨리 체포해 재판에 회부하고 싶었다. 그러나 오후 동안 몇 차례 충돌로 최소한 여섯 명이 목숨을 잃기는 했지만, 지도자 전원을 포함한 대부분의 사람들이 포위를 뚫고 달아났다.

그날 밤 은신처를 밀고당하는 바람에 포르카리가 마침내 체포되었다. 그로부터 며칠 사이에 더 많은 가담자들이 체포되었고, 지도자 네 명이 로마를 빠져나가 토스카냐 국경, 치타 디 카스텔로, 심지어 베네치아까지 도망쳤지만 모두 붙잡혀 처형당했다.

포르카리는 심문을 통해 모든 것을 자백했다. 1월 9일, 호민관을 꿈꾸던 자는 검은 예복을 입고 산타 안젤로 성의 성가퀴에 목이 매달렸다. 그날 다른 열두 명도 카피톨 언덕에서 처형당했다. 이틀 후에 또 처형이 있었다. 모든 음모자들의 재산이 몰수되었고, 미망인 둘은 강제로 수녀원에 들어갔다. 그러나 지도자들에게 음모의 진정한 목적을 듣지 못한 하수인들은 대부분 방면되었다.

분노와 경악이 교황청을 휩쓸었다. 니콜라스 교황도 주모자들에게 관용을 베풀 여지가 없었다. 이 음모가 토착 로마인들과 성직자의 옷을 입고 외부에서 온 특권층 사이의 반목이라는 물밑 흐름을 이용해 지역민들의 지지를 이끌어내려고 획책했기 때문이다. 추기경들이나 오르시니, 콜로나, 사벨리 등 인근 봉건영주의 가신들이 군대를 이끌고 횡행하는 바람에 로마가 소란에 빠지는 일은 있었지만, 무장한 공화주의자들의 선동을 용납할 수 있는 곳이 아니었다.

그런 선동은 스테파노 포르카리가 애초에 정치적 이상을 품었던 피렌체 공화국 같은 곳에 더 어울렸다. 그러나 그곳에서도 이제 메디치가가 공화제에 대한 지속적인 공격을 펼치고 있었다. 그것이 위대한 로렌초와 동생 줄리아노를 표적으로 한 4월 음모의 배경이 된 진짜 이야기였다.

신분 상승
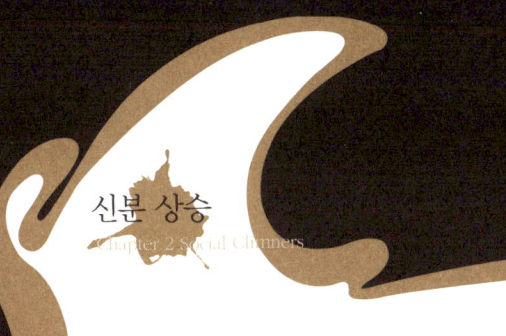
Chapter 2 Social Climbers

결혼

젊은 로렌초 데 메디치는 피렌체에 대한 영향력을 통해 도시 최고의 중매꾼이 되었다. 도시 상류층 혼인의 대부가 된 셈이다.

가문 사이의 결혼을 통한 동맹은 정치적 투자요, 투기였다. 공인 신분을 가진 사람들은 대개 권력을 더 많이 가지고 싶어 했다. 로렌초가 1469년 이후 문예보다 정치에 더 많은 시간과 후원을 쏟아부은 것도 그런 사정 때문이었다.

결혼이라는 것이 어떻게 돌아가고 있었는지 한번 살펴보자.

먼저 신붓감에 대한 평가로 시작된다. 그 일을 맡은 것은 결혼할 차비가 된 남자, 특히 유산계층 남자의 부모와 친척들이었다. 반대로 '당당한' 지참금을 딸에게 얹을 능력이 있는 부모들은, 아들이나 조카의 짝을 찾아주기 위해 두리번거리는 사람들을 면밀히 관찰하고 있었다.[26]

신붓감의 체격, 피부, 머리카락, 행동거지, 태도, 복장, 그리고 전체적 용모가 모두 연구와 검토 대상이었다. 아이를 잘 낳을 여자라야 좋은 신붓감이었다. 가문을 한 세대에서 다음 세대로 이어가는 길목 역할을 하는 것이 여자였다.

도메니코 기를란디요의 〈세례자 성 요한의 생애: 탄생〉(1490, 피렌체, 토르나부오니 예배당). 오른쪽 끝 나이 든 여성이 로렌초의 어머니 루크레치아 토르나부오니다.

    면밀한 관찰의 대상이 된 것 자체가 이미 첫 관문을 통과했다는 뜻이다. 관찰하는 사람들이 일단 그 가문이 괜찮거나, 신랑의 신분 상승에 도움이 되겠다고 판단한 것이다. 신체 조건까지 만족스러울 경우, 남는 것은 이제 지참금이라는 결정적 문제뿐이었다. 두 집안이 합의해야 할 문제였다.

    여자의 아버지나 보호자들이 결혼을 성사시키기 위해 내놓는 재산은 남자의 집안에서 자신들의 체면에 맞거나 이득이 된다고 여기는 수준에 이르러야 했다. 유서 깊은 가문의 딸이 비교적 떨어지는 집안과 혼인할 때는 적게 주어도 괜찮았다. 사회적 지위가 돈으로 환산되는 셈이었다. 혼담이 지참금 문제에 이르렀다는 것은 남자의 가문과 연줄에 여자 집안에서 만족했다는 이야기다.

그런데 신랑감을 신붓감처럼 평가하는 일은 없었다. 마치 장바닥에 내놓은 상품처럼 교회나 연회장에서 들여다보고 점수를 매기는 대상이 아니었다. 그런 일이 있었을 법도 하지만, 남아 있는 증거가 없다. 관찰과 평가의 대상이 되는 것은 여자 쪽이었고, 보호자들도 그 사실을 이해하고 있었다.

1467년에 로렌초 데 메디치의 어머니 루크레치아 토르나부오니는 당시 피렌체의 여느 부유한 부르주아 마나님과 마찬가지로 며느릿감을 평가하는 역할을 수행했다. 이번에는 조금 특이한 역할이었는데, 메디치가에서 처음으로 신붓감을 피렌체 밖에서 찾고 있었기 때문이다.[27]

멀리 로마까지 눈길을 돌린 것은 로마 최고의 귀족 오르시니 가문과 인연을 맺으려는 희망 때문이었다. 소국의 군주들, 뛰어난 장군들, 그리고 요직의 성직자들을 배출한 오르시니 가문은 군사력과 교황권의 배경을 두루 갖추고 있었다. 더군다나 그 시점에서는 라이벌인 콜로나 가문

신분 상승 49

에 없는 추기경도 있었다. 메디치가에서 로마 그리고 교황청과 강력한 유대관계를 맺고 싶어 하는 욕심은 로렌초의 할아버지 '빈틈없는 코시모'(d. 1464)로부터 유래하는 것이었다. 코시모는 1450년대 후반부터 이미 자신의 가문이 피렌체 밖의 군사력 및 교회권과 유대를 가져야 할 필요를 인식하고 있었다.

열여덟 살(1467)밖에 되지 않은 로렌초의 결혼을 서두른 데는 이유가 있었다. 그의 아버지 피에로가 병석에 눕는 일이 잦아졌던 것이다. 당시 피렌체에서 남자가 그렇게 젊은 나이에 결혼하는 경우는 드문 일이었다. 그가 속한 사회계급에서는 스물다섯 살쯤이 평균이었다.

며느릿감을 보기 위해 로마에 간 루크레치아는 메디치 은행 로마 지점장을 맡고 있던 친정동생인 조바니의 집에 머물렀다. 3월 28일, 종교시를 쓰면서도 펜글씨에 익숙지 못한 루크레치아가 병석에 있는 남편에게 보내는 편지를 불러주었고, 동생이 그것을 받아 적었다. 그 편지에는 다음과 같은 내용이 들어 있었다.[28]

목요일 아침 성 베드로 성당으로 가는 길에 추기경님의 누이인 마달레나 오르시니와 그 딸을 만났습니다. 열다섯이나 열여섯 살쯤 되는 딸은 로마에서 유행하는 널찍한 린네르 외투를 걸치고 있었는데, 키도 크고 얼굴도 고와 매우 아름다워 보였습니다. 하지만 옷이 너무 두터워서 충분히 살펴볼 수 없었지요. 그런데 어제 오르시니 추기경님을 뵈러 갔을 때, 필요한 서약을 당신 이름으로 한 뒤에 추기경님의 누이가 딸을 데리고 들어왔습니다. 이번에는 외투 없이 꼭 끼는 치마를 입고 있었지요. 꽤 오랫동안 이야기를

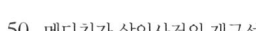

나누며 제대로 살펴볼 수 있었습니다. 앞서 말씀드린 것처럼 키도 크고 피부도 좋습니다. 그리고 태도도 우리 애들만큼은 못해도 썩 괜찮고요. 겸손한 품성이니까 금세 우리 식으로 길들일 수 있을 거예요. 금발은 아닙니다. 이 지방에는 금발이 드물지요. 붉은 기가 도는 머리카락인데 아주 풍성하고, 얼굴은 좀 동그스름한 편이지만 보기 괜찮아요. 목이 날씬한데 좀 가늘다고 할까, 섬세하다고 할까……. 이곳 풍속이 워낙 잔뜩 싸매는 식이라 가슴은 잘 볼 수 없었지만 괜찮을 것 같습니다. 걸을 때 우리처럼 고개를 꼿꼿이 쳐들지 않고 앞으로 살짝 굽히네요. 수줍은 성격 때문인 것 같은데 정말 숫기가 없어요. 손은 길고 갸름합니다. 그러니 전체적으로 봐서 평균보다는 뛰어나지만 우리 마리아, 루크레치아나 비앙카와는 비교할 수 없지요. 로렌초 자신도 그 색시를 봤으니 그 아이가 만족했는지는 당신이 알아볼 수 있겠지요. 당신과 그 아이가 어떤 결정을 내리더라도 상관없을 것이며 저 역시 동의할 수 있을 것 같습니다. 하느님께 맡깁니다. 그 색시는 몬테 리톤도 영주 자코포 오르시니의 딸이고, 그 어머니는 추기경의 누이입니다. 외삼촌이 두 분 있는데, 한 분은 명망 높은 오르소 영주 휘하에 있는 기사고, 또 한 분은 성직자로서 교황 성하의 차부제次副祭입니다. 그 집안에서 몬테 리톤도의 절반을 소유하고 있고 나머지 절반은 그 아저씨의 것인데, 그 아저씨에게는 아들 둘과 딸 셋이 있습니다. 몬테 리톤도의 절반 외에 부인의 형제들 소유의 성이 세 곳 더 있는데 제가 보기에 모두 잘 자리 잡혀 있으며 날이 갈수록 형편이 더 좋아지는 것 같습니다. 왜냐하면 외가로 추기경님, 나폴리 대주교님, 그리고 기사님의 조카뿐 아니라 친가 쪽으로도 촌

수가 있으니까요. 그 아버님이 지금 말씀드린 분들과 육촌간입니다. 그분들 모두 색시 집안 사람들을 대단히 사랑합니다.

그날 쓴 두 번째 편지에서 루크레치아는 이렇게 덧붙였다.

조바니를 통해 쓴 편지에서 말씀드렸듯이 그 색시를 잘 살펴보았습니다. 번잡한 일이 아무것도 없습니다. 일이[결혼이] 성사되지 않는다 하더라도 당신에게 부담될 게 없습니다. 아무 언질도 주고받은 것이 없으니까요. 그 색시에게는 두 가지 장점이 있습니다. 키가 크고 피부가 고우며, 얼굴은 미인이라 할 수 없지만 밉지는 않아요. 그리고 행동거지가 얌전합니다. 로렌초가 좋아하는지 알아보세요. 여러 가지 좋은 점이 많으니, 로렌초가 만족한다면 우리도 만족할 수 있을 겁니다. [그리고 잊어버릴 뻔했다는 듯이 덧붙인다.] 이름은 크라리체[클라리체]예요."

종교시를 쓰는 사람이라고 하지만, 이 편지는 세상을 잘 아는 세속적 부인네가 쓴 것이다. 하기야 르네상스

보티첼리가 그린 클라리체 오르시니의 초상(1475, 피렌체, 팔라티나 미술관).

시대 이탈리아에서는 종교와 세속이 따로 떨어져 있지 않았다.

루크레치아는 며느릿감이 마음에 들기는 했지만 초연한 태도를 지킨다. 한 주일 후 클라리체에게 냉담하다고 남편 피에로가 지적하자 그녀는 자신이 중립임을 강조했다. 피에로와 로렌초가 오르시니 가문 처녀를 받아들일 뜻을 분명히 하자 그제야 루크레치아는 기뻐하며 자신 있게 말했다.

지금의 로마에서 [괜찮은 집안에서] 더 아름다운 신붓감을 찾을 수는 없을 거예요.

루크레치아의 편지 내용에 담긴 의미를 제대로 이해하기 위해서는 그때까지 오갔던 이야기들의 맥락을 파악해야 할 것이다. 무엇보다 로마를 비롯한 더 넓은 세계에서 오르시니 집안의 연줄을 시시콜콜히 검토했을 것이다. 그랬기 때문에 루크레치아가 그 집안의 친족관계 등을 열심히 지적한 것이다.

오르시니는 이탈리아 반도 도처에 가신과 대리인과 협력자들을 가진 집안이었다. 로렌초와 그의 가문은 피렌체의 여타 가문과는 확연히 다른 위치로 나아가기 위해 정교한 계산에 따른 도약을 행하려는 참이었다.[29] 그러나 루크레치아가 클

안젤로 브론치노가 그린 로렌초 메디치.

라리체 오르시니를 바라보는 관점은 피렌체에서 신붓감을 평가하는 기준에 따른 것이었다. 이 점에서는 당시 피렌체의 어느 귀부인과도 차이가 없으나, 단 한 가지 가장 중요한 고려사항인 지참금에 대해 아무 언급이 없다는 점에서는 차이를 보인다. 강력한 로마 귀족가문과 결합을 시도하는 데 현금이나 보석, 토지는 그다지 중요한 고려사항이 아니었던 모양이다. 클라리체가 피렌체로 올 때는 그 혈통과 로마의 연줄이 딸려올 것이었으니 그것으로 충분했다. 그럼에도 결국 그녀는 6,000플로린이라는 어마어마한 지참금도 가지고 오게 된다.

루크레치아의 지인인 알레산드라 마칭기 스트로치(1408~1471) 역시 며느릿감과 지참금을 냉정하게 판단할 줄 아는 사람이었다. 하지만 현장 은행가와 상인들을 아버지로, 남편으로, 그리고 아들로 뒀던 알레산드라는 언제나 지참금에 좀더 중점을 두고 액수를 따졌으며, 정치나 신분은 그보다 가볍게 여겼다.[30] 그러나 그의 아버지 필리포 마칭기는 그 방면에서 탁월한 능력을 보여준 바 있다. 필리포는 먼저 피렌체 정계와 금융계의 명문 중 하나인 알베르티 집안의 색시를 얻었다. 그 아내가 죽자 이번에는 유서 깊은 귀족가문인 리카솔리 집안의 여자를 맞아들였다. 그리고 마지막으로 딸 알레산드라에게 1,600플로린이라는 당당한 지참금을 얹어서 피렌체 정계의 거족인 스트로치 집안으로 시집보냈다.

반면 알레산드라는 추방당한 아들들을 위해 재산을 아끼며, 딸들에게 적은 지참금을 주어 괜찮은 혼처기는 해도 비교적 낮은 집안으로 시집보냈다. 집안의 높고 낮음은 일차적으로 아버지 쪽 가계에 따라 결정되는 것이었다.

1460년대에 아들들의 (그리고 자기 자신의) 적당한 짝을 구하러 나섰을 때 알레산드라는 적지 않은 제약을 받아야만 했다. 남편 마테오가 1433~1434년의 궁정혁명 중에 코시모 데 메디치의 반대편에 가담했다는 죄로, 아들들이 나폴리에 추방당한 사실 때문이었다. 정치적 오점은 상속되는 것이었기에 아들들도 성년(열한 살)이 되어서는 유배생활을 해야 했다. 나중에 가서야 정치적 위기에 봉착한 피에로 데 메디치가 이를 풀어주어 스트로치 집안 아들들이 피렌체로 돌아올 수 있었다. 그러나 30년이 지난 후까지도 피렌체의 유수한 가문들 중에 마테오 스트로치의 아들에게 딸을 주려는 곳이 없었다.

1465년 4월 20일 장남 필리포에게 보낸 편지에서 알레산드라는 이렇게 썼다.[31]

> 네 결혼 문제를 놓고 보자면…… 만약 프란체스코 타나글리가 딸을 주겠다고 한다면, 연줄 면에서 언제라도 훌륭한 기회로 보아야 할 것이다. 지금까지 후보들 가운데 바람직한 면이 가장 많은 혼처다. 베르니아 처녀도 괜찮긴 하지만, 그 사람들은 세련되지 못하고 촌티가 나거든. …… 프란체스코는 평판이 좋은 사람이다. 꼭대기는 아니라도 정치적 발판을 가진 사람이고 공직을 맡고 있지. 그런데 네가 청혼한다 하더라도 그 사람이 딸을 먼 곳으로 시집보낼 까닭이 무엇이겠니? 첫째 이유는 가문도 좋고 재산도 많고 능력도 있는 젊은이가 요즘 드물다는 것이고, 둘째 이유는 지참금이 적은 거야. 겨우 1,000플로린이라니, 장사치들 수준이지. 만프레디 처녀는 2,000플로린을 가지고 피티 집안으로 시집가는

데 나이가 열다섯이지. 그런데 얘는[프란체스코의 딸] 열일곱이야. 형편이 어떻게 돌아가는지 알겠지? 그 사람이 딸을 [추방자에게] 보내버리려 한다고 생각하는 세 번째 이유는 그 집에 가족이 많아서 모두의 자리를 잡아주기 위해 도움이 필요하다는 점이란다. 내 생각에는 그것이 가장 큰 이유일 것 같다.

알레산드라는 넉 달 뒤인 8월 17일의 편지에서 타나글리 이야기를 다시 썼다. 그러나 처녀의 이름은 적지 않았다. 가문, 연줄, 지참금 이야기가 먼저 나오고, 다음으로 처녀의 신체적 특징과 도덕적 자질을 언급한다. 이름이야 무슨 상관인가?

델라 루나 집안 혼사에 관해 듣자니 지참금이 3,000[플로린]에 보석, 옷, 침구 등으로 1,500을 가져갔다더구나. 그것이 사실이라면 그 사람[델라 루나 집안 가장]은 처음 얘기한 것보다 많이 깎은 것이지. 성직자가 많은 집안에 통혼한 것으로 손가락질 받을 수밖에 없을 거야. 소문으로는 집안 사정이[사업이] 나아지고 있다 하니, 잘 헤쳐갈 수 있을지도 모르지.
지난 일요일 아침 일찍, 주일날 보통 하던 대로 산타 리페라타 교회[대성당] 첫 미사에 갔던 이야기를 하마. 그날은 미사에 늘 참례하는 아디마리 처녀를 볼 생각이었지. 그런데 거기서 뜻밖에 타나글리 처녀를 봤단다! 누군지 모르고 바로 옆에 앉았는데, 주의가 그 아이한테 끌리더구나. 태도가 사랑스럽고 몸매도 균형 잡힌 아이였기 때문이지. 키가 카테리나[알레산드라의 딸]만큼 되거나 더 클지도 모르겠고, 피부도 곱더구나. 너희들처럼 하얀 피부는 아니지만 강인한 느낌이 드는 피부다. 얼굴이 긴데 아주 예쁜 얼굴은 아니지만 막 생기지도 않았더라. 그리고 걸음걸이나 눈매를 보건대 멍청한 구석이 전혀 없는 아이야. 정말 다른 부분들도 우리 마음에 들기만 한다면 손색없는 상품이고, 괜찮은 배필이 될 수 있을 것 같다. 미사가 끝나고 교회에서 나온 뒤에야 걔가 타나글리 집안 사람이라는 것을 알았고, 이제 그 아이에 대해 조금 더 알게 되었다. 아디마리 처녀는 찾지를 못했는데, 참 이상한 일이지? 있을 만한 곳으로 여러 번 갔는데도 나타나지를 않으니…….

알레산드라는 타나글리 집안을 잘 아는 사람들에게 의논해 보고 두 주일 후 아들에게 보낸 편지에서 다시 이렇게 썼다.

그 아이는 일이 잘 풀리게 되어 있으니, 그 아이를 데려가는 사람은 누구든 만족할 수밖에 없을 것이라고 알 만한 사람들이 모두 그러더구나. [두 주일 전에는] 내가 보고 있다는 것을 눈치 챘는지 어느 순간부터 내 쪽으로 고개를 돌리지 않았고, [미사가 끝나자] 바람처럼 사라져버렸기 때문에 얼굴을 잘 살펴보지 못했다.

알레산드라의 아들 필리포 스트로치는 너무 시간을 끌었다. 그 사이에 메디치가를 지지하는 한 친지에게 추방자 집안과 통혼하지 않는 것이 좋다는 충고를 들은 프란체스코 타나글리는 정중하게 혼담을 취소할 수 있었다. 1466년 유배가 풀려 피렌체에 돌아온 필리포는 이듬해 아디마리 집안의 피아메타와 결혼하게 된다. 봉건귀족에 뿌리를 둔 아디마리 가문은 리카솔리, 파치, 부온델몬티와 함께 피렌체에서 가장 오래된 집안이었다.

  이와 같은 혼담을 통해 피렌체 상류사회의 결혼에 대한 전형적 사고방식을 볼 수 있다. 알레산드라의 사위인 야심만만하고 좋은 교육을 받은 마르코 파렌티의 편지들이 이러한 사실을 더욱 흥미롭게 보여준다. 마르코는 알레산드라와 그 아들들을 돕는 일에 헌신적인 노력을 했다. 혼담의 진행뿐 아니라, 스트로치 집안에 대한 메디치가 측의 정치적 봉쇄를 풀기 위해 여러 해에 걸쳐 애쓰기도 했다.

  1465년 7월 27일 마르코가 나폴리에 있던 처남 필리포에게 쓴 편지를 조금 길게 인용하겠다.[32]

> 모든 상황을 고려하여 나는 [자네 어머님 뜻에 따라] 자네가 결혼을 결정하기를 권하네. 우리는 피렌체 구석구석을 살펴보면서 두 가지 관점에서 상황을 바라보았네. 하나는 자네가 [나폴리에 추방되어 있는 것이 아니라] 이곳에 있다고 가정하는 것이고, 또 하나는 지금 상태 그대로를 보는 것일세. 만약 자네가 여기 있고 우리가 [사회적으로나 정치적으로나] 꼭대기까지 올라갈 수 있다고 한다면 네 가지 가능성이 있네. 그중 두 가지가 피티 집안과 판돌피니 집안인데, 그런 쪽으로는 비교할 상대가 없지. …… 나머지 가능성은 G. 카니자니와 피에로 데 파치 타나글리 집안일세. 괜찮은 집안의 후보가 그밖에도 많이 있기는 하지만 못생겼거나 촌스럽고, 평범한 사람들이 주고받는 수준의 지참금이지. …… 자네의 [결혼] 기회는 마침 좋은 후보가 드물 때 떨어진 것이니 참을성이 있어야 하네. 굳이 결혼을 해야겠다면 최선의 결과를 얻도록 해야

하네.

이제 다른 관점에서 자네가 처해 있는 상황 그대로를 생각해 보세. 어떤 유형[의 후보]을 배제하고 어떤 유형이 남는지 따져보세. 먼저, 앞에 이야기한 유형들을 배제하지 않으면 안 되네[우리 형편이 닿지 못할 것이 분명하니까]. 다음으로는 교양 없고 천한 하류 집안에서 큼직한 지참금을 가져오는 것[도 사양해야겠고]. 그렇다면 남는 것은 지참금은 적지만 집안이 좋고 용모가 아름다운 처녀들인데, 그런 처녀들이 없으니 아름답지는 않더라도 못생기지 않은 정도의 색시로 만족해야겠지. 그런 색시들조차 얼마나 귀한지 알면 놀라 자빠질 걸세. 루첼라이 집안에 그런 처녀가 하나 있는데 우리는 별로 끌리지 않는다네. '우리'는 자네 어머님과 누이들과 자형들을 말하는 걸세. 도메니코 보르기니에게도 그런 딸이 하나 있는데 더더욱 마음이 없네. 그런 유형의 처녀들은 그밖에도 더 있고 우리가 알지 못하는 저 아래쪽[사회적으로]에도 있을지 모르지만, 우리가 아는 범위의 처녀들은 하나도 마음에 들지 않으니 고려할 것이 없다네. 죽은 도나토 아디마리와 [고귀한] 베르니아 집안 출신 어머니(지금은 볼로냐로 시집가서 살고 있는) 사이에서 태어난 처녀 둘에게 우리는 많이 끌린다네. 지참금이 하나에 1,500플로린씩이라 들었는데, 남자 형제가 없으니까 그 금액에서 떨어지지는 않을 것이라고 생각하네. [남자 형제가 있으면 지참금을 깎으려 들 수 있으니까.] …… 그 밖에는 프란체스코 타나글리의 딸이 있을 뿐일세. …… 우리 몫이 될 수 있다고 생각하네만, 역시 지참금이 [적어서] 문제가 될 수 있지. 장담하건대 자네 형편에 맞는 조건을 어떻게든 짜 맞추더라도, 그 두 군데[혼처]를 내놓고서는 쳐다볼 데가 없다네. [그렇다 하더라도] 한쪽은 지참금이 너무 많아서 우리 차례가 되지 못할까 걱정스럽네. [다른 신랑감들도 달려들 테니까.] 그 사람들[아디마리 자매의 보호자들]이 자네를 탐탁하게 여길지도 장담할 수 없는 일이고. 또 한쪽은 그쪽에서 자네를 좋아하리라는 것은 알지만, 지참금이 너무 적어서 성사되지 않을 수가 있지. 아디마리 집안이 타나글리 집안보다 격이 높기는 하지만 [그 자매들은] 집안이 쓸쓸하지. 아버지도 없고 남자 형제들도 없고, 삼촌과 사촌들은 가뜩 있지만 모두 빤한 분야에서만 움직이는 사람들이라 힘이 될 만한 인물이 없어. 이것이 결점이기도 하지만 자네를 귀찮게 할 일이 없다는 점에서 장점으로 볼 수도 있지. 다른 쪽[타나글리 집안]은 정반대일세. 강력한 힘은 없지만 오래된 가문으로 혈통이 좋고, 그 지파支派는 기사들의 자손일세. 처녀의 아버지가 나랑 동갑인데[45세], 아주 훌륭한 사람일세. 예의 바르고, 붙임성 있게 말도 잘하며 품위 있는 사람이라네. 공직에서 발판도 탄탄하고, 힘 있는 친척들도 많지. 그의 누이는 [명문] 알레산드리 가문의 안토니오와 결혼했고, 그 부인은 재산가로 잘 알려진 구이데티 집안 출신일세. 부인의 자매는 안토니오 리돌피 경[메디치가 과두체제의 핵심인물 중 하나로, 나중에 프란체스코 타나글리에게 스트로치 가문과의 통혼을 만류한 사람이다]의 아내지. 그밖에 그의 동생이 프란체스코 베토리의 딸과 결혼한 것 등 친척 중에 명예와 인격이 높은 인물들이 많이 있다네. 그에게는 자식이 아들 여섯, 딸 여섯, 모두 열둘 있다네. …… 내가 지참금 이야기로 들어가려 하자 그는 오히려 다른 면들이 우리에게 충분히 만족스러운지를 물으면서, 지참금에 대해서는 내가 잘 알아서 판단해 줄 것으로 믿는다고 말하더군. 지금 상황이 이런 것이라네. 이제는 자네가 저울질할 것을 저울질해서 우리에게 생각을 말해줄 차례일세. 그 처녀는 우리 카테리나처럼 키가 크고 몸매는 더 좋다네. 살집과 피부도 좋고, 얼굴은…… [대단한 미인은] 아니지만, 그렇다고 조금이라도 밉게 여겨지는 점은 없다네. 행동거지도 나무랄 데 없고, 느낌이 좋은 처녀일세. …… 이 혼담이 괜찮게 생각된다면 지참금이 얼마까지 내려가도 될지 자네 생각을 말해주게.

조금 현학적인 표현을 쓰기는 했지만 이처럼 드러낼 것을 다 드러낸 편지를 놓고 무슨 더 할 말이 있겠는가? 나폴리에 유배된 스트로치 집안 젊은이는 아름다운 여자를 요구했던 것이 분명하다. 편지를 쓴 파렌티는 피렌체 구석구석에 믿을 만한 연줄을 두루 가진 사람이었지만, 여기에 중매꾼들의 도움까지 받고 있었다.[33]

파렌티는 사회적 세련미를 중시했다. 신생 집안과 급조된 재산은 경멸의 대상이었다. 재산은 물론 중요했지만, 묵은 재산이라야 진짜 가치가 있는 것이었다. 사회적 평판, 고급의 정치적 연줄, 그리고 유서 깊은 가문이 기본 조건이었다. 그 다음에 신붓감의 용모와 처신이 작용했고, 당당한 지참금이 있어야 했다.

특히 필리포처럼 정치범으로 추방당한 사람에게는 당시 혼인 시장의 상황으로 보아 가치 있는 정치적 연줄을 가진 프란체스코 타나글리 집안과의 혼담이 가장 매력적인 선택으로 떠오른 것이었다. 그리고 예전에는 정계의 중요한 가문들이 자기 구역 내에서만 통혼관계를 모색했지만, 당시는 도시 전체가 그 대상이 되어 있었다.

이 장에 "신분 상승"이라는 제목을 붙였다. 그런데 메디치나 파치 가문처럼 이미 사회 꼭대기를 점령한 집안에게 어떤 상승의 여지가 남아 있었던가? 현실에서 완벽한 안정이란 있을 수 없으니, 꼭대기라는 것도 하나의 환상일 수 있는 것이다. 베네치아처럼 최고의 관직을 과점한 명문 거족들이 폐쇄적 귀족계급을 이루고 있던 곳에서도 그들끼리의 지독하고 험악한 차별관계가 끊임없이 방향을 바꿔가며 맹위를 떨치고 있었다.[34]

알레산드라 스트로치나 루크레치아 토르나부오니와 마찬가지로 마르코 파렌티도 이런 풍조에 뼛속까지 물들어 있었다. 그의 집안은 1400년경에 상승을 시작했는데, 앞에 인용된 편지를 보면 알 수 있듯이 그는 두 여인의 인상파적 평가방법과 달리 미적분 문제를 다루는 식으로 접근한다. 모든 가능성을 나열해 놓은 다음 필리포 스트로치의 요구와 현실적 조건들을 염두에 두고 하나씩 하나씩 껍질을 벗기듯이 배제하면서 현실적 알맹이에 이르는 것이다. 이는 혼담에 관해서는 터럭만큼도 허술함이 없던 피렌체의 풍경을 그대로 보여준다. 일체의 환상을 잘라내버리고 자기 자신을 포함한 현실을 있는 그대로 보는 것이다.

그렇다고 해서 신분 이동의 여지가 없는 건 아니었다. 실제로 끊임없이 일어나는 일이었다. 권력이든 재산이든 상승과 하락이 벌어졌다. 오래된 가문들은 재산과 지위, 그리고 혼담에서 우위를 잃어갔다. 딸이 많은 집안은 지참금 때문에 몰락할 수도 있었다. 잉글랜드 같이 재산 모두를 (또는 압도적으로 큰 몫을) 장남이

상속받는 장자상속제가 없는 상황에서, 아들이 많은 경우 분할상속을 통해 가문의 재산 규모가 축소되었다. 재산이 분할상속되었을 때, 아들들 중에 교역이나 금융업으로 자기 몫을 잘 키워내는 자가 없으면 재산 규모는 계속 줄어들 수밖에 없었다.[35]

그래서 마르코 파렌티가 보여주는 것과 같은 고상한 취향에도 불구하고 신흥 부자들이 오랜 가문과 통혼하여 정치적 유대를 갖게 되는 일이 점점 늘어나고 있었다. 한편 아들이 없는 집은 공직을 맡을 수 없기 때문에 명성이 줄어들고 지위가 약화되었다. 정치적 지위는 대단히 중요한 것이었다. 피렌체에서 높은 관직은 모두가 선망하는 명예였기 때문이다. 높은 관직은 사람들에게 두려움을 불러일으키고 중매꾼들을 끌어들였으며 진정한 권력을 주었다. 반면 한 세대의 어리석음으로 모든 것을 잃을 수 있었다.

오래된 집안과 신흥 부자의 차이는 매우 중요한 것이었다. 오래된 것은 무엇이며, 신흥이란 어떤 것인가?

명예로운 이름과 역사를 가진 피렌체의 고귀한 가문들은 11세기나 12세기까지 거슬러 올라가 봉건시대에 닿는 뿌리를 자랑했다. 우베르티, 구이디, 토르나퀸치, 리카솔리, 파치, 부온델몬티, 그리고 아디마리 등이 그런 범주에 들어간다. 시간이 흐르면서 이들 가운데 상업과 금융업에 진출하는 가문들이 나타났다. 이런 사업가 가문들 중에는 12세기 말에서 13세기 초 사이에 사업을 시작한 경우가 많았다.

반면 스트로치, 알비치, 메디치 등 가장 두드러진 '부르주아' 가문들은 13세기 말엽, 새로 만들어진 조합들의 참사회 시뇨리아에 선출되면서 정치의 전면에 나섬과 동시에 사업을 시작했다.

루크레치아 토르나부오니

이로써 그들은 정치권력과 재력을 겸비하게 되었는데, 그후 피렌체 사회계층의 맨 꼭대기는 재산과 고위직을 결합한 사람들이 차지하게 되었다. 둘 중 어느 한쪽만으로는 상류사회의 자리가 보장되지 않았다.

피렌체에서는 흑사병 사태(1348) 이후에 재산이나 공직을 획득한 사람들을 '신흥'으로 규정했다. 특히 노동계층에서 일어난 사람들에게는 이 딱지가 쉽게 떨어지지 않았다.

파치 집안도 정치적 상승 과정에서 결혼의 게임을 활용하지 않았을 리 없다. 가문의 재산을 일구어낸 안드레아는 저명한 정치가 자코포 디 알라마노 살비아티의 딸과 결혼했다. 그의 세 아들 자코포 경, 안토니오와 피에로 경은 각각 세리스토리, 알레산드리와 지우니 집안으로 장가들었다. 알레산드리와 지우니 가문은 고위직을 다반사로 차지하는 집안들이었고, 세리스토리 가문은 당시 피렌체에서 손꼽히는 갑부 집안이었다. 훗날 그 손녀 셋은 정계의 최고 명문 가문들인 마르텔리, 니콜리니, 그리고 메디치 종가의 사촌 집안으로 시집갔다. 안드레아의 손자 굴리에모는 비앙카 데 메디치를 아내로 맞아들이면서 위대한 로렌초의 매부가 되었다. 그러나 이 사회적 고공비행은 1478년에 끝을 맞았다.[36]

피에로 데 메디치가 아들 로렌초의 짝을 찾기 위해 로마 귀족들에게 눈을 돌릴 때도 사람들의 조언을 듣지 않았을 리가 없다. 자기 아버지인 최고의 정치가 코시모와 피렌체 주재 밀라노 대사 니코데모 트랑케디니의 조언도 있었다.[37] 그리고 메디치 은행 로마 지점장으로 면밀한 기초 조사를 해준 매부 조바니 토르나부오니가 있었다. 피렌체의 으뜸 집안이 로마의 대등한 상대와 연대를 모색하는 일이었으니, 그 협상은 현실적인 것일 수밖에 없었다.

메디치가는 상승을 계속하는 과정이었다. 1444년에 코시모는 아들 피에로를 피렌체의 오래된 가문 토르나부오니 집안과 결혼시켰다. 토르나부오니 가문은 상인과 은행가 집안이기는 했지만, 오래된 토르나퀸치 가문의 방계이기도 했다. 루크레치아 토르나부오니가 피에로에게 가져온 지참금은 불과 1,009플로린으로 (알레산드라 스트로치의 표현대로라면) 장사치 수준이었다. 피에로를 위해 루크레치아를 골라주면서 코시모가 바란 것은 강력하고 믿음직한 정치적 유대관계였다. 피렌체 최고의 갑부는 플로린을 헤아릴 이유가 없었다.[38]

피에로는 같은 업종의 피렌체 토착 가문으로 장가든 메디치가의 마지막 남자가 되었다. 그후 메디치가 남자들은 결혼을 발판으로 사회적 위상을 높이기 위해 피렌체 밖의 군주가문과 통혼하게 된다. 그러지 않으면 추기경이나 교황이 되었다.

피에로 데 메디치

은행가들

한미한 출신에서 솟아오르는 과정의 메디치가 초기 역사는 피렌체의 다른 가문들과 크게 다르지 않았다. 인구가 조밀한 배후 지역에서 등장한 메디치가는 12세기에 번창한 피렌체 중심부로 옮겨와 환전과 대전 사업에 뛰어들었다. 그 시절에 대단히 이득이 많던 땅투기 시장에도 끼어들었던 것으로 보인다.[39]

자손도 늘어난 메디치가는 1300년경까지 진취적인 '평민 popolani' 가문으로 명성을 쌓고, 피렌체의 당파투쟁에서는 보수적인 흑파에 가담해 백파에 대항했다. 암투와 대량추방의 세계에 뛰어난 적응력을 보인 메디치가는 무법자라는 평판을 얻었는데, 이 평판은 14세기 말까지 가문에 따라다녔다. 1400년에 메디치가는 20년간의 정치적 추방을 당하는데, 하나의 지파만이 이를 면제받았다. 조바니 디 비치라는 이름으로도 알려진 정력적인 은행가 조바니 디 아베라르도의 지파였다. 그 무렵까지 이 가문은 최고의 관직인 9인 참사회 자리를 두드러지게 많이 차지하면서 정계에도 이름을 내밀고 있었다. 14세기를 통틀어 이 방면에서 메디치가보다 나은 성적을 보인 가문은 스트로치와 알비치를 포함해 열 개가 채 되지 않았다.

그런데도 피렌체 국가원수가 메디치가 인물에게서 정책에 대한 합리적 조언을 구하거나, 외국 대사로 임명한 일이 없었다는 사실이 메디치가의 성격과 위상을 보여준다. 자기네가 저지른 폭력범죄에 근거를 둔 폭압적 성향의 평판으로 인해 메디치가의 정치적 영향력에 한계가 있었던 것이다. 그러나 그 시절의 피렌체는 로렌초 시대에 비해 워낙 험하고 어지러운 곳이었으므로 로렌초의 14세기 조상들은 카발칸티, 도나티, 팔코니에리 등 자신들보다 유서 깊고 격이 높은 집안과 통혼할 수 있었다. 이를 통해 신사gentilezza 가문으로서의 품격은 차츰 갖춰지게 될 것이었다.

정치적 야심과 돈 장사가 그때까지 메디치가의 중심축이었고, 그 뒤로도 중요한 역할을 해왔다. 메디치가 초기 역사의 연구자 진 브러커는 그 집안 사람들의 유언장을 검토한 결과, 그들이 교회나 자선사업에 특별한 증여를 함으로써 영혼의 죄책감과 공포심을 이겨내려 한 일이 많았음을 알아냈다. 이는 그들이 '부정한' 재산 취득을 속죄하려 한 것이며, 당시의 신앙에 비춰 볼 때 영혼을 파멸시키는 것으로 여겨질 정도의 악랄한 고리대 관행에 빠져 있었음을 사실상 자백하는 것이다.

가문의 사업을 궤도에 끌어올린 은행가 조바니 디 비치(1360~1429)는 위대한 로렌초의 증조부였다. 당시 최대의 은행 중 하나를 가지고 있던 먼 친척(십촌형) 비에리 디 캄비오초 데 메디치 밑에서 견습직원으로 경력을 시작한 조바니는 꾸준한 노력을 통해 비에리의 사업에 작은 지분을 확보하고 함께 번영을 누리게 된다.⁴⁰

로렌초의 증조부 조바니 디 비치

조바니는 1393년 자립하면서 로마로 본점을 옮겼다. 그는 여러 해 동안 정치의 중앙무대를 피한 채 엎드려 지내면서 피렌체와 베네치아, 나폴리에 지점을 열고 소리 없이 큰 재산을 모았다. 먼 지역에서 교황의 조세를 거두는 일,

신분 상승 67

교묘한 교환 작전, 그리고 교황의 일시적 필요에 따라 현금을 조달하는 사업들을 벌였다.

교회 분열기가 마무리될 무렵, 세 명의 교황이 난립하는 황당한 상황에서 그는 오랜 친구인 교황 요한 23세(1410~1415)의 주거래 은행을 맡았다. 그러나 요한이 퇴위당한 후에도 조바니의 사업은 타격받지 않고 계속 번창했다. 그리고 마침내 알프스 북쪽 금융업의 중심지인 제네바에 점포를 열었다.

국외에 협력자를 얻고 국내에 열렬한 지지자를 확보하는 데 특출한 재능을 보인 메디치가는 부를 통해 피렌체 정부를 장악할 수 있는 확고한 기반을 다졌다. 1402년 피렌체의 50대 고액납세자에 이름을 올린 조바니 디 비치는 1427년까지 피렌체 재계의 정상에 올라 있었다. 당시 피렌체는 국제 금융업자들의 본거지로서 서유럽 금융계의 수도와 같은 곳이었다.

공식적인 최고의 부호는 대지주 팔라 디 노프리 스트로치였다. 아마추어 학자이자 기사며 금융업자이기도 한 그의 순자산은 10만 1,422플로린으로 추산되었다. 대금업자로 이름을 날린 피스토이아 출신의 바르톨로메오 판치아티키는 상인이며 은행가인 두 아들의 재산을 합칠 경우 12만 7,000플로린으로 그를 앞섰다.[41]

그러나 후에 로렌초의 이야기로는 1420년대에 조바니 디 비치의 진짜 재산 가치가 18만 플로린에 달했다고 한다. 메디치 은행의 역사를 연구한 근세의 역사학자 드 루버는 이 추정이 그럴싸하다고 인정했다. 실제로 1432년 8월에 피렌체 정부는 20개월간 15만 5,887플로린을 메디치 은행에 빚지고 있었다. 이 금액의 일부는 물론 메디치 은행에 예금한 사람들의 돈이었겠지만 당시 사업규모를 알아볼 수 있다.

정치적 파당은 피렌체에서 상당히 만성적인 현상이었다. 1420년대 후반 치열한 파쟁에 빠졌을 때 팔라 스트로치는 반反 메디치 진영에 명운을 걸었다. 1434년 메디치 파가 승리를 거둔 후, 팔라 스트로치는 피렌체에서 영구히 추방당했다. 뿐만 아니라 새 정권은 표적과세, 벌금, 압류 등 잘 알려진 여러 방법들을 동원해 스트로치의 재산을 깎아냈다.

판티아티키 형제의 파멸은 그보다 더 철저하게 이루어졌다. 그들은 피렌체에 정치적 기반을 가지지 못한 채 '바깥 사람'으로 간주되고 있었고, 정치적 패배자들과 혼인관계를 맺고 있었다. 이미 세금 압류 대상이던 판티아티키 형제와 그 자식들은 재산세와 부유세에 몰리다 못해 빚더미에 올라앉았고, 결국 피렌체로부터 도망쳐 버리거나 다른 사람들의 집에 얹혀살기도 했다. 또 어떤 때는 자기 집에 갇혀 있기도 하고(빚으로 인한 체포를 합법적으로 면할 수 있는 방법이었다), 진짜 빈곤에 빠져버리기까지 했다.[42]

로렌초도 나중에 말했지만, 피렌체에서 관직이나 정치적 권위 없이 재산만 가지고 있다는 것은 재정적으로나 사회적으로 파멸의 길을 열어놓는 것이나 마찬가지였다. 메디치가는 이점을 결코 잊어버리는 일이 없었다.[43]

1429년 조바니 디 비치가 죽자 그 아들 코시모 데 메디치(1389~1464)는 엄청난 도전에 직면했다. 피렌체 상류사회는 치열한 정치적 백병전에 얽혀 있었으며 전쟁, 무거운 세금, 그리고 '신흥' 인사들의 고위직 참여로 정치계층이 분열되어 있었다.[44] 조바니 디 비치조차도 말년에는 마냥 엎드려 있을 수만은 없었

자코포 폰토르모가 그린 로렌초의 조부 코시모 데 메디치.

다. 정치에서 일정한 역할을 맡지 않을 수 없었던 것이다. 그러나 1429년의 코시모에게는 가문의 방대한 재산과 은행업을 지키는 것이 무엇보다 중요한 일이었다.

코시모는 르네상스 시대 은행업의 기기묘묘한 기법들을 익힌 사람이었다. 당시 은행업자가 얻는 이익은 이자보다 거래수수료가 더 큰 비중을 차지했다. 한 곳에서 다른 곳으로, 또는 한 사람에게서 다른 사람에게로 돈을 옮기는 일이었다. 이자는 진정한 것이든 형식상의 것이든 현금 이동에 따르는 위험에 대한 보상으로 위장되었다.[45]

코시모는 이런 사업에 아버지 못지않은 천재였다. 메디치 은행의 사업은 그의 손에 의해 절정으로 끌어올려졌다. 큰 지점들의 뒤를 이어 앙코나(1436), 브루제(1439), 피사(1442), 런던(1446), 아비뇽(1446), 그리고 마침내 밀라노(1452/1453)에 점포가 개설되었다. 새 점포들은 은행의 사업 영역을 확장함으로써 거래와 이익의 기회를 늘려주었다.

로마 지점의 수입이 절반으로 줄어들었지만 베네치아와 제네바의 수입 증가, 그리고 새 지점들의 소득으로 만회하고도 남았다. 1435년 이후 자료에 공백이 있어서 코시모 시대에 메디치 은행이 올린 이익 규모는 수수께끼로 남아 있지만, 1450년경까지 그가 물려받은 방대한 재산을 더욱 늘려놓았다는 것은 분명한 사실이다.

아버지의 경우와 마찬가지로 그의 세금신고서는 재산 규모를 정확하게 보여주지 않는다. 예를 들어 1458년에 실제로는 밀라노 지점에 1만 3,500플로린의 자본을 보유하고 있었지만, 세금신고

서에는 불과 3,000플로린으로 나와 있다.

코시모는 허위신고가 정당한 일이라고 확고하게 믿었다. 세금에 관해서는 그것이 피렌체의 관행이었다. 그뿐 아니라 당시 국제금융업이 불경기를 겪음에 따라 피렌체의 큰 은행들이 손해를 보고 있었다. 1420년대에 72개였던 은행이 1470년에는 33개만 남아 있었고 1460년대 중엽에만도 일고여덟 개가 문을 닫았다.[46]

코시모조차도 그 과정에서 석연치 않은 조치를 취했는데, 그의 지식이나 본능에 비추어 불안스럽고 걱정스러웠던 것이 틀림없다. 그가 죽은 후 문제점들이 금세 드러났다. 런던과 베네치아 지점은 파산 직전이었고 밀라노 지점의 사업은 위험할 정도로 방만하게 운영되고 있었다. 1464년에 지휘봉을 넘겨받은 로렌초의 아버지 피에로는 대출을 긴축시키거나, 해외 고객과 직원들을 잘라내지 않으면 안 되었다.

1466년 코시모의 오랜 친구인 밀라노 공작 프란체스코 스포르차가 죽었을 때는 메디치가에 11만 5,000다카트의 빚을 남겼다. 장래 밀라노의 염세鹽稅 일부와 보석으로 넣어놓은 담보는 빚의 일부밖에 갚아주지 못했다. 1467년 말까지 오히려 빚은 17만 9,000다카트로 늘어나 있었다. 유능한 은행가였던 코시모도 대출과 정치권력을 뒤섞는 위험한 게임을 피할 수 없었던 것이다. 그가 앙코나와 밀라노 지점을 만든 이유 가운데 일부분은 스포르차를 도와주기 위해서였다. 어느 시점에서 그 위대한 장군의 용병이

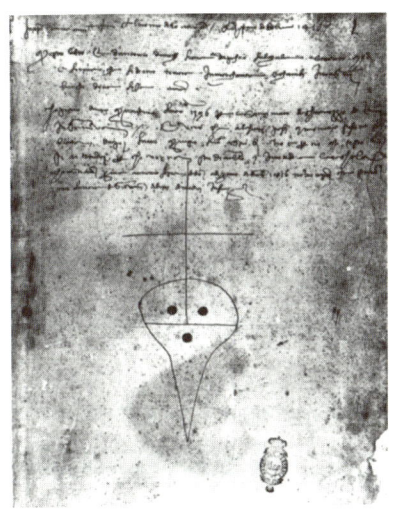
메디치 은행 표시.

필요하게 되리라 믿었던 것으로 보인다.

한마디로 코시모는 그 뛰어난 재능에도 불구하고 아들 피에로에게 병든 거인을 물려준 것이었다. 피에로가 소년시절부터 회계를 배웠다고는 하나 복잡다단한 국제 금융업을 위한 실용적 기술은 별로 체득하지 못했다. 그 결과 로렌초도 나중에 그런 것처럼, 안정성이 없는 정책이나마 밀고 나가면서 지점장들의 건의를 받아들이는 수밖에 없었다. 지점장들도 변화하는 현금시장을 이해하기 위해 진땀을 빼고 있었다. 그뿐 아니라 이 게임은 불성실하거나 무책임한 군주들의 현금 수요에 얽히는 일이 너무 잦았다.[47]

엎친 데 덮친 격으로 1465~1466년 피에로는 메디치가 최악의 정치적 위협에 직면했다. 병마에 시달리고 있던 그의 수명은 4년

밖에 남지 않았는데, 로렌초는 겨우 열일곱 살이었다. 먼 곳의 은행 지점들도 곤란을 겪고 있었지만, 피렌체에서는 지난 30년 동안 지배계급을 옥죄어 온 정치적 통제를 풀라는 목소리가 과두체제의 전면에서 갈수록 크고 대담하게 터져 나오고 있었다. 이런 상황에서 은행업이 어떻게 정치에 굴복하지 않을 수 있단 말인가?

정치 야화

이야기는 르네상스 시대 용병이라는 수익성 높은 장사에서 시작된다. 전쟁이란 공공사업 가운데 가장 값비싼 사업이었다. 군대를 고용하는 순간 정부는 바로 빚을 떠안게 되고 이런저런 세금을 늘리지 않을 수 없었기 때문이다.[48]

더불어 분열적이기도 하다. 세금이 늘어나면 지배계층 내에 이견이 생기고, 어떤 사람이 공직을 맡기에 적합한가 하는 논쟁이 거칠어지기 마련이다. 피렌체 사회에는 신분에 대한 선망과 후원을 통해 이득을 얻으려는 욕망이 팽배해 있었다.

1420년대의 피렌체로 돌아가 보자. 메디치가가 처음으로 권력에 안착하던 시기다. 밀라노와의 전쟁, 그리고 이웃의 조그만 공화국 루카를 무력으로 점령하려던 시도가 실패로 돌아가자 도시는 정치적 혼란에 빠져 있었다. 세금이 올라가는 데 따라 정치적 기온도 올라갔다. 그 불안정 속에서 일군의 '신흥' 인사들이 메디치가의 조바니와 코시모 부자 주위에 모여들었다. 메디치가의 부와 막후조종 솜씨는 명문가 사람들도 끌어들였던 것이다.[49]

계급의 경계선은 명확하지 않았다. 그런데도 중대한 위협을 눈치 챈 몇몇 강력한 명문가들이 니콜로 다 우차노, 리날도 델리 알비치, 리돌포 페루치 등 저명인사들을 중심으로 단결하여 도시에 대한 명문가들의 지배력을 강화하려 나섰다. 간단히 말해서, 주로 해외 은행업으로 만들어진 메디치 자본이 피렌체의 유력 가문들 사이의 정치적 균형을 무너뜨리고 있었던 것이다.

1433년 봄, 피렌체가 루카와 평화조약을 맺고 코시모가 전쟁 자금을 조달한 영웅으로 떠받들리고 있을 때, 그는 본능적으로 다가오는 위기의 냄새를 맡았다. 그는 재빠르게 움직여 5월 말까지 큰 규모의 자금을 옮겨놓았다. 이전에 호의를 베푼 적이 있던 수도사들에게 9천 플로린에 가까운 돈을 보관시켜 놓았다. 그리고 1만 5,000플로린을 베네치아 지점으로 송금해 놓고, 피렌체 공채 1만 플로린어치를 메디치 은행 로마 지점으로 매각했다.[50] 그는 이제 정치적 태풍을 맞을 준비가 되었다.

태풍은 9월, 새 참사회가 취임했을 때 닥쳤다. 자문이 필요하다는 이유로 코시모를 시 청사로 소환한 참사회가 그를 갑자기 체포해 버렸다. 독살당할 수도 있겠다고 생각한 코시모는 스스로 무력으로 맞설 용의가 있었고, 친구와 협력자들이 쿠데타를 일으켜주기 바랐다. 그러나 참사회는 코시모의 적들이 바라는 것보다는 온건한 입장을 취해서 10년간의 추방을 결정했다.

코시모는 집안의 몇몇 사람과 함께 파도바로 추방되었다가 나중에 베네치아로 옮겨갔다. 이때 집안사람이 아닌 사람 둘이 함께 추방된 사실에서 메디치 일파에 대한 소탕이 예고되었다. 두 사람 중 하나는 명문 아치아이우올리 가문 출신의 기사였고, 다른 하나는 정력적인 신흥 인사 푸치오 푸치였다.

1년 후 코시모의 적들은 틀림없이 "그때 죽여 버릴 것을!" 하고 한탄했을 것이다. 그러나 그들은 메디치 일당과 같은 조직력이나 냉혹한 현실주의를 가지고 있지 않았다.

한 번 선출된 참사회는 두 달의 임기 동안 역할을 수행하고는 다음 참사회에게 일을 넘겨주게 된다. 연속성을 보장해 주는 것은 각각 열두 명과 열여섯 명으로 구성된 두 개의 자문단, 그리고 지도적인 시민들에게 계속해서 조언을 받는 관행이었다.

그런데 놀랍게도 '귀족'들은 코시모 추방 후 후속 참사회 선출을 조작하지 않았다. 그 결과 1년 후인 1434년 9월 1일, 친 메디치 참사회가 들어섰다. 조작되지 않은 후보자군에서 '추첨'으로 뽑힌 것이었다. 귀족 지도자들 중에는 무력 저항을 주장한 사람들도 있었다. 그들은 하루 동안 무기를 들고 나섰지만 사태에 압도되어 자신감을 잃고 물러섰다. 코시모는 10월 6일 동생과 함께 개선했고, 피렌체 경찰의 지휘부인 팔인회가 예상된 보복을 자행하기 시작했다.

얼마 지나지 않아 106명이 도시에서 추방되었다. 그리고 80명이 넘는 사람들이 사회적 신분의 절대적 표상인 공직에 취임할 권리를 박탈당했다. 1439년에는 20 명이 새로 추방당했다. 이렇게 1439년까지 파상적으로 이어진 추방을 통해 반 메디치 세력의 지도자들과 지지자들이 모두 피렌체 정계에서 제거되었다.[51]

추방을 면한 조무래기들은 입을 열지 못하게 되었다. 공직에서 제외된 200여 명 가운데 많은 사람들이 벌금형도 함께 받았고, 표적과세의 사냥감이 되었다. 당시 인물 베네데토 데이는 1434년에서 이듬해에 걸쳐 1년 동안 도시를 떠난 사람의 수가 추방자의 가족까지 합쳐 500명에 달한다고 했다. 추방의 형벌과 정치적 권리의 박탈 조치는 10년마다 갱신되었다. 이 갱신이 너무나 효과적으로 이루어졌기 때문에 나중에 스트로치 집안에서 겪게 되는 것처럼, 30년이 지난 후에도 추방자의 자녀들이 혼담에서 불리한 조건을 감수해야 했다.

그후 20년 동안 승리자인 메디치 일파는 일련의 선거 통제와 전략을 통해 권력을 소수의 사람들에게 집중시켰다. 그런데 이것이 도를 지나쳤다. 1458년에 이르면 반감이 극도로 치닫고, 루카 피티라는 이름이 갑자기 문서에 많이 나타나게 된다. 후세에 '피티 궁전'으로 알려지게 될 웅장한 저택을 지은 루카 피티는 메디치가와 비슷한 연원을 가진 정계의 오래된 가문 출신으로 오랫동안 코시모의 충실한 협조자였다.

1458년 이른 봄, 입법회의를 통해 나타난 완강한 저항을 목도하며 당파 지도자들은 반대세력이 통제를 벗어났다는 사실, 정치 계급의 일반 구성원 대부분이 선거 통제체제를 끝내고 싶어 한다는 사실을 확인했다. 사람들은 공직의 순환이 넓은 범위의 시민들에게 개방되기를 바라고 있었다.[52]

불만이 격해지자 메디치 당파 수뇌부는 쿠데타까지 고려했지만, 그 대신 보다 우호적인 참사회가 들어서기를 기다리기로 결정했다. 이런 상황은 6월 말에 루카 피티가 다음 참사회를 이끌 집법관 자리에 추첨되면서 일단락되었다.

7월 1일 새 참사회가 출범하자 루카는 바로 일에 착수했다. 이튿날 활동이 두드러진 시민 200명과 대규모 회의를 열면서 그는 전통적 입법회의들을 없애는 대신 막강한 권한을 가진 새 회의체

코시모의 오랜 협조자 루카 피티의 궁전.

인 백인회를 만들 참이었다. 여러 달 동안 지도자들 사이에서 비밀리에 논의되어 온 일이었다.

그러나 반대의 기세가 예상보다 높은 것을 본 루카와 참사회는 이 계획을 접어놓고, 대신 공직 취임 자격이 주어지는 시민의 범위를 바꾸지 못하게 하는 의안으로 교체했다. 보다 전통적인 선거 방식이 1450년대 중반에 부분적으로 복원되어 있었으므로, 루카 피티 일당은 선행 참사회에서 다음 기 참사회를 직접 뽑다시피 할 수 있는 규제들을 다시 도입할 것을 제안한 것이다.

이 의안은 7월 마지막 주일에 입법기구에서 거듭 부결되었다. 게다가 이 시점에서 피렌체 대주교가 헌법상의 비밀투표 원칙을 어기고 공개투표를 하는 사람들을 파문하겠다는 위협적 성명을 발표하여 메디치 일당의 분노를 더욱 격화시켰다.

철퇴를 내릴 시기가 다가왔다. 8월 1일 정권의 몇몇 요인들은 참사회와 장시간 토론을 벌이면서 시민들의 총회인 의회Parlamento의 소집을 비공개로 요구했다. 시 청사에서 열린 이 중요한 회의에 빈틈없는 코시모는 조심스럽게 출석을 피하는 대신, 아들 조바니를 출석시켜 온건한 발언으로 경계심을 갖지 않도록 했다.

동시에 바로 그날 코시모는 밀라노 대사에게 무력시위를 할 태세가 되어 있다고 말하고, 오랜 친구이자 채무자인 밀라노 영주 프란체스코 스포르차에게 피렌체로 군대를 보내달라고 하는 전갈을 띄웠다. 8월 2일 정부는 비슷한 방향으로 행동노선을 결정했는데 그것은 군대와 (철저히 통제된) 시민총회였다.

다음날인 3일 권력자들은 반대파의 최고 영수이자 저명한 법률가 지롤라모 마키아벨리를 체포했다.[53] 4일에는 두 사람이 더 체포되었고, 며칠간의 고문 후 세 사람 모두 추방당했다. 며칠 뒤에는 최소한 열다섯 명의 시민들이 10년 또는 그 이상의 기간 동안 추방을 명령 받았다. 그 밖에 150명가량이 각자의 장원으로 강제 퇴거당하고, 참사회의 승인 없이는 시내로 들어오지 말라는 명령을 받았다.[54]

외국 보병대와 기병대가 8월 9일까지 시내에 주둔해 있었고, 이튿날(10일) 모든 시민에게 시청 광장에 모이라는 명령이 내려졌다. 11일, 의회에 참석하러 온 시민들은 광장으로 향하는 길에서 군인들과 무장한 시민들이 순찰하고 있는 것을 보았다.

루카 피티와 참사회가 351명으로 구성되는 발리아Balia(전권위원회)를 임명하고 추첨함을 메디치파 집권세력의 통제하에 두기

신분 상승 79

위한 동의를 군중으로부터 얻어내는 데는 긴 시간이 필요하지 않았다. 그리고는 의회가 해산되었다. 그리하여 그 해가 지나기 전 새로 구성된 (후보자 명단을 관리하는) '심사위원회'는 1,500명가량의 시민들에게서 공직에 취임할 자격을 박탈했다.

후에 시인이자 정치가가 될 로렌초 데 메디치는 그 여름에 겨우 열 살이었지만, 현안들에 관한 이야기를 직접적으로든 간접적으로든 듣고 있었음이 틀림없다. 소년은 (위험하기도 하지만) 어마어마한 정치적 유산을 물려받기 위한 훈련과정을 거치고 있었던 것이다. 불과 열 살의 나이임에도 그는 정치 이야기를 접하는 조숙한 소년이었고, 2년 후에는 더 고약한 이야기들도 듣게 된다. 그가 열두 살이 되었을 때 벌써 청원을 접수하고 후원 편지를 내보내게 되었다.[55]

한편 아비뇽에 25년간 추방되어 있던 지롤라모 마키아벨리는 1460년 피렌체로부터 멀지 않은 루니자나 산중에서 체포되었다. 피렌체 추방자들과 음모를 꾸민 혐의로 계속 고문당하며 심문받던 지롤라모는 한두 주일 후에 45세의 나이로 죽었다. 고문의 결과가 틀림없었다. 그의 자백으로 인해 25명의 시민들이 추가로 추방 길에 올랐다.[56]

그후 정치적 불안이 가중되면서 공직 심사위원들을 비롯한 고위관료들이 메디치가의 새 궁전에 모이는 일이 잦아짐에 따라 로렌초는 정치를 일상적으로 접촉하게 되었다. 70이 넘은 할아버지는 쇠약해져 가고 있었고, 아버지 피에로는 통풍痛風으로 몸을 움직이지 못할 때가 있었다.[57] 더 위험한 사실은 코시모를 둘러싼 권력자들이 오만하고 야심만만한 인물들이었다는 것이다. 아그놀로 아치아이우올리와 디에티살비 네로니, 루카 피티를 위시한 몇몇 사람들은 기사 작위라는 고귀한 신분과 그에 따르는 사회적 특권까지 쥐고 있었다.

아이러니가 넘치는 장면이었다. 문학에서 아이러니는 반전과 대조를 통해 경이감을 불러일으킨다. 현실에서 아이러니는 예측할 수 없는 일을 경고하는데, 피렌체 정치에는 이것이 듬뿍 들어 있었다. 메디치가의 상승은 유서 깊은 명문가 출신 인물들의 도움 없이는 절대 불가능한 것이었다. 한편 아치아이우올리, 피티나 소데리니, 그리고 벼락부자 네로니 같은 메디치 시대의 정치가들은 메디치가와 공직 추첨함을 긴밀하게 통제하는 체제가 없었다면 그렇게 큰 권위를 가질 수 없었을 것이다.[58] 이해관계가 맞아떨어진 것이었다. 그럼에도 양쪽은 각자 자기 야심을 키웠다.

1434년과 1458년 메디치파 지배집단에 반대한 지도자들은 일거에 소탕되었고, 승자들은 무적인 것처럼 보였다. 그러나 입법회의, 예비 관직, 관직 순환 등 공화정 제도들이 남아있는 한, 루카 피티를 포함한 메디치파는 그들이 경멸감을 품고 내려다보는 시민들과 수시로 의논할 수밖에 없었다. 이제 피렌체 정치는 또 한 차례 곡절을 맞게 된다.

코시모가 죽기 바로 전 해인 1463년, 피렌체 주재 밀라노 대사는 코시모의 가장 충실한 부하 중 적어도 두 명, 아그놀로 아치아이우올리와 디에티살비 네로니가 코시모와 피에로에게서 등을 돌린 사실을 알아챘다. 그들은 늙은 은행가가 죽기를 기다리고 있었고, 병약한 그 아들의 명령을 들을 생각이 없었다. 그들은 나이도 많고 정치적 경험도 풍부했다.[59]

1465년 가을까지 메디치파는 결속력이 와해되었고, 입법회의에서 거듭 충격적인 패배를 당하고 있었다. 공직 후보자의 범위를 넓히고, 추첨함 조작이 아닌 진정한 추첨으로 참사회를 구성하라는 요구가 다시 높아지는 가운데 메디치파 구성원들도 주변의 압력에 따라 거취를 조정하게 되었다. 불과 7년 전(1458) 쿠데타 때 만들어져 대형 평의회 중 가장 메디치 색채가 강한 백인회에서조차 이런 요구가 드러났다. 특히 '포제스키'라는 이름으로 은밀히 알려지게 된 개혁파는 20년 내지 30년 전부터 정치적으로 숙청당해 온 모든 시민들의 복권을 요구하고 있었다.

이 시점부터 1466년 9월 참사회 광장 위기에 이르기까지 반개혁파(피아노당)의 지도자였던 피에로는 목숨을 건 투쟁에 휘말렸다. 이 투쟁은 회의장의 투표 대신 무대 뒤의 대화와 흥정을 통해 진행되었다. 피에로가 회의에 참석하는 일도 거의 없었고, 그의 이름이 특정한 제안과 결부되는 일도 없었지만, 회의장에서는 피에로와 그 지지자들이 갈수록 더 많은 패배를 겪고 있었다.[60]

그런 상황에서도 두 파벌은 서로를 너무나 잘 알고 있었다. 반대파를 이끌고 있는 인물들이 종전에는 메디치가의 가장 중요한 협력자였기 때문이다.

메디치가가 후원하는 정부에 대한 반대파의 폭이 얼마나 넓은지는 1466년 5월 명확히 드러났다. 많은 고위공직자를 포함한 400명가량의 고위층 시민들이 예전의 민주적 정치체제를 공개적으로 지지하는 서약에 감히 서명했던 것이다. 심지어 피에로의 사촌이며 유력한 동업자인 피에르프란체스코 데 메디치의 이름도 올라 있었다. 서명자 중에 루카 피티, 아그놀로 아치아이우올리와 마노 템페라니 등도 있었지만, 이 서약을 지지하면서도 조심성 때문에 서명하지 않은 사람들도 많이 있었을 것이다. 아무튼 7월까지는 개혁파가 새로운 정서의 흐름을 타고 백인회를 철폐하려는 단계까지 와 있었다.

사태의 심각성을 확인한 피에로는 다음 참사회가 자기 뜻에 따르는 인물들로 구성되도록 후보자 명부를 조작하는 끈을 당겼다. (그렇게 소문이 돌았다.) 9인의 참사회원 중 6인만 확보하면 되었다. 피렌체에서 그런 협잡을 저지르고도 빠져나갈 능력을 가진 사람은 그 하나뿐이었지만, 아무런 증거도 밝혀진 것이 없다. 그럼에도 짙은 의혹을 피할 수 없었던 것은 그런 조치가 그의 정치적 냉혹성에 너무나 잘 부합되었기 때문이다.

그는 비용을 아끼지 않을 태세가 되어 있었다. 유능한 정치가는 앞을 가릴 뿐 아니라 뒤를 가릴 줄도 안다. 사실인즉 1466년 8월 28일의 추첨에서 나흘 후 취임할 친 메디치 성향 참사회의 명단이 뽑혀 나온 것이었다.

그날 참사회는 내부의 이견을 극복하기 위한 안간힘으로 두 파벌의 지도자 루카 피티와 피에로 데 메디치를 소환했다. 리누치니의 기록에 따르면 루카는 "비무장"으로 출두했지만, 피에로는 병을 핑계로 아들 로렌초와 줄리아노를 보냈다. 애국적인 목격자 베네데토 데이는 "온 도시가 무장을 하고 일어났으며," 불안감이 팽배했다고 전한다.[61]

양측 모두 무장충돌과 큰 인명 피해에 대한 두려움에 사로잡혔다. 루카 피티는 8월 12일 한 측근에게 피에로를 돕기 위해 피렌체로 진격할 태세를 갖춘 밀라노 군대가 이몰라에 나타났다고 말했다. 한편 피에로는 반대파가 페라라 후작 보르소 데스테에게 지원 병력을 비밀리에 요청했다고 비난했다. 관련 편지들을 보면 피렌체 지역을 둘러싼 여러 부대의 움직임이 있었던 것은 사실이다.

공화파에서는 무장충돌을 피하기 위해 마지막 순간 물러났다. 그러나 병약한 피에로는 피하지 않았다. 자신에게 유리한 방향으로 급전환되는 고비에서 피할 리가 없었다. 왜냐하면 29일에 루카 피티가 피에로의 딸을 피티 집안으로 맞아들이는 결혼동맹을 제안하고 완전히 편을 바꾸었기 때문이다. 그 바람에 동지들이었던 개혁파는 큰 충격을 받았다.[62]

30일, 퇴임하는 정부의 고문 자격 연설에서 겁에 질린 아그놀로 아치아이우올리는 두 파벌 간의 평화를 제창하면서 루카와 피에로가 각자 집에 머물러 있고, 팔인회로 하여금 시내의 외국 군대에 단호한 태도를 취하게 하자고 호소했다. 그는 피에로의 군대라고 직접 지목하는 것을 피했다.[63]

그날 오전 피에로는 피렌체 대주교(조바니 네로니) 및 피사 대주교(필리포 데 메디치)와의 회담으로 긴장된 시간을 보냈다. 메디치 궁전의 서재에서 진행된 긴 회담은 험한 말과 고함, 협박으로 마무리되었음이 틀림없다. 피에로의 먼 친척인 피사 대주교는 그를 보호하기 위해 1,500명의 병력을 제공하겠다고 한 반면, 반대파 지도자 중 한 사람(디에티살비 네로니)의 동생인 피렌체 대주교는 개혁파를 지지했기 때문이다.[64] 이로 인해 피렌체 대주교는 머지않아 욕설과 비난 속에 도시에서 추방당하게 된다.

9월 1일 루카 피티는 또 한 차례 피에로와 단독회담을 갖고 그와 "생사를 같이하기로" 결심했음을 선언했다. 그 증거는 이튿날 아침 나타났다. (다른 곳도 아닌) 메디치 궁전에서 열린 새 정부의 회의에서 루카가 먼저 나서서 "바로 오늘 의회를 열 것"을 제안한 것이다.

우리 눈에는 루카의 전향이 하나의 겁쟁이 희극으로 보일 수도 있다. 그러나 그의 동지였던 아그놀로 아치아이우올리, 니콜로 소데리니와 디에티살비 네로니에게는 하나의 참혹한 비극일 뿐이었다. 8월 30일 아치아이우올리가 외국 군대에 대해 가시돋힌 불평을 터뜨린 것은 피에로를 겨냥한 것이었다.

9월 2일 피렌체 시내에 피에로의 용병들이 우글거리는 상황에서 라르가 거리에 있던 그의 '아성'에서 열린 회의에 참석한 시민들은 한 사람도 빠짐없이 처음에는 구두로, 뒤이어 서명으로 의회 소집을 지지하는 뜻을 밝혔다. "[그러나] 많은 사람들이 그렇게 한 것은 자기 뜻에도 어긋나고 도시의 이익에도 거스르는 것이었다"고 당시의 목격자 카를로 곤디는 기록했다. 35인의 서명을 보면 이들이 메디치 지배체제의 핵심인물들이었으며, 그중에는 반대파에 속해 있던 사람들도 포함되어 있음을 알 수 있다.[65]

그들의 결정은 6백 미터 떨어진 시 청사에 곧바로 전해졌다. 그곳에서는 새 참사회가 지지 결정을 내리기 위해 초조하게 기다리고 있었다. 본래 피에로를 지지했으며 이제 그의 군대도 두려워하게 된 참사회는 그날 저녁에 의회가 열리도록 종을 울리라는 명령을 내렸다.

피에로는 3,000명가량의 용병을 시내에 들여놓았기 때문에 의회에 참석하기 위해 시청 광장으로 걸어 들어가던 시민들은 줄지어 있는 군대를 마주보게 되었다. 4,000 내지 5,000의 용병 부대가 시내 가까운 곳에 예비로 대기하고 있었고, 좀더 떨어진 곳에 밀라노 군대가 있었다.

열일곱 살의 로렌초가 정치무대에 극적으로 데뷔한 것도 이때였다. 무장을 하고 말을 탄 그가 (그는 뛰어난 기수였다) 참사회 광장의 병사들 사이를 뛰어다녔다. 그런 뒤 말에서 내려 "피렌체 인민"을 마주한 참사회에 합류했다. 그 아버지 '병자' 피에로는 라르가 거리의 집을 떠나지 않고 있었다.[66]

공화제를 주장하던 반대파가 사라져 버린 광장에서 얻어질 결과는 예측할 수 있는 것이었다. 피에로 데 메디치의 참사회는 발리아 설치안을 통과시켰고, 새로 확립된 메디치 권력의 지도부가 후임 정부를 지명하다시피 할 수 있는 추첨함 통제권을 20년간 되살아나게 했다. 그리고 공포의 경찰기구인 팔인회의 포괄적이고 자의적인 권력을 갱신했다.

그러나 이번에는 대량추방 사태가 없었다. 반대파의 최고지도자들만이 송사리 몇과 함께 강제로 도시를 떠났을 따름이다. 파멸당한 사람들이었다. 팔인회나 발리아도 5월 공화제 선서에 서명했던 4,00명을 모두 추방할 수는 없었다. 그 선서에 공감하면서도 두려움이나 조심성 때문에 서명을 삼갔을 의심이 가는 사람들을 모두 찾아내 정치적으로 실권시킨다는 것은 더더욱 불가능한 일이었다. 추방당한 자들의 아들들도 열한 살 이상이 되면 따라서 추방되었기에 그렇게 많은 사람들을 내보낸다면 정치계급의 활동력 있는 자원들이 크게 줄어들 것이었다. 그런 규모의 보복은 위험을 불러올 정도이므로 함부로 저지를 수 없었다.

피에로는 현금과 군사력이라는 그야말로 절대적인 칼자루를

산타 마리아 델 피오레 성당 탑에서 본 시청(베키오). 그 옆으로 로지아 데 란치와 1584년 건립된 우피치 미술관이 보인다.

시청 광장(베키오 광장).

손에 쥐었고, 적들도 모두 그의 진영에 들어와 움츠러들고 고분고분한 태도로 명령에 따르고 있었다. 이것이 그 경험 없고 통풍에 시달리는 '병약한' 피에로란 말인가? 당시 피렌체 사람들 중에, 1300년경 한 이탈리아 시인이 "이기는 사람 만세! 나는 그 편이니까"라고 읊었던 가락을 떠올린 사람이 있었을까?[67]

두려움 자체가 웃음거리는 아니다. 그러나 패배자가 승리한 상대방에게 너무나 재빠르게 공공연한 도움과 지지를 보낸다면 웃음거리가 될 수 있다. 그런 이치는 금세 밝혀지게 된다. 루카 피티가 나중에 지독한 경멸의 대상이 된 것이 그 대표적 사례였다.

젊은 로렌초는 도시 지배계층에 몰아친 숨막히는 긴장의 순간에 무장을 하고 말을 몰면서 광장 중의 광장에서 대담한 정계 입문식을 치렀다. 피렌체에서 메디치 권력의 궁극적 근거, 즉 용병을 사올 수 있는 재력을 당당하게 과시한 장면이었다.

일반인들의 통념과 달리 르네상스 시대 이탈리아 사람들의 재능은 예술과 문학에만 발휘된 게 아니었다. 정치에도 그 못지않은 재능이 투입되었는데, 특히 메디치 시대 피렌체의 거물 정치가들 가운데는 뛰어난 천재들이 많았다. 따라서 1478년 4월 피렌체의 피바다를 이해하려면 이 천재성을 먼저 파악할 필요가 있다.[68]

1434년 승리를 거둔 후 메디치파 지도자들은 권력을 공고히 하기 위해 몇 가지 전략을 선택했다. 한마디로 철저한 책략정치였다. 그들은 여러 정치적 입장을 받아들이도록 규정한 헌정질서를 무너뜨리면서도 겉으로는 그 원리를 존중하는 시늉을 했기 때문이다. 그들의 수단과 방법을 다음과 같이 요약할 수 있다.[69]

1. 후보 자격. 공직에 취임할 수 있는 자격은 피렌체 시민권의 가장 귀중하고 효과적인 요소로 '심사' 위원회의 결정에 따라 주어졌다. 위원회는 시민들의 명단을 비공개로 심사하여 어떤 사람에게는 자격을 부여하고, 어떤 사람에게는 부여하지 않았다. 법적으로 이의를 제기할 길이 없었다. 심사를 통해 특권이 주어진 시민들만이 공직에 취임할 수 있었다. 선거 때마다 그들 중 일부의 이름이 막대기나 쪽지에 적혀 추첨함에 들어갔다. 그러나 심사위원회를 뜻대로 구성할 힘을 가진 권력자는 추첨함에 이름을 골라 넣는 사람들까지 고를 수 있었다. 이런 과정을 통해 원하지 않은 인물이 요직을 차지할 가능성을 극도로 제한할 수 있었다. 4만 5,000의 인구를 가진 공화제 귀족사회 피렌체는 조그만 도시사회였기 때문에, '심사자'들은 피심사자들을 직접 알거나 적어도 한 다리 걸쳐서는 모두 아는 사이였다.

2. 참사회. 피렌체 최고의 행정기구로 여덟 명의 참사와 집법관으로 구성되었다. 여기서 3분의 2의 찬성을 얻으면 이른바 "콩 여섯 알의 힘"이라 하여 확고한 결정력을 가졌다. 따라서 아홉 표 중 여섯 표를 통제할 수 있으면 정부를 장악하는 것이 가능했다. 정부의 일상 업무 수행, 모든 법안의 발의, 토론의 주재, 입법회의에 대한 감독, '심사' 작업의 요구, 의회 소집 등이 참사회의 기능이었다.

3. 의회. 비상사태(실제보다는 꾸민 것이 많았지만) 시 참사회는 6인 이상의 찬성에 따라 시민들의 총회인 의회를 소집할 권한이 있었다. 참석한 시민들은 전권을 가진 발리아의 구성을 원하는지 여부에 대해 찬반을 구두로 표명하게 된다. 군대에 둘러싸인 가운데

강박상태에서 진행되는 의회에서 참사회가 원하는 결론을 얻어내지 못하는 경우는 없었다. 메디치파는 이런 '인민'에 대한 호소 방법을 1434년과 1458년, 그리고 1566년에 활용했다.

4. 발리아Balia. 235명에서 350명 사이의 인원으로 구성되며 참사회의 지침에 따라 움직였다. 발리아는 헌법의 효력을 정지시키고, "피렌체 전 인민의 권위와 권력"을 대표하며, 성문법의 제약을 받지 않는 권한을 가졌다. 이 제도는 내부의 적을 타도하고 정치적 반대세력을 제거하는 데 활용되었다. 또한 공직 후보자 명단을 전면적으로 개편하거나, 시민들의 지지를 얻지 못하는 법률을 제정하고 세금을 신설하는 데 여러모로 유용했다.

5. 추첨함 관리위원회Accoppiatori. 열 명으로 (1466년 이후에는 다섯 명) 구성된 이 위원회는 집법관, 참사회, 국방 십인위원회, 팔인회, 공채 담당관 등 고위직 추첨함에 들어가는 명패를 관리했다. 참사회 선거의 경우 적합한 추첨함에서 명패를 뽑아, 법적 문제가 없는 이름 여덟 개가 나오면 다음 기 참사회를 구성했다. 이것이 피렌체의 표준 선거방식이었다. 그러나 추첨함의 확정 자체가 빤하게 들여다보이는 게임이었고, 이 게임에 누구보다 능숙한 것이 메디치 사람들이었다. 2,000명까지(!) 들어가기도 하던 추첨함을 70명으로, 또 50명으로 줄일 수 있는 권한이 있었으니, 정부가 아무리 바뀌더라도 족집게로 집어내듯이 참사회를 구성할 수 있었던 것이다. 이 위원회가 메디치가의 가장 충실한 협력자들로 구성되었다는 사실을 굳이 이야기할 필요가 있을까?

6. 콩알 보이기fave scoperte. 공화제 기구에서 투표는 검은 콩(찬성)과 흰 콩(반대)이 사용되었다. 원래 법에는 투표할 때 콩알의 색

깔이 보이지 않게 완전히 감춰서 투표함에 넣도록 하는 비밀의 원칙이 있었다. 그러나 메디치파 참사들이 위압감을 주어 이 법을 어기도록 만드는 일이 자주 있었다. 반대를 하려 해도 그 사실이 드러나니 양심에 따라 투표할 수가 없었다. 1458년 7월 용감한 피렌체 대주교 안토니우스는 이 행태를 신랄하게 비판한 다음, 이에 따르는 사람을 파문시킨다는 성명을 대성당 문에 게시했다.

7. 심리적 압박. 이것은 하나의 전략이라기보다 권력 장악에 따라 시민들에 대한 정치적 통제력이 확장되면서 조성된 자원이었다. 피렌체 사람들이 오랜 세월 메디치파 지도자들이 가리키는 방향을 따르게끔 만든 요소에는 콩알 보이기 투표나 군대로 둘러싼 광장에서의 의회 같은 노골적 압력만이 아니라, 정치적 혜택을 바라는 시민들 자신의 욕심도 있었다. 많은 사람들이 세금을 적게 매겨 주기 바라는 마음, 자녀 혼담에 도움을 받고 싶은 마음, 재판에 우호적인 재판관을 배당받고 싶은 마음 등 요컨대 특혜의 울타리 안에 들어가려는 욕심을 가지고 있었다. 그 울타리 밖으로 쫓겨나는 데 대한 두려움 때문에 은근한 협박이 통하는 분위기가 장기간에 걸쳐 형성되었던 것이다.

메디치가의 공화국은 이처럼 노골적인 동시에 완곡한 협박으로 짜인 으리으리한 지붕으로 덮여 있었다. 그런데도 집권세력이 시민들의 독립정신과 저항정신에 대한 우려를 지속했다는 것은 놀라운 일이다. 저항정신은 특히 입법회의에서 이따금씩 완강한 반대로 나타났다. 어떻게 이것을 근절시킬 수 있단 말인가?

공화제 헌법은 메디치파의 완벽한 통제력을 보장할 만큼 마음대로 주무를 수 없었다. 메디치가의 친구로 여겨지던 사람들, 심사를 통과해 관직에 취임할 자격이 있다고 판단되었던 사람들도 속내를 밝힐 기회가 주어졌을 때, 결국 믿을 수 없는 자들이었다고 판명되는 일이 거듭 일어났다. 엄밀한 비밀투표가 허용된다면 강력한 위원회, 제한적 심사, 새로운 세금, 위원회의 신설, 그리고 고위 공직 추첨함의 축소에 반대표를 던질 의향을 가진 사람들이 상당수였다.

마네티의 프로필
Chapter 5 Profile : Manetti

"정치란 인생 그 자체다." 이런 놀라운 주장이 피렌체 상류계층의 야심가들에게는 현실적인 지침으로 받아들여졌던 것 같다. 피렌체에서 고위 공직의 의미란 명예뿐 아니라 두려움과 아첨의 대상이 되는 것이었으니까. 이것의 확고한 정체성은 손으로 만질 수 있는 것처럼 엄연한 것이었다.

로렌초 데 메디치보다 조금 손아래였던 구이치아르디니는 "피렌체 사람으로서 참사회에 들어가 보지 못한 자는 사람 노릇을 못해 본 것이나 마찬가지"라고 말한 적이 있다. 여기서 사람이란 물론 재산을 가진 시민을 지칭하는 것이며, 그런 최고의 명예를 누리지 못하는 인생은 행위와 존재의 의미를 제 몫만큼 펼칠 수 없다는 뜻이다.[70]

참사회에 들어가 있는 두 달의 임기 동안 참사가 시 청사를 떠나는 일은 거의 없었다. 그 안에서 하인의 도움을 받으며 생활했다. 여덟 명의 참사가 가진 권위는 어마어마한 것이었다. 참사를 지낸 경험으로 그 사람 자체가 변하지 않는다 하더라도 그를 바라보는 다른 사람들의 눈길은 바뀌지 않을 수 없었다.

참사는 도시의 중요한 사람들을 모두 알게 되고, 외국인들과도 교유하며, 내부구조를 포함해 피렌체 전체와 나아가 세계를 새롭게 바라보게 된다. 그리고 이러한 식견을 좁은 범위의 사람들과 공유한다. 주요 가문 핵심인물들의 경우 흔한 일이었지만, 생애를 통해 두어 차례 이상 참사회에 들어간 사람들은 도시의 최고 요인이 되었다.

정치는 운명에 가까운 것이 되어 있었다. 서기, 직공, 학자, 기사, 막일꾼, 의사, 상인, 과부, 처녀, 화려하게 치장한 창녀, 얼굴에 경을 친 죄수 등 피렌체 사람들이 신분이나 직업을 나타내는 복장을 하던 것과 마찬가지였다.

정치에 관계하는 사람들은 대부분 특권을 가진 가문에 태어남으로써 기회를 얻게 되었다. 그들에게는 공직을 추구하고, 그 획득을 위해 필요한 모든 일들을 하는 것이 너무나 자연스러웠다. 그러므로 공직을 획득할 자격을 갖춘 사람이 노력과 처신을 올바르게 했는데도 어떤 이유에서인지 자리를 얻지 못하게 된다면 장벽과 반대를 혐오하고, '적'을 미워하며, 운명의 어두운 작용에 분노를 느끼게 될 것이다.

과두통치와 파당은 300년 가까운 세월 동안 피렌체 정계의 기본요소가 되어 있었다. 앞서 본 것처럼 한 당파가 다른 당파를 누르고 정권을 잡을 때, 집안이나 가문들이 통째로 불우한 처지에 빠지고, 정계에서 쫓겨나 추방당하는 일이 이따금씩 일어났다. 그러나 1434년 이후 코시모가 이끄는 메디치가의 영향력이 확산됨에 따라 지배적인 가문들은 권력 분배방법의 결정적 변화를 겪어야 했다. 메디치가는 엄청난 재력을 가지고 있었고, 너무나 많은 권력이 코시모에게로 기울고 있었다.

메디치가는 또한 정치투쟁에도 대단한 능력을 가지고 있었다. 조직적이고 자원이 풍부했으며, 협력자와 지지자를 끌어들이거나 매수하는 데 재능이 있었다. 그들은 여러 정부기구마다 그물처럼 짜인 협력자와 지지자들의 움직임을 조율함으로써 통제력을 발휘했다.

몇 사람의 프로필을 더듬어보면 이런 양상이 더욱 현실감을 드러낸다. 서로 다른 조명 속에 나타나는 세 인물을 통해 로렌초 데 메디치와 파치 가문의 모습을 살펴볼 수 있을 것이다. 세 사람은 각자의 증오심과 정열이 깔린 어두운 구석으로 우리를 끌어들인다.

지아노초 마네티의 프로필은 '4월의 음모'로 흘러가는 배경과 흐름을 알아보는 데 도움이 된다. 앞으로 다룰 다른 두 프로필은 이 어두운 구석을 더 깊이 살펴보게 해줄 것이다.

지아노초 마네티(1396~1459)

상인이자 은행가, 학자이자 정치가, 그리고 작가이며 번역가이기도 했던 지아노초 마네티는 이 시대의 두드러진 인물 중 하나였다. 그는 은행업과 고급직물 교역에 종사하면서 또한 고전 그리스어, 라틴어와 헤브라이어에 숙달하여 연설문, 주석, 논문, 논증, 전기, 번역문 등을 만들어냈으며, 아울러 당시 피렌체의 가장 뛰어난 외교관 가운데 하나였다. 뛰어난 라틴어 즉흥연설 능력으로 인문학자들을 무색하게 만들었으며, 학문과 지혜의 도시라는 피렌체의 명성에 공헌한 인물이었다.[71]

19세기에 그려진 이 그림은 1345년에 세워진 베키오 다리에서 본 아르노 강의 다리들과 둑을 잘 묘사했다. 지아노초 가문은 그림에서 아르노 강 건너 오른편에 위치했다.

한편으로 그는 정치계 보스들이 보기에 지나치게 독립성이 강했고, 시민들에게 모범이 되지 못하는 인물로 판명되었다. 그 결과 코시모 데 메디치의 최측근들이 메디치 과두체제의 전형적 수법으로 그를 몰락시키려 했다. 표적세금의 대상이 된 것이다.

아르노 강 건너편 산토 스피리토 구역에 자리잡은 지아노초의 가문이 14세기 초 신분상승을 시작한 계기는 일련의 연줄 좋은 결혼을 통해서였다. 은행가이자 대금업자였던 지아노초의 할아

버지가 그 가문에서 처음으로 참사회에 진출한(1358) 인물이었다.[72] 그러나 뛰어난 은행가였던 지아노초의 아버지 베르나르도는 정치적 신분을 돈으로 바꿨다고 할까? 거대한 재산을 이루는 데 전념하느라 정치에 할애할 시간이 없었는지, 죽을 때까지(1429) 별로 중요하지 않은 공직만 이따금 맡았을 뿐이다.

그 재산의 상당부분은 나폴리, 스페인, 포르투갈 등지에서 모은 것이었다. 피렌체가 유럽의 금융 수도로 여겨지던 시기에 베르나르도는 도시 최고 갑부 중 한 사람으로 알려졌다. 따라서 그 재산을 상속한 지아노초는 재산만큼은 메디치, 파치, 스트로치 등 명문가와 대등한 위치에 올라 있었다.

1421년경 스물다섯 살의 지아노초가 진지한 학문생활에 빠져든 것은 아버지의 뜻에서 벗어나는 일이었을 것이다. 그후 9년 동안 그는 성직자와 가정교사들로부터 라틴어와 고전 그리스어, 헤브라이어를 배웠다. 이 공부를 통해 그는 고대 로마의 시인들과 키케로, 그리고 아리스토텔레스 등 철학자들의 작품을 익혔다. 성 아우구스티누스의 《신국》을 거의 암송할 정도에 이르렀고, 입주 교사의 도움으로 헤브라이어를 연마하여 구약성서를 쉽게 읽을 수 있는 경지에 도달했다고 한다. 헌신적인 기독교인이며 열정적인 토론가였던 그는 유대인들을 개종시키고자 유대교가 틀렸다는 것을 증명해 보이는 글을 쓰는 데 헤브라이어 실력을 활용하기도 했다.

1429년경 마침내 서재에서 장바닥으로 나온 그가 자주 다닌 곳은 피렌체 문인들과 지식인들의 유명한 모임 장소 두 군데였다. 하나는 시청 광장 서쪽 '피사인의 지붕'이라 알려진 곳이었고, 다른 하나는 참사회관 북쪽으로 바로 뒤에 문구점들이 모여 있던 책방거리였다. 얼마 지나지 않아 그는 피렌체에서 가장 뛰어난 토론가로 명성을 얻게 되었다.

지아노초는 아버지가 죽던 그 해에 공인으로 데뷔했다. 피렌체가 극심한 재정난에 시달리고, 재산깨나 있는 집안들도 모두 과중한 세금으로 허덕이고 있을 때였다. 그의 정계 등장은 1429년 당시의 불안한 정정에 말미암은 것이 거의 확실하다. 그는 곧바로 참사회 12인 고문단Dodici Buonomini의 일원이라는 중요한 관직을 맡았다. 고문은 정부 지도자들과 지속적으로 접촉을 가지는 위치였다.[73]

재산과 언변을 겸비하고, 할아버지가 참사회원을 지낸 내력을 지닌 그는 정계에서 활동할 운명을 타고난 사람처럼 보였다. 그러나 심각한 세금 위기 속에서 피렌체의 두 정파가 격돌하던 바로 그 시점에 지아노초는 정계에서 자취를 감추었다.

그가 정계에 다시 나타난 것은 1435년이었다. 그후로는 18년 동안 사람들의 시선을 벗어나지 않는 위치에 머물면서 거의 모든 종류의 관직을 섭렵했다. 피렌체 령 토스카냐 장관, 참사회의 두 고문단(여섯 차례 근무), 여러 판무관직, 공포의 대상인 경찰 팔인회(두 차례), 대학 이사, 그리고 여러 차례의 중요한 대사직 등.

겉보기로는 그도 메디치 통치 집단의 일원으로 특권을 누리고 있는 것 같았다. 그러나 기록을 보아도 뭔가가 빠져 있는데, 바로 참사회에 들지 못한 것이다. 1, 2급 관직에는 선출되었지만 최고의 권위를 가진 자리에는 앉아 보지 못했다. 다만 통치 집단에서는 그의 애국심을 믿고 뛰어난 외교와 웅변 솜씨를 인정했기 때문에, 1445~1453년의 기간 중 시에나, 제노바, 나폴리, 로마, 밀라노, 베네치아 등 중요한 대사직을 맡겼다.

통치 집단의 핵심부에 있는 가문들은 정치를 통해 재정 면에서도 혜택을 보았지만, 파당성이 강한 피렌체의 세무 관리들은 지아노초의 재산을 사정없이 긁어갔다. 그럼에도 그는 계속 관직에 머물며 시민으로서의 의무를 충실히 이행했다. 아마 꼭대기에 있는 사람들도 양심이 있으면 언젠가 세금 문제에 적절한 배려를 할 거라는 기대도 했을 것이다.

그러나 그런 일은 일어나지 않았다. 오히려 정부는 1450년대 초, 장기간의 로마 대사직에 수반되는 비용마저 지불하기를 거절했다. 말을 열여섯 마리나 두어야 하고, 다수의 마부와 하인들도 필요하기 때문에 비용이 많이 드는 직책이었다. 어느 날 저녁 코시모 데 메디치와 마주친 지아노초는 끝내 참지 못하고 해묵은 분노를 터뜨렸다.[74]

> 오늘까지 나는 피렌체에서 누구보다도 많이 지출해 왔소. 코시모, 당신보다도 더 많이 지출해 왔소. 지금까지 나의 지출은 13만 5,000플로린에 달하고, 이 금액은 당신을 비롯해 모든 피렌체 사람들이 알고 있는 사실이요. …… 관직을 통해서든 비밀로든, 내가 국가에 불리한 행동을 한 일이 없다는 사실도 모든 사람이 알고 있소. …… 내가 도시 안에서든 밖에서든 공직에 임해 온 자세는 당신네들 모두가 알고 있을 것이요. …… 그런데 그 보답으로 내가 어떠한 대우를 받아왔는지는 당신과 정부의 모든 사람이 알고 있는 바대로요.

품위 있게 대답하려고 애쓰기는 했지만, 코시모도 이 모두가 사실이라는 것을 인정하지 않을 수 없었다. 그도 그럴 것이 이 노회한 은행가는 1450년대의 가장 중요한 세무조사에서도 "메디치가의 사업 규모를 엄청나게 축소한 신고서"를 접수시키는 데 성공한 바로 그 사람이었다. 실제 가치의 65 내지 70퍼센트를 깎아 내린 신고였다.

지아노초가 말한 13만 5,000플로린은 절반으로 접어서 보더라도(그럴 이유도 없지만) 정말 엄청난 액수다. 총액을 놓고 보면 25년간 해마다 평균 5,400플로린씩 냈다는 것이다. 그 금액의 상당 부분은 공채를 팔아서 내거나 직접 공채로 지불한 것이 틀림없다. 이 시기에 비교적 높은 법률학 교수 연봉이 350플로린 정도였으니, 지아노초가 낸 세금은 유럽 법률학의 중심지였던 볼로냐대학의 법학부 교수 열다섯 명의 급여에 해당되었다.

이런 막대한 금액을 세금으로 낸 지아노초 집안은 카스텔라니, 구아스코니, 판치아티키, 페루치, 세라글리, 그리고 일부 스트로치 사람들과 함께 이 시기 표적과세의 희생자였다. 모두 1434년 이후 수십 년에 걸친 세금과 벌금 공세로 인해 재산을 날려버린 집안들이었는데, 뚜렷하지도 않은 개인적 원한이나 정치적 보복이 그 이유였다.[75]

지아노초의 전기를 쓴 베스파시아노 다 비스티치는 친구인 그를 이상화했기 때문에 거기에 나타난 비정상적일 정도의 정직성과 봉사정신, 애국심을 그대로 받아들일 수는 없다. 그러나 대사직의 횟수와 내용 등 확인 가능한 사실들을 검토해 보면 전기 내용은 대체로 믿을 만하다.

어떤 연유로 메디치 통치 집단의 지도자들이 지아노초에게 등을 돌린 것이었을까? 1450년 프란체스코 스포르차가 밀라노 정권을 탈취할 때 코시모는 강력히 지지한 데 반해 그는 미온적인 태도를 보인 것, 베네치아 공화국과 긴밀한 관계를 추구한 것은 증거로 나타난 사실이다.

1449년에 지아노초는 네리 카포니, 그리고 코시모의 아들 피에로와 함께 베네치아에 사절로 간 적이 있다. 그때 그는 베네치아와의 급격한 외교관계 단절을 겨냥한 코시모의 고압적 원격조정을 묵살해 버릴 생각이었다. 그의 외교적 입장이 균형을 추구하는 온건한 것이었기 때문이다. 그런 생각을 이야기하자 카포니가 대뜸 이렇게 대꾸했다. "나는 사자(코시모)랑 씨름하는 걸 좋아하지 않습니다. 하고 싶은 일이 있으면 당신 혼자 알아서 하세요. 나는 피렌체에서 쫓겨나고 싶지 않습니다." 결국 지아노초도 굴복하고 말았다.[76]

그러나 통치 집단과의 불편한 관계는 사실 1430년대까지 거슬러 올라가 외교정책에 대한 이견이 나타나기 훨씬 전부터의 일이다. 때문에 문제를 다른 데서 찾아보지 않을 수 없다.

베스파시아노는 지아노초의 적들이 인품과 애국심, 지적 능력, 그리고 (암시적으로) 재산에 질투심을 가졌던 것이라고 거듭 주장한다. 이 주장을 보다 합리적으로 들리도록 바꿔서 말할 수 있다. 인문학자인 지아노초의 무엇인가가 통치 집단의 핵심 인사들을 불편하게 만든 것이다. 그는 권력자들에게 경의를 갖고 있지 않았으며 자기 생각을 그대로 말하는 성격이었다. 자기 멋대로 살 수 있는 재산을 가진 그는 후원의 그물에 깊이 끼어들거나 파워 브로커 노릇을 자주 하지 않았으므로 '정치성'이 약했다. 그래서 자주성이 너무 강하다는 의심을 받은 것이다.

달변과 학식, 그리고 뛰어난 외교관으로서의 명성이 이탈리아 전 지역으로 퍼져나가던 시절, 피렌체 통치 집단 일부 영도자들과 지아노초의 불편한 관계가 극에 달했던 사실은 코시모에게 분통을 터뜨린 데서 알 수 있다. 베스파시아노는 코시모의 심복인 루카 피티가 "세금 공세로 마네티를 무너뜨린 장본인"이었다고 지적한다. 루카를 일차 혐의자로 볼 수도 있다. 그러나 메디치파의 통치는 단체경기였지, 개인경기가 아니었다. 대사직에 드는 비용을 보상하지 않은 것과 마찬가지로 표적과세에는 집단행동이 필요했다. 더불어 그런 표적과세가 그토록 오래 기간 효과적으로 계속된 데는 팀의 주장 코시모의 개입 없이는 불가능한 일이었다.[77]

근래에도 메디치가가 지아노초를 박해한 책임을 벗겨주려는 연구가 있었지만 설득력이 부족하다. 1453년 절망에 빠진 인문학자는 피렌체에 머무르다가는 재정파탄을 피할 수 없겠다고 생각하고 로마로 옮겨갔다. 그러자 통치 집단은 경악에 빠졌다. 그의 행동이 자기네에 대한 비난이라고 인식한 참사회는 최후통첩을 보내 열흘 내에 출두할 것을 요구하고, 추방 경고문을 시청 광장과 구 시장과 지아노초의 집 앞에 붙여놓았다. 이웃들을 비롯한 시민들이 놀랐을 것은 의문의 여지가 없다. 정부는 그에게 안전통행증조차 발급해 주지 않았다. 피렌체 영토에 발을 딛는 순간 체포될 수 있다는 사실을 알린 셈이다.

그의 유일한 죄목은 —그나마도 성립이 되지 않은 것이지만— 자기 책 《인간의 훌륭함과 존엄함에 관해》를 헌정함으로써 피렌체의 주적主敵인 나폴리 왕 알폰소에게 협력했다는 것이었다. (사실 피렌체와 알폰소 왕의 관계는 변덕스럽게 오락가락하고 있었다.) 데드라인 하루 전 참사회에 출두한 지아노초가 무릎을 꿇고 자신의 행위를 해명하자 참사회원들도 모두 눈물을 흘렸다고 베스파시아노는 전한다.

놀랍게도 얼마 지나지 않아 지아노초는 매우 높은 관직인 국방

십인위원회에 선출되었다. 십인위원회는 전시에는 참사회보다도 더 큰 권한을 가지는 막강한 기구였다. 그러나 피렌체가 어떤 곳인지, 그 후원의 그물이 얼마나 질긴 것인지 알 만큼 아는 지아노초는 짧은 기간 십인위원회에서 근무한 후 필요한 사직 절차를 밟고 현명하게도 다시 도시를 떠났다.

알폰소 왕과 교황 니콜라스 5세의 보호를 기대할 수 있었기에 마음 놓고 떠났던 것이다. 그 자신이 학자였던 교황 니콜라스 5세는 낮은 신분의 성직자 시절 지아노초와 피렌체에서 교분을 나누던 사이였다.

지아노초가 알폰소 왕에게 존경심을 표한 것이 자신의 공화국에 불충한 짓이었을까? 그가 산 시대는 그 다음 세기(16C)처럼 '이념의 시대'가 아니었다. 이탈리아에는 공화정을 행하는 국가뿐 아니라 왕정을 행하는 국가들도 있었다. 어느 군주에게 생활을 의탁한다면 누구든 그 군주를 칭송하고 왕정의 이념을 찬양하는 것이 당연한 일이었다. 공화국 출신의 사람도 마찬가지였다. 이것이 르네상스 시대 지식인과 정치가들의 일반적인 태도였다는 사실이 카스틸리오네의 *The Courtier*에도 증언되어 있다. '반역'은 커녕 불명예스러운 행동도 아니었던 것이다.

피렌체에서는 자신의 운을 되돌릴 길이 없음을 깨달았을 때, 지아노초가 나폴리 대사로 재직 시 자신을 높이 평가해 준 알폰소 왕에게 우호적인 태도를 표하며 왕정을 찬양하는 헌사를 지은 것은 자연스러운 일이었다. 이것은 공화국 피렌체에 대한 충성을 손상시키는 행동이 아니었다. 당시의 관례로는 왕정을 찬양하는 행위가 공화국에 대한 충성심과 배치되지 않았다.

지아노초의 라틴어 스타일은 대단히 정교하고 치밀해서 이것을 체질적으로 시민보다 신하에 들어맞는 표증으로 보는 사람들도 있다. 그는 웅장한 문장구조를 좋아했는데, 그 화려하면서도 균형 잡힌 문체는 권력자를 찬양하는 데 쓸모가 많았음이 틀림없다. 그러나 이는 그리 놀라운 일이 아니다. 여느 인문학자나 마찬가지로 그 또한 달변의 기술(수사학)에 조예가 깊었으며, 그 기술을 유용하게 써먹는 방법을 알고 있었을 뿐이다.[78]

다만 그는 이 기술을 중요한 대사직을 따내는 데 썼을 뿐, 자신의 금쪽같은 문장을 통치 집단의 보스들로부터 호의를 얻기 위해 이용하지는 않았다. 피렌체 내에서만큼은 공화주의자였던 그는 동급의 동료에게 쓰는 어조와 문체만을 사용한 것이다.

1450년대에 그가 코시모 데 메디치의 아들 피에로에게 쓴 몇 장의 편지 중에는 메디치가에 좋은 일을 하고 싶다는 뜻을 밝힌 것이 있다. 그러나 15세기의 기준으로 보면 오늘날 사람들이 받을 느낌과 달리 열정을 담지 않은 편지들이다. 거기에는 진정한 호의나 아첨이 들어 있지 않다.[79]

당시 관행은 대립이 명백하게 드러나지 않은 상황에서 쓰는 편지에는 호의가 넘치고, 심지어 아첨의 말도 들어가는 것이 정상이었다. 외교문서만이 아니라 개인 간의 편지도 그러했다.

메디치 사람들은 아첨을 당연한 것으로 받아들였지만, 지아노초는 자존심을 지켰던 것이다. 아무리 정계에서의 비중에 차이가 있다 하더라도 도덕적 의미에서 윗사람이 없다는 생각을 저버리는 일이 없었다.

피렌체에서 코시모의 막강한 권력을 염두에 두면 지아노초가 로마에 있든 나폴리에 있든, 본국의 정치 지도자들의 요구를 거부한다는 건 미친 짓이었을 것이다. 가족들과 친구들이 피렌체에 있었고, 언젠가 그의 아들이 참사회에서 일할 수도 있었다. 그래서 그는 피렌체의 재산을 유지했다.

백발의 지아노초가(그는 서른 살 때부터 머리가 희었다고 한다) 가졌던 근본 문제는 상대방이 원하는 게임에 동참하지 않은 것, 무릎을 굽히지 않으려 한 것, 똘마니 노릇을 거부한 것이었다. 이것이 도덕적으로 뛰어난 인격을 보여주는 것일지 몰라도, 통치 집단이 보기에는 오만하고 비타협적인 태도였다. 다른 곳에서는 몰라도 메디치가가 주무르고 있던 피렌체에서는 이것만으로도 파멸을 위한 충분조건이 될 수 있었다.

파치가 사람들은 게임에 참여하고 무릎도 (얼마간은) 굽혔다. 1470년경, 비운의 세대가 등장하기 전까지는 그랬다. 그러나 결국 그들은 위대한 로렌초와의 사이에 금을 그었다.

파치 가문
Chapter 4 The Pazzi Family

    이 장의 재무 관계 내용을 훑어보는 독자들은 피렌체의 유산계층이 장부 관리에 매우 까다로웠다는 사실을 염두에 두어야 할 것이다. 그들의 일상은 장사, 투자, 이익, 조세 회피, 그리고 정치의 열정으로 채워져 있었다. 피렌체인의 세계관에서는 이것들이 중앙에 자리 잡고 있었고, 하느님과 내세에 대한 신앙이 어색한 대로 그 둘레에 어울려 있었다. 가정의 가부장적 관념 역시 온갖 생각과 감정이 뒤얽힌 이 도가니 안에서 하나의 자리를 차지하고 있었다.

유래

    제1차 십자군 전사들이 1088년 예루살렘 성벽을 기어오를 때, 가장 먼저 꼭대기에 오른 사람이 파초 파치라는 이름의 피렌체 출신 용사였다. 그 용맹으로 그에게 주어진 포상은 성묘聖墓에서 나온 것이라는 세 개의 조그만 돌멩이였다. 200년 가까이 지난 후 프랑스 기사들의 부대에 또 하나의 파치라는 사람이 성지 전투에서의 공훈에 대한 포상으로 프랑스 왕에게 방패를 하사받았다.[80]

    가문의 영웅적 유래를 증명하기 위해 파치 사람들은 피렌체의 부활절 축제를 보라고만 하면 됐다. 거룩한 토요일에 신자들의 부활절 초에 붙여주는 '성화'는 1차 십자군 전사 파치가 피렌체로 가져온 돌멩이를 부딪쳐 채화하는 것이었다. 성화를 담은 소달구지는 파치 집안사람들에 이끌려 대성당 맞은편의 산 조바니 세례당으로 옮겨졌다. 그런 다음 각 집을 돌며 한 번씩 멈춰 서서 예식을 올렸다.[81]

프랑스의 한 공작가에서 파생한 파치 가문의 문장은 청색 바탕으로 아홉 개의 십자가 사이에 초승달과 성가퀴, 두 마리 돌고래를 그린 것이었다. 기독교 신앙을 위한 전쟁이 가문의 상징이었던 것이다. 1460년대 후반에서 1470년대 초반에 걸쳐 지어진 파치 궁전의 우아한 창문과 기둥은 성화를 나눠주는 등잔이나 단지, 그리고 부풀어 오른 돛 같은 상징들로 장식된다. 앙주의 군주인 르네와의 관계, 그리고 해외교역에 종사하는 사실을 나타내는 것이다.

파치 사람들에게는 가문의 유래에 관련된 이야기를 써먹는 것이 즐거운 일이었다. 그들뿐 아니라 많은 피렌체 사람들도 그 이야기를 그대로 믿었음이 분명하다. 그러나 돌멩이에 관한 설화는 14세기에 이르러서야 출현한 것이었다. 파치 가문이 오랫동안 부활제 달구지와 맺어져 있던 사정에서 비롯된 것으로 보이는 그 이야기가 자라난 경로는 명확하지 않다. 가문의 조상들 중 프랑스 영주들의 부대에 끼어 성지에 출정한 이들이 있었던 것은 거의 확실해 보인다.

파치가는 12세기 중엽 이전에 정계의 유수한 가문이 되었고,

발다르노의 파치 봉건영주 가문과 갈라선 후 13세기에는 그 깃발이 부활제 토요일의 두드러진 자리에 꽂히게 되었다. 오랜 역사가 가문의 권위를 만들어주었다. 그러므로 그들이 지역의 일화에 등장하는 것도 놀라운 일이 아니다. 단테의 《신곡》에 등장하는 명사들 중에도 지옥에서 폭력과 변절에 대한 죄값을 치르는 파치가의 두 사람이 나온다.[82]

실제로 단테의 시대였던 1300년경 피렌체의 백파와 흑파 사이에 벌어진 참혹한 정치투쟁에서 파치 사람들은 귀족적 성격이 더 강한 흑파 지도자들 편에서 움직이고 있었다. 그리고 14세기에 그들은 구엘프 당이라고 불린 통치 집단의 우파와 긴밀하게 맺어져 있었다.[83] 1378년 노동자 폭동 때는 파치 가문 집들이 불태워지기도 했다.[84]

거의 모든 세대에서 기사를 배출할 정도로 파치 가문은 기사 작위의 오랜 전통을 자랑했다. 여기서 피렌체에서 기사 작위가 과연 어떤 의미를 가진 것이었는지 살펴보자. 피렌체에서는 13세기부터 신분과 관계없이 기사를 명예 칭호로 만들어 한미한 출신의 사람들에게도 수여하기 시작했다. 오래된 귀족층에 대한 도발적인 조치라고 볼 수 있다.[85]

그러나 군주나 영주가 칼로 어깨를 건드려주는 예식을 통해 수여되는 기사는 언제나 최대한의 명예를 가지는 신분이었다. 피렌체에서는 참사회에서 예식을 거행했는데 주로 뛰어난 대사들, 부유한 은행가들, 정치 지도자들, 그리고 훌륭한 연줄을 가진 사람들이 수여 대상이었다. 복식을 규제하는 법률에서도 기사와 그 부인에게 더 화려한 옷을 허용했고, 모든 공식석상에서 특별한 자리를 차지했다.

번잡한 것을 싫어하는 코시모 계열의 메디치가 사람들은 이 명예를 회피했지만(로렌초는 '로렌초 경'이 아니었다), 파치가 사람들은 가문의 전통대로 매우 중시했다. 15세기 들어 철저한 은행가와 상인으로 활동하면서도 파치가 세 사람이 작위를 받았다. 안드레아 디 굴리엘미노 경과 그의 두 아들 피에로 경, 자코포 경이었는데 이들 중 자코포는 1478년의 음모로 교수형을 당한 인물이다.

가문의 초기 역사를 돌아보며 파치 사람들은 자랑스러운 가문의 유래가 정치적으로는 멍에로 작용한다고 여겼음이 틀림없다. 13세기 말 확대되고 있던 '부르주아' 계층은 파치 가문을 비롯한 10여 가문을 '거족magnati'으로 규정, 도시의 중요 통치기구에서 배제했다. 이 거족들은 길거리에서 오만한 태도를 취하고 심지어 무법자처럼 행동했기 때문에 '인민'의 적으로 간주되었다. 1430년대, 안드레아 디 굴리엘미노의 세대에 와서야 파치 사람들이 중요 통치기구에 다시 들어가기 시작했다.

봉건시대 이래의 전통과 무사 집안으로서의 품격을 지니기는 했지만, 파치 사람들은 13세기 중엽부터 이미 은행업에 종사하고 있었다. 그 무렵에는 (추측컨대) 장남이 아닌 아들들이 전통의 틀을 깨고 뛰쳐나와, 처음에는 처갓집 사람들 같은 친지들이 경영하는 조그만 회사나 은행에서 수련을 받았을 것이다. 1300년경에는 '피렌체 양모 무역상 조합' 명단에도 파치 사람들의 이름이 나타난다. 피렌체의 큰 은행 대부분은 원래 무역상에서 출발한 것이었다.[86]

13세기 초두에 파치 사람들은 피렌체의 고액납세자 명단에 근접하지 못하고 있었다. 오래된 가문들이 흔히 그랬던 것처럼 파치 집안도 시골에서 지내는 사람들이 많아서였을지 모르지만, 시내에 웬만치 재산이 있었다면 세무 관리들의 날카로운 눈길을 피할 수 없었을 것이다. 그 시점에서 파치 집안의 가장 부유한 사람들은 폴도의 상속자들이었는데, 자기네 구역인 산 조바니의 납세자 명단에서 80위를 차지하고 있었다.[87]

	반면 1380년대 소년기에 수련을 거친 안드레아 디 굴리엘미노 데 파치(1371~1445)는 벌써 거대한 재산을 쌓아나가는 길을 걷고 있었다. 1399년 바르셀로나에 자리 잡은 이 사업가는 주로 은행업과 직물 무역에 종사했다. 후에 피렌체로 돌아와 정착할 때 안드레아는 아들들에게 공직 진출의 길을 열어주기 위해 '평민 popolano'이 되기로 결정하고, 개인법안을 통해 '거족'의 법적 신분을 반납했다. 법안 청원 시 그는 소년 시절부터 상업에 종사해 온 사실을 확인하면서, 사업의 평판을 지키기 위해 가문의 이름과 문장을 그대로 사용하도록 허락해 줄 것을 탄원했다. 거족 신분의 반납을 규정한 법률에는 원래 신분과 함께 이름과 문장도 바꾸도록 되어 있었으나 이 청원은 그대로 승인받았다.[88]

	파치 가문의 저명한 지파를 창설한 안드레아는 1427년, 피렌체의 가장 부유한 구역인 산 조바니에서 고액납세자 순위 6위 자리까지 올랐다. 그가 신고한 순자산은 3만 1,000플로린으로 국제은행을 꾸리기에 충분한 규모였다. 재산 못지않게 대단한 연줄도 갖게 된다. 1442년 9월, 나폴리 왕위 요구자이기도 한 앙주의 르네 왕이 안드레아의 집에 얼마 동안 손님으로 머물렀다. 그 프랑스인 군주는 그때 안드레아에게 기사 작위를 수여하고, 갓 태어난 안드레아의 손자(레나토)에게 자기 이름을 세례명으로 하사했다.[89]

기사가 된 안드레아 경은 1443년 1월 산타 크로체 수도원성당의 자기 방에서 교황 유게니우스 4세에게 점심을 대접했다.[90] 그 방은 이미 공사가 진행되고 있던 파치 예배당 위에 있었다. 그 시점에 교황은 마침 4,000플로린이라는 거액을 파치 은행에 맡겨놓고 있었다.[91]

사업과 은행

1478~1480년 파치 세력을 분쇄하는 데 동원된 수단과 방법을 이해하려면 우선 파치 가문에서 벌이고 있던 사업의 윤곽을 파악할 필요가 있다. 1427년에 신고된 안드레아의 재산은 토지, 농장, 가옥, 공채 지분, 사업자본 등으로 구성되어 있었다. 총액 중 16퍼센트가 공식적인 부동산 형태의 자산이었고, 나머지는 상업 자산이었다.[92]

하지만 당시 피렌체의 사업 관행대로라면 그의 재산 중 실재 부동산 자산은 신고한 규모보다 컸을 것이다. 그로부터 불과 4년 후 정부가 안드레아의 피렌체 은행에서 5만 8,524플로린을 국방채권으로 대출받았다. 이런 식의 대출을 제일 많이 해준 은행은 코시모 데 메디치의 회사로, 대출액이 15만 5,887플로린에 달했다.

안드레아의 순자산 목록으로 현존하는 최초 문서(1427)에는 뛰어난 상인이자 은행가로서 그의 행적이 잘 나타나 있다. 그는 여러 회사를 각각 다른 동업자들과 공유하고 있었고, 각각의 회사

15세기 피렌체 화가 니콜로 디 피에트로가 성 마테오의 이야기에 나오는 은행원을 묘사한 그림.

는 별개의 사업체로 운영되고 있었다. 여러 사람의 이름으로 등기되었지만 그를 선임출자자로 하는 일곱 회사가 피렌체, 피사, 로마, 바르셀로나, 아비뇽, 몽펠리에, 각기 파리에 본사를 두고 있었다.

은행업이 주력 분야이기는 했지만 그밖에도 고급 직물 무역, 해운, 보험, 그리고 프랑스의 염세 사업에도 손을 대고 있었다. 당시 파손되어 처분한 갤리선 네 척의 선임출자자이기도 했던 안드레아는 프랑스 왕실의 소금 전매에도 지분을 가지고 참여했다.

대금의 할인액을 선불로 지불한 다음 소금을 작은 단위로 나누어 판매하는 것이었다.

피렌체에서 안드레아는 한 비단 회사의 대지분을 가지고 있었다. 그 회사의 등기상 대표 오르마노 데글리 알비치의 아버지는 영향력 있는 정치가 리날도 경으로, 후에 코시모 데 메디치의 공적 제1호가 된 사람이다. 오르마노 역시 아버지처럼 추방상태에서 인생을 마무리하게 된다.

알비치 집안과의 동업은 최소한의 우정에 근거를 둔 것이었지만, 안드레아가 그 때문에 메디치가와의 사업상 접촉이나 협력을 꺼리지는 않았다. 그의 피렌체 은행 예치금 중에는 코시모의 은행에서 예치한 금액이 5,000플로린 가까이 되었다. 이는 안드레아가 메디치가의 돈을 더 높은 이율로 재투자하고 있었다는 사실을 보여주는 것이다. 이것만으로도 그가 얼마나 연줄이 많고 신뢰를 받았는지 알 수 있고, 또 메디치가와 관계를 계속 유지하려 했음을 짐작할 수 있다.

피렌체 정부에 대한 특별 대출은 지역의 주요 은행들이 서로 분담하였다. 1427년 피렌체의 '은행 관리'들이 (결국은 시 정부가) 안드레아에게 벌써 6,864플로린을 대출받았다. 그후 몇 년 동안 안드레아는 코시모와 함께 시내의 다른 은행가들에 앞장서서 정부에 돈을 빌려주었다.

한편, 바르셀로나와 피사의 회사들은 견직물 도매 사업을 하고 있었다. 바르셀로나의 회사는 당시 열다섯 살이던 안드레아의 아들(안토니오)과 같은 도시 사람 프란체스코 토싱기의 이름으로 등기되어 있었지만, 피사의 회사는 안드레아 자신의 이름으로 등기되어 있었다. 비스도미니 가문에서 파생된 토싱기 집안은 파치 가처럼 봉건귀족 출신이었는데, 두 집안 사이에 인척관계가 있었던 것으로 보인다.

흥미로운 사실은 두 회사가 모두 은행업도 겸하고 있었다는 것이다. 대출과 투자 사업이었다. 늘 같은 이름으로 등기된 것은 아니었지만, 2년마다 등기를 갱신한 바르셀로나의 회사는 1417년 안드레아가 피렌체 정계의 유력 가문 출신 동업자 지롤라모 구아스코니와 함께 설립한 것이었다.

로마에서 안드레아의 사업은 피렌체 사람인 프란체스코 보스콜리의 이름으로 등기된 은행을 거점으로 펼쳐졌다. 보스콜리는 3분의 1의 지분을 가지고 은행을 운영했는데, 지역의 금융 업무를 수행하는 외에 북유럽의 교회 자금을 교황청으로 옮겨오는 사업을 한 것이 거의 확실해 보인다.

몽펠리에와 파리의 회사들은 다소 그림자에 가려져 있다. 다만 안드레아가 이 회사들을 통해 두 명의 사촌과 관계를 맺고 있음은 짐작할 수 있다. 소규모 은행으로 세워진 이 회사들은 아비뇽의 회사와 마찬가지로 프랑스의 세금 중 가장 실속 있는 염세 사업에 참여한 주체들일 수 있다. 그러므로 파치 가문이 프랑스에서 벌인 사업을 모두 합치면 상당한 규모였다. 안드레아는 왕 샤를 7세와도 아는 사이였고, 프랑스에서 사업은 그 가문이 가진 프랑스 쪽 연줄이 이어지고 있었음을 보여준다.

다방면에 걸친 안드레아의 사업은 더 큰 배경 내지 틀에 맞춰 살펴볼 필요가 있다. 피렌체는 15세기 초 유럽 금융업의 중심지이기는 했지만, 피렌체 경제가 정말 좋았던 시절은 1348~1349년의 흑사병 사태 이전이었다. 따라서 피렌체의 금융업은 과거 어느 때보다도 로마, 바르셀로나, 브루제, 아비뇽, 제네바 등 외지의 사업과 함께 수준 높은 기술을 요하고 있었다. 피렌체 경제의 보석이라 할 수 있는 직물 무역, 특히 높은 경쟁력을 갖춘 견직물 사업에서도 새롭고 더 적극적인 전략이 필요하였다. 이런 상황이었기에 메디치, 파치, 스트로치 등 피렌체 사업가들의 성공이 더욱 돋보이는 것이다.

그러나 당시에는 장부가 갖춰져 있지 않았던 때라, 파치 가문의 은행업과 무역 사업의 수익내역을 정확하게 파악할 수 없다. 피렌체의 납세신고서에 대출이자나 예치금을 명시하는 일은 별로 없었다. 이처럼 신고서에 좀처럼 명시되지 않는 사항이 또 하나 있었는데, 금은괴를 정기적으로 한 지점에서 다른 지점으로 옮기는 일로 이는 당시 대규모 은행들의 일반적 사업 중 하나였다. 파치 회사들은 금은괴 운반에 당나귀 떼나 플랑드르 갤리선을 이용했다.[93]

1429년 9월 한 마르세유 부근의 항구 포르 드 부에 기항한 피렌체의 갤리선 한 척이 안드레아 데 파치 은행 소유의 은괴 네 개를 싣고 잉글랜드 또는 플랑드르로 향했다. 1440년에는 안드레아 자신이 선주 또는 선임출자자로서 갤리선에 타고 항해를 지휘했다. 이 무렵 그의 큰 아들 안토니오는 다른 갤리선을 타고 바르셀로나, 발렌시아, 사우샘프턴 등지로 항해하고 있었다. 안토니오는 1442년에도 갤리선을 탔고, 후에 음모자가 될 막내 동생 자코포 역시 그 사우샘프턴으로 가는 배에 올랐을 때 항해를 지휘하는 간부였을 것으로 추측된다.

1460년대에도 자코포는 여러 차례 갤리선을 빌려 쓴 것으로 보인다. 1473년에 피렌체의 갤리선을 지휘한 그의 조카 조바니는 포르 드 부, 바르셀로나와 발렌시아를 거쳐 포르토 피사노로 돌아왔다. 연대기 작가 데이의 기록에 따르면 그 해에 메디치가와 파치가, 카포니가의 회사들은 15만 플로린의 짐을 리용과 아비뇽에서 받았다고 한다.

파치 사람들은 3대에 걸쳐 지속적으로 상품과 금은괴의 대규모 국제운송에 종사했다. 이는 무역과 은행업에서 최고의 이익을 얻을 수 있는 분야였다. 그 무렵 베네치아 사람들의 추산으로 장거리 운송은 "투자자본의 40퍼센트에 달하는 연간 수익"을 올리는 사업이었다.[94]

수익률이 낮은 지역 내 일반 금융 업무에 종사하는 피렌체 은행업자는 신시장에 있는 자기 창구에 앉아 고객의 예치금을 접수, 인출하는 일을 했다. 정기예금에는 연간 8퍼센트의 이자가 기본이었다. 은행에서 더 높은 이자를 받기는 어려웠다. 반면 대출에는 보통 12퍼센트에서 30퍼센트 사이의 이자가 붙었고 그 이상인 경우도 있었다.

1455~1459년에는 메디치가나 파치가의 은행보다 규모가 훨씬 작은 로마의 캄비니 은행이 연평균 30퍼센트의 이익을 올렸다. 그런데 피렌체에서는 1460년대에 연평균 62퍼센트, 1470년대에 연평균 42퍼센트의 이익을 올렸다. 이런 시기에는 금은괴 운송의 이익도 높았을 것이 틀림없다.

무역의 균형이 완벽하게 잡혀 있다면(유토피아에서나 가능한 일이겠지만) 금은괴를 수송할 필요가 없을 것이다. 그러나 그런 필요가 계속해서 발생했기 때문에 메디치가나 파치가 같은 국제 금융업자들이 동전과 금은괴를 육로나 해로로 운송해서 이익을 얻을 수 있었다.

먼 거리를 사이에 두고 행하는 거래에 통상적으로 사용된 것이 이른바 환어음이었다. 큰 은행과 먼 곳의 거래자 사이에 주로 사용된 지불 약속 문서다. 예를 들어 피렌체에서 은행과 지불자 간에 발행한 환어음이 목적지인 브루제에서 그곳의 통화로 지불되도록 약정하는 식이었다. 문서에는 지불 금액과 기일이 명시되었다. 50플로린에 해당하는 브루제 화폐를 발행일자로부터 90일 후에 어느 회사가 명시된 수령인에게 지불한다는 내용이다.

거래에 따른 수수료 외에 환차익도 얻을 수 있기 때문에 은행에게는 대부분 이익이 되는 거래였다. 물론 환율은 늘 변동하는 것이었고, 지불 기일까지의 기간에 손해의 위험이 따랐다. 이 위험을 핑계로 고리대금 수준의 이득을 정당화했던 것이다. 따라서 이런 사업에 종사하는 은행가나 그 직원들은 화폐시장의 전문가가 아니면 안 되었다.

안드레아의 사업 활동을 훑어보면서 여러 회사들이 각각의 이름과 자본금을 가지고 있었다는 사실을 앞에서 지적했다. 여러 해가 지난 후 4월의 음모 여파 속에서 수사관들은 이 회사들의 독립성을 인정하지 않으려 한다. 파치가의 '모든' 재산을 몰수하는 것이 4월의 '반역'에 대한 정당한 처벌로 인식되면서, 반역자 집안의 창설자인 안드레아까지 보복에 휘말리게 된 것이다.

그런 사태를 예견이라도 한 듯 안드레아는 회사들이 서로 다른 명의를 가지도록 각별히 애썼다. 이는 무엇보다도 책임을 유한적인 것으로 만들기 위한 그의 의식적인 노력을 보여준다. 하나하나의 회사가 별개의 법인체ragione인 셈이었다. 파치 회사 가운데 하나가 도산할 경우 그 회사 출자자들의 책임으로 그치는 것이다. 예를 들어 아비뇽에 있는 은행은 안드레아의 두 아들, 즉 사생아인 열세 살의 굴리엘모와 열한 살의 피에로 사이의 동업계약 형식으로 세워져 등기되었다. 책임을 분산하고 제한하려는 의도 외에는 이런 구분을 이해할 길이 없다.

이런 방침은 1429년 안드레아가 아직 성년이(피렌체에서는 열여덟 살이었다) 되지 않은 아들들을 법적으로 부권으로부터 풀어놓은 사실에서도 알 수 있다. 아들들이 자신과 구분되는 법률상, 재산상의 지위를 가지도록 하려는 시도였는데, 당시 막내아들 자코포는 일고여덟 살에 불과한 어린애였다.[95] 메디치 은행도 이와 비슷한 방식으로 조직되었다. 큰 지점들이 법률적으로는 모두 독립된 사업체로 움직였다. 따라서 도산한 회사에 채권자들이 어떤 조치를 취할 수 있는가 하는 문제는 법률적으로 매우 복잡한 문제가 되었다. 이런 문제를 주로 다룬 피렌체의 상업재판소Tribunale di Mercanzia에서는 아직 형성단계에 있던 상법의 불확실한 구조로 인해, 이익을 다투는 사람들 사이에 정치적 신분과 권위가 크게 작용할 수밖에 없었다.

따라서 1478년 파치 세력에 대한 반격에 나선 로렌초 중심의 통치 집단이 파치 집안 회사들의 상호독립성을 사기성 짙은 허구라고 주장하게 되는 것은 피할 수 없는 일이었다. 간판은 각각이지만 그 뒤에서 형제와 사촌들이 말하자면 한마음 한몸으로 움직인 것이므로, 그중 두 명(프란체스코와 자코포 경)의 죄악에 온 집안의 재산이 (그리고 못된 생각이) 개입하지 않을 수 없었으리라는 것이다. 요컨대 책임을 구분하고 제한하여 각자를 보호하려던 원래 의도를 묵살하고, 파치 집안 회사들을 몽땅 합쳐 하나의 회사처럼 취급한 것이다. 그것이 약탈과 타도를 위해 편리한 관점이었기 때문이다.

안드레아의 납세보고서를 보면 파치 집안 내의 한 회사가 다른 회사를 불량채무자로 규정하여 결손으로 처분한 사례가 있다. 구아스코니와 동업한 회사가 그 예로 채무회사가 적자에 빠지거나 폐업에 들어갔기 때문이다. 이것은 책임의 구분이 명확히 적용된 것이다.[96] 그러나 안드레아의 회사들이 부분적으로 상호투자 관계로 얽혀 있었던 사실 또한 분명하다. 아비뇽의 회사는 안드레아의 피렌체 은행에 1,000플로린 이상 예치하고 있었다. 또한 은행은 바르셀로나의 견직물 회사에 9,000플로린 이상 투자해 놓고 있었다. 아울러 보스코니 명의의 로마 은행은 피렌체 은행에 2,800플로린 가량을 예치해 놓고 있었다.

안드레아는 다변화를 통해 대출금과 투자금을 보호했다. 그는 피렌체 은행을 통해 3,000플로린 이상의 금액을 브루제의 보로메이(피렌체) 은행에 예치해 놓았다. 그리고 견직물과 모직물, 심지어 고급 중고 의류까지 여러 분야의 사업에 많은 대출을 해주고 있었다.

그러나 1430년경에 이르러 그의 가장 큰 채무자는 피렌체 정부였다. 당시 정부는 가장 수익성 높은 투자대상이었는데, 이는 그의 경쟁자이며 협력자였던 코시모 데 메디치도 알고 있던 사실이다. 1429~1432년에 피렌체의 전쟁공채 이율은 연 15퍼센트 이

하로 떨어진 적이 없었고, 그후에는 60퍼센트, 심지어 100퍼센트까지 올라가게 된다. 메디치가에서 15만 6,000플로린, 파치가에서 5만 8,500 플로린이라는 정부에 대한 어마어마한 대출 규모를 놓고 보면, 적어도 그 기간 동안 두 집안의 부의 원천이 어디에 있었는지 짐작할 수 있다.

안드레아의 집들이 피렌체 시내에서 차지하고 있던 위치도 그의 후광에 보탬이 되었다. 자랑스러운 옛 시가지 한가운데자리 잡은 그 집들은 4월의 음모 때 목표 장소에 가까이 있었다. "파치 네거리"라 불리는 교차로 근처인 이 지점에서 서북쪽으로 90초 정도 걸어가면 대성당이었고, 참사회가 위치한 '성채'는 서남쪽

으로 2분이 걸리지 않았다.

안드레아의 본가는 산 프로콜로와 산타 마리아, 두 교구 교회 사이에 자리하고 있었다. 파치 저택, 파치 정원이라고 불리는 다른 집들은 그로부터 동쪽과 남쪽 방향으로 뭉쳐서 들어섰다. 옛날의 산 피에르 마지오레 대로(데글리 알비치 대로를 말한다)와 지금의 판돌피니 거리 사이의 구역이다. 파치 가문이 이 일대에 거주한 것은 1390년대까지 대로 북쪽에 살던 시기를 포함해서 200년이나 되었다.[97]

그렇다면 파치 집안이 주 예배당을 산 피에르 마지오레 교회에 둔 것도 이해가 가는 점이다. 그 교회에 세 개의 예배당을 가지고 있는 알비치 가문이 선임 후원자인 셈이었다. 안드레아가 영면의 장소를 좀더 동남쪽으로 치우친 이탈리아에서 가장 유명한 프란체스코회 교회인 산타 크로체 교회에서 찾은 것도 그 때문이었다. 부유한 은행가들은 프란체스코회 탁발수사들을 가까이 하는 일이 많았다. 고리대금업에 종사한다는 가책을 조금이라도 느끼는 사람이 죄책감을 씻어내는 데 이 수사들이 도움이 되었다.

피렌체의 모든 재산가들처럼 안드레아도 주변 시골에 농장과 가옥들을 소유하고 있었다. 그의 납세신고서에는 열세 곳이나 되는 농장, 100필지 가까운 토지, 그리고 십여 채의 가옥이 기록되어 있다. 이 가옥들에는 주로 농장에서 일하는 농민들이 거주했다.[98]

그러나 이들 부동산을 시세로 평가하면 모두 합해 5,000플로린을 겨우 넘을 정도에 불과했다. 농촌 재산과 상업 재산 사이의 가치 격차가 여실히 드러나는 금액이다. 피렌체 도시의 부가 인근 시골을 압도하고 있었던 것이다. 토스카냐 시골이 몽땅 도시 상류층의 소유물이 된 이유도 쉽게 이해할 수 있다. 생존 차원의 경제 수준에 매달려 있던 농민들의 임금은 형편없이 낮았다. 1466년과 1478년의 정치적 위기상황에서 메디치 세력이 쉽게 매수할 수 있는 농민들을 대거 도시 안으로 끌어들인 일은 여러모로 봐도 타당한 사실이다. 이 사실에 관해서는 나중에 이야기할 것이다.

1478년을 향해

1420년대 이후 반세기에 걸쳐 안드레아에서 그 아들들로, 다시 1478년 당시 비운의 세대로 넘어가는 동안 파치 가문의 재산 상황이 어떻게 변해갔는지 살펴보겠다.

1433년 5월 31일 작성된 납세보고서에서 안드레아가 열거한 시골 재산은 이전과 다른 것이 별로 없었다. 반면 파치 집안이 소유한 정부 공채는 액면가로 2만 8,000 플로린에 달했다. 이는 아직 남아 있던 전쟁공채를 포함하지도 않은 것이다. 메디치가의 신고에서도 마찬가지지만, 전쟁공채는 마치 세무당국의 권한 밖에 있는 항목처럼 아무도 따지지 않고 지나가는 것이었다. 안드레아가 신고한 금융과 사업 자산의 내역을 정리하면 다음과 같다.[99]

4,250(플로린)	피렌체 은행 창업자본
2,000	반키-카포니 견직물 회사의 지분
2,180	카포니 형제와 동업하는 모직물 회사의 지분
2,000	아들 자코포가 운영하는 모직물 회사의 창업자본
1,800	자기 소유 피사 은행 창업자본의 지분

- 알비치 견직물 회사의 금액 미상 지분, 장부 불완전
- 이전에 피사에 있던 회사의 지분, 장부 불완전
- 플랑드르 행 갤리선의 지분, 장부 불완전
- 프란체스코 보스콜리와 동업하는 로마 은행의 지분, 장부 불완전
- 아들 안토니오 및 프란체스코 토싱기와 동업하던 해산된 바르셀로나 회사의 지분, 장부 불완전
- 아들 굴리엘모, 피에로와 동업하는 아비뇽 회사의 지분
- 몽펠리에와 파리 회사들의 지분, 악성채무가 너무 많음
- 니콜로 캄비니와 동업하는 프로방스 은행의 지분, 장부 불완전
- 아들 피에로 및 폴도 파치와 동업하는 회사의 지분, 적자상태

안드레아에게 큰 부채가 한 건 있었는데, 자기의 피렌체 은행에서 8,628플로린을 대출한 것이다. 이 돈은 대개 투자 목적으로 사용되었다. 금세공사나 직원, 하인들에게 주는 푼돈으로 쓴 것도, 시내 저택과 시골 농장의 건축공사 때 기술자나 노동자들에게 지불한 것도 아니었다.

이 신고서의 가장 주목할 만한 내용은 액수를 적지 않은 빈칸들이다. 피렌체의 부유한 시민들 대부분은 벌금을 맞거나 세금이 더 많이 나올 것이 두려워, 빈칸 투성이 신고서를 제출할 엄두를

내지 못한다. 그런데 안드레아는 장부를 정리할 시간이 모자라 대충 작성했다고 하면서 그대로 제출한다. 세무 관리들이 일단 받아들인 다음 빈칸은 나중에 채우도록 허용해 줄 것을 알았기 때문이다. 그리고 나중에 관리들과 적당히 타협을 볼 수도 있었다. 악독하기로 소문난 세무당국을 상대로 이런 배짱을 부리는 것을 보면, 그가 얼마나 자기 연줄에 자신감을 가졌는지 알 수 있다.

1440년대에 로마의 파치 은행은 매우 좋은 시절을 누리고 있었다. 안드레아와 동업자들의 회사는 아이러니컬하게도 메디치가로부터 무한신용을 누리는 거의 유일한 거래 상대였다. 무엇이든 높은 수익률을 올리는 사업이 있으면 메디치 은행의 돈을 꺼내 쓸 수 있었다.[100]

그뿐 아니라 파치가는 메디치가와 마찬가지로 다년간 교황에게 직접 고용되는 특전을 누렸다. 파치가는 유럽 각지의 여러 자금을 교황청으로 가져오는 일을 했다. 이 사업에서 얻는 모든 이익은 자금의 운반과 환거래를 통해 발생했다. 그들은 1451년에서 1478년 사이에 다섯 명의 교황이 바뀌는 동안 독일로부터 교황의 수입을 수령, 송금해 오는 일을 계속해서 맡았다.[101] 안드레아의 아들들이 뒤를 이어 이 사업에 종사했고, 1460년대에서 70년대에 걸쳐 두 손자의 은행들이 다시 이어받았다.

연로한 가부장 안드레아는 1445년 10월 세상을 떠나며 은행업과 무역업의 온갖 미묘한 기술에 능통한 아들 셋을 남겨놓았다. 세 아들은 모두 관직을 추구하는 데 열심이었다. 셋 다 참사회에서 근무했고(160쪽을 보시오), 그중 피에로와 자코포는 최고직인 집법관까지 지냈다. 가문의 이익을 지키기 위한 관행인 족내혼 및 결혼연합의 방침에 따라, 두 딸 레나(엘레나)와 알비에라는 부유한 사업가 가문인 람베르테스키와 바르디 집안으로 각각 시집갔다.

모두 "같은 빵을 먹고 같은 포도주를 마시는" 대가족 구조는 안드레아 경의 죽음으로 갑자기 무너지지 않았다. 아들들은 일찍이 법적으로 부권에서 풀려나 있었고, 결혼한 두 아들 안토니오와 피에로는 1441년 이전부터 본가 부근의 다른 집들에 살고 있었다.[102]

밝혀진 것은 아들들과 아버지 사이의 깊은 갈등이다. 아버지는 세 아들의 자신에 대한 채무를 일일이 기록하면서 낭비벽을 꾸짖었고, 심지어 유산을 물려주지 않겠다는 위협까지 했다. 그 시점에서는 아무래도 아버지가 키워내려 한 신중한 사업가의 모습과 아들들이 거리가 있었던 모양이다.

그러나 1446년 3월 조정위원들은 상속 거부 위협을 아들들을 제대로 이끌기 위한 빈말로 치부하고 재산을 3등분해 주었다. 따라서 1447년 대규모 세무조사 때는 세 형제가 각각 납세신고서를 제출했다. 안토니오와 피에로는 1442년 조사 때도 따로 납세신고서를 제출한 일이 있었다.

피렌체에서 세금과 이른바 '강매채권'은 몇 종류의 자산, 즉 부동산, 상업자본, 공채 지분, 그리고 현금이 과표로 매겨졌다. 예외적으로 주인이 거주하고 있는 주택은 과표에서 제외되었다.

안드레아 경은 죽기 직전 약간의 세금을 납부유예 받은 일이 있었다. 그 내용을 보면 1435년에서 1445년까지 10년 동안 그는 4만 플로린에 가까운 돈을 세금으로 내고 있었다.[103] 지아노초 마네티가 맞은 세금벼락에는 못 미치는 금액이지만, 안드레아가 메디치 정권과 괜찮은 관계를 맺고 있었던 사실을 감안하면 그 재산과 사업 규모가 얼마나 대단한 것이었는지 짐작할 수 있다.

1447년에 새로 작성한 납세신고서에서 맏아들 안토니오는 아버지의 죽음과 함께 피렌체와 아비뇽의 은행 폐업(나중에 다시 개업한다), 고객 상실, 빚의 압박 등을 한탄한다. 또한 안드레아 경의 생전 사업이 번창하던 시절과 조금도 다름없이 과중한 세금이 부과되고 있다고 불평한다.

안토니오는 이제 형제들이 "각자 일을 자기가 알아서" 처리하게 되었다고 주장하지만, 피에로와 자코포는 그로 하여금 집안의 사업을 대표해서 이야기하게 한다. 그러나 일반적인 불평을 늘어놓는 것 외에 안토니오는 사업의 현황을 전반적으로 제시하지 않았다. 대신 형제들은 각자의 부동산과 공채 지분을 기록했는데, 이를 보면 집안의 실제 자산은 증가되어 있다. 그들의 공채 지분을 합치면 6만 3,000플로린으로, 연 5퍼센트의 이자율로 계산하면 해마다 3,150플로린의 수입을 가져다주는 것이었다. 정부가 이자를 지불하지 않을 때는 채권액이 그만큼 늘어났다. 세 형제의 공채 지분은 아래와 같았다.

안토니오	1만 2,000플로린
피에로	1만 5,500플로린
자코포	2만 플로린

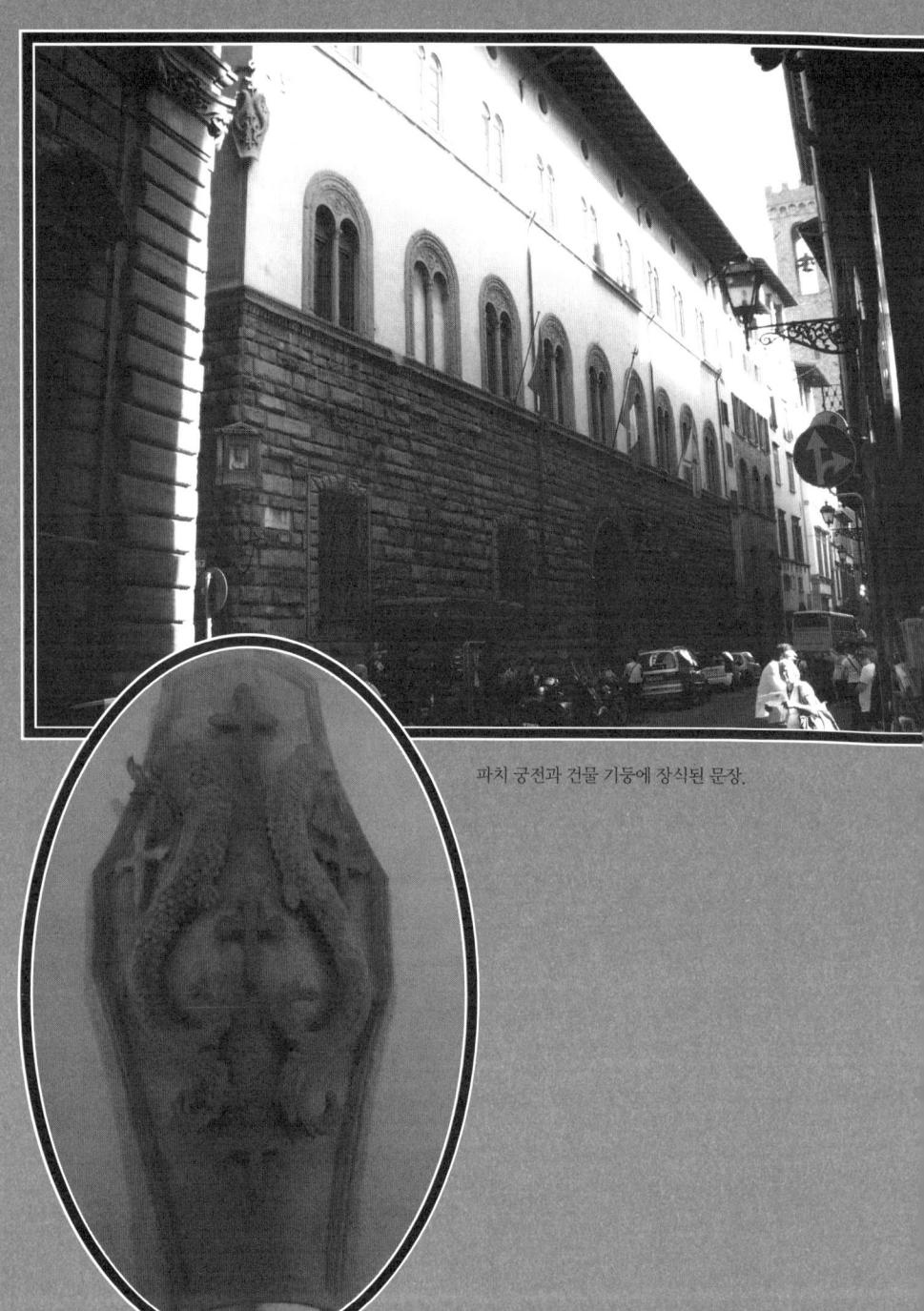

파치 궁전과 건물 기둥에 장식된 문장.

나머지 1만 6,000플로린 어치 공채가 나중에 추가로 삼형제에게 분할되지만, 1447년에는 아직 죽은 아버지 명의로 되어 있었다. 그 지분에서 나오는 수입은 진행 중이던 파치 예배당의 공사비로 할당되었기 때문이다.

한편 이 집안의 시골 재산도 크게 늘어나 있었다.

안토니오	농장 여덟 곳과 다수 필지의 토지
피에로	농장 열두 곳과 다수 필지의 토지
자코포	농장 열 곳과 다수 필지의 토지
(미분할)	농장 세 곳과 약 100필지의 토지

마지막 항목은 원래 누이 레나의 남편 람베르토 람베르테스키의 소유였는데, 당시 그는 정치범으로 추방당해 있었다. 아마 그 재산은 레나의 필요에 대비해 관리되고 있었던 것 같다.

삼형제는 결혼 후 모두 옛 집 언저리에서 경건한 마음으로 살아갔다. 그 집들은 '파치 네거리'의 동쪽과 남쪽 길들 사이에 있었다. 본가를 물려받은 막내 자코포는 1470년대 증축과 개축을 통해 낡은 집을 아름다운 '파치 궁전'으로 만들었다. 형제들 중 사업능력이 가장 뛰어났던 그는 피렌체 바로 북쪽의 몬투기 장원과 저택도 소유하게 된다. 그곳이 1478년 4월 메디치 형제 암살 음모를 꾸미는 운명의 장소가 된다.

비운의 세대

파치가 사업 현황의 흐릿한 그림은 1458년 납세보고서에 다시 나타난다. 맏형 안토니오는 1451년에 죽었다. 고전 연구자이며 웅변가, 뛰어난 외교관이자 소문난 바람둥이였던 피에로는 몇 년 뒤에 죽는다. 피에로와 동년배였던 알레산드라 스트로치는 그의 죽음이 지나친 쾌락과 재산 낭비 때문이라고 주장했다. 그리하여 머지않아 가문의 명성과 진로는 자코포와 '비운의 세대'인 조카들의 손에 들어가게 되었다.

납세보고서에는 농장과 토지가 더 늘어나 있어, 토스카냐 시골에서 파치가의 재산이 확장되던 상황을 보여준다. 10년 남짓한 기간 동안 파치 집안이 소유한 피렌체 정부의 공채 지분은 6만 3,000플로린에서 9만 400플로린으로 늘어났다. 그 가운데 자코포의 명의로 된 것이 5만 1,000플로린으로 압도적인 비중을 차지했다.[104]

그러나 증가분의 대부분이 이자가 붙는 강매채권의 매입이나, 채권의 이자가 원금에 덧붙여진 데 따른 것이라는 점을 유의해야 할 것이다. 덧붙여 설명하면 피렌체의 부유한 시민들이 어떤 종류의 의무적 '대출'이나 세금 전액을 납부할 경우, 이를 이자가 붙고 양도 가능한 채권으로 인정해 주는 정책이 있었다. 반면 같은 부과금을 훨씬 낮은 비율, 즉 3분의 1만 납부하면 세금으로 처리되고 마는 것이었다.

이번 납세신고서에서 사업 현황을 보고할 때도 형제와 조카들은 세무 관리들에게 최소한만을 보여주었다. 대부분의 시민들은 공제 가능한 부채까지도 신고서에 올리지 않으려 했다. 신고할 경우 채권자의 과표에 그것이 보태지고, 특히 거래 사실을 비밀로 하기로 구두 약속한 경우 신의에 어긋나는 짓이 되기 때문이다. 그래도 파치 사람들은 약간의 카드를 테이블 위에 펴놓지 않을 수 없었다. 메디치가와 마찬가지로 그들의 사업이 너무 잘 알려져 있었기 때문이다. 펴놓은 카드 중에는 이런 것들이 있었다.

1) 자코포가 제네바에 소유한 '자코포 데 파치 회사'라는 견직물 회사의 경영자는 피렌체 사람인 프란체스코 디 루토초 나시로, (자기 아들과 함께) 4분의 1의 지분을 갖고 있었다. 투자자본 4,000플로린.

2) 피에로와 자코포가 로마에 소유한 은행의 경영자는 피렌체 사람 (동업자인) 자코포 데 모치였다. "우리 아버지(안드레아)가 이 은행을 세운 것은 교황청 사람들의 현금을 맡아두기에 편리하도록 하려는 것이었습니다."

3) 피에로가 운영하는 은행이 아비뇽에 있었던 것으로 보인다. 1458년 납세신고서를 작성할 때도 피에로는 아비뇽에 있었다. 그러나 그 아들들이 정확한 내용을 받지 못했으므로, 그가 프랑스에서 돌아온 뒤에 보완할 것을 허락해 달라고 청원했다.

4) 자코포와 "동업자들"의 이름으로 운영되던 모직물 회사가 피렌체에 있다가 약 2년 전에 폐업했다. 손익 장부 불완전.

5) 자코포는 피렌체의 견직물 무역회사에 지분을 가지고 있었고, 주 경영자는 동업자인 줄리아노 디 프란체스코 코르셀리니였다. 투자자본 1,500플로린.

세 벌의 납세신고서를 검토한 결과 세무 관리들은 파치 각 집안의 순자산을 아래와 같이 파악했다.

안토니오의 상속자들　　1만 238플로린
피에로　　　　　　　　　9,505플로린
자코포　　　　　　　　1만 6,775플로린
합계　　　　　　　　　3만 6,518플로린

합계액 가운데 절반은 파치가 사람들이 소유한 공채 지분의 실제 시장가격으로(9만 400플로린의 20퍼센트) 설명이 되고, 나머지 절반은 부동산과 사업 자본이 각각 9천 플로린씩이었다.

피에로의 납세신고서에 첨부된 개략적인 대차대조표를 보면 파치가 사업활동의 더 정확한 내용을 알 수 있다. 제네바 견직물 회사의 자산-부채 계정에는 사업 규모가 재고품 가치를 포함해 1만 7,000플로린 언저리로 나타난다. 로마에서 파치 은행이 취급하고 있는 금액을 합산하면 3만 6,000플로린을 조금 넘어선다.

은행의 큰 채무자들(대출을 받아간 사람들이 분명하다) 중에는 교황청의 최고위 인사들도 보인다. 교황 칼릭스투스 3세를 비롯해 오르시니 추기경, 그리고 메시나, 산 마르코(베네치아), 페르모, 산 시스토(환 토르케마다) 등지의 추기경들이 포함되어 있다. 그 밖에도 수많은 고위 성직자들이 보이는데, 그중에는 폴란드, 독일, 카탈로니아, 로도스 등 먼 곳의 사람들도 있었다. 또한 제네바와 피렌체의 파치 회사들이 큰 채무자들 사이에 끼어 있는 것도 흥미로운 사실이다.

한편 은행의 큰 채권자들 중에는 루앙, 포르투갈, 콜로뉴, 볼로냐, 사모라의 추기경들과 로마 행정장관이 보인다. 물론 "안드레아 경의 상속자들", 즉 파치 집안 형제와 조카들도 빠짐없이 들어 있었다.

파치 집안의 실제 사업 규모는 이런 기록에 나타나는 것보다 더 컸다. 자코포의 납세신고서에는 한 회사가 바르셀로나에 2,700플로린으로(1427년 당시 안드레아 소유 부동산 가치의 절반이 넘는 액수다) 평가되는 견직물을 가지고 있다고 되어 있다. 거기서도 뭔가 사업이 진행되고 있었던 것이다. (명시되지 않은) 다른 곳에도 파치 사람들이 2,226플로린어치의 직물을 가지고 있다고 했다. 나폴리에 있던 필리포 스트로치의 회사가 파치 사람들에게 진 2,726플로린의 빚도 역시 직물 대금이었다.

자코포는 또 하나의 견직물 회사인 '로렌초 디에티살비 회사'의 동업자였다. 그리고 몇 년 후에는(1466) 큰 위기를 겪고 있던 거물 변절자이자 파워브로커인 루카 피티가 '자코포 데 파치와 동업자들'의 피렌체 은행에 750플로린을 예치해 놓고 있었다. 아마 연 8퍼센트 이자를 받았겠지만, 사계의 대가gran maestro로서 조금 더 받았을지도 모른다.[105]

파치 사람들은 주로 은행가로 알려졌지만, 오래전부터 피렌체의 주력산업이었던 고급 직물의 생산과 판매에도 깊이 관여하고 있었다. 1469년 자코포 경과 조카들은 재앙이 닥치기 전 마지막으로 재산과 사업 현황을 관리들에게 제출했다. 여기에는 재산이 줄어들어 있었다.[106]

피에로 경의 일곱 아들	7,500플로린
안토니오의 세 아들(굴리엘모와 프란체스코 포함)	8,518플로린
자코포 경	1만 800플로린

자세한 내용을 살펴보면 부동산의 비중이 전반적으로 커졌고, 보다 안정성이 높은 투자방향을 찾은 게 아닌가 하는 느낌이 든다. 또한 공채 지분을 많이 처분했는데, 자코포의 경우 더 수익성이 높은 사업에 투자할 현금을 확보하기 위해서였는지 모른다. 반면 안토니오의 아들들은 공채 지분을 거의 그대로 보유하고 있었다. 이 지분에 대한 피렌체 정부의 이자가 5,659플로린 밀려 있었다.

비교를 한 번 해보자. 세 집안의 순자산을 모두 합치면 2만 6,800플로린가량으로, 1427년 안드레아가 신고한 3만 1,000플로린에 미치지 못한다. 40년 남짓한 기간 동안 집안 전체의 재산이 기운 것이다. 세 살림으로 나뉘어 '입'(세무 용어다)은 많아졌는데, 안드레아 혼자의 재산에 미치지 못한다면 기울어도 크게 기운 것이라 할 수 있다.

그렇다면 1478년에 로렌초 데 메디치와 경쟁하던 가문이 이미 재정상의 쇠락으로 절망적 상태에 빠져 있었던 것일까? 물론 그랬을 것 같지는 않다. 재산이 다소 줄었다 하더라도 집안의 사내수가 많아졌다는 사회적 조건을 감안하면 심리적으로 충분히 만회할 수 있는 정도였다. 그리고 세 집안을 합치면 파치가는 피렌체의 고액납세자 가운데 메디치가 바로 다음인 2인자 자리를 지키고 있었다.

주목할 점은 1469년 제출된 세 벌의 납세신고서에 은행과 사업 자본이 일체 빠져 있다는 사실이다. 가문의 가부장이 된 자코포 경이 무역업과 금융업의 투자를 전혀 밝히지 않았던 것은, 그렇게 해도 신고서가 검열을 통과하리라 사신했기 때문이나. 안토니오의 상속자들을 대표한 굴리엘모(로렌초 데 메디치의 매부)는 로마와 리옹의 은행을 보고하기는 했지만 순자산이 없다고 했다. 피렌체에 있는 레나토 데 파치의 회사에 진 5,000플로린의 부채로 상쇄된다는 것이 그 이유였다. 실제 레나토의 신고서에도 이 채권이 적시되어 있다. 투자 자본이 없다고 보고된 이 회사는 일종의 창고 공간과 연락본부 fondaco로 설명되어 있다.

레나토는 또한 동생의 회사인 '안드레아 데 파치 회사'를 보고했다. 그러면서 이 회사는 로마의 파치 은행에만 공급하는 고급 모직물을 생산하며, 파치 은행은 그것을 지역 상인들과 교황청 인사들에게 판매한다고 설명했다. 그런데도 레나토와 동생들은 "사업 자본과 현금"으로 겨우 1만 5,000플로린만을 소유하고 있다고 신고했다.

1460년대 초 굴리엘모 데 파치는 동업자 프란체스코 나시와 함께 제네바의 가장 중요한 은행 하나를 소유하고 있었다. 1465년 리옹으로 이전한 이 은행은 적어도 1473년까지 계속 번창했다. 피렌체 은행가들은 리옹을 일종의 어음교환소로 이용하고 있었다.[107]

파치가 사람들은 로마, 피렌체, 리옹, 아비뇽, 마르세유, 브루제, 발렌시아 등지에 회사를 가지고 있었다. 예를 들어 1472년 브루제에 있던 그들의 은행은 "여덟 명의 직원을 데리고 있었다"고 하는데, 마르세유의 회사에는 넷뿐이었다. 몇 해가 지난 1476년 6월, 메디치가에 분노한 교황 식스투스 4세가 메디치 은행으로부터 명반 전매권을 거두어 파치가에게 넘겨주자, 브루제는 파치가 은행업의 주요 창구가 되었다.[108] 북유럽의 가장 부유한 직물 생산지역 한가운데 자리 잡은 브루제의 회사는 염료의 원료가 되는 맥반의 판로를 확보하는 역할을 맡았던 것이다.

그러나 1469년 파치가의 납세신고서에는 이렇게 다양한 사업 활동이 극히 희미한 그림자로밖에 나타나지 않는다. 무엇을 말했느냐보다 무엇을 말하지 않았느냐가 더 중요한 것이었다. 너무나 빤한 신고 누락, 자코포의 배짱, 세무 관리들의 얌전한 협조 등이 모두가 당시 피렌체 정계에서 파치가의 위상을 말해주는 것이다. 10년 전 굴리엘모가 비앙카 데 메디치와 결혼함으로써 이미 확인된 위상이었다. 삼촌이나 조카들도 자기네 신고서를 따지고 들 자가 없으리라는 사실을 알고 있었다.

1474년 교황 식스투스 4세가 메디치가를 주거래 은행의 위치에서 밀어내고 그 경쟁상대인 피렌체 가문으로 대체했을 때, 많은 것이 파치가의 손에 쥐어졌다. 이것이 대단한 얘깃거리이기는 했지만 피렌체에서 이 변화를 공식적으로 기록할 이유가 없었고, 재무 문서에도 들어가지 않았다. 1470년대에는 납세신고가 없었기 때문이다.

1480년 납세신고 때 안드레아 데 파치 자손들의 이름은 납세자 명부에서 깨끗이 지워져 있었다. 적어도 피렌체 정부 입장에서 볼 때 4월의 음모에서 살아남은 파치 사람들은 부동산이든 동산이든 아무 재산도 가지고 있지 않았다. 소유 재산이 있다면 그것은 합법적인 것이 못 되었다. 판결이 그렇게 나와 있었다.

1430년대 안드레아 시절로부터 1470년대까지의 변화를 추적하면, 안드레아의 상속자들은 1445년경부터 약 10년간 침체기를 겪은 것으로 보인다. 그러나 1450년대 후반부터 "저주받은 세대"가 활기찬 회복을 시작했다. 레나도, 프란체스코(음모자), 손자 안드레아, 그밖의 한두 사람은 사업가와 은행가로서 뛰어난 능력을 발휘하고 있었다. 4월의 음모로부터 8개월이 지난 1478년 12월, 굴리엘모의 아들 안토니오는—아마 누군가의 도움을 받았겠지만—벌써 브루제에 가 있었다. 열네 살의 어린 나이임에도 그는 피렌체의 외교력이 국경을 넘어오기 전에 그곳의 재산을 건져 놓으려 했던 것이다. 그는 나폴리 왕의 지지를 업고 있었다.[109]

형제들과 사촌들 사이의 연결 때문에 파치가 사람들의 동업관계는 가문의 단결력과 우애 속에 운영되었다는 인상을 준다. 그러나 안드레아의 두 아들 안토니오와 피에로는 1441년 이전에 본가를 떠나 각자의 집에서 살기 시작했다. 그 다음 해에 따로 납세 신고서를 제출하자 세무 관리들은 분가 사실을 인정하지 않으려 했다. 동업관계가 주된 이유였겠지만, 그렇게 일찍 분가하는 것이 부유한 집안에서는 이상한 일이라고 생각하기도 했을 것이다.

앞서 본 것처럼, 안드레아가 죽자 아들들은 중재위원들의 판단에 따라 곧바로 재산을 분할했다. 그리고 딴살림을 계속했다. 형제들 중 가장 뚜렷한 사업가 기질을 보이면서 아버지와도 제일 가까웠던 자코포가 핵심 재산을 물려받게 되었다. 그러나 악명 높은 도박벽으로 인해 집안사람들의 신임을 얻지 못했을 것이다. 한편 화려한 것을 즐겼던 피에로는 사업을 등한히 해서 말썽을 일으켰을 것이 틀림없다.

그럼에도 형제들은 동업관계를 이어 갔고, 차츰 조카들도 끌어들였다. 안면 있는 악마가 모르는 남보다 낫다는 판단이었을까? 교활한 자들이 우글거리던 이 도시에서는 그럴싸한 속담이었다. 이 시기의 피렌체에서 전해지는 이야기들을 보면 책략과 술수를 거의 우상처럼 받든 것 같다.[110]

다음 세대에서도 형제들과 사촌들은 비슷한 식으로 거리를 두고 지냈다. 4월의 음모 바로 전날 레나토가 트레비오에 있는 자기 별장으로 떠난 이유가 단지 뭔가 무서운 일의 냄새를 맡고 현장에서 떨어지려 한 것이 아니었을까? 만약 그가 도시를 떠난 것이 육감이나 단순한 의심 때문이고 음모에 대해 실제로 아무것도 모르고 있었다면, 어떻게 (그렇게 아는 것이 없으면서) 로렌초를 찾아가 자기 아저씨 자코포와 사촌 프란체스코를 비난할 수 있었을까?

심각한 것이든 가벼운 것이든 어떤 갈등이 있었다 하더라도 삼촌과 조카들은 결국 한 핏줄이었다. 그들은 아직도 하나의 집단으로 인식되고 있었으며, 궁극적으로 가문의 영광이든 치욕이든 함께 겪어야 하는 사이였다. 사태의 파장이 레나토의 동생이자 나폴리 왕의 신하로 먼 곳에 있던 사르노 주교에게까지 미친 것을 보면 알 수 있다.

로마에서 파치 은행을 경영하면서 교황과 추기경, 군주들과 칼 휘두르는 귀족들을 잘 알고 지내던 자존심 강하고 성미가 강팍한 프란체스코는 이 무법천지 비슷한 곳에 길들어 버렸다. 그는 자존심이 매우 강하고 성미가 강팍했다. 그동안 고향 피렌체에서 그의 형이자 비앙카 데 메디치의 남편인 굴리엘모는, 비록 로렌초에 의해 공직사회에서 밀려났으면서도 메디치가 주위를 얼씬거리지 않을 수 없는 입장에 놓여 있었다.

소데리니의 프로필

Chapter 5 Profile : Soderini

토마소 소데리니(1403~1485)

　1469년 11월 말 로렌초 데 메디치의 아버지 피에로가 임종 병상에 누워있을 때 정치가이자 상인인 토마소 소데리니는 메디치가의 핵심 측근들 사이에서 메디치가와 젊은 로렌초에 대한 지지를 설득하고 다녔다. 로렌초는 아직 몇 주일 더 지나야 겨우 스물한 살이 될 참이었다.[111]

　이 그룹에서 말이 퍼져 나간 결과, 피에로가 죽은 12월 2일 저녁 700명의 시민들이 산타 안토니오 교회에 모여 소데리니를 비롯한 몇몇 사람의 연설을 들었다. 이튿날 한 무리의 정치가들이 메디치 궁전에 찾아와 젊은 주인에 대한 지지를 확인했다. 피렌체에서 메디치가 권력의 칼자루를 그의 손에 쥐어준 것이었다. 통치 집단 핵심부의 이런 행동을 통해 로렌초는 정권의 우두머리가 되었다. 당시 표현으로 '거인gran maestro'이 된 것이었다.

　이미 철저한 현실주의 정치가가 되어 있던 로렌초가 자칭 정권 인수위원회가 찾아오기를 가만히 앉아서 기다린 것은 아니었다. 그는 아마도 스스로 묻기까지 했을 것이다. 산타 안토니오 교회에 모인 700명 가운데 골수 메디치파라 할 만한 자가 몇이나 될

까? 피렌체에 입 막힌 반대파가 깔려 있다는 사실을 알고 있던 그는 행동에 돌입했다.

아버지가 죽던 날까지 그는 편지나 피렌체 주재 밀라노 대사와의 대화를 통해, 밀라노 공작 갈레아초 마리아 스포르차에게 긴밀한 연락을 취하고 있었다. 자신에 대한 지지를 보장해 주고, 필요할 경우 밀라노 군대를 파병해 달라는 부탁이었다. 12월 2일 편지에 그는 이렇게 썼다. "내 모든 희망이 당신에게 달려 있습니다. 당신이 아니면 내 상황과 안전을 보살펴줄 사람이 없습니다." 이틀 후에는 공작에 대한 자신의 헌신적인 마음을 밝히며 "내 영혼, 내 육신, 그리고 내가 가진 모든 것"을 공작에게 바친다고 썼다. 간단히 말해 이 젊은 연애시 작가는 필요할 경우 정치 영역에서 차가운 강철을 통해 스스로를 드러내려는 것이었다(그는 열다섯 살 때부터 시를 쓰기 시작했다).

이는 헛수고가 아니었다. 12월 6일 공작은 로렌초에 대한 지지를 과시하기 위해 1천 명의 병사를 보낼 것을 약속했고, 참사회 앞으로도 편지를 보내 자기 피보호자를 옹호하는 입장을 강하게 밝혔다. 그러나 토마소 소데리니를 위시한 몇 사람 덕분에 군사력이 필요 없게 되었고, 더욱이 공개적인 논란조차 피할 수 있었다. 이렇게 깔끔하게 일을 처리한 사람은 어떤 인물인가?

피티가나 마네티가처럼 아르노 강 건너편에 자리 잡은 소데리니가는 피렌체 정계에서 가장 명망 높은 가문의 하나였다. 적어도 코시모 시대까지는 메디치가보다도 명망이 높았다. 토마소가 속한 지파는(사실은 사생아의 후손이었다) 1400년경 본가에서 갈라져 나왔다. 몇 해 후 소데리니가의 저명한 인물과 프랑스 여자 사이의 사생아였던 토마소의 아버지가 처형당했다. 죄목은 출생의 합법성을 확인해주는 문서를 위조하여 사람들에게 보인 것으로, 이는 당시 매우 악질적 사기 범죄로 간주되던 죄였다.

1420년대 후반 토마소의 형 니콜로가 반 메디치파 거물 정치인 암살 음모 혐의로 고발당했을 때 형제는 메디치가의 도움을 얻는 데 성공했다. 당시 피렌체는 치열한 당파싸움에 휘말려 있었다. 이후 1430년대에 코시모가 승리를 거두자 니콜로와 토마소 형제는 새 통치 집단의 핵심부를 향한 행진을 시작했다.

반면 '진짜' 소데리니 가문인 본가는 알비치 가문이 영도하던 반대파와 관계를 맺고 있었기 때문에 정치적 지위를 상실하고 극심한 재정적 난관에 봉착했다. 그 결과 그들에게 빚을 내주었던 사생아 지파가 아르노 강가 카라이아 다리 어귀에 있는 옛 저택들을 사들이게 되었다.

니콜로와 토마소는 메디치가와 밀착해 활동하면서 뛰어난 정치적 재능을 발휘했다. 1442년경 토마소는 디아노라 토르나부오니와 결혼하면서 코시모와의 유대를 더욱 강화했다. 디아노라는 바로 이듬해 피에로와 결혼한 루크레치아의 언니였다. 토르나부오니 가문은 코시모의 가장 가까운 협력자였는데, 다음 세대에서는 두 자매의 동생 조바니가 메디치 은행 로마 지점을 운영하게 된다. 소데리니 형제는 통치 집단의 정점까지 올라간 것이다.[112]

그때 예측 불가능한 개인적 성향이 작용했다. 1440년대 후반 강화되어 가고 있던 메디치파의 지배에 니콜로가 이따금씩 염증을 느끼기 시작한 것이다. 1450년대 어느 시점에서 동생보다 참을성 없고 모험심 강한 니콜로가 한 차례 사행에서 부당한 대우를 받았다고 느낀 일이 있었다. 이를 계기로 니콜로는 메디치가의 영도력으로부터 차츰 거리를 두고, 메디치파 권력 유지의 열쇠인 선거 조작 수법을 반대하게 되었다. 형과 달리 토마소는 계속해서 통치 집단의 핵심 인물로 자라났다. 지탄의 대상인 고위직 추첨함 조작에 언제라도 앞장설 수 있는 인물이었다. 이런 두 형제 사이의 정치적 분열은 그후로 다시 아물어지지 않았다.

1466년 메디치파와 반 메디치파 사이의 충돌이 피렌체를 내전 위기까지 몰고 갔다가 메디치파의 승리로 일단락되었다. 그 뒤 여러 해 동안 이어진 보복과 숙청의 회오리 속에서 '반역파' 지도자의 한 사람이던 니콜로 소데리니는 재산을 박탈당하고 도시에서 영원히 추방되었다. 그리고 결국 유배지에서 숨을 거두었다.

반면 메디치가에 들러붙어 있던 토마소는 출세를 거듭했다. 그래서 1469년 12월 30년간의 공직 경력을 등에 업고 있던 그가 전면에 나서 메디치파를 결집시키고, 로렌초에게 권력을 이양하는 위치에 설 수 있었던 것이다. 메디치가에 대한 그의 충성은 형의 '반역'으로 인해 흔들리지 않을 만한 무게감을 지닌 것이었다.

66세의 연로한 토마소는 자기 도움으로 비공식적 국가원수 자리에 앉게 된 젊은 메디치가 영주와 미묘한 관계로 접어들게 되었다. 로렌초의 이모부이기도 한 이 약삭빠른 정치가가 야심만만하고 영명하며 자존심 세고 의지력 강한 젊은 보스와의 관계를 어떻게 풀어갈지, 속내를 아는 주변사람들은 매우 흥미진진했을 것이다.

그후 십여 년 동안 토마소는 정치 무대에서 로렌초에게 공공연히 맞설 수 있는 피렌체 유일의 인물이 되었다. 두 사람 사이에 의견 충돌도 적지 않아, 거의 경쟁관계로 보일 때도 있었지만, 로렌초는 상대방을 용납했다. 그에게는 우호적인 반대자가 필요했다. 공화제의 피렌체에서는 통치자가 어느 정도의 반대를 용인하는 태도가 바람직한 것이었기 때문이다. 물론 이 반대자는 울타리 안의 야당이었다. 파치가처럼 재력과 인력, 외국과의 연줄, 그리고 넘쳐나는 자존심을 가지지 않은, 안전한 야당인 것이다.

피렌체에서 토마소의 위치가 특이한 것이었다고 표현하는 정도로는 부족하다. 그가 로렌초의 할아버지에게 입은 은혜는 헤아릴 수 없이 많았다. 코시모는 소데리니 가문의 정통 본가가 빛을 잃어 가는 동안 토마소가 피렌체 정계의 정상까지 오를 수 있도록 길을 열어주었다. 심지어 1450년대에 토마소의 직물 회사가 도산했을 때는 치욕스러운 재정파탄에서 건져주기까지 했다.

그러나 토마소에게는 또 다른 압력이 작용하여 그에 대한 신뢰가 흔들릴 경우가 있었다. 물려받은 재산이 많지 않은데 반해 부양 가족이 많고, 또 정계의 부유한 동료들 사이에서 행세를 하려다 보니 그는 견직물 회사뿐만 아니라 관직까지도 요긴한 수입원으로 삼지 않을 수 없었다. 그 결과 탐욕이라는 오명을 뒤집어쓰게 되었다. 그는 당시의 관습에 아무 저항감도 느끼지 않으면서 기꺼운 마음으로 뇌물을 받아먹었다. 주요 공여자는 피렌체에서 그의 영향력을 이용하려는 국가와 그 대사들이었다. 로렌초까지도 특정한 외교정책에 대한 지지를 얻기 위해 돈을 먹인 일이 있었다.

토마소는 그 정치적 위상 덕분에 국외에도 남들이 부러워할 만한 연줄을 가지고 있었고, 대단히 영리하고 지혜로운 사람으로 알려졌다. 피렌체 주재 밀라노 대사는 그가 피렌체에서 가장 뛰어난 정치감각을 지닌 인물이라고 믿었다. 그는 피렌체의 어느 거물과도 담판을 벌일 능력을 가지고 있었다. 그리고 메디치 식으로 후보자 명단과 추첨함을 주무르는 것이 "뛰어나고 현명한 인물"들을 관직에 앉히는 길이라고 주장한 핵심인물이었다. 그래서 젊은 로렌초에게는 이 노 정치가의 역할이 필요했다.

기민하고 야심찬 토마소는 자기 자신을 겸허히 평가하거나 영향력을 값싸게 팔아치우는 일이 없었다. 메디치가의 은혜가 막중하다고는 해도 그 역시 정계에서 30년간 메디치가에 봉사해 왔다. 로렌초의 등극 과정에 중추적인 역할을 했지만, 애송이 주군 밑에서 심부름만 하며 지낼 생각은 없었다. 그 결과로 나타난 것이 10년간에 걸친 끈적끈적한 관계였다. 곡절도 많았던 이 관계 속에서 로렌초는 늙은 소데리니를 울타리 안에 두기 위해 온갖 수단을 동원했다. 외국 대사들을 포함한 다른 사람의 도움, 도덕적 압력, 돈, 그리고 이따금씩의 단독 만찬이 그 수단들 중 일부였다.

메디치 식 협잡선거가 빚어낸 인물들이라 할 수 있는 토마소와 니콜로의 경력을 살펴보면, 로렌초를 비롯한 메디치가가 정계의 오래된 가문들로부터 불요불굴의 충성을 기대하기 어려웠던 사정을 짐작할 수 있다. 사람들의 기억만이 아니라 시행되고 있던 제도 속에도 공화제 원리가 가득 들어 있어서, 늘 다시 살아날 가능성을 내포하고 있었던 것이다.

귀족 자제들은 코시모와 피에로, 로렌초에게 조심스럽게 무릎을 긇으면서도 정치에서 자기 목소리를 낼 기대감을 가지고 자라났다. 그 목소리를 이따금씩이라도 내서는 안 될 이유가 무엇이란 말인가? 그들은 본능적으로 메디치가를 대등한 상대로 보려는 경향을 지니고 있었다. 어떤 조작과 분식을 하더라도 200년에 걸친 공화제의 경험을 그들의 마음에서 지워버릴 수 없었다.

이러한 유산은 니콜로의 이탈과 토마소의 베네치아에 대한 편향성을 이해하는 데 도움이 될 것이다. 토마소의 친 베네치아 성향은 스포르차 공작 및 밀라노 공국을 더 가까이 여기던 로렌초의 외교정책과 때때로 갈등을 일으키기까지 했다.

로렌초의 등장[113]
Chapter 6. Enter Lorenzo

공인 교육

4월의 음모를 이끌어낸 추동력과 두려움은 대부분 피렌체 정계 가문들 사이의 긴장으로부터 나온 것이다. 이 음모가 실패한 뒤에도 최소한 두 차례 로렌초의 목숨을 노린 음모가 있었고, 또 다른 시도도 있었겠지만 아무런 결과도 이끌어내지 못했다.

1478년의 습격이 그의 지배력에 대한 최초의 도전은 아니었다. 1470년 4월, 아버지 피에로의 죽음으로부터 불과 네 달 뒤 피렌체와 인근의 프라토에서 반란을 선동한 혐의로 열다섯 명이 교수대에 올랐다. 그 지도자는 추방자 베르나르도 나르디로 집법관을 지낸 사람의 아들이었다. 한 연구자는 이 사건에 대해 "페라라, 시에나, 로마의 추방자들이 꾸민 거대한 음모의 일부분이며 교황도 알고 있었던 것"이라고 지적했다. 분노한 로렌초는 프라토의 지도자들이 이 음모를 묵인한 것이 아닌가 의심했다.[114]

1450년대 중엽까지 20년의 기간 동안 피렌체에서는 하나의 가문을 그 심장과 머리로 하는 통치 집단이 지배력을 장악하게 되었다. 메디치가의 위상과 권력이 강화됨에 따라 지지하거나 반대하는 정서도 더욱 깊어져, 코시모와 아들들은 이제 스스로 물러

날 수도 없게 되었다.

메디치가와 측근의 가문들은 피렌체에 너무나 많은 공포심과 증오심을 심어놓았다. 정치투쟁이 벌어지면 관직과 재산 전부가 도박의 판돈으로 걸렸고, 패자는 판돈을 잃는 데 그치지 않고 절망적인 추방의 대상이 되었다. 가족과 친구들로부터 떨어져 향수와 공포, 의심에 시달리고 물질적 궁핍까지 겪어야 하는 신세였다.

메디치가가 스스로 권좌에서 물러나는 전대미문의 행동을 할 경우, 그에 의탁해 온 가문들은 스스로 반란에 가담해 추방자들을 불러들이지 않는 한 모든 지위와 재산을 잃어버리게 되어 있었다. 그러므로 로렌초는 아버지의 정치적 유산을 물려받을 뿐 아니라 그것을 잘 활용하는 교육을 받지 않을 수 없었다.

피렌체의 저명한 가문에 태어난다는 사실 자체가 절반은 공인이 된다는 의미였다. 길거리에서 누구나 그런 사람들을 알아보았다. 더욱이 메디치가의 핵심 구성원이라면(파치가도 마찬가지지만) 그 자체로 완전한 공인이었다. 성벽으로 둘러싸인 공간은 하나의 극장이었고, 공직은 그 중심 무대였다. 이곳에 로렌초와 같은 젊은이의 운명이 놓여 있었다.

로렌초를 대한 사람들은 "보통보다 조금 큰 키에 단단한 체격으로 넓은 어깨를 가진 근육질이며, 동작이 기민하고 피부는 올리브색"이라 하면서 "납작한 코에 목소리가 거칠다, 얼굴은 잘 생긴 구석이 하나도 없지만 대단히 위엄이 있다"고도 했다.[115]

공인의 영역으로 들어가기 위한 교육은 어린 나이에 시작되었다. 피렌체 참사회에서 기사 작위를 받은 프랑스 군주 앙주의 장에게 축하를 올리러, 프랑스 옷을 입고 엄숙한 표정으로 나설 때

(1454년 5월) 그의 나이는 다섯 살이었다. 열 살 때(1459년 4월)는 피렌체를 처음 방문한 밀라노 군주 스포르차를 위해 새로 지은 메디치 궁전의 예배당에서 동생 줄리아노와 함께 시와 산문을 낭독한 일이 있었다.[116]

같은 시기 백마를 탄 로렌초는 30명의 악사와 피렌체 명문 자제 열두 명이 참가한 행진에서 후위를 맡기도 했다. 열두 소년 가운데는 파치가의 레나토와 조바니도 있었다. 화려한 복장의 하인들이 열두 소년을 시중들었고, 악사들의 뒤로 로렌초의 깃발이 나부꼈다. 그물에 걸린 커다란 매가 깃털을 뿌리는 모습이 그려진 깃발이었다. 매를 좋아하는 기호는 나중에 그의 시 중 일품인 〈메추라기 사냥〉에도 나타난다.[117]

로렌초는 집에서 가정교사들에게 교육을 받았다. 그 중심 역할을 맡은 젠틸레 베키는 고전 라틴어와 여러 종교문헌을 집중적으로 가르쳤다. 로렌초는 열한 살 때부터 부모와 베키의 격려를 받아 '혜택 제공'의 뜻이 담긴 후원 편지를 쓰기 시작했다. 열두 살 무렵에는 아버지에게 정중한 편지를 쓸 정도였다. 그 내용은 다른 사람들(어른들)의 입장을 대변해 주면서 "이 일에 대해서는 제 뜻을 살펴주시기 바랍니다"라는 부탁을 담은 것이었다.[118]

나중에 로렌초는 유력 가문들 사이의 혼담을 주선하는 피렌체 최고의 중매쟁이가 되기도 한다. 군주 급의 결혼을 주선한 일도 있었다. 볼로냐의 벤티볼리오 집안을 파엔차의 만프레디와 맺어준 것이다. 또 프랑스 왕 루이 11세의 부탁으로 프랑스 왕세자를 나폴리 페란테 왕의 딸과 맺어주려 한 일도 있었다.

1463년 열네 살의 로렌초가 또래 친구들과 함께 피스토이아,

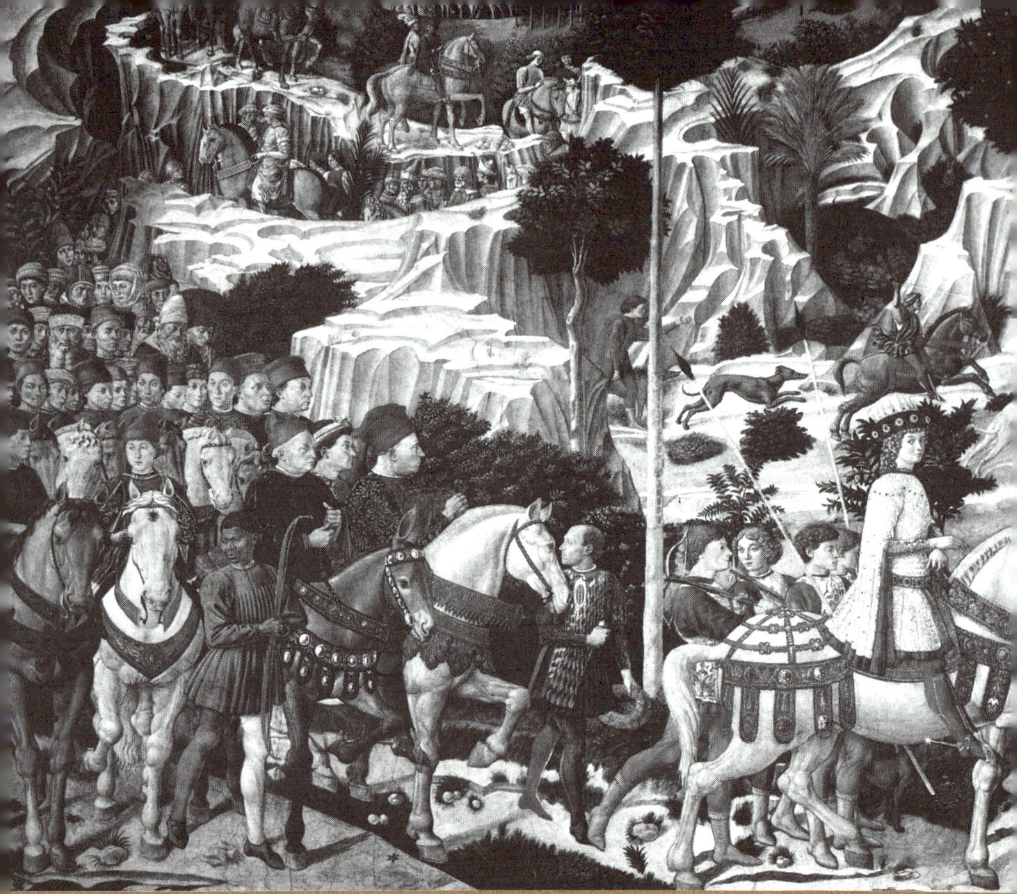

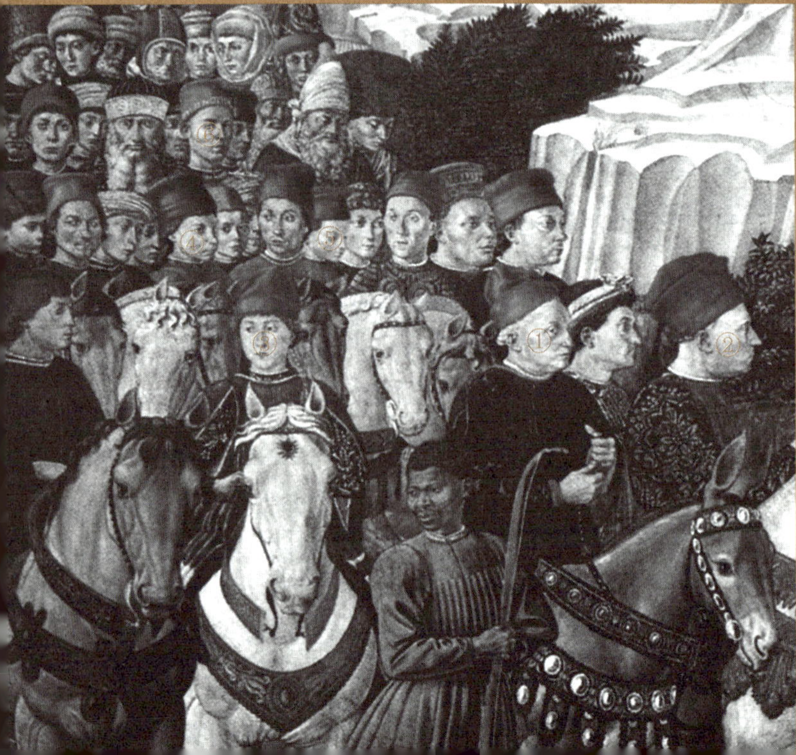

베노초 고촐리의 〈동방박사들의 행렬〉(1459~1469, 피렌체, 메디치 리카르디 궁). 궁의 동쪽 벽면을 가득 채우고 있는 이 그림은 메디치 가문 남자들의 얼굴이 행렬 가운데 초상화처럼 남아 있다. 특히 백마를 탄 젊은 동방박사는 '위대한 로렌초' 라 여겨진다.

① 코시모 데 메디치
② 피에로 데 메디치
③ 갈레아초 마리아 스포르차
④ 로렌초 데 메디치
⑤ 줄리아노 데 메디치
⑥ 이 그림을 그린 화가 베노초 고촐리

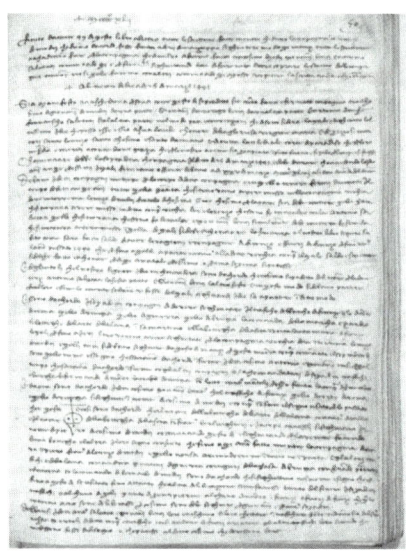
코지모가 손자 로렌초에게 준 메디치가의 비밀 회계 장부.

루카와 피사를 여행하도록 허락받은 것은, 그가 토스카냐 땅에 익숙해져야 한다는 필요 때문이었음이 틀림없다. 열여섯 살이던 1465년 5월에는 군주의 조정에 사절로 나서면서 정식으로 공인 생활을 시작했다. 아버지가 중요한 자리에 그를 메디치가의 대표로 보내 굴리엘모 데 파치와 함께 밀라노에 간 것이다. 열세 살의 나폴리 왕자 페데리고가 자기 형 칼라브리아의 알폰소와 밀라노 공작의 딸 이폴리타 스포르차의 대리결혼식을 치르러 왔을 때였다. 페데리고는 대리결혼식 후에 이폴리타를 나폴리로 데려가는 장대한 행렬을 이끌 참이었다.[119]

이때 로렌초는 페라라와 베로나를 거쳐 베네치아로 가서 총독의 영접을 받은 다음 밀라노의 잔치로 향했다. 메디치 은행 밀라노 지점은 프란체스코 스포르차 공작이 로렌초의 할아버지에게 주었던 거대한 저택 내에 있었다. 로렌초는 이 저택에서 파치가 출신 매부의 도움으로 성대한 잔치를 베풀었다. 그동안 조숙한 재능으로 잘 알려져 있던 그는 여행의 근본 목적을 성취하는 데 빈틈이 없었다. 스포르차를 비롯한 공작가 사람들과 친교를 다지고, 정상급 군주들과 정치가들의 행동방식을 배우는 것이었다.

그로부터 1년이 지나지 않아 로렌초에게 극적인 임무가 떨어졌다. 시에나, 로마, 나폴리, 앙코나를 돌며 아버지 대신 은행과 정치 관련 일을 살피던 그가 로마에 있을 때 프란체스코 스포르차의 갑작스러운 사망(1466년 3월 8일) 소식이 전해졌다.[120]

이 소식은 메디치가에 찬물을 끼얹었다. 스포르차의 군사력은 오랫동안 피렌체에서 메디치가의 지배력를 받쳐주는 중요한 기둥이었기 때문이다. 이에 로렌초는 교황 및 페란테 왕과의 접견 때 서둘러 밀라노의 새 공작 갈레아초 마리아 스포르차에 대한 지지 의사를 밝혀야만 했다. 코시모도 죽고(1464) '통풍쟁이' 피에로도 병으로 제 구실을 못하는 상황에서 갈레아초 마리아의 상비군은 로렌초가 의지해야 하는 국외의 가장 중요한 동맹자였다.

로렌초는 교황 바오로 2세를 몇 차례 접견한 다음 나폴리 왕국으로 건너갔다. 그곳에서 이폴리타 스포르차를 만나고 왕과 사냥을 함께 하면서 나폴리 왕정이 새 공작을 지지하는 분위기임을 알아낸 그는 어느 정도 마음이 놓였다. 그가 나폴리로 간 데는 피렌체에서 고조되던 공화주의 정서에 나폴리 왕정의 경각심을 불러일으키고, 메디치가에 대한 나폴리의 지지가 어느 정도인지 탐색하려는 목적도 있었다. 당시 나폴리에는 일군의 피렌체 추방자들이 부지런히 공작을 펼치고 있었다.

1466년 5월 로렌초가 돌아왔을 때 피렌체에는 메디치파의 추첨함 통제를 혁파하고, 지난 30년간 참정권을 빼앗겼던 사람들을 복권시키려는 열망이 끓어오르고 있었다. 메디치가의 고위 협력자들마저 대부분 전향해서 공개적으로 '개혁파'에 가담하고 있었다. 개혁파는 메디치가가 독점하던 권력을 분산시켜 넓은 범위의 정치계층에 나눠주려 하고 있었다.

피에로 데 메디치는 최상층 계급의 집단 반란에 직면해 있었다. 8월 말 위기는 절정에 달했다. 참사회 출두를 요청받은 그는 앞서 이야기한 대로 두 아들 로렌초와 줄리아노를 대신 보냈다. 그리고 하루 이틀 뒤에는 무슨 재주론지 3,000명의 용병을 시내로 끌어들여 무력시위를 벌였다. 성문의 위병들을 매수하거나 협박한 것이었다. 로렌초는 참사회에 출두한 닷새 후 무장을 갖추고 시청 광장에서 용병들과 어울려 있었다.

개혁파 지도자들은 추방되거나 침묵과 협력을 강요당했다. 메디치가의 통치는 회복되고 통제의 끈은 더욱 조여졌다. 겨우 열일곱 살의 로렌초가 그 해(1466) 가을 막강한 권한의 발리아에 '선출'되고, 이어 중요한 기구인 백인회에 들어간 것은 모두 헌법에 어긋나는 일이었다. 피에로는 국가정치에 지나치게 강한 주장을 내세우는 로렌초를 이따금씩 자제시켜야 했다. 로렌초는 자기 나름의 관점을 가지고 있었으며, 자신의 능력에 자신감을 가진 젊은이였다.

로렌초에게 이후의 3년은 마치 한 사람의 일생처럼 모든 것을 담고 있던 시기였다. 그는 문학에 빠져들어 많은 책을 읽고 시를 썼다. 그러나 언제나 정치가 그를 둘러싸고 있었고, 그가 정치를 잊은 적도 없었다.[121]

그는 이제 두 개의 영혼, 두 가지 측면을 가지고 살아갈 사람이었다. 시에 대한 사랑은 피렌체에서의 생활과 완전히 별개였다. 그의 시는 현실적이고 실제적인 모든 대상으로부터 철저하게 격리된 것이었다. 이상과 학식, 고도의 세련미를 담은 그의 시는 토스카나 방언을 통한 고상한 사랑의 표현을 깊이 터득한 한 인간의 정신을 보여준다. 주장과 대비, 그리고 미묘한 감정이 화려하게 번득이는 표현이었다.

로렌초의 시에는 운명과 죽음, 시간, 그리고 순교자 같은 헌신의 정신이 섬세하게 엮어져 있다. 사랑하는 자는 그의 고통(죽음)인 동시에 구원(생명)이며 그 의미는 끊임없이 옮겨 다닌다.

> 내가 가장 갈망하는 것은 내가 가장 싫어하는 것,
> 영생을 얻기 위해 나는 종말을 동경한다.
> 죽음을 피하기 위해 죽음을 손짓하여 불러들이며,
> 안식이 없는 곳에서 평화를 찾는다.
> ……
> 불 속의 얼음, 쾌락 속의 경멸,
> 죽음 속의 생명, 평화 속의 전쟁,
> 나 자신을 동여맨 이 밧줄을 어찌할 것인가.

르네상스 시대 이탈리아의 고상한 연애시가 (그 시대 사람들이 주장한 것처럼) 육욕을 교묘하게 위장한 표현이었다면, 로렌초의 작품은 그 방면에서 탁월한 경지에 도달한 것이라 할 수 있다.

피에로가 죽은 다음날인 1469년 12월 3일, 정권인수위원회를 자임하는 일군의 정치가들이 국정의 책임을 맡기기 위해 메디치 궁전으로 찾아왔을 때 로렌초에게는 정치에 은밀한 폭력을 사용하는 것이 낯선 일이 아니었다. 1466년 9월 초 시청 광장에서 앞장서 본 경험도 있었고, 이제는 언제라도 군대를 보내줄 태세를 갖춘 밀라노 공작과 긴밀하게 접촉하고 있었다. 추방자들이 로렌초의 권력 장악을 가로막기 위해 1년 전에 시도했던 것처럼, 피렌체 내의 말없는 반대자들을 선동하려면 이 점을 반드시 고려해야 했다.[122]

피렌체 주재 모데나 공국 대사가 보르소 데스테 공작에게 보낸 보고서를 보면, 메디치 정권에 반대하는 목소리가 다시 새어나오기 시작한 사실을 확인할 수 있다. 그러나 이 목소리는 차츰 침묵 속으로 잦아들었다. 피에로가 죽던 날 저녁 산타 안토니오 교회에서 메디치파의 통제 하에 열린 집회에서 지도자 두 사람이 "공인된 주군이 있어서…… 우리 참사회의 운영에 관련된 모든 현안을 일관성 있게 처리할 필요가 있다"는 주장을 폈다. 대사의 보고서는 이렇게 결론짓고 있다.[123]

따라서 참사회의 모든 비밀 의안이 전에 피에로의 손을 거쳤던 것처럼 이제 로렌초의 손을 거치게 될 것입니다. 그의 친구들이 힘을 쏟으려는 것이 그 목적입니다.…… [그에게] 최고의 자리를 만들어주려는 것인데, 그들은 지금 정부를 장악하고 있고 [공직] 추첨함을 원하는 대로 열어놓고 있기 때문에 그렇게 할 수 있을 것입니다. [그러나] 내가 이야기를 나눈 사람들 중에는 반대 의견을 가진 사람들이 있습니다. 그들은 며칠 내에 [정치적 결정에 관한] 모든 것이 [정부] 청사로 옮겨져야 한다고 생각합니다. 그러나 만약 지금 출발점에서 그들이(로렌초의 친구들이) 배를 원하는 방향으로 돌려놓는다면, 무엇보다 장래 참사회와 여타 관직 선거에 방향을 잡아놓는다면, 그들이 원하는 항구로 향할 수 있을 것이라고 나는 믿습니다.

모데나 공국의 대사가 바로 보았다. 로렌초와 그 친구들은 13개월 동안 불확실한 항로를 따라 배를 몰다가 1471년이 되자 일련의 조치를 취했다. 그리하여 소수의 온순한 항해사들이 국가의 키를 잡게 되었다.

"내 파치가 사돈들"

로렌초는 이제 파치가 문제에 매달렸다. 심각한 사회적 경쟁상대를 허용하지 않겠다고 밝혔으니 그 스스로 만든 문제라고 할 수 있다. 이 원칙에 누구보다 먼저 저촉되는 것이 사돈 집안인 파치가였다. 국외의 어마어마한 연줄, 신화적 규모의 재산, 많은 자손, 오랜 전통, 그리고 도시 내의 평판 등. 토마소 소데리니는 이런 의미에서의 경쟁상대가 못 되었다.

로렌초의 동생인 줄리아노조차 1470년대에 우울하고 분노에 찬 시간을 보냈다. 형이 자기를 정치에서 제외하고, 화려한 무대

♈ 보티첼리의 〈동방박사들의 경배〉(1475~1476, 피렌체, 우피치 미술관). 이 그림에서도 역시 메디치가의 인물들이 모델이 되었다. 이와 같이 기존의 성화에 당시 부를 독점한 가문의 인물들이 모델이 된 작품들이 있는데 이는 피렌체의 세도가와 예술가의 유착관계를 잘 보여준다.

와 당당한 결혼의 기회를 주지 않는다고 생각했기 때문이다. 사실 메디치가의 정치적 필요와 숨어있는 적들에 둘러싸인 상황을 고려하면, 줄리아노가 스물다섯의 나이로 암살자들의 손에 쓰러질 때까지 뚜렷한 조치가 없었다는 것은 이상해 보이기도 한다. 결혼을 통해서든 중요한 성직의 획득을 통해서든 가문의 자원을 확충할 길이 있었을 것이기 때문이다. 로렌초 자신은 1468년 12월 채 스무 살도 되지 않았을 때 대리결혼식을 올리고 이듬해 6월에 본 예식을 올리지 않았던가.[124]

피렌체의 새 권력자는 적어도 열 살 때부터 파치가 사람들과 어울리기 시작했다. 1459년 누나 비앙카와 굴리엘모 데 파치의 결혼식 때부터였다. 이는 할아버지 코시모가 강력히 추진한 동맹이었다. 이후 토스카냐의 사냥 등 파치가 사람들과의 접촉은 메디치가 일상생활의 한 부분이 되었다.

1465년에 로렌초는 굴리엘모와 함께 밀라노를 비롯한 여러 도시를 여행했다. 몇 해 뒤에는 굴리엘모가 줄리아노와 함께 로렌초의 신부 클라리체를 데리러 로마에 갔다. 그러므로 매부 굴리엘모를 위시한 파치가 사람들이 로렌초 및 그 주변 시인들의 작품에 등장인물로 종종 나타나는 것도 이상한 일이 아니다. 1460년대 후반까지 로렌초는 파치가에 대해 (사업상의 비밀까지 포함하여) 가장 잘 아는 사람의 하나가 되었음이 틀림없다.[125]

1475년 9월 밀라노 공작에게 보낸 편지에서 로렌초는 파치가의 높은 위상이 "우리 가문 덕분"이라고 썼다. 파치가가 정치적으로나 사회적으로 큰소리를 치게 된 것이 메디치 통치 집단에서 제공한 혜택 덕분이라는 뜻이다. 파치가 사람들이 참사회에 근무한

코시모

피코 델라 미란돌라

줄리아노

경력을 훑어보면 로렌초의 말이 빈말은 아니다.[126]

1439. 3	안드레아 디 굴리엘미노 데 파치
1443. 11	안토니오 디 안드레아
1447. 5	피에로 디 안드레아
1450. 9	안토니오 디 안드레아
1455. 7	자코포 디 안드레아
1462. 5	피에로 디 안드레아(집법관)
1463. 7	자코포 디 안드레아
1466. 3	굴리엘모 디 안토니오 디 안드레아
1469. 1	자코포 디 안드레아(집법관)
1472. 7	조바니 디 안토니오 디 안드레아

파치가의 부의 원천인 안드레아와 세 아들, 그리고 두 손자가 참사회에 근무했고, 그중 두 차례는 집법관으로서 지휘자의 자리에 있었다. 오랫동안 '거족'으로 규정되어 참사회에 들지 못했던 파치가의 참사회 진출 기록은 참으로 놀라운 것이다. 메디치가로서도 파치가를 비롯한 명문가들의 지지가 요긴했다. 많은 사람들을 추방한 상태에서 지지자 가운데 명문의 이름도 들어있다는 것은 반가운 일이었다.

그렇다면 자연스럽게 떠오르는 문제가 있다. 1439년 이래 파치가의 영광이 메디치가 덕분이었다고 주장한다면, 뛰어난 인문학자 지아노초 마네티를 비롯해 메디치 정권의 박해를 받은 사람들의 재정적 파멸 역시 메디치가 덕분이라고 해야 할 것 아닌가?

4월의 음모 오래 전부터 파치가 형제들과 사촌들의 노골적인 야심에 위협을 느낀 로렌초는 그들의 고위직 진출을 슬그머니 가로막으면서 그 정치적 영향력을 억제하기 시작했다. 또한 그들을 놀리거나 모욕을 주기 시작했는데, 파치가 사람들도 뒤질세라 반격을 가했을 것이다.[127] 피렌체는 말씨가 험하고 인심이 고약한 동네로 알려진 곳이었다.[128]

파치 문제를 젖혀놓고도 로렌초는 처음부터 뛰어난 정치적 재능을 드러냈다. 1469년 가을 그와 몇 차례 대화를 나눈 피렌체 주재 밀라노 대사는 깊은 감명을 받았다. 그 애송이가 "늙은 (경험 많은) 사람"처럼 행동하면서 죽어가는 자기 아버지 피에로에 대해 태도가 너무 독단적이고 거만하다든가, 친구들을 잘 지키지 못한다든가 하는 가벼운 비판도 스스럼없이 나눈다는 것이었다. 피에로의 그런 결점들은 대사 자신도 느끼던 것이었다. 반면 로렌초 자신은 할아버지 코시모처럼 "최대한 겸손한 태도"로 권력을 운용하려 한다고 대사는 보고했다. 그것은 당연히 고위직

조바니 디 비치

로렌초

보티첼리

명부 조작과 추첨함 조정을 통한 방법이었다.[129]

1470년 겨울, 참사회의 "비밀 사업"에 대한 영향력을 물려받은 지 몇 달 안 되었을 때 로렌초와 측근들은 참사회 선거를 손에 꼭 쥐려고 시도하다가 실패했다. 1년 뒤 그들은 다시 이 일을 시도했다. 이번에는 참사회 구성이 유리하게 되어 있었고, 메디치가의 충실한 종복인 기사 아그놀로 델라 스투파가 집법관이었다. 곧바로 움직이기 시작한 그들은 완곡하면서도 완강한 책동을 부려 여러 기의 참사회가 위원회를 통해 그들이 바라는 통제를 추진하게 했다. 양순한 참사회와 순종적인 백인회가 계속 선출되도록 하는 방안을 강구한 것이다.[130]

1471년 1월, 백인회에서 겨우 두 표 차이로 판가름난 의결은 향후 5년간 메디치파의 추첨함 조정자들이 후계자들을 지명하다시피 하도록 만든 것이었다. 다음의 큰 조치는 7월에 있었다. 로렌초와 그 친구들은 발리아 구성을 승인하도록 입법기구들을 설득했다. 무엇보다 그 위원회가 제한된 권력을 가지는 것으로 여기게끔 유도했다. 온갖 감언이설에도 불구하고 세 개의 입법기구에 계속 압력을 넣어야 했는데, 결국 의결을 얻어낼 때의 표 차이는 여덟 표, 한 표, 그리고 두 표밖에 되지 않았다.

로렌초 일당은 추종자들과 예스맨들로 발리아를 채웠다. 그런 다음 백인회의 구조와 의결권을 손질해 발리아에 대해 확고한 통제력을 갖도록 만들었다. 정부 개혁의 절정은 백인회에 선거와 재정, 군사에 관한 전권을 부여함으로써 오래된 두 입법기구의 전통적 권한을 없앤 것이었다.

이 개혁은 5년 동안만 시행하기로 했지만 이것 역시 하나의 술수였다. 로렌초 일당은 나중에 이 개혁이 계속 시행되도록 조치를 취할 수 있었다. 멋지게 조율된 이 '개혁'은 시기, 의석 수, 거짓말, 협박, 뇌물과 선거 조작이 결합한 종합예술이었다. 르네상스 시대에는 정치도 하나의 예술이었다. 적어도 메디치가의 피렌체가 "시민의 손으로", "헌법에 따라" 통치되는 방법은 그랬다.

밀라노 대사가 스포르차 주군에게 올린 보고에 나타난 것처럼 파치가 사람들은 이때 분명히 로렌초의 마음에 걸림돌로 인식되고 있었다. 밀라노 대사는 자코포 데 파치 경이 1471년의 발리아에 들어가지 못하도록 젊은 피렌체 지배자가 손을 쓰고, 그 대신 매부 굴리엘모를 넣으려 했다고 보고했다. 그런데 자코포는 심복 몇 사람과 함께 발리아에 선출되었다. 선거 조작이 원하는 대로 완벽하게 이루어지지는 않았던 것이다.[131] 같은 해에 로렌초가 메디치파 정치가 오토 니콜리니의 아들 아그놀로와 리사 디 피에로 데 파치의 결혼을 막지 못한 것도 당시의 사정을 보여주는 일화다.[132]

기묘한 일은 1470년 겨울에서 이른 봄 사이에 (로렌초도 포함되어 있던) 한 중요 위원회에서 벌어진 장시간의 열띤 논쟁에서 자코포 데 파치가 밀라노와 스포르차에 우호적인 로렌초의 외교정책을 지지한 것이다.[133] 메디치파의 고위 정객인 안토니오 리돌피와 토마소 소데리니는 (조금 애매하게) 페란테 왕을 지지했다. 그러나 리돌피와 소데리니에게는 두려움이 없던 로렌초가 자코포를 불신한 것은 뭔가 낌새를 알아차렸기 때문이다. 파치가의 무릎을 꿇리기로 작정한 로렌초가 국외에서 그들의 연줄과 명망에 대해 예민한 태도를 보이기 시작한 것이다.

이런 징조가 다시 나타난 것은 1472년 말, 위세 넘치는 파치가에 성인 남자가 여섯이나 있는데도 공직 추첨함에 넣을 명패가 세 개밖에 할당되지 않았을 때였다. 그중 한 사람인 조바니 디 안토니오가 그 해 7~8월 참사회에서 근무하기는 했지만, 파치가 사람들은 자기네에게 권력의 칼자루를 쥐어 주지 않으려는 심산임을 알아차렸다.[134]

1473년 12월의 치명적인 전환점은 교황 식스투스 4세의 가족 챙기기로 인해 야기된 것이었다. 교황이 교황령의 도시 이몰라를 매입하여 조카인 피에트로 리아이리오 추기경에게 주었다가 나중에 다른 조카 지롤라모 리아리오 백작에게 넘겨주었는데, 당시 매입 자금 4만 다카트의 대부분을 로마의 파치 은행에서 대출받았다.[135]

매도자인 밀라노의 갈레아초 마리아 공작이 그 도시의 판매를 피렌체와 협상하고 있었기 때문에 피렌체 지도부는 배신감을 느끼고 있었다. 로렌초는 이 사안에 대해 메디치 은행에서 이미 대출을 거부했으니 경쟁 은행에서도 대출을 삼가 달라고 요청했다. 그런데 파치가 사람들은 (아마 자코포 경과 프란체스코였을 것이다) 대출을 승인했을 뿐 아니라, 교황에게 로렌초가 대출 거부를 요청한 사실까지 알려주었다.

그렇게 해서 12월 말에 이몰라 구매 대금을 전달하고, 2월에 도시의 열쇠를 받은 인물이 누구였겠는가? 얼마 후 피사 대주교가 되고 나중에 음모에 가담하는 프란체스코 살비아티, 바로 그자였다. 각지에 있던 로렌초의 대리인들이 이 모든 사실을 고해바쳤을 것은 분명한 일이다.[136]

수수께끼

음모 이전 로렌초와 파치가의 관계를 어떤 상황보다도 극명하게 보여주는 것이 식스투스 교황에 대한 대출이었다. 교황과의 거래는 밀라노 공작이나 교황령 영주들과의 거래와 마찬가지로 외교정책에 따르는 것이었다. 피렌체의 비공식 국가원수로서 로렌초는 외교정책에 대한 복안으로 팽창주의를 지향했다. 기회가 있을 때마다 영토를 넓히는 것이 맹목적인 애국심 내지 '제국주의' 성향을 가진 대중에게 찬양받는 길이었기 때문이다. 영토의 확장은 세원稅源의 확대를 뜻하는 것이므로 피렌체를 (상상 속에서라도) 더 부강하게 만드는 길이었다.

그런데 어떻게 파치가가 이런 일에 끼어들어 자기네 식의 외교정책을 편단 말인가? 이런 중요한 일을 놓고 로렌초의 권위를 묵살할 수 있단 말인가? 그들이 주사위를 던진 것이었을까? 그리고 이익과 도덕에 관한 논쟁을 청하는 것이었을까? 은행업도 장사고 교황은 훌륭한 고객이니 그 요구에 응하는 것이 사업상, 나아가 도덕적으로도 마땅한 일이 아니냐고.

그런 질문을 받았다면 로렌초는 틀림없이 이렇게 대답했을 것이다. 파치가도 피렌체에 대해, 그리고 사돈간이며 파치가의 오늘을 만들어준 메디치가에 대해 책임이 있다고.

그러면 파치가 사람들은 반박하고 나왔을 것이다. 로렌초가 당시 표현으로 "가게 주인" 노릇을 하고 있는 상황에서 자기네가 피렌체에 무슨 책임을 가지냐고. 게다가 식스투스 교황과의 불편한 관계가 피렌체에 무슨 이득이 되느냐고. 그리고 정말 막말을 하고 나선다면, 자기네를 고위직에서 배제하고 양지바른 곳의 명예로운 자리를 빼앗아가는 자에게 왜 충성을 바쳐야 하냐고 되물었을 것이다.

파치가는 로렌초에게 맞서기로 결정한 것이다. 양쪽 다 체면은 지키면서 비앙카의 남편 굴리엘모를 일종의 교량 내지 완충장치로 이용하기는 했지만, 1473년의 사태는 양측 사이에 분노와 증오의 기류가 형성되었음을 보여준다. 4만 남짓의 인구가 거미줄처럼 후원이나 개인적 관계를 맺고 있던 르네상스 시대의 피렌체는 로렌초나 파치가 같은 사람들에게 너무 좁은 곳이었다.

파치가 사람들이 매우 욕심이 많은 반면 다소 무신경한 사람들이었다는 사실에는 의문의 여지가 없다. 하지만 르네상스 시대의 피렌체는 18세기의 응접실과 분위기가 달랐다.

1478년 1월까지도 로렌초는 레나토 데 파치에게 호의를 베풀었다. 밀라노에 있는 의사에게 피렌체로 와서 레나토의 병든 아내를 살펴 달라고 부탁한 것이다. 또한 1470년대에 굴리엘모의 친구와 친지들에게 도움을 주는 후원 편지를 여러 차례 썼다. 1473년에는 후에 사르노 주교가 되는 안토니오 데 파치 경이 피렌체 령 토스카냐에서 교회 수입(성직록 둘)을 얻는 데 도움을 주었다.[137]

로렌초가 마지막으로 파치 은행에 호의적 태도를 보인 것은 식스투스 교황 대출 문제가 불거진 시기와 거의 같은 때로, 어쩔 수 없는 상황에 따른 것이었다. 1473년 12월, 귀중품을 실은 메디치가와 파치가의 당나귀 대상이 사부아 공국 관리들에게 압류되었다. 두 대상은 리옹에서 피렌체로 짐을 옮기는 중이었는데, 주조용 은을 실은 파치가의 대상은 샹베리에서, 메디치가의 대상은 토리노에서 걸렸다. 로렌초가 얼른 밀라노 공작의 개입을 요청해 짐이 곧 풀렸지만, 파치가는 2,500플로린이라는 거금을 들여야 했다. 메디치가 대리인들의 편지에는 두 가문 사이의 반감이 드러나 있는데, 로렌초는 자기네 대상도 붙잡혔기 때문에 파치가까지 보살필 수밖에 없었던 것으로 보인다. 그러나 이 시점 이후로 두 가문의 관계는 점잖은 전쟁상태에 돌입한다.[138]

식스투스 교황은 1474년 7월 메디치 은행을 주거래 은행에서 탈락시키고, 그해 12월 명반 전매에 대한 회계감사를 실시했다. 메디치가가 탈락한 이유 중 하나는 그들에게 맡겨졌던 교황의 명반 전매사업이 시장의 공급과잉으로 인해 가치가 떨어졌기 때문이다.[139]

로렌초는 회계감사에 분노하며, 그런 조치는 100년 이상 교황의 은행을 맡아 온 가문에 대한 모욕이라고 항의했다. 지롤라모 리아리오 백작은 밀라노 공작을 통해 교황이 자기 장부를 검토하는 것이 무슨 문제냐고 퉁명스러운 대답을 보냈다. 교황청의 가장 영양가 있는 거래처인 출납국이 바로 파치가의 손에 들어가지는 않았지만 아니었지만 벌써 큰 우대를 받고 있었다.

더 나쁜 상황은 같은 해 10월 식스투스가 프란체스코 살비아티를 피사 대주교로 임명하고 추기경 회의의 승인을 받았다는 것이다. 로렌초는 당시 병중이어서[140] 즉각적인 반응에 대한 기록은 없지만, 나중에 드러나는 것처럼 당연히 경악과 충격과 분노에 휩싸였을 것이다. 그런 일에 대해서는 지역 정부와 의논하는 것이 관례임에도 로렌초나 참사회는 아무런 통보도 받지 못했다.[141]

피렌체 영토 서쪽에 위치한 피사는 동격이지만 더 부유한 피렌체에 대해 견제 기지가 될 수 있는 곳이었다. 로렌초는 교황이 새 피사 대주교를 추기경으로 올리지 않을까 하는 의구심까지 품었다. 피렌체에 추기경이 나온다면 자신의 영향권 내에 있는 인물이어야 한다는게 그의 확고한 생각이었다.

무엇보다 로렌초를 불쾌하게 만든 점은 프란체스코 살비아티가 파치가와 돈독한 인척관계를 맺고 있으며, 파치가의 보호 아래 성장한 사람이라는 사실을 온 피렌체가 알고 있다는 것이었다. 자코포 데 파치 경이 그의 교육을 후원한 것은 거의 확실하다. 이제 살비아티의 장래는 교황의 보호막 아래 놓이게 되었다. 아울러 교황의 조카들이 살비아티 및 은행가 프란체스코 파티와 긴밀한 관계를 맺고 있었다. 인척관계로 말하자면 자코포의 어머니가 살비아티에게는 고모였다. 그밖에도 살비아티는 부유한 보로메이 가문과의 관계를 통해 아래 세대의 파치가 사람(조바니 디 안토니오)과도 연이 닿아 있었다.

이러한 사실을 통해 로렌초는 살비아티가 파치가와 결탁한 것을 미루어 짐작하고는 증오해 마지않았다. 그렇지만 명목상 일개 시민에 불과한 로렌초가 어떻게 교황의 임명권에 맞설 수 있겠는가? 다른 사람에게 한 것이지만, 이듬해(1475) 교황이 뱉어낸 말에는 짙은 위협이 깔려 있었다. "그 자신이 [로렌초가] 일개 시민이고 내가 교황이라는 사실을 깨우쳐 주기 위해 쇠붙이를 쓰게 되더라도 주님께서 기뻐하실 것"이라는 말이었다. 그후로도 로렌초를 가리켜 "단순한 상인"이라고 폄하한 데서 교황의 뜻을 읽을 수 있다.[142]

피렌체가 살비아티의 피사 대주교 취임을 완강하게 반대하고 도시에 들어오는 것을 허락하지 않자, 식스투스는 파문과 성사 금지를 들먹이며 위협적인 태도를 보였다. 이때 로렌초는 가장 가까운 동맹자인 밀라노의 갈레아초 마리아 스포르차에게 도움을 청했다. 공작에게 보낸 편지 중 혐오스러운 살비아티에 관한 대목은 감정이 넘쳐난다.

> 부탁드리오니 각하의 [로마 주재] 대사인 코모 주교님을 통해 제가 각하의 인정과 사랑을 받고 있다는 (제 생각으로 사실인) 것과 제 일을 각하 자신의 일처럼 (사실 각하의 일이지요) 여기신다는 것을 그곳 사람들에게 전하도록 해주십시오. …… 어처구니없는 일을 당하고 있습니다. …… 프란체스코 살비아티 경이 피사[의 대주교직]를 손에 넣지 못하고 있는 것을 제하고는 [식스투스] 성하께서 언짢아하실 일이 없습니다. 그리고 그것이 잘못된 일이라 우리 도시 전체가 반대하고 있는데 그분은 저 한 사람에게만 보복을 가하려 하십니다. 주님의 은총과 각하의 따뜻한 보살핌 덕분으로 제가 [살비아티의] 대주교직 취임을 성사시킬 수 있으리라고 생각하는 것은 사실입니다. 그러나 그런 공적인 수치를 응낙해서는 안 된다고 생각합니다. 이 도시는 그런 사람을 데려오는 데 맞지 않는 곳입니다. …… 이 일에서 어려운 점은 시민의 한 사람인 프란체스코 경이 피렌체를 기만하고, 참사회의 뜻에 어긋나는 행동을 하면서 이 도시 전체보다도 더 많은 사랑을 교황 성하에게 받고 있다는 것입니다. 저와 우리 정부에 대단히 심각한 문제는 일부 시민들이 [파치가를 위시한 사람들] 이것을 [대주교직 문제] 자기네의 일이라고 주장하며, 저의 의향이 어떻든 프란체스코 경이 대주교

직에 취임하는 데 필요한 일을 무엇이든지 하겠다고 성하께 말하고 있는 것입니다. 따라서 교황 성하를 만족시키기 위해 제 영향력을 사용하는 것은 말할 것도 없고 그런 생각조차 하기 힘들다는 점을 각하께서 이해하실 수 있을 것입니다.[143]

로렌초는 분쟁 대상이 된 교구야말로 교황이 분노한 진짜 원인이라 지적하고, 편지 말미에 공작의 강력한 개입을 요청한다.

도메니코 기를란다이오의 《(파올라의) 성 프란체스코의 수도원 승인》(1482~1485, 피렌체, 산타트리니타). 파올라의 성 프란체스코(1416~1057)가 교황 식스투스 4세에게 수도원 승인을 받는 모습을 묘사한 그림이다. 그림 아래의 계단 위 폴리치아노가 검은 머리의

이런 억울한 일을 당하지 않도록 도와주십시오. 이 일은 제 명예와 물질적 이해관계를 엄청나게 손상시킬 것입니다. 각하께서 이 문제를 해결해 주신다면 제가 각하께 진 가장 큰 빚의 하나가 될 것입니다.

이 편지에 담긴 간청의 진의는 공인으로서 로렌초의 위신을 지켜달라는 것이다. 피렌체 정부의 막후 보스로 활동하는 동안 그는 자신의 '명예'와 대중에게 비쳐지는 모습에 만성적인 우려를

로렌초를 쳐다보고 있다. 폴리치아노 옆 어린아이가 줄리아노의 사생아이자 후에 교황 클레멘트 5세가 되는 줄리오다. 그 뒤 두 소년은 로렌초의 두 아들 피에로와 지오바니, 그리고 가정교사 (왼쪽부터) 루이지 풀치와 마테오 프란코다.

품고 있었다.

그렇게 예민했던 까닭은 피렌체에서 그의 위상이 군주나 영주, 일반 공직자나 평범한 시민도 아닌 애매한 것이었기 때문이다. 수면 아래 메디치가에 대한 증오의 흐름과 함께 정치적 추방자들이 다른 나라의 군사적 지원을 얻으려는 책동에 언제나 노출되어 있는 위치였다. 따라서 하루하루 정치를 비롯한 모든 일에서 강한 모습, 군림하는 모습, 통제력을 가진 모습을 보여야 했다. 스스로 마음을 놓고 지내기 위해서라도 존경과 명예를 넉넉히 누리는 (그리고 그것을 사람들이 보는) 것이 필요했다.[144]

이탈리아 여러 도시의 엘리트 시민들은 인근의 군주와 귀족, 고위 성직자, 그리고 잔존하던 봉건 영주들과 가까이 접촉해 왔기 때문에 그들로부터 명예의 지침을 받아들여 행동의 기준으로 삼을 수 있었다. 로렌초는 상인으로서 신용의 중요성을 잘 알고 있었지만, 피렌체의 국가원수이자 오르시니 가문과 결혼한 위치에서, 그리고 방대한 후원의 그물망의 구심점을 이루는 역할에서 공인이라는 또 하나의 면모를 중요시하지 않을 수 없었다. 이 면모는 근본적으로 '명예'에 달린 것이었다.

먼젓번 편지를 보낸 지 일주일 뒤인 1474년 12월 23일, 로렌초는 자신의 고통스러운 문제를 다룬 또 한 통의 편지를 밀라노 공작에게 보냈다. 이 편지에서 그는 식스투스 교황과의 문제가 교황령의 도시 치타 디 카스텔로를 공격하려는 용병대장이자 교황에 대한 반란자 니콜로 비텔리를 지원했기 때문에 불거졌다는 지롤라모 리아리오 백작의 주장을 부인하고, 진짜 문제는 피사에 있다고 했다.

[식스투스 교황이] 이곳의 많은 시민들로부터 [프란체스코] 살비아티를 좋게 이야기하는 편지를 받았다고 합니다만, 저는 그것이 바로 그가 [피사 대주교직에] 취임해서는 안 되는 중요한 이유라고 생각합니다. 참사회와 공직의 [지도적인] 인물들이 그를 받아들이고 싶어 하지 않는다면, 그에 대해 좋게 이야기하는 편지를 쓴 [파치가 등] 시민들은 [피렌체의] 통치자들과 잘 맞지 않는 사람들이 틀림없습니다. 피사처럼 상황이 까다로운 도시를 놓고, 정부에서 받아들여질 수 없는 인물이 그들에게 바람직하게 여겨진다는 것은 더더욱 이상한 일이 아니겠습니까? 각하께서 의심스럽게 생각하는 사람들의 도움이나 추천에 힘입어 파비아나 밀라노의 도시에 들어가려 하는 인물을 용납하실 수 있을런지 상상해 보시기 바랍니다. 살비아티가 출신 가문이 훌륭하고 연줄이 좋은 친척들에 둘러싸여 있으며, 저에게[까지]도 인척관계가 있다는 이야기를 하는 사람들이 있습니다. 모두 사실입니다. 그러나 그의 태도와 습관은, 이번 사태를 통해 더 뚜렷이 드러납니다만, 그 모든 장점을 의미 없게 만드는 것입니다.

로렌초는 살비아티에게 여러 타협책을 제시했다는 사실을 덧붙였다. 피사를 사양할 경우 아레초, 피스토이아, 볼테라 등 다른 세 교구 중 하나를 제공하겠다고 제안한 것이다. 그러나 살비아티는 어느 대안에도 만족하지 않았다. 예를 들어 아레초의 경우 수입이 너무 적어 자기 수요에 맞출 수 없기 때문에 피렌체의 성직록 몇 개를 얹어주어야 한다는 식이었다.[145]

이 편지의 뒤쪽에는 메디치 은행 계좌에 대한 교황청의 감사와 몇 가지 대출담보의 철회에 관련된 이야기가 가득 들어 있다. 1년도 안 지난 첫 회계감사에서 이미 계좌들에 아무 문제가 없다는 사실이 확인되었다. 그런데 또 감사를 하겠다고 요란스럽게 떠들어대면 메디치가의 정직성에 대한 의혹을 불러일으킬 것이 틀림없다고 로렌초는 지적했다. "상인에게 신용과 성실성이 얼마나 중요한지는 각하께서도 잘 아시는 일 아닙니까."

대주교가 피사에 입성하지 못하고 교황의 분노가 살비아티 '취임' 반대운동의 핵심인물인 로렌초에게 쏠린 가운데, 살비아티 문제는 1년을 더 끌면서 양측 사이의 증오심은 깊어만 갔다. 그동안 피렌체의 '거인'은 파치가의 광범위한 영향력에도 대응하고 있었다.

그는 교황의 은행가로서 파치가의 중요성이 부각되는 상황과 로마에서 살비아티의 별이 떠오르도록 하려는 파치가의 막후 책동을 파악했다. 그리고 그의 분노를 불러일으키는 상징적 의미를 지닌 것에 불과한 소소한 일들도 알아챘다. 예를 들어 1474년 12월 말, 우르비노 공작에게 어떤 창시합용 말을 빌려달라고 부탁했을 때 "레나토 데 파치의 부탁을 받아 보냈다"며 거절당한 일도 그런 류였다.[146]

이탈리아 전역에 파치가의 친구들과 연줄이 없는 곳 없이 있었던가? 사실이 그러했다는 것을 알아볼 만한 일이 1475년 8월에도 있었다. 나폴리 왕이 사르노의 주교직을 자코포 데 파치 경의 조카로 교회법 학위를 가진 안토니오 디 피에로에게 수여하도록 청원한 것이다. 나폴리에서 동쪽으로 약 20마일 떨어진 사르노에는 교황이 즐겨 찾던 사냥터가 있었다.

교황은 즉각 응낙했다. 임명 소식을 들은 안토니오와 파치가도 이 승진을 즉각 받아들였다. 그런데 이 소식의 전달과정은 보통 참사회나 로렌초를 거침으로써 승인 여부를 결정할 기회를 주는 예절 내지 관습에 어긋나는 것이었다. 참사회와 로렌초에게 공개 석상에서 따귀를 때리는 것과 같은 모욕적인 행동이었다.[147]

사실인즉 중부 이탈리아에서 영향력을 넓히려는 야심을 가진 페란테 왕이 로렌초를 걸림돌로 보았기 때문에 그의 반대자들을 북돋워주려는 의도가 깔려 있었다. 사르노 주교직 임명 소식이 피렌체에 전해졌을 때 밀라노 대사는 이 조치가 "많은 논란을 불러일으켰으며", "로렌초와 그의 정치세력에 대한 배려를 거의 보이지 않았다"고 전했다. 사르노 사태에 관해 멋대로 이야기하려는 사람들은 "이 정권이 자유로운 공화제가 아니라 독재적 군주제의 성격이라는 쪽으로 이야기를 몰고감으로써 결국 모든 사람들에게 [공화제의] 자유를 되찾을 것을 제창한다. 내가 보기에 정직하지 못한 사람들도 있기 때문에 무슨 조치를 취하지 않으면 문제를 일으킬 것이다."[148]

페란테 왕과 우르비노 공작이 자신의 피렌체에 대한 통제력을 약화시키려 한다는 정보를 받고 있던 터에 이 모욕적 소식을 들은 로렌초가 충격에 빠진 것은 당연한 일이었다. 밀라노 공작은 로렌초와 동생 줄리아노의 신변 안전에 신경을 써야 한다는 경고까지 보내 왔다. 그러나 참사회와 팔인회를 "손바닥에" 쥐고 있던 로렌초는 피렌체 안에서 자신의 위치에 대한 불안감이 없으며, 이 시점에서 외국 군대의 도움을 받을 필요를 느끼지 않는다고 밀라노 대사를 통해 대답했다.

로렌초가 갈레아초 마리아 스포르차 공작에게 밝힌 솔직한 입장은 이런 것이었다. 자신의 모든 것이 공작에게 달려 있고, 자신이 피렌체를 통치하는 목적도 공작과 밀라노의 대외정책을 위해서라는 것이었다. 또한 공작이 자신을 애호하며 어떤 상황에서도 도와줄 것이라는 사실을 모든 사람에게 분명히 밝힌다면 피렌체 정권은 국내외적으로 아무 문제가 없으리라는 것이었다.[149]

이틀 뒤인 1475년 9월 7일, 공작에게 보낸 또 한 통의 편지에서 로렌초는 파치가에 대한 염려로 이야기를 시작하면서, 살비아티와 피사 교구에 문제의 초점을 두었다. 아마 공작의 대사에게 들었겠지만, 그는 피렌체 안에서 자신에 대한 온갖 입질이 파치가로부터 비롯된 것임을 알고 있었다.

그들이 그 원천입니다. 제 사돈 파치가 말입니다. 원래 성격이 못된 사람들인데다가 [페란테] 국왕 전하와 우르비노 공작의 부추김을 받은 그 자들이 제게 무슨 해든지 끼치려 안달하고 있습니다. 각하께서도 아시겠지만 그 자들이 이 도시에서 누리는 모든 위치가 우리 [메디치] 가문 덕분임을 생각하면 참으로 배은망덕하고 도리에 어긋나는 짓입니다. 그들이 제게 해를 끼치지 못하도록 무엇이든 필요한 조치를 하고 감시하겠습니다. 그러나 그들이 이곳에서 신용도 별로 없고 식견 있는 사람들이 비판하는 대상이기 때문에 [자격과 야심에 대한] 그들의 환상을 그리 대단하게 여기지는 않습니다. …… 각하께서도 알고 계시겠지만 피사의 새 대주교는 인척관계나 교우관계로 파치가와 깊이 맺어져 있는 사람입니다. 로마에서 저는 그의 피사 대주교직 취임이 이루어지도록 움직여 달라는 압력을 어느 때보다 많이 받고 있습니다만, 그렇게 하면 파치가의 성가가 올라가는 대신 저는 반대의 길을 걷게 될 것으로 믿습니다. 그 자들이 피렌체에서 저에 대한 험담을 해온 자들인 만큼 그냥 묵과할 수 없습니다. 부탁드리건대 지롤라모 [리아리오] 백작에게 압력을 가하셔서 각하께서도 제가 그런 수모를 당하지 않기를 바라며, 또 제가 각하의 충복인 만큼 이 일이 각하의 일이나 마찬가지라는 사실을 그로 하여금 깨닫게 해 주시기 바랍니다. …… 그렇게 하면 [아마] 로마에서도 제가 각하의 진정한 사랑을 받고 있다는 사실을 이해하게 될 것입니다.[150]

그러나 공작이 상대해야 할 교황은 여간 굳게 마음을 먹은 것이 아니었다. 게다가 지롤라모 리아리오 백작은 최근 공작의 사생녀 카테리나와 결혼하여 사위가 되었으므로, 공작은 그쪽에도 책임이 있는 입장이었다.

결국 로렌초는 기어 내려오지 않을 수 없었다. 1475년 10월 피렌체는 무릎을 꿇고 프란체스코 살비아티를 피사 대주교로 받아들였다. 하지만 식스투스 교황은 그 전에 두 가지 양보를 해야 했다. 먼저 피렌체 정부에게 지역 내 성직자들로부터 매년 6,000플로린의 세금을 징수하여 대학 운영비로 쓸 것을 위임했다. 그리고 피렌체가 통치하는 지역의 성직 임명에 대한

카테리나 스포르차 리아리오

참사회의 승인 권한을 인정했다.

　이 시점에서 로렌초는 밀라노 대사와의 대화 중 또 한 차례 파치가를 겨냥한 말을 했다. 대사의 보고에 따르면 로렌초는 "파치가 사돈들이 이 일에서 나를 눌렀다고 생각하지만 …… 다시 문제를 일으킨다면 후회하게 만들어줄 것이다. …… 그들이 평화롭게 살아가기를 거부한다면 어떤 실수를 저지르는 것인지 분명히 확인시켜 줄 것"이라고 맹서했다고 한다.[151]

　한 차례 타협은 이뤄졌지만 전쟁이 끝난 것은 아니었다. 식스투스 교황, 로렌초, 파치가, 프란체스코 살비아티, 그리고 지롤라모 백작 등 관계된 사람 하나하나가 끔찍스럽게 자존심이 강한 인물들이었다. 그들 모두에게 명성과 영토와 재산이 걸린 일이었고, 특히 피렌체 사람들에게는 생명까지도 좌우하는 일이었다.

　로렌초에게는 자기가 패배할 경우 파멸을 기다리는 피렌체 국가와 메디치 가문, 그리고 수백 명의 추종자들이 있었다. 야심가 살비아티에게는 솟아오르기 시작하는 자신의 장래가 있었다. 식스투스에게는 교황의 권위와 함께 가족 챙기기의 성패가 달려 있었다.

　파치가는 피렌체에서의 위상과 명예를 지키기 위해 버텼다. 이 위상과 명예는 금융과 사업상의 방대한 국외 연줄들과 함께 가문의 단결력을 보장하는 정체성의 근거였다. 그리고 아전인수격이기는 하지만 (당대 인물 알라마노 리누치니는 부인했지만) 공화주의 주장이 파치가의 입장을 뒷받침해 주고 있었다.

　마지막으로 지롤라모 백작에게는 로렌초와의 투쟁에 새로 얻은 교황령의 소국을 지키고 키워내는 데 필요한 자원이 걸려 있었다. 그토록 많은 자존심이 걸린 만큼, 갈등의 과정에서 당했던 모욕감을 잊어버릴 사람은 아무도 없었다.

그러나 당시 상류사회의 풍속은 이 험악한 상황에서도 체면을 차릴 것을 요구했고, 교묘한 위선의 전형적 사례라 할 만한 몇 장의 편지가 그런 가운데서 쓰이기도 했다. 로렌초도, 교황도, 지롤라모 백작도 서로를 대단히 사랑한다는 말을 그치지 않았고, 심지어 부자관계에 비유하여 친밀함을 강조하기까지 했다.

4월의 음모가 터져 나오는 바로 그 순간까지 로렌초는 피사 대주교나 파치가 사람들과 외면상으로 친밀한 관계를 유지했다. 굴리엘모뿐 아니라 레나토, 자코포 경을 비롯한 여러 사람들과 계속 가까이 지냈다. 큰길이나 광장에서 서로 자주 마주치지 않을 수 없던 이 조그만 도시는 교언영색을 연마하는 학교 노릇을 했다. 운명의 바로 그날까지 그들은 점심을 함께 나누는 사이였다.[152]

그 사이에도 로렌초와 파치가 사람들이 씁쓸한 느낌을 받은 사건이 적어도 두 차례 있었다. 1476년 6월 메디치 은행이 장악하고 있던 교황의 명반 전매사업이 계약 만료와 함께 그 손을 벗어나 로마에 있던 굴리엘모와 조바니 데 파치의 회사로 넘어갔다. 교황의 은행가들은 염료의 원료인 이 금속의 전매권을 보통 교황에 대한 대출의 담보로 활용했다.

로렌초의 반격은 9개월 뒤인 1477년 3월에 벌어졌다. 최측근 인사의 반대까지 무릅쓰고 그가 피렌체 입법기구를 통과시킨 법안은, 남자 형제가 없는 딸이라도 사촌 중 남자가 있을 경우 유산의 주된 상속자가 되지 못하게 하는 것이었다.

파치가를 특별히 염두에 두고 시행된 이 조치로 인해 조바니 데 파치의 아내 베아트리체 보로메이는 기대하던 유산을 받지 못하게 되었다. 아버지가 남겨놓은 거대한 재산이 다른 곳으로 넘어갔던 것이다. 경쟁 가문에게 터무니없는 손해를 입히기 위해 법안을 통과시키러 나서는 로렌초에게 동생 줄리아노까지도 반감을 느꼈다고 한다.[153]

그러나 파치가의 유산 상실로 인해 두 가문 사이의 화목한 모습이 깨진 것은 아니었다. 그들의 동맹관계와 은행이나 직물 회사들의 활동범위에도 아무런 변화가 없었다. 다만 더 악랄한 행동을 위한 여건이 무르익어갔을 뿐이었다.

남아 있는 몇몇 수수께끼 중 한 가지만은 여기서 잠정적 해답이라도 내놓아야겠다. 르네상스 시대 이탈리아의 도시생활은 골목길에서 시 청사에 이르기까지 순응을 강요하는 분위기가 거의 잔인할 정도로 강했다는 사실이 최근의 연구를 통해 밝혀졌다. 그렇다면 어떻게 파치가 사람들이, 그중 몇 사람이라도 감히 로렌초에게 맞설 용기를 낼 수 있었을까?[154]

자코포 경과 프란체스코, 그리고 레나토 데 파치까지도 1474년까지는 식스투스 교황, 페란테 왕, 우르비노 공작, 지롤라모 백작 등의 지원을 받을 수 있다는 사실을 알고 있었을 것이다. 살비아티 대주교는 피렌체의 수장과 대결할 경우 교황이 전폭적인 지지를 보내리라 믿었기 때문에 거침없이 나갈 수 있었다. 로마에 주로 거주하면서 피렌체의 분위기를 잊어버리고 있던 프란체스코 데 파치는 자신이 피렌체에서 이룰 수 있는 일을 과대평가했기 때문에 분노와 무분별에 빠질 수 있었다.

반면 피렌체의 집에 머물던 자코포는 비록 정부 기구에서는 밀려나 있었지만, 피렌체의 분위기가 어떻게 돌아가고 있는지는 충분히 알고 있었다. 수많은 사람들과 접촉하며 뛰어난 평판을 누리던 그를 (자기네 주군들의 첩자 역할을 하는) 외국 대사들을 접대하는 일도 잦았다. 그러나 파치가의 재산에다가 국외의 휘황찬란한 연줄을 보태더라도 로렌초를 둘러싼 40명가량의 사람들(통치집단의 핵심부)이 지닌 파괴력으로부터 집안사람들을 보호할 수 없었다.

파치가에서 오랫동안 메디치가에 대해 남모르는 질투심을 가지고 있었던 것은 아닐까 하는 생각이 든다. 재산을 일궈낸 장본인 안드레아 디 굴리엘모가 코시모와 함께 피렌체의 은행 관리들 틈에서 일할 때나 혹은 세기 초에 메디치 회사 하나를 운영할 때부터 시작된 일로 추측된다.[155] 후에 다시 메디치가와 빈번한 거래관계를 가진 그가 몇 해 동안 공직에 근무할 때는 메디치 은행의 무한신용을 받는 피렌체 유일의 은행가였을 것이다.

그러나 그는 코시모 같은 정치적 대부가 아니었다. 또한 코시모처럼 눈길을 끄는 웅장한 궁전을 지어 군주적 위세를 전시하는 일도 하지 않았다. 1459년 피렌체를 방문한 젊은 군주 갈레아초 마리아 스포르차는 메디치 궁전에서 더할 나위 없는 편안함과 안락함을 누렸다.[156] 이에 반해 안드레아 데 파치는 자기 눈으로 완공을 보지는 못했지만 단정하고 기하학적 조화가 뛰어난 예배당을 지었는데, 아마도 자신의 영혼을 걱정한 것으로 보인다.

코시모라 해서 자기 영혼을 걱정하지 않은 것은 아니었다. 그는 고리대금 죄악의 속죄에 도움이 되는 칙서를 받아내기 위해 교황과 솔직하게 흥정했으며, 여러 교회와 수도원의 보수와 장식을 위해 많은 돈을 썼다. 하지만 결국 가장 눈에 띄는 유산은 새로 지은 메디치 궁전이 되고 말았다.[157]

주도면밀한 인물이었던 안드레아가 이미 메디치가에 대해 격렬한 정도는 아니라도 비판적인 시각을 키우고 있었다면, 그 시

도메니코 기를란다이오의 〈세례자 성 요한의 생애〉(1486, 피렌체, 토르나부오니 예배당) 중에서. 왼쪽이 피렌체의 신플라톤주의의 지도자라 할 수 있는 마르실리오 피치노다. 차례로 크리스토포로 린다로, 《음모의 회고록》 쓴 안젤로 폴리치아노, 로렌초의 가정교사 젠틸레 베키.

각은 조심스럽고 비밀스럽게 그 아들 안토니오와 피에로, 자코포에게 이어졌을 것이다. 자존심이 강하고 공직에 집착하는 경향이 있기는 했지만 나름대로 재능을 이어받은 세대였다. 그들 중에는 인문학 교육과정이라 할 수 있는 고전연구에 몰입한 사람도 있었

는데, 피에로가 두드러진 예였다. 젊은 사상가 마르실리오 피치노는 그 가족들을 잘 알았다. 고전문학에 심취한 피에로가 1450년 당시 17, 18세에 불과했던 피치노를 그 큰 집안의 가정교사로 고용하면서 경력의 출발점을 만들어주었기 때문이다.

파치 집안 내의 메디치가에 대한 은밀한 반감 때문에 가문 간의 동맹을 마다하는 일은 없었다. 1459년 굴리엘모와 로렌초의 누나 사이의 결혼이 그 증거다. 사업에도 좋고 정치적으로도 필요한 일이었기에, 피렌체의 상식으로 보아 필요불가결한 결합이었다. 파치가는 메디치가와 마찬가지로 실질을 중시하는 사업가 가문이었다.

피에로 데 파치가 로렌초의 아버지에게 우정을 얻기 위해 애를 썼다는 이야기도 있다. 당대의 저명한 출판가 베스파시아노 다 비스티치는 두 사람이 좋은 친구 사이가 되었다고 주장했다. 굴리엘모는 다름 아닌 안토니오의 아들이었다.[158]

피렌체 상황의 면밀한 관찰자이자 정치적 루머나 경제계 가십에 능통한 알레산드라 마칭기 스트로치는 1462년에 벌써 두 가문 사이에 조용하면서도 열띤 경쟁의식이 흐르고 있다는 사실을 꿰뚫어보았다. 조그만 피렌체에서 그런 상황이었다면 젊은 사람들끼리 사냥을 같이 다니게 한다든지 하는 접점을 만들고 친밀한 관계를 꾸며 보일 필요가 두 집안, 특히 파치 집안에 있었을 것이다.

알레산드라는 당시 브루제에 살고 있던 아들에게 보낸 편지에 그런 내용을 담았다. 그 직전에 피에로 데 파치를 처음으로 만나보고 큰 감명을 받은 아들은 그와 거래를 하고 싶었는데, 어머니는 그 생각에 찬물을 끼얹으려 했다. 알레산드라는 프랑스에 사

로렌초의 등장 183

절로 갔던 피에로가 루이 11세 왕에게 기사 서임을 받고 피렌체로 '개선' 하던 광경을 그려 보인 다음 경고의 말을 덧붙였다. "이것을 잊으면 안 된다. 내가 들은 바에 의하면 메디치와 함께한 사람들은 언제나 좋은 결과를 얻었고, 파치와 함께한 사람들은 그 반대였다는 것이다. 언제나 파멸을 당했다. 유념하거라."[159]

도대체 무슨 이야기를 하고 있는 것인가? 베스파시아노가 주장하는 것처럼 피에로와 로렌초의 아버지는 좋은 친구 관계였고, 두 가문은 결혼으로 맺어져 있었다. 더욱이 그 시점까지의 정치적 실적을 살펴보면 파치가는 대단히 잘 나가고 있었을 뿐 아니라 메디치 진영 안에 확고하게 자리 잡고 있었다. 그러니 알레산드라가 숨겨진 일들에 관한 내부 사람들 사이의 이야기를 엿들었다고 보아야 할 것이다. 메디치 진영 깊숙이 자리 잡은 온갖 미묘한 긴장관계와 질투심을 모두 알고 있는 사람들로부터 나온 이야기였을 것이다.

알레산드라의 말인즉 파치가와 가까운 사람들은 메디치가에 완전한 충성을 바치는 사람들에 비해 무대 밖의 개인적인 거래관계에서도 성공을 거두는 비율이 낮다는 것이다. 만약 그것이 사실이라면 피에로 데 파치와 피에로 데 메디치가 친구 관계로 보이는 것도 뛰어난 연극일 뿐이며, 수면 밑에서 두 가문 사이에 흐르는 강력한 긴장을 가리는 덮개였다고 보아야 할 것이다.

그러나 또 한 사람의 냉정한 관찰자인 알레산드라의 사위 마르코 파렌티는 파치가, 특히 자코포 경과 피에로 경에게 매우 강하게 이끌려 있었다. 피에로는 대단히 매력적이고 거의 허물이 될 정도로 마음이 너그러운 사람이었던 모양이다. 마르코는 계속해서 그들을 찾아다니면서, 그들의 소식을 멀리 있는 스트로치 형제들에게 전해주었다.

1462년 이른 봄 피에로의 화려한 귀환을 묘사하면서 파렌티는 도시의 모든 기사들과 법률가들, 지도급 시민들, 외국 대사들, 그리고 방문 중인 몇몇 외국 군주들이 성문 밖에 나가 그를 영접한 사실을 기록했다.[160] 피에로는 말을 탄 채 성문을 들어와 시청 광장까지 행진했고, 그곳에서 참사회원들이 '인민'의 깃발과 '구엘프 당'의 깃발을 수여함으로써 기사 신분을 확인해 주었다.[161] 그 후 많은 시민들이 그의 집으로 몰려갔는데, 너무 많은 사람들이 집 안에 들어갔기 때문에 피에로가 그 틈에서 몸을 돌리기도 힘들었다고 한다.

소문과 귓속말 채집의 명수인 알레산드라가 파치가 위에 걸려 있는 위험의 구름을 편지에서 세 번씩이나 거듭 언급한 것은 이 화려하고 요란한 '개선'(알레산드라의 표현) 이후의 일이었다. 그는 아들에게 이렇게 말했다. "피에로 경이 새 기사의 입성으로는 보기 드물게 영광스러운 모습을 과시했지만, 나는 이것을 중요한 판단의 근거로 삼지 않는다. 피렌체에서는 겉보기와 실제가 다른 일이 많지 않느냐."

편지 말미에서 그는 승리자로서의 메디치가와 패배자로서의 파치가에 관한 경고를 되풀이하며 앞서의 격언 같은 말의 의미를 더욱 강조했다. "피에로 경이 네가 생각하는 것만큼 평판을 누리지 못하는 까닭은 [어떤 일에서] 자기보다 더 큰 권력을 가진 사람들에게 대항하기 때문이다. 최근의 여행에서도 그가 잃은 것이

얻은 것보다 많다. 이 얘기는 그 정도로 하자."[162]

여섯 주일 후인 1462년 5월 1일, 새로 기사가 된 피에로 데 파치 경은 피렌체 최고의 관직이며 참사회 주재자인 집법관의 임기를 시작했다. 알레산드라에게 정보를 제공한 수다쟁이는 메디치 진영의 내부 중의 내부에 있던 사람이었음이 틀림없다.

피의 4월
Chapter 7 April Blood

존경하옵는 영주님들께: 제 동생 줄리아노가 막 살해당했고, 저희 정부는 최대의 위기에 봉착해 있습니다. 바로 지금이 영주님들께서 여러분의 하인 로렌초를 도와주실 때입니다. 보내주실 수 있는 모든 병력을 보내주셔서, 늘 그랬던 것처럼 저희 나라의 방패와 안전장치가 되도록 해주십시오.

당신들의 충실한 하인 로렌초 데 메디치 올림.
(밀라노의 영주들에게 보낸 편지, 1478년 4월 26일)[163]

무대

그해 4월 26일은 부활절 후 다섯 번째 주일이었지만 뭔가 종교적 분위기가 떠돌고 있었다. 사실 둘러보기만 해도 피렌체는 종교적 계율에 젖어 있는 도시였다. 60개가 넘는 교구교회, 수많은 수도원과 수녀원, 그리고 수십 개의 종교단체들이 산재해 있었다. 죄를 벌하고 그리스도의 정신을 지키기 위해 많은 사람들이 그런 시설에 모여 자기 채찍질 의식을 거행했고, 기도 중에는 자발적인 고행의 미덕을 기리는 것들도 있었다.[164]

아르노 강에 의해 양쪽으로 갈라져 있지만 거대한 성벽과 열두 성문으로 둘러싸인 피렌체에는 약 4만 2,000의 인구가 살았으니, 다른 종교시설을 감안하지 않더라도 680명당 교구교회가 하나씩 이 있는 꼴이었다. 유럽에서 가장 큰 도시의 하나였던 피렌체는 그 시절 제일 볼만한 도시였음에 틀림없다.[165]

그 일요일에는 보티첼리도 그곳에 있었다. 피렌체 출신 명사들인 단테와 페트라르카, 보카치오는 이미 전 세기에 죽었다. 그러나 마키아벨리가 자라고 있었다. 아홉 살의 마키아벨리는 라틴어 공부에 몰두하고 있었을 것이다. 그 밖에 누가 그날 아침 그 도시에 있었던가? 인문학자 폴리치아노와 스물여섯 살의 레오나르도 다 빈치가 있었고, 콜럼버스의 신세계 항해에 이론적 가능성을 시사했던 과학사상가 파올로 토스카넬리가 있었다. 그리고 수많은 무명의 피렌체 사람들이 있었을 것이다.

여행자의 눈에 제일 먼저 들어오는 장관壯觀은 대성당의 둥근 지붕이 평온한 분위기를 풍기며 솟아있는 모습이다. 그 다음으로는 아마 총안이 뚫리고 경계심을 촉구하는 손가락처럼 뻗쳐 올라간 시 청사의 우뚝 솟은 종각이 보일 것이다. 시내에 들어와 산타 마리아 델 피오레(꽃의 성모) 대성당이나 유명한 세례당을 살펴보고 있을 때쯤이면 벌써 십여 곳의 새로 지은 개인 석조 궁전들의 우아한 모습이 눈에 들어왔을 것이다. 그러나 어느 것도 로렌초 데 메디치의 궁전처럼 크고 멋진 것은 없다. 대성당에서 1, 2분밖에 안 걸리는 곳의 큰길을 따라 뻗쳐 있는 건물이다. 할아버지 코시모가 세운 건물이지만, 완공된 것은 불과 20년 전의 일이었다.

아는 것이 많은 여행자라면 이 도시의 중요한 볼거리 가운데 많은 것들이 건물이나 교회 안에 있다는 사실을 놓치지 않을 것이다. 그래서 대성당에서 8분 거리에 있는 프란체스코파의 산타크로체 교회와 수도원까지 걸어가 그곳에 붙어 있는 파치 예배당을 구경할지도 모른다. 놀라운 기하학적 조화감을 보여주는 이 예배당은 브루넬레스키의 설계로 15세기의 가장 부유한 은행가 중 한 사람이던 안드레아 디 굴리엘미노 데 파치를 위해 지은 것이다. 파치, 1478년을 뒤숭숭하게 만든 가문의 이름이다.

그 일요일 이른 아침 피렌체 사람들이 상상도 못할 일이 진행되고 있었다. 비밀리에 무장을 갖춘 수십 명의 사람들이 공화국 정부를 대표하는 9인으로 구성된 위원회를 타도할 준비를 하고 있었다. 많은 사람들이 르네상스 독재 단계로 나아가고 있다고 여기던 공화국이었다. 음모자들의 목적은 진정한 권력을 메디치가의 손아귀에서 탈취하는 것이었다. 그러기 위해서는 대단히 유능한 정치가인 로렌초와 그의 잘 생긴 동생 줄리아노를 먼저 죽여야 했다.

그들은 전날 밤을 피렌체의 두 가문 사람들과 함께 시내나 도시 밖에서 묵었다. 그들 대부분은 산 조르지오 추기경과 피사 대주교의 수행원으로 가장하고 있었다. 자기들끼리 피렌체 시내의 숙박업소에서 밤을 지낸 사람들도 있었을 것이다. 벨 여관이나 크라운 호텔 같은 홍등가 근처의 숙소들은 대성당과 시 청사에서 몇 분 거리에 있었다. 그 두 곳, 대성당과 시 청사가 거사 지점이었다.

교황의 용병대장 몬테세코 백작도 그날 아침 도착했다. 그는 세상의 어느 부대 못지않게 멋지게 차려 입은 30명의 기마 쇠뇌

FIORENZA

15세기 후반 피렌체

파치 예배당

산타 크로체 수도원성당

메디치 궁전

궁수와 50명의 보병을 거느리고 왔다. 그들은 식스투스 교황의 조카[산 조르지오 추기경]를 로마로 호위해 가기 위해 이몰라에서 왔다고 둘러댔다. 그날 아침 피렌체에서 의심을 불러일으킨 사람이 하나라도 있었을까? 남겨진 기록으로 봐서는 아무도 없었다.

 로렌초는 부활절 때 로마에 갈 계획이었다가 취소했다. 만약 예정대로 갔더라면 암살 사건은 그 거룩한 도시에서 일어났을 것이다. 그의 적들은 몇 달 전부터 습격 준비를 해놓고 그가 로마에 와서 식스투스 교황과 화해를 시도하기만을 애타게 기다리고 있었다.

 시간은 자꾸 흐르고 발각의 위험도 있었기 때문에 그들은 다음 거사 날짜를 4월 19일로 잡았다. 장소는 피렌체 바로 북쪽의 나지막한 구릉지대에 있는 로렌초의 별장이었다. 피에솔레 교구에 속한 그 별장에서 로렌초가 교황의 조카에게 오찬을 베풀 예정이었다. 파치가의 별장 라 로지아 근처였기 때문에 음모자들에게 이상적인 장소였다.

 그러나 줄리아노가 몸이 안 좋아 오찬에 참석하지 못했기 때문에 그들은 갑자기 계획을 중단해야 했다. 형제 둘을 한꺼번에 죽이지 못할 경우 메디치 세력이 남은 사람을 중심으로 뭉쳐 쿠데타를 분쇄할 수 있을 것이기 때문이다. 일망타진이 아니면 안 되는 일이었다.

 기회를 놓친 날 오후 피사 대주교와 그의 은행가 친구 한두 사람에게 기막힌 생각이 떠올랐다. 그들은 다음 날 로렌초에게 사람을 보내 추기경께서 메디치가 소장의 미술품을 구경하러 메디치 궁전을 방문하고 싶어한다고 알렸다. 궁전과 소장품을 자랑스럽게 생각하던 로렌초는 즉각 그들 모두를 다음 일요일 오찬에 초대했다. 나폴리, 밀라노, 페라라의 대사들과 가장 고귀한 신분의 기사 몇 사람도 함께 초청했다.

당시 로렌초와 교황의 관계는 말도 못하게 경색되어 있었다. 교황의 혈육인 젊은 추기경은 대사로서 신임장을 가지고 있었다. 극진한 대접이 외교의 열쇠였다. 그리고 로렌초는 예절이라면 누구에게도 뒤지지 않는 사람이었다.

그래서 모든 것이 4월 26일에 맞춰졌다. 모두들 산타 마리아 델 피오레 대성당에서 대미사 직전에 모였다가, 미사 후에 함께 메디치 궁전으로 건너오면서 피렌체의 기사들과 요인들도 청해 오기로 했다. 줄리아노도 참석해 추기경에게 예의를 갖출 것이라 예상되었다.

그러나 약속한 날 아침 파치가 별장 라 로지아에서 출발해 시내로 들어온 추기경 일행은 곧장 로렌초의 집으로 갔다. 그곳에서 추기경이 승마복을 예복으로 갈아입으려는 것이었다. 일행 중 누군가 군사적 안목을 가진 사람이 (몬테세코 백작이었을까?) 사전에 현장을 한 번 둘러보는 게 좋겠다고 판단한 것이 분명했다.

대성당에서 기다리고 있던 로렌초는 추기경이 자기 집에 와 있다는 뜻밖의 소식을 듣고, 집으로 돌아오다가 대문 부근에서 추기경과 마주쳤다. 이제 주객이 함께 미사를 늦춘 채 기다리고 있는 대성당으로 들어가는데, 일행이 많아 데 마르텔리 거리(즉 라르가 거리)를 가득 채울 정도였다. 피사 대주교, 추기경의 동생, 몬테세코 백작, 파치가와 살비아티가의 몇 사람이 일행 속에 있었고, 그 밖에 하인들과 동행자들도 많았다.

어느 시점에선가 그날도 줄리아노가 오찬을 함께하지 않을 것이라는 사실이 알려지면서 음모자들은 급박한 계획 변경이 필요하게 되었다. 쇠뇌 궁수부대가 피렌체를 향해 진군해 오고 있었으므로, 그 소식이 언제 시내에 전해질지 모르는 상황이었다. 이제 더 이상 늦출 수 없었다.

결국 음모자들은 대성당 안에서 일을 벌일 수밖에 없었는데, 이것이 사정을 복잡하게 만들었다. 자객의 선봉에 나서기로 했던 몬테세코 백작이 성스러운 장소에 피를 뿌리는 일을 거부한 것이다. 그러자 무장을 갖춘 두 명의 사제가—백작에 비해 가리는 것이 없는 자들이었는지—대타로 기용되었다. 모든 것을 알고 있던 피사 대주교와 자코포 데 파치 경은 대미사 중간에 자리를 떠야 한다는 사실도 알고 있었다.

마침내 대성당에 들어온 일행은 몇 그룹으로 나눠 자리를 잡았다. 드디어 미사가 시작된 것이다. 그런데 중요하기는 하지만 지어낸 것처럼도 보이는 어느 증언에 따르면 (마키아벨리의 증언) 줄리아노가 보이지 않았기 때문에 프란체스코 데 파치와 베르나르도 바론첼리가 메디치 궁전으로 다시 가서 줄리아노를 설득해 미사에 데려왔다고 한다. 걸어오는 동안 농담도 하고 툭툭 치기도 하면서 두 사람 중 하나가 줄리아노를 껴안기도 했는데, 혹시 속에 흉갑을 입고 있는지 알아보려는 행동이었다고 한다. 곧 때가 되면 그날 아침 줄리아노의 린네르 옷 밑에는 가죽과 쇠붙이가 없었다는 사실이 밝혀진다.

습격

미사 중 신호가 떨어진 순간은 아마 성체 빵을 처들 때였을 것이다. 사제가 영성체를 베풀 때였다고 말한 사람도 있고, "Ite missa est"라는 말이 떨어지는 순간이었다고 한 사람도 있다.[166] "받아라, 반역자여!" 고함과 함께 첫 칼을 휘두른 사람은 베르나르도 반디니 바론첼리였다고 목격자들이 말했다. 그는 파치가와 연합해 있던 오랜 은행가 집안의 인물이었다.

가슴에 구멍이 뚫린 줄리아노 데 메디치가 비틀거리며 몇 발짝 물러섰을 때 두 번째 공격자 프란체스코 데 파치가 맹렬한 기세로 그를 덮쳤다. 데 세르비 거리에 가장 가까운 문 근처에서 쓰러질 때 줄리아노는 2, 30미터 가량 떨어져 있던 자기 형 위대한 로렌초의 모습을 볼 수 없었을 것이다. 줄리아노의 시체에는 열둘에서 열아홉 군데 사이의 칼자국이 나 있었다. 이 점에서도 사람들의 기억은 서로 어긋나지만, 몇 군데라고 딱 잘라 이야기하는 것은 참 묘한 일이다.

비명소리, 고함소리, 발자국소리가 동굴 같은 공간에 울려 퍼졌다. 노련한 정치가들, 대사들, 하인들, 시민들, 부인들, 사제들, 그리고 아이들이 교회에서 마구 달려 나가 그 어디든 공포심이 몰아붙이는 곳으로 뛰어들었다. 지진이 일어났던가? 신도들 중에는 브루넬레스키가 설계한 지붕이 금방 무너져 내릴 것으로 생각한 사람들도 있었다. 한편으로 용감하거나 호기심 많은 사람들은 무슨 일이 벌어지고 있는지 살펴보기 위해 칼날이 부딪치고 있는 현장을 기웃거리기도 했다.

몇 분 전까지도 옛 성물안치실 옆의 남쪽 면을 오락가락하며

1478년 4월 26일 피렌체 대성당에서 발생한 '4월 음모'를 묘사한 그림(Bourdet, engraved by Pardinel, in Histoire des Papes).

친구들과 담소를 나누던 로렌초 곁으로 무기를 감춘 두 명의 사제가 접근했다. 신호가 떨어졌을 때 그중 하나가 뒤쪽에서 달려들어 로렌초의 어깨를 잡았다. 가슴을 찌르기 위해 로렌초를 돌려세우려는 것이었다.

그러나 로렌초는 오른쪽 귀 아래 가벼운 상처만 입었다. 그러고는 앞으로 뛰쳐나가 왼쪽 팔과 어깨로 외투를 걷어 올리면서 몸을 돌릴 때는 손에 단검을 쥐고 있었다. 한두 차례 공격을 막아낸 그는 친구들과 부하들이 가로막아 주는 가운데 팔각형의 성가대석으로 이어지는 낮은 목제 난간을 뛰어넘고, 주 제단 앞을 가로질러 북쪽 성물안치소의 안전한 곳으로 달려갔다.

로렌초를 보호하러 나섰던 가까운 친구이자 메디치 은행 간부인 프란체스코 노리는 바론첼리의 긴 칼에 배를 찔려 치명상을 입었다. 바론첼리는 프란체스코 데 파치와 함께 줄리아노를 죽인 뒤 이쪽으로 쫓아온 것이다. 프란체스코는 하인이나 자기 칼에 잘못 맞았는지 넓적다리에 부상을 입어 절뚝이고 있었다. 칼과 방패를 휘두르던 또 한 명의 사제는 메디치가의 하인에게 가로막혀 물러났지만, 싸움 도중 로렌초의 친구인 카발칸티 집안의 청년 하나가 한쪽 팔에 깊은 상처를 입었다. 프란체스코 노리는 피를 흘리는 채로 북쪽 성물안치소에 옮겨졌지만 몇 분 후에 숨을 거두었다.

이 소란 속에서 두 가지 기이한 광경이 목격자들의 눈길을 끌었다. 하나는 습격 당시 로렌초 데 메디치와 담소를 나누고 있던 굴리엘모 데 파치가 갑자기 미친 듯이 날뛰며 자기는 죄가 없다, 배신자가 아니다, 미안하게 되었다, 자기는 아무것도 모르는 일이다 하고 소리를 질러댄 것이다. 다른 하나는 산 조르지아(제노바) 추기경이자 피사 대학의 법학부 학생인 열일곱 살의 라파엘레 산소니 리아리오가 주 제단 옆에서 두려움에 질려 몸을 웅크리고 무릎을 꿇은 채 정신없이 기도를 올리다가, 성당 참사들에게 둘러싸여 옛 성물안치소로 모셔진 것이다.

회중의 경악과 소란이 암살자들에게 기회를 제공했다. 바론첼리와 프란체스코 데 파치, 그리고 두 명의 사제는 수십 명의 하인 및 방조자들과 함께 교회를 빠져나와 거리로 달렸다. 프란체스코는 다친 다리에서 피를 흘리고 있었다. 대성당 남쪽 문에서 파치가 저택들까지는 2분도 걸리지 않는 거리였다.

북쪽의 (새) 성물안치소 안에 안전하게 자리 잡은 로렌초와 그 무리는 육중한 청동제 문을 걸어 잠그고 아무도 들어오지 못하게 했다. 넓은 회중석이 잠깐 사이에 텅 비는 동안 그들은 그 안에서 귓속말을 나누거나 바깥의 소리에 귀를 기울이며 공포감 속에 기다리고 있었을 것이다. 정적이 성당을 감싼 뒤에도 문 밖에서 무엇이 기다리고 있을지 알 수 없었던 그들은 그곳에서 나올 생각을 못하고 있었다.

로렌초의 목에 상처를 낸 칼날에 독이 발라져 있지 않을까 하는 우려를 떠올리자, 젊은 안토니오 리돌피가 용감하게 나서서 상처를 입으로 빨아주었다. 당황하다 못해 히스테리 지경에 이른 로렌초는 동생 줄리아노의 안위를 거듭 물었다. 그는 줄리아노의 피격 장면을 보지 못했다. 그러나 누구도 대답을 하지 못했다. 시간이 얼마나 흘렀는지 그들은 알고 있었을까?

누군지 알 수 없는 사람들이 청동 문을 두드리며 같은 편이라고 주장했다. 로렌초의 멋쟁이 친구 시지스몬도 델라 스투파가 나선형 계단을 통해 오르간실로 올라가 밖을 내다보았다. 먼저 움직임 없이 쓰러져 있는 줄리아노가 보였다. 흥건하게 고인 피는 그 거리에서 그림자로 보였을 것이다. 아래를 보니 문을 두드리는 사람들 중에 토르나부오니가, 마르텔리가 등 친구와 친척들의 걱정스러운 얼굴이 보였다. 그제야 문을 열라는 신호를 보냈다.

새로 온 사람들은 철저하게 무장을 갖추고 있었다. 늘어난 일행은 서둘러 대성당을 나와 불과 165미터 거리에 있는 메디치 궁전으로 이동했다. 가장 안전하고 무기도 있는 곳이었다. 회중석을 가로지르면서 그들은 성가대석 남쪽을 돌아 서쪽으로 나가다가 다시 북쪽으로 꺾어 첫 번째 옆문으로 빠져나갔다. 동생의 시체가 로렌초의 눈에 띄지 않도록 한 것이다.[167]

로렌초의 후원을 받고 있던 인문학자 폴리치아노는 성물안치소에서 빠져나오는 일행에 끼었다가 줄리아노의 시체가 흥건한 피 속에 널부러져 있는 참혹한 모습을 보고 발걸음을 재촉했다. 자신의 친구이며 개인적 제자이기도 한 메디치가의 귀공자가 쓰러져 있는 것을 보고도 그 시체를 덮어줄 마음의 여유가 없었던 것이다.

그날 아침 미사에 참석한 사람들 중에는 피렌체의 저명한 기사이자 은행가인 자코포 데 파치 경이 한 무리의 수행원을 이끌고 와 젊은 추기경 산소니 리아리오가 시중을 잘 받고 있는지 살펴보는 것을 목격한 이들도 있었다. 주위의 하인과 시종들 중에는 허리에 칼을 차고 궁정의 짧은 옷을 입은 자들도 있었는데, 추기경의 일행인 것으로 보였다.

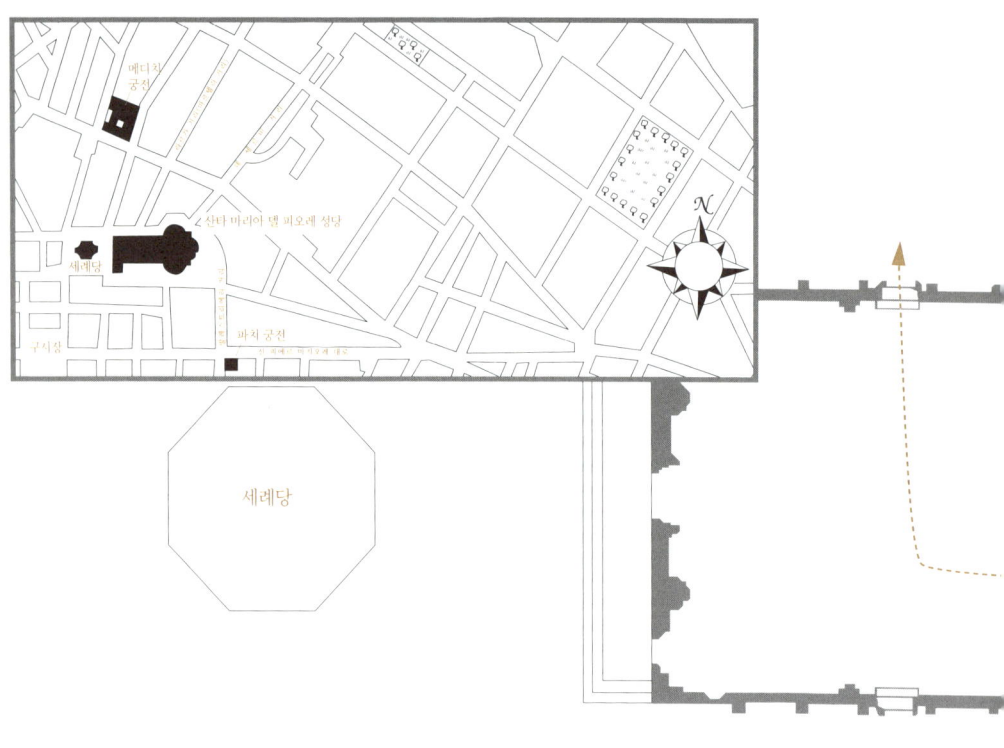

또 한 명의 요인인 피사 대주교도 잠깐 모습을 보였다. 피렌체 사람인 그는 막 도시에 들어왔다고 하면서 병든 어머님을 뵙기 위해 금세 자리를 떠야 한다고 했다. 그가 30명 가량의 무장한 외지인들에 둘러싸여 대성당에서 남쪽으로 3분 남짓 거리에 있는 시 청사로 향해 가는 동안, 그렇게 잠깐만 얼굴을 비치고 가는 것을 이상하게 생각하는 사람이 아무도 없었다. 그는 펼쳐지고 있

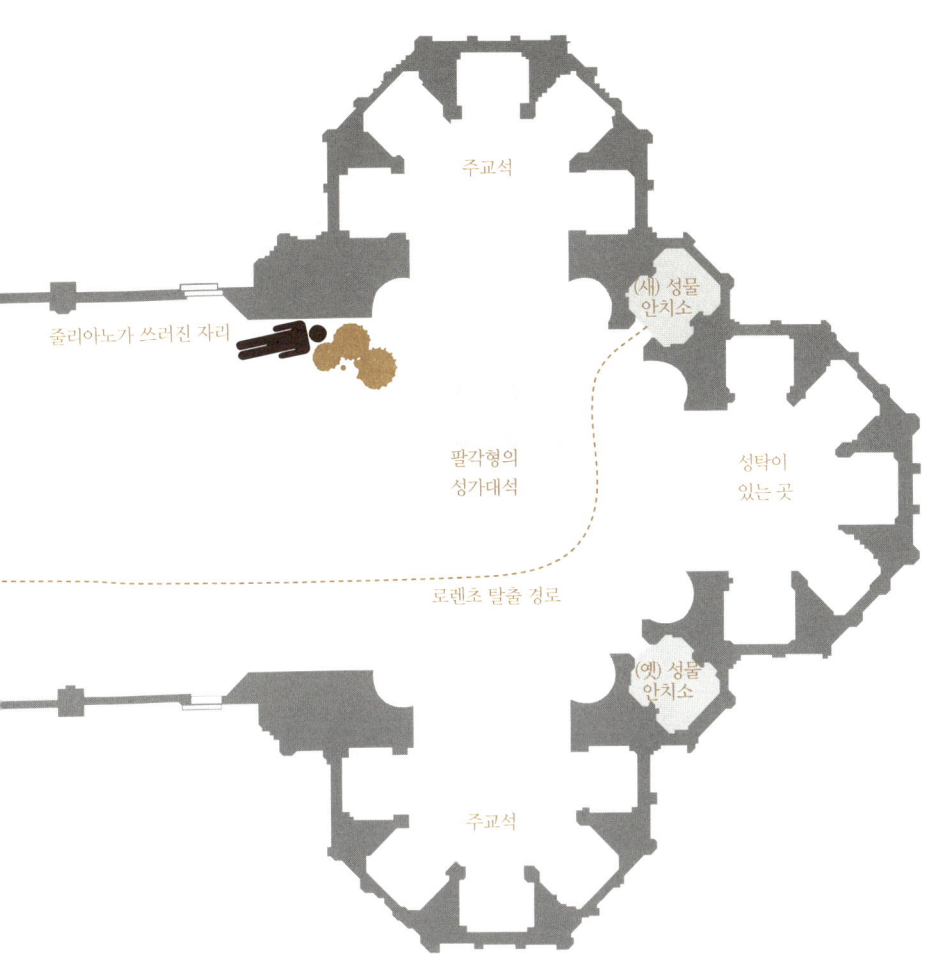

던 드라마의 주연 배우 중 하나였고, 그를 둘러싼 외지인들은 이 드라마를 위해 고용한 페루자 추방자들이었다.

신분과 복장 덕분에 대주교는 아무 문제없이 요새와 같은 청사 건물에 들어갈 수 있었다. 대주교와 수행원들은 중앙 계단을 올라갔고, 데려온 사람들은 아래층에 남았다. 그들이 위병들을 제압하고 아래위 층을 장악할 계획이었다.

보티첼리가 그린 줄리아노 메디치(1475, 베르가모, 국립미술원).

대주교는 당시 집법관이던 체사레 페트루치에게 전갈을 보내 교황 성하의 말씀을 전할 것이라고 했다. 위층에 올라간 대주교는 혼자 페트루치와 만나러 들어가 교황께서 로마에 있는 페트루치의 아들에게 잘해 주겠다는 약속을 하셨다는 이야기부터 꺼냈다. 그의 역할은 시간을 끄는 것이었다. 그러나 금세 얘깃거리가 바닥나서 말을 더듬기 시작했고, 불안한 태도로 초조한 눈길을 자꾸 문 쪽으로 향하게 되었다. 그들은 꼭대기 층에서 이야기를 나누고 있었다.

뭔가 이상한 낌새를 눈치 챈 집법관이 위병을 소리쳐 부르자 당황한 대주교가 달아나기 시작했다. 뒤쫓아 가던 집법관은 뜻밖의 인물이 막아서는 것을 보고 놀라지 않을 수 없었다. 살비아티의 일행 중에 있던 저명한 작가이자 인문학자 자코포 브라치올리니였다. 그 시간 그 장소에 어울리지도 않는 이 인물이 칼이라도 빼어들었던 모양이다. 집법관은 그의 머리카락을 잡아 바닥에 내동댕이치고는 위병들에게 묶어놓으라고 했다.

이때 대주교를 돕기 위해 쫓아온 부하들은 없었다. 대부분의 부하들이 같은 층의 북쪽 끝에 있는 법정에서 빠져나오지 못하고 있었기 때문이다. 그들이 법정에 들어갔을 때 자동 잠금장치가 되어 있는 육중한 문이 어쩌다가 닫혀버린 것이다. 시 청사는 방과 복도가 벌집처럼 복잡하게 얽힌 건물이어서 구조를 모르는 사람들이 그 안에서 쉽게 분산, 격리될 수 있었다.[168]

사방에서 부산스런 움직임이 일기 시작했다. 그날 청사에서는 50명가량의 하인과 위병, 보좌관들이 움직이고 있었다. 대주교와 인문학자가 체포되고 나머지 침입자들이 마음대로 움직이지 못하게 되자, 집법관과 참사회원들은 부엌 식칼 등 손에 닿는 대로 무기를 쥔 다음 비상 종을 울리게 했다. 그리고 높은 탑의 요새화된 회랑으로 올라가면서 문을 모두 잠갔다. 자기들의 몸과 피렌체 정부를 지키기 위해서였다. 평화롭던 도시가 잠깐 사이에 전쟁상태로 들어갔다.

정오 무렵 시청사의 거대한 종이 경보를 울리고, 메디치 형제의 습격 소문이 퍼져나간 후 몇 시간 동안 사태의 뚜렷한 향방은 드러나지 않았다. 처음에는 로렌초와 줄리아노 둘 다 당했다는 이야기가 돌기도 해 사람들이 "모두 어찌할 바를 모르고 몸을 사렸다"고 한다. 이기는 편이 내 편이라고 나설 심산들이었을 것이다.

저명한 시민 피에로 베스푸치 경은 대성당에서 벌어진 장면을 본 뒤 메디치가가 끝장났다고 판단하고, 음모자들 편에 서서 그들 중 한 사람이 도망치도록 도와주기도 했다. 그때 도망친 사람은 베스푸치의 가장 가까운 친구 가운데 하나인 나폴레오네 프란체시였다. 그는 굴리엘모 데 파치의 집에서 오랫동안 일한 사람이었다.

이제 수십 명의 사람들이 등장하는 이 음모에서 가장 웅장한 장면이 펼쳐진다. 피렌체 국가원수를 지낸 바 있는 파치 가문의 수장 자코포 경이 50명에서 100명 사이의 용병을 이끌고 시청 광장과 그 부근의 길로 들어섰다. 시 청사를 점령하고 시민들에게 메디치가에 반기를 들도록 선동하기 위해서였다. "인민과 자유!"를 외치는 그를 시민들은 바로 알아보았을 것이다. 독재에 대한 항거를 호소하는 전통적인 구호였다.

그러나 살비아티 대주교가 청사를 점령하는 데 실패했기 때문에 정문에서 대치상태에 들어갔다. 음모자들이 고용한 용병들은 건물을 점령하고 안에 갇힌 동지들을 구하려 달려들었다. 이에 위병과 참사들은 종각 바로 밑의 총안에서 돌멩이를 우박처럼 쏟아 내려 그들을 격퇴했다. 살비아티 대주교와 페루자 추방자 한 무리, 그리고 인문학자 브라치올리니는 건물 아래쪽에 포로로 잡혀 있었다.

그곳에 있던 자들 중 시간의 흐름을 유심히 살핀 사람은 거의 없었던 것 같다. 소란이 커지고 두려움이 몰려오는 가운데 상황에 말려들어 있던 사람들은 온 신경을 행동에 집중하고 있었다. 나중에 그 일에 관해 이야기할 때는 뜬소문에 의지해 오락가락하거나 편파적으로 기억하는 경향이 많아서 사람 수, 시간, 행동, 장소 등이 서로 어긋나는 경우가 부지기수였다. 무엇보다 사태의 전말이 철저히 당파와 정열의 색안경을 통해 관찰되었기 때문에 지배적인 시각, 특히 메디치가의 시각은 일단 의심을 갖고 볼 필요가 있다. 공식 기록에 대한 통제력을 가진 승자의 관점이 관철되기 쉽기 때문이다.

쿠데타가 일어난 처음 두어 시간 동안 메디치파 무장세력이 길거리에 나가서 반란자들을 격퇴하거나 저지하려 한 일이 없었던 것으로 보인다. 그렇게 로렌초와 메디치를 좋아한다는 도시에서 어째서 그랬을까? 온 시내와 인근 농촌까지 울려 퍼진 경보를 들었으면, 경찰과 사법 담당자인 행정관 Podestà은 30명의 병력을 인솔하고 시청 광장으로 달려와야 했다. 그것이 공식적 임무였다.

그러나 행정관의 경찰병력이 자코포 경의 병력과 교전한 기록은 전혀 보이지 않는다. 참사회원들과 위병들이 사정없이 돌멩이를 던지고 있었던 반면, 행정관과 경찰대는 안전한 곳에서 대기하거나 현명하게 증원 병력을 기다리고 있었다. 그러면서 어느 쪽으로 대세가 기우는지 예리하게 관찰하고 있었을 것이다. 그들은 대부분 외지 사람으로 피렌체에서 6개월씩 외국인을 고용하는 관례에 따른 인원이었다.

그날의 일기를 쓴 사람의 하나인 메디치가의 주스토 주스티는 쿠데타가 발발한 순간 대성당 안에 있었다. 그의 반응은 메디치 궁전으로 달려가 다른 메디치 지지자들과 함께 처음 몇 시간 동안 그곳에서 얼씬거리며 공격에 대비한 것이었다.[169]

바로 그때 나는 산타 리페라타[대성당] 안에 있었다. 줄리아노 데 메디치가 죽는 것을 보고는 무엇이든 도움이 되기 위해 로렌초 데 메디치의 집으로 달려갔다. 무기를 저장하는 방으로 올라가자 그의 지지자들이 무장을 갖추기 위해 그리로 왔다. 여러 사람이 무장하는 것을 도와주고 나도 동체갑옷과 투구, 방패, 그리고 칼을 갖췄다. 그리고는 지지자 몇 사람과 함께 두 번째 길 어귀에서 경비를 섰다. 그곳에서 굶주린 배로 21시[오후 9시경]까지 있었다. 부엌 하녀의 방 옆에서 무장을 풀어 그 여자에게 [무기를] 맡겨놓고 내 외투와 두건, 가운을 챙겨 집으로 가서 식사를 했다.

일기를 쓴 사람의 무색무취한 표현은 시내의 긴장감을 보여주지 않는다. 배고픈 것에 비하면 시청 광장에서 들려오는 비명이나 고함소리는 별 걱정거리가 되지 않았던 모양이다. 아마 사태가 자기 힘으로 어쩔 수 있는 것이 아니라는 사실을 알고 있었을 것이다. 덧붙이자면, 빌려온 투구를 쓰고 메디치 궁전 밖에서 얼씬거리던 그 같은 시민들은 직업군인 부대와 맞닥뜨렸다면 별 힘을 쓰지 못했을 것이다.

자코포 데 파치와 용병들이 "인민과 자유!"를 외칠 때, 창가에선 시민들이 "팔레, 팔레!"라는 메디치가의 문장 이름으로 "메디치 만세!"를 외치며 맞서기까지는 얼마의 시간이 걸렸을까? 어느 자료에도 나타나 있지 않다.

자코포는 대세가 자기편으로 기울기를 초조한 마음으로 기다리다가 차츰 절망감에 빠졌을 것이다. 그는 교황의 부대를 이끌고 올 두 명의 동지를 기다리고 있었다. 조반 프란체스코 다 톨렌티노는 동쪽에서, 로렌초 주스티니는 남쪽에서 피렌체를 향해 다가오고 있었다. 그러나 쿠데타 실패의 기미를 어떻게 해서인지 눈치 챈 그들은 병력 손실을 피하기 위해 방향을 돌리고 말았다.

원래 프란체스코 데 파치는 숙부 자코포와 함께 시청 광장과 부근 가로들을 돌며 메디치가에 대한 봉기를 선동할 계획이었다. 광장에서 말을 타고 가면 1분도 걸리지 않는 거리에 그들의 저택과 마구간이 있었다. 그러나 그는 집에서 다리의 심한 상처를 돌보고 있었다. 그동안 운명의 출격에 나섰다가 시 청사 탈취에 실패한 자코포에게 매부인 조바니 세리스토리가 다가와 피신을 권했다. 모든 희망을 잃고 공포에 휩싸인 자코포는 경보의 종소리가 울려 퍼지는 가운데 휘하 병력을 이끌고 반란세력이 장악하고 있던 라 크로체 성문을 통해 피렌체를 빠져나갔다.

지원부대를 이끌고 오던 톨렌티노와 주스티니가 음모 실패 소식을 듣고 피렌체를 향한 진격 속도를 늦춘 것인지, 아니면 농촌의 민병대에게 격퇴당한 것인지, 정확한 사정을 밝혀낸 자료나 연구는 없다. 다만 분명한 점은 도시의 비상사태 대응방법을 통해 이 문제에 대한 해답을 찾을 수 있다는 것이다.

피렌체 시내에서 경보가 울리면 이 소리를 확인한 인근 농촌에서는 교회 종이나 마을 종으로 경보를 되풀이하고, 더 먼 곳에서 다시 전해지면서 모든 성곽, 장터, 산골 마을까지 퍼지게 된다. 그래서 두어 시간이면 피렌체 령 토스카냐 전역에 경보가 전해지고, 사람들은 초소에 달려 나가 군대의 이동이나 이상한 움직임이 있는지 살펴본다. 만일 침략하는 군대의 규모가 그리 크지 않으면 농민들의 민병대가 출동해 대항하기도 한다.

그런데 경보의 종소리는 행군해 오던 지휘관들에게도 어떤 신호의 의미를 가진 것이었다. 음모가 실패하였으며, 시 정부가 통제력을 잃지 않고 소수의 음모자들에게 대응할 능력을 갖추었음을 그 종소리를 통해 추측할 수 있는 것이다. 그들은 현명하게도 진격 속도를 늦추고 결국은 길을 돌렸다.

로렌초는 이른 오후 밀라노의 스포르차 영주들에게 보낸 긴급 편지를 통해 자신의 두려움과 불안감을 밝히면서 군사적 지원을 간청했다. 참사회는 얼마 지나지 않아 로렌초와 연락을 취했고, 파치가에 초점을 맞춰 방법을 가리지 않고 타격을 주려는 방침을 그날 중에 정했다. 이 사실은 참사회가 알베르토 빌라니에게 보낸 짤막한 편지에서 드러난다.

피렌체 사람인 빌라니 선장은 토스카냐 해안에 배를 대고 있었다. 그 배에 파치가 화물이 실려 있다는 사실을 확인한 참사회는 그에게 즉각 피사 항구로 배를 몰고 오지 않으면 무거운 벌을 내릴 것이라 경고했다. 피사에 배가 들어오면 화물을 몰수하여 정부 창고에 넣고, 빌라니에게는 상을 내릴 참이었다. 이 조치를 취한 이유는 파치가 사업상 결제할 큰 빚이 있다고 알려졌기 때문이었을까? 아니면 이 가문에 대한 재판이 이미 끝나 판결이 나온 것이었을까?

이제 메디치가 옹호자들은 복수의 길을 찾아 나서기 시작했다. 사태의 진전은 다음 단계로 나아가 새로운 이름들, 사실들, 숫자들, 감정들이 나타나게 된다. 대미사 중의 신성모독적인 습격으로 두 사람이 목숨을 잃은 사태는 경악과 공포를 불러일으켰고, 감정의 격류는 경보 종소리와 용병들의 모습을 통해 길거리로 퍼져 나갔다.

사건 발생 후 서너 시간 동안 로렌초의 지지세가 서서히 불어난 데는 외국인에 대한 피렌체 사람들의 본능적인 두려움도 한몫했다. 별난 복장과 낯선 얼굴의 외국인들이 도시를 점령하러 온 것 같았다. 자코포 데 파치 경이 앞장서고, 명망 있는 살비아티 가문 출신으로 피렌체에서 잘 알려진 인물인 피사 대주교가 끼어들어 있어도 그 두려움을 씻어줄 수는 없었다.

보복

그 피의 일요일, 보복의 회오리바람은 오후 늦게 시작되었다. 줄리아노와 프란체스코 노리의 피살 소식을 들은 참사회는 팔인회를 소집했다. 정치적 범죄를 수사하고 처단하는 기능을 가진 팔인회는 공포의 대상이었다.

팔인회는 살비아티 대주교와 인문학자 자코포 브라치올리니, 그리고 프란체스코 데 파치 등 죄수들을 심문했다. "몸은 작지만 마음은 큰" 프란체스코는 파치 궁전에서 발가벗은 상태로 체포되어 참사회에 끌려와 있었다. 법적인 체면치레 같은 것은 없었다. 위기상황으로 인해 참사회와 팔인회의 권한은 평상시의 법치 기준을 벗어나 있었고, 법전들은 한 옆으로 치워져 있었다. 정의가 존재한다는 것을 시급히 보여줄 필요가 있었기 때문이다.

마침내 페루자 사람들이 갇혀 있던 법정 문이 열리자 그들은 바로 살해당하거나, 잠깐 붙잡혀 있다가 꼭대기 창문으로 내던져져 광장 바닥에 피떡이 되었다. 사람들이 모여들어 그 시체를 토막 내고 옷을 벗겼다.

저명한 학자의 아들인 브라치올리니는 밧줄을 목에 걸어 광장이 내려다보이는 꼭대기 층 창문 밖으로 대롱대롱 매달아놓았다. 한두 시간 뒤에는 아직도 피를 흘리고 있던 프란체스코가 발가벗은 몸으로도 자존심을 지키며 위협과 고문에 굴하지 않고 자백을 거부하던 끝에 목이 매달렸다. 그가 매달린 교수대는 꼭대기 층의 로지아 데 란치 쪽에서 세 번째 창문이었다.

다음은 피사 대주교 차례였다. 그는 음모의 전모를 자백했다고 하는데, 기록상으로는 남아 있지 않다. 그가 대롱대롱 매달린 모습은 고귀한 신분 때문에 더욱 처참하고 망신스런 장면이 되었다. 그 형 자코포도 창문에 목이 매달렸다. 그 뒤 처형자들은 또 한 명의 (이름이 밝혀지지 않은) 중요한 성직자를 매달았다. 첫 창문의 문설주에 매달린 다섯 명의 목 중 하나가 성직자였다. 북쪽 면의 한 창문에는 대주교의 사촌인 또 한 명의 살비아티가 매달렸다.

참사회와 팔인회는 죄수 하나하나를 가장 추악하고 야비한 모습으로 공개하기로 작정했다. 정의를 최대한 빨리 현시할 뿐 아니라 음모가 얼마나 끔찍한 것이었는지 보여주기 위해 그들은 도시의 한복판을 공식적인 처형의 장으로 만들었다. 피렌체 동쪽 성벽 밖 정의의 성문 근처에 있는 처형장의 존재는 무시되었다.

이 사태를 기록한 폴리치아노는 살비아티 대주교를 피사의 '지배자' 또는 '지도자'라는 호칭으로 불렀는데, 대주교와 발가벗은 프란체스코의 몸이 같은 창문에 나란히 매달려 있던 상황도 묘사했다. 그런데 이 장면에서 일어났다고 하는 놀라운 일 하나가 그의 기록에만 나타나는데, 이것이 사실이었다면 피렌체 사람들 중 입에 올리지 않은 자가 없었을 것이다. 분노와 절망감 때문이었는지, 아니면 동지와의 마지막 영성체를 올리려 한 것인지 대주교가 갑자기 프란체스코의 몸을 물어뜯었다는 것이다. 그것도 얼마나 야무지게 물어뜯었는지 대주교의 몸이 늘어진 뒤에도 이빨은 동지의 가슴에 그대로 박혀 있었다고 한다.

파치가와 사돈간일 뿐 아니라 살비아티 집안과도 먼 인척관계를 맺고 있던 메디치가를 향해 쌓아놓았던 적개심이 기이한 방식으로 표현된 것이라면 이 식인종 같은 행동에도 묘한 의미가 있다고 할 수 있다. 설령 아무 뜻 없는 발작적 행동이었다 하더라도 사람들의 뇌리에 소름끼치는 효과를 일으켰을 것이다.

살해된 페루자 사람들 중에는 한 집안의 다섯 형제도 있었다. 그들은 거사가 성공할 경우 신속하게 페루자로 돌아갈 수 있다는 미끼에 걸려든 것이었다. 오형제는 신속하게 다른 세상으로 돌아갔다.

그날 저녁 광장으로 간 폴리치아노는 그 화려한 장소에 엄청난 양의 토막 시체들이 마구잡이로 널려 있는 것을 보았다. 그는 그것이 메디치가를 향한 시민들의 애정과 대성당에서 흘린 피에 대한 분노의 산물이라고 주장했다.

그러나 호기심 많은 역사가는 묻지 않을 수 없다. 그날 저녁 피렌체 시민들이 무리를 지어 시체의 토막을 질질 끌거나 창칼에 꽂아 휘두르며 시내를 휩쓸고 다니는 동안 경찰은 무엇을 하고 있었던가? 그 난동을 메디치 정권에서 묵인한 것이 틀림없다. 그날 하루만 해도 60명 내지 80명의 포로가 복수심으로 희생되었고, 많은 사람들이 바르젤로 창문에 목매달렸다. 바르젤로는 행정과 경찰의 본부인 행정관의 요새였다.

27일 월요일에는 몬테세코의 보병 여덟 명과 기병 몇 명이 시청사 창문에 매달렸다. 그날 늦게 목에 매단 밧줄을 잘라 광장에 떨어진 시체들은 밤새 방치되었다. 어떤 사람이 다음날 아침의 일을 적은 일기에는 피렌체 풍 필치로 이렇게 기록되어 있다. "발가벗은 시체들을 행정관 청사의 공중인 사무소 창틀에 바로 선 자세로 끼워 넣어 기대서 있게 했다. 태어나던 때처럼 발가벗고 뻣뻣한 모습이 마치 살아있는 것처럼 보이게 한 것이었다."[170]

음모자 프란체스코의 동생이면서 로렌초 데 메디치의 매부이기도 한 굴리엘모―대성당에서 결백을 주장하며 울부짖던―는 메디치 궁전으로 달아난 덕분에 목숨을 건졌다. 아내 비앙카가 그의 목숨을 애걸한 것으로 보인다. 그는 곧 피렌체에서 추방되었다. 자코포 브라치올리니의 형제 두 사람 역시 추방되었는데 그중 하나는 대성당의 참사였다.

　산 조르지오 추기경 라파엘레 산소니 리아리오가 대성당의 남쪽 성물안치소에서 나오자, 무장병력을 거느린 팔인회의 두 사람이 그를 시 청사로 동행해 왔다. 그 와중에 분노한 군중들이 달려들었기 때문에 그는 목숨의 위협을 겪어야 했다. 결국 그의 일행 중 사제 둘과 시동, 성가대원 몇 명 등 일부가 군중에게 붙잡혔다. 그들은 모두 살해당한 뒤 치욕을 드러내기 위해 옷이 벗겨지고 시체가 훼손되었다. 추기경은 6주간이나 인질로 잡혀 있으면서 피렌체 당국이 음모자들을 지지하며 보복을 다짐하는 국외 세력들과 흥정하는 데 이용되었다.

　그로부터 나흘 동안 파치가 형제와 사촌들 가운데 체포를 면한 사람은 단 하나뿐이었다. 자코포 경의 조카인 사르노 주교 안토니오는 궐석재판에서 평생 자기 교구 밖으로 나오지 못한다는 판결을 받았다. 그러나 나폴리 왕의 비공식 고문 역할을 맡고 있던 그는 피렌체와 로렌초의 손길이 미치지 않는 먼 곳에서 전과 다름없이 나폴리와 로마 사이를 오가며 지냈다. 반면 그 형 레나토는 곧 처형당했다.

　가문 전체나 심지어 주교와 관련해서도 아무런 증거가 제시되지 않았지만 파치가의 모든 사람들이 음모에 관여한 것으로 고발당했다. 죄악이 부족 전체에 공유되는 것으로 인식했던 것이다. 통치자가 그러기를 원할 때는 더욱 그랬다.

　굴리엘모 데 파치가 대성당에서 결백을 주장하며 신경질적으로 울부짖은 것을 두고 그가 사전에 음모에 대해 얼마간 알고 있었다는 증거로 보는 사람도 있지만, 얼마든지 달리 해석할 여지가 있다. 죄악이 부족에게 공유된다는 사실과 파치가 일부 사람들이 로렌초를 얼마나 미워하는지 알고 있던 그로서는 자기도 연루될 수 있음을 본능적으로 깨달았다고 보는 것이 충분히 합리적인 설명이 될 것이다. 그렇다면 그가 파치 궁전 아닌 메디치 궁전으로 달아난 것은 현명한 선택이었다고 할 수 있다.

음모를 알고 있었다고 고발당한 파치가 사람들의 죄는 침묵을 지킨 죄였다. 반역에 준하는 침묵이었다. 안토니오 주교의 형제들인 갈레오토, 조바니, 안드레아와 니콜로는 시내에 구금되어 있다가 오래된 도시 볼테라의 요새화된 탑으로 옮겨졌다. 그 주일 동안의 살벌한 분위기를 용케 견뎌내고 목숨을 건진 것이다. 그중 갈레오토는 겨우 열다섯이나 열여섯 살이었다. 성직자가 되려던 열네 살의 막내 리오나르도와 조바니의 일곱 살밖에 안 된 아들 라파엘레는 추방되었다.

피에로 경의 아들들 중 가장 현명하고 훌륭한 인물로 여겨지던 맏아들 레나토는 4월 25일 무젤로의 자기 별장에 있었으므로 피의 일요일에는 피렌체에 없었다. 거사 소식을 들은 그는 농부로 변장하고 안전한 곳으로 도망치려다가 27일에 붙잡혔다. 구이치아르디니의 말에 따르면 레나토는 너무나 평판이 좋고 호감을 주며 현명한 사람이었기 때문에 오히려 살려둘 수 없는 인물이었다. 그의 집안을 역사의 페이지에서 지워내기 위해 제거하지 않으면 안 될 사람이었던 것이다. 그를 교수형에 처할 때 농부 복장인 거친 모직의 엉성한 회색 가운을 입힌 것도 야유의 뜻이 담긴 것이었다. 그러나 장화와 박차는 자기 것을 착용하고 있었다.

그 무렵 레나토가 음모에 개인적으로 반대했다는 이야기가 피

피렌체의 오랜 동맹국 볼테라. 피렌체에 인접한 작은 도시국가로 '4월 음모'로 파치가의 형제들이 이곳 언덕마을 높은 탑에 죄수로 갇힌다.

렌체에 떠돌았다. 반대의 이유인즉 로렌초 데 메디치가 이미 감당할 수 없는 빚더미에 빠져 있으므로 그냥 두어도 머지않아 치욕과 파멸을 맞게 되어 있다는 것이었다. 따라서 그는 파치가에 부담이 되더라도 로렌초가 원하는 대로 돈을 빌려주는 것이 상책이며 그것이 로렌초의 파멸을 앞당기는 길이라 주장했다고 한다.

26일 오후 늦게나 저녁 때 라르가 거리 로렌초의 문 앞에 나타난 사람들은 창끝에 꽂힌 머리와 "팔 하나가 달린 부위를 꼬챙이에 꽂은 것"을 높이 쳐들고 있었다. 그들은 피사 대주교의 보좌관이던 한 사제를 시청 광장에서 붙잡아 그 자리에서 목을 자르고 몸을 찢은 뒤 "반역자에 죽음을!"을 외치며 행진해 온 것이었다.

그후 사나흘 동안 너무 많은 죽음이 있어서 마키아벨리가 보기에 "길거리가 시체의 이런저런 토막으로 가득했다"고 한다. 연극과 이야기를 좋아하던 《군주론》의 저자를 비롯해 며칠 동안 피렌체 사람들은 소름끼치는 광경과 음향이 넘치는 극장에서 살았음이 틀림없다.[171]

4월 28일에서 5월 1일 사이에 붙잡힌 몬테세코 백작은 무사의 고백을 행한 5월 4일 저녁, 형사법정이 있는 바르젤로 문 앞에서 참수되었다. 그렇게 해서 그의 시체는 시청 광장에서 당할 수 있었던 모욕을 모면했다.

로렌초를 살해하겠다고 나섰던 두 명의 사제 마페이와 바뇨네는 대성당에서 모퉁이를 돌아 파치 저택들 건너편에 있는 베네딕트회의 바디아 피오렌티나 수도원으로 피신했다. 그들은 5월 3일에 붙잡혔는데, 경찰과 냉정한 시민들이 말리지 않았다면 그들을 숨겨준 베네딕트회 수사들까지 군중에게 폭행을 당할 형편이었다. 그러나 이런 만류가 두 죄인까지 보호해 주지는 못했다. 시청 광장까지 와서 참사회와 팔인회가 넘겨받을 때는 코와 귀가 없었다. 그들은 대주교와 마찬가지로 시청 광장이 내려다보이는 한 창문에 목매달렸다.

얼마 후 통치 집단의 핵심부가 정신을 되찾으면서 한 가지 일만을 제외하고는 전체적으로 분위기가 바뀌게 된다. 1470년대 중후반은 기근과 곡물가격 앙등의 시기였다. 그런 상황에서 피를 뿌리고, 음모자들에 대한 분노를 부풀리며, 시체 토막을 내돌리다

보니 통치 집단도 걱정이 되기 시작했을 것이다. 불안정한 상태에서 지나치게 고조된 군중의 열기가 삐끗하면 방향을 바꿔 '좋은' 종류의 지배계층으로 향할 수도 있지 않을까 하는 우려였다.

성난 군중 속에는 무장을 갖춘 사람들도 있었기 때문에 파치가와 살비아티가 저택들에 대한 무질서한 약탈도 겨우 막을 수 있었다. 파치가의 방대한 재산은 보관해 두었다가 채권자들에게 지불하고 나서 정부에서 거둬들일 것이지, 미쳐 날뛰는 군중에게 던져줄 것이 아니었다. 피렌체 성벽 안에는 긴장이 흘러넘칠 때가 많았지만, 배부른 사람들과 굶주린 사람들 사이의 갈등보다는 (그것도 때때로 이용하지만) 메디치 통치방식에 따라 정치적 특권의 그물망 내에 있는 사람들과 정치적 권리를 빼앗긴 사람들 사이의 갈등에서 야기된 경우가 더 많았다.

자코포 데 파치 경의 시체가 겪는 곡절이 한 가지 예외인데, 이 사건에 따른 처참한 광경 중 압권이라 할 수 있다.

4월 26일 사건 소식이 피렌체 각지로 퍼져 나간 뒤 자코포 경과 몬테세코 백작을 비롯해 허둥지둥 달아나는 용병들을 뒤쫓는 병력이 동쪽 방향으로 출동했다. 도주자들은 추격자들을 혼란시키기 위해 패를 나누어 달아났다. 그러나 27일 격렬한 접전으로 여러 사람이 죽은 뒤 자코포와 측근 몇 사람은 산골 마을 카스타뇨 디 산 고덴초에서 농부들에게 붙잡혔다.

폴리치아노에 의하면 피렌체에서 기다리고 있을 분노와 수모를 두려워한 자코포가 농부들에게 금 일곱 덩이를 주며 스스로 목숨을 끊을 수 있게 해달라고 간청했다고 한다. 농부들은 간청을 들어주는 대신 한바탕 흠씬 두들겨주었다. 걷지도 못하는 상태에서 팔인회 위병들에게 넘겨진 자코포는 28일 피렌체로 끌려왔다.

피렌체로 돌아온 자코포가 자백을 했다는데—기록으로 남아 있지 않지만—자신을 음모에 끌어들인 프란체스코 데 파치가 언제나 운이 좋은 사람이라서 설득당했다는 이야기와 보로메이 집안의 유산을 파치가에서 놓치게 된 것에 원한을 품었다는 이야기가 들어있었다고 한다. 앞에서 본 것처럼 큰 상속재산이 자코포의 조카며느리에게 떨어지게 되어 있던 것을 로렌초 데 메디치가 개입해서 파치가를 겨냥한 새 법안을 통과시킴으로써 보로메이가의 유산이 다른 곳으로 흘러가게 했던 것이다.

이 '반역자'가 죽음에 임해 "악마에게 영혼을 팔아먹었다"는 이야기는 로렌초의 핵심 측근들이 열심히 퍼뜨리기도 했지만, 자코포 경이 평소 신에게 불경스럽다는 평판과도 맞아떨어져 금세 널리 확산되었다. 스타킹바지와 짧은 자주색 가운을 입고 손수건처럼 보이는 흰색 가죽벨트를 맨 그는 이틀 전 프란체스코 데 파치와 이빨 좋은 대주교가 매달렸던 중앙 창문에 목이 매달렸다.

그러나 다른 사형수들처럼 밧줄을 끊어 시체가 광장에 떨어지도록 하지는 않았다. 시체가 떨어지면 병사들이 몰려들어 저고리나 스타킹바지 같은 값비싼 옷가지를 서로 벗겨가려고 아귀다툼을 벌였다. 쿠데타 시도 후 한 주일 동안 멋진 남자 바지를 놓고 주먹다짐이 여기저기서 일어났는데, 그런 바지는 대개 파치가 문장이 새겨진 것이었다.

나중에 나온 주장으로는 자코포가 고해성사와 병자성사를 허락받았다고 한다. 그래서 산타 크로체의 가족묘지에 안장될 수 있었다. 그러나 불경에 관련된 그의 평판이 악의적으로 전파되고 확대되면서 파치가에 대한 군중의 감정이 계속 악화되었다.

당시 나흘 동안 큰비가 내리자 시골 사람들이 시내로 몰려들어 농사를 망치게 되었다고 하면서, 이 비가 신앙심 없는 사악한 인간을 하느님에게 바쳐진 땅에 묻은 데 대한 하느님의 분노를 나타내는 것이라고 주장했다. 군중이 자코포의 무덤으로 쳐들어올 기미를 보이자, 산타 크로체 수도원의 수사들이 팔인회 또는 참사회의 승인을 받아 시체를 도로 파낸 다음 십자가 성문과 정의의 성문 사이 성벽 안쪽의 성화되지 않은 터에 다시 매장했다. 정의의 성문은 공식 처형장으로 가는 제일 가까운 성문이었다.

그러자 햇빛이 다시 비치기 시작했다고 폴리치아노는 주장하지만, 그것으로 모든 일이 끝난 건 아니었다. 마치 악마들의 놀이터라도 된 것처럼 새 무덤 언저리에서 괴이한 소리가 들려왔다는 이야기가 있다.[172]

이틀이 지난 오후에 "소년들의 커다란 무리"가 동쪽 성벽으로 몰려가 시체를 파냈다. '소년들' 사이에 건달과 선동자들이 섞여 있었을 것은 두말할 나위 없다. 피렌체의 팔인회는 베네치아의 십인회와 마찬가지로 첩자와 제보자들을 채용했는데, 4월 26일의 피바다 이후에는 더욱 예민했을 것이다.

자코포 경의 시체는 이제 농부들의 걱정거리에서 소년들의 장난감으로 바뀌었다. 어디로 가야 할지, 어떤 짓을 해도 되는지 잘 알고 있던 소년들은 방해하는 사람이 있을 경우 돌팔매로 때려죽일 것처럼 기세를 올렸다. 고전으로 한 차례 눈길을 돌렸는지, 폴리치아노는 이 장면을 시적으로 표현하면서 소년들이 분노의 여신의 불길에 쫓겨 다니는 것 같다고 했다.

자코포의 시체에는 그 목숨을 빼앗아간 밧줄이 그대로 목에 감겨 있었다. 누구도 시체를 염하거나 다듬어주도록 허락하지 않은 모양이었다. (그러니 그가 고회와 병자 성사를 허락받았는지도 의심스러운 것이다.) 소년들은 이 밧줄로 시체를 끌고 온 시내를 돌아다니며 (메디치가를 위한 분노였을까?) 온갖 모욕과 야유를 가했다. 죽음의 무도회였던 것이다.

소년들은 악취도 아랑곳없이 시체를 겨냥해 막대기와 돌멩이를 던지기도 했다. 목격자인 루카 란두치는 이 장면을 묘사한 후 이렇게 덧붙였다. "그것[죽음의 유희]은 매우 이상한 현상으로 여겨졌다. 첫째, 아이들은 대개 죽음을 두려워하고, 둘째, 냄새가 너무 끔찍해서 아무도 시체 가까이 갈 수 없었기 때문이다." 자코포가 4월 28일에 죽었으니 5월 20일경이면 3주일이 지난 때였다.

이따금 소년들 중 몇 명이 앞쪽으로 달려 나가 위병 시늉을 했다. 위대하고 고귀하신 기사님의 행차가 있으니 길을 비키라고 외쳤다. 그러고는 시체에 대고 소리쳤다. "늦으면 안 돼요. 시청 광장에서 시민들이 기다리고 있어요." 광장에 들어가는 것은 저지당했지만, 장난에 재미를 붙인 소년들은 '자코포'를 끌고 그의 궁전으로 향했다. 거기서 대문에 시체의 머리를 부딪치며 소리쳤다. "누가 있소? 안에 누가 있소? 아니, 주인 나리와 수행원들이 왔는데 맞아들일 사람이 없단 말이요?"

그날 오후 마침내 소년들은 끔찍한 몰골의 시체를 끌고 강을 건넌 뒤 조금 상류로 올라가서, 지금의 알레 그라치에 다리 자리에 있던 루비콘테 다리에서 아르노 강의 격류 속에 시체를 던졌다. 시체가 하류로 떠내려가는 동안 다리마다 사람들이 모여들어 구경했다.

하루나 이틀 후 보시 부근에서 소년들이 시체를 다시 건져내 버드나무 가지 위에 걸쳐놓고는 양탄자 두들기듯이 두들겨 팼다. 그러고는 도로 강물에 처넣어 하류를 향한 그 추악한 여행을 계속하게 했다. 마지막으로 시체는 피사 다리 밑을 지나 바다로 빠져나갔다.

자코포 경의 시체가 겪은 여행은 여기에서 끝난다. 그러나 그의 운명은 여러 해가 지나도록 피렌체 사람들의 상상력에 메아리를 남겼다. 파치 가문의 이름과 기억을 더럽히려는 계획의 초기 단계에서 이보다 즉각적인 효과를 불러일으키는 방법은 없었을 것이다. 그 가문의 수장이었던 자의 시체를 지독하게 욕보이는 것, 그것도 종교 시설들이 바글바글한 도시에서 말이다. 사람들이 제대로 죽고 매장되고 구원받도록 살펴주는 것, 그것이 그 시설들의 원래 목적이 아니던가.

법률공세

대성당의 습격에서 하루 이틀도 지나지 않아 정부는 파치가에 대한 무차별 공격을 개시했다. 로렌초와 그 측근들은 파치 집안의 유동자산, 상품, 가옥, 토지 등을 압류하는 데 그치지 않고, 가문의 표시와 이름, 기억까지도 지우려 들었다. 오직 저주받은 비열한 집안으로서의 오명만을 남기려는 것이었다.

고대 로마에서 황제나 국가에 대한 범죄의 처벌 중 '기억의 말살damnatio memoriae'이 있었다. 죄인의 이름을 모든 공식 기록과 기념물에서 삭제하는 것으로, 그에 대한 기억을 모조리 지워 버리는 것이 그 목적이었다.[173] 이제 법률가들과 인문학자들이 기억해 낸 이 처벌이 메디치가의 가장 큰 경쟁 은행업자이자 암살 시도자의 가문에 떨어졌다.

참사회와 팔인회는 무엇보다 먼저 파치가의 모든 재산을 장악하도록 수사관들을 독려했다. 피렌체의 은행가와 사업가들은 장부 관리에 열심이었는데, 이제 파치가의 모든 금융과 사업 관계 장부가 정부의 손에 들어갔다. 이들 문서에는 파치가의 금융과 사업에 관련된 모든 동업자 및 협력자들의 이름과 함께 채무자 목록도 들어 있었다. 피렌체의 세무-재무 관리들은 피렌체 령 토스카냐에 있는 농장과 건물들을 포함해 파치가의 모든 재산에 대한 세밀한 목록을 가지고 있었고, 피렌체 공채에 대한 보유 및 투자 내역도 파악하고 있었다.

1478년 8월 4일 최종 판결이 내려지기 훨씬 전부터 관리들은 파치가 재산과 소유물을 모두 압류하거나 매각하는 작업에 착수해 있었다. 심지어 가재도구까지 그 대상에 포함되었는데, 사건 9일 후인 5월 5일에는 벌써 말과 당나귀들이 공매에 붙여졌다.

6월 1일에는 피렌체 조폐창의 넓은 터와 건물들을 보관 및 진열 장소로 활용하여 파치가의 의복, 가구, 린네르 제품, 그림, 기타 가재도구 등을 공범(살비아티와 브라치올리니 집안)들로부터 압수한 물건과 함께 경매에 붙였다. 물건이 얼마나 많았는지 조폐창이 "이 끝에서 저 끝까지" 꽉 찼다고 한다.

개인 소지품에서 밥그릇까지 제일 높은 값을 부르는 사람에게 팔아넘기는 이 상징적 행사는 파치가를 반역자와 파산자로 각인시키는 효과가 있었다. 시민으로서 가장 치욕스러운 모습인 것이다.[174]

대성당 습격사건 4주일 후인 5월 23일 메디치 통치 집단은 새 법안 하나를 발효시켰다. 그들이 바라는 바를 그대로 드러낸 법안이었다.[175]

먼 친척까지 포함해 파치가 사람들은 6개월 내에 성(姓)과 문장(紋章)을 바꿔서 팔인회에 등록해야 했다. 그렇게 하지 않으면 '역적'으로 간주한다고 했는데, 성문법에는 누구든지 역적을 보는 대로 죽여도 죄를 묻지 않게 되어 있었다. 그리고 파치가의 모든 표시나 상징을 깎아내든, 지우든, 덧칠하든 즉각 없애게 했다.

그 시점 이후로 어떤 화가나 장인도 두 마리 돌고래가 서로 등을 댄 파치가의 유명한 문장을 의복이나 도자기를 비롯한 모든 표면에 사용하지 못하게 했다. 만일 공적이나 사적 목적으로 그것을 그리거나 깎거나 도금하는 등 어떤 방법으로든 나타낼 경우, 물건 하나에 큰 돈(금화)으로 40플로린의 벌금을 물도록 했다. 요컨대 파치가의 이름과 모든 표시를 피렌체에서 삭제하려는 의도였다. 존재할 가치가 없기 때문이었다.

다음으로 파치가의 결혼을 제한하는 놀라운 조치가 있었다. 위로는 3대, 즉 가문의 부를 이룩한 시조(안드레아 디 굴리미에니 경)에 거슬러 올라가고, 아래로는 그후손까지 영속적으로 적용되는 것이었다. 피렌체 시민 중 딸을 안드레아 경의 자손에게 시집보내거나 안드레아 경의 후손을 아내로 맞아들이는 사람은 그 자체로 '용의자admonitus'가 되어, 본인과 직계 자손이 피렌체와 그 영지에서 모든 관직이나 명예를 차지할 자격을 상실하는 것이었다.

파치가 여성에 대한 결혼 제한은 교회법에도 어긋나는 조문이 포함된 놀라운 조치였다. 실제로는 결혼할 권리를 빼앗는 것과 마찬가지였다. 피렌체에서는 감히 파치가와 결혼하려고 나설 자가 없었고, 재산을 다 빼앗긴 상황에서 국외에서라도 괜찮은 혼처를 찾아볼 만한 지참금을 마련할 수가 없었다. 한마디로, 15세기 이탈리아 도시라는 환경에서는 결혼할 길이 사라진 것이었다. 수녀원밖에는 바라볼 곳이 없는 신세였다.

파치의 이름이 공공연히 나타나지 못하게 하는 조치로 "파치 네거리"라 불리던 파치 궁전 앞 길모퉁이도 명칭을 바꿔야 했다. 파치 궁전을 비롯한 파치가 저택들이 자리 잡은 블록의 북쪽과 서쪽을 지나는 길들이 마주치는 네거리였다. 바르디 거리, 알베르티 거리, 페루치 거리처럼 인근에 대단한 가문이 있음을 나타내는 명칭이었다.

하룻밤 사이에 파치의 이름이 모든 역사기록에서 사라져야 하는 일이었다. 그렇다면 파치가의 흔적을 공공영역에서 추방하는 조치에 따라 뒷면에 파치가 문장이 새겨진 플로린 금화도 거둬들여 녹여야 했을 것이다. 피렌체 가문 중 조폐창을 담당한 사람이 있는 가문에게는 뒷면에 문장을 새기는 명예가 주어졌다.[176] 특히 재정 분야에서 파치가 인물들의 역할이 컸기 때문에 많은 분량의 금화를 수거해야 했을 것이다.

파치가를 모욕하는 데 쓰인 또 하나 방법은 통상 파산자에게 적용하는 것이었다. 피렌체는 아니었지만, 이탈리아 도시들 중에는 파산을 선고받은 사람이 광장에서 많은 군중이 모인 가운데 벌거벗은 등을 특정한 돌기둥이나 말뚝에 부딪치게 하는 풍속이 있었다. 시청의 전령이 나팔소리로 시민들의 관심을 끈 다음 파산자의 이름과 치욕의 의식이 벌어질 시간 및 장소를 공표하여 채권자와 구경꾼들이 모여들도록 했다. 이와 달리 피렌체에서는 파산자와 반역자의 모습을 건물 벽에 커다랗게 그려놓는 풍속이 있었다. 참사회 건물에 그려질 때도 있었지만 대개는 행정관의 청사인 바르젤로의 벽이 쓰였다. 신원을 확실히 드러내기 위해 그림 옆이나 밑에 이름을 뚜렷하게 기록했고, 반역자 경우에는 욕설도 함께 적어놓았다. 그런 그림은 몇 년씩 걸려있는 것이 보통이었다.[177]

4월의 음모자들 초상을 맡아 그린 사람은 다름 아닌 대 화가 산드로 보티첼리였다. 그는 메디치가의 후대를 받고 있었다.[178] 7월 21일 팔인회는 큰 돈 40플로린을 "반역자들을 그린 보수"로 지불하라는 명령을 내렸다. 1494년 메디치가의 추방 이후 제거된 그 작품들은 통상 바르젤로 벽에 그려졌다고 여겨져 왔지만, 여러 정황으로 보아 시 청사의 부속건물 도가나Dogana의 벽이었던 것 같다.

프란체스코 데 파치, 자코포 경, 살비아티 대주교, 레나토 데 파치, 그리고 베르나르도 반디니 바론첼리의 초상은 분명히 그려졌을 것이고, 아마 자코포 브라치올리니와 나폴레오네 프란체시의 초상도 있었을 것이다. 사실적인 필치로 인해 초상화 주인공의 친구나 친척들은 마음이 뒤숭숭했을 것이다. 2년 후 참사회는 교황의 지속적인 압력에 못 이겨 대주교의 초상을 제거했다. 대주교로 인한 치욕감은 살비아티 가문보다 교회 쪽에서 더 심하게 느꼈음이 틀림없다.

   5월 23일 공포된 법률이 너무나 파격적이어서 그후 3년간 로렌초와 그 일당은 파치가 여성들에 대한 탄압을 다소 누그러뜨리게 된다.[179] 그들은 현실에 밝았기 때문에 외교 문제를 고려하지 않을 수 없었던 것이다. 그러나 파치가의 재산과 상징의 제거, 정치적 말살에 관련해서는 추호의 굽힘이 없었다.

   파치가 형제와 사촌들에 대한 판결은 애초 볼테라 탑의 종신금고에서 1482년 4월 이탈리아 외부로의 종신추방으로 감형되었다. 파치가 여자들에 대한 결혼 제약도 취소되었지만, 야심이나 이성이 있는 시민층에서 그런 위험한 집안에 손을 뻗칠 리가 없기는 마찬가지였다. 피렌체는 모든 상류층 가문들이 올라가 있는 무대와 같은 도시였다. 그곳에서 가문과 정치와 재산은 떼어낼 수 없이 삼위일체를 이루는 것이었다. 그중 하나가 잘못되면 다른 둘도 온전할 수 없었다.

   보티첼리가 그린 음모자들의 불명예스러운 초상화와 정치적으로나 도덕적으로 정확히 대칭을 이루는 승리자 로렌초 데 메디치의 초상들이 제작되었다. 4월의 음모 여파 속에서 로렌초의 친구와 친척들이 초상을 주문했다. 밀랍조각가 오르시노 베닌텐데와 베로키오는 로렌초의 실물대 조각 세 점을 제작했다. 물론 이상화된 모습이지만, 바사리가 주장한 대로 그의 면모를 제대로 표현한 작품들이었다. 이 작품들은 여러 교회에 설치되었다. 마치 로렌초가 팔팔하게 살아있으며 여러분과 함께 있다고 회중들에게 과시하는 것 같았다.[180]

피렌체의 '보통사람'들이 4월의 음모와 파치가에 대해 어떤 생각을 품고 있었는지는 간단한 문제가 아니다. 음모가 불러일으킨 분노에 즉각 휩싸인 사람들이 길거리로 몰려나와 로렌초 지지를 외치고 토막 낸 시체를 내다 건 것은 사실이다. 그러나 그 숫자가 얼마나 되었는지 알 수 없고, 도시의 대표적인 사람들이었는지는 더더욱 알 수 없다. "우리에게 빵을 주는 로렌초 만세!"는 도시

로렌초 흉상. 오르시노 베닌텐디와 안드레아 델 베로키오의 선행 작품을 모델로 제작된 것이다.

인구의 다수를 점하는 거지와 빈민들에게서 나온 구호였다. 정치적 시민층이나 정부에 관여하는 사람들이 아니었다.

정부의 최고위층 비밀회의에서 실제로 어떤 일이 벌어지는지 아는 사람의 수가 극히 적다는 것은, 피렌체에서 알 만한 이들은 다 아는 사실이었다. 그것은 지도급 시민들이 알아서 하는 일이었다. 그들 중 메디치파로 알려진 사람들은 1478년 4월에 로렌초와 진퇴를 함께했을 것이 틀림없다. 그러나 말은 없으면서 반대파에 속하는 시민들도 있었다. 그들 가운데 음모의 피비린내 나는 부분까지는 아니더라도 파치가의 주장에 얼마만큼 공감하는 사람들이 약간은 있었을 것이다. 그리고 비밀투표가 보장된다면 현안의 성격에 따라 로렌초에 찬성할지 반대할지 알 수 없는 사람들은 그보다도 더 많았을 것이다.

그런 상황에서 로렌초는 1480년대를 통해 권위를 강화하는 것처럼 보였지만, 후계자의 위치를 안정시킬 만한 확고한 지지기반을 유산으로 남기지는 못했다. 그의 아들 피에로는 3년도 안 되어 권좌에서 밀려나게 된다.

시신 훼손과 식인 풍속
Chapter 8 Assaulting the Body: Cannibalism

    르네상스 시대 이탈리아 사람들이 적이나 범죄자, 혐오의 대상이 된 사람들의 시체에 잔인하고 야만스럽게 보일 정도로 가혹한 짓을한 까닭은 무엇이었을까? 앞서 소개한 음모들이나 메디치파의 보복적 학살에서 거듭 제기되는 이 질문을 다루기 위해 펼쳐나가던 이야기를 잠시 덮어놓겠다. 지금부터 내놓는 설명이 질문의 확고한 해답은 되지 못한다. 이런 종류의 질문은 그 성격상 대답의 정확성에 한계가 있음을 감안하고 접근할 수밖에 없다.

사형

    지난 13세기에 이탈리아 도시들 사이에, 그리고 도시 안에서 벌어졌던 치열한 내전은 먼 옛날의 일이 되어 있었다. 탐욕스러운 외국 용병들이 끼어들었던 14세기의 잔혹한 전쟁들도 마찬가지였다. 그러나 15세기라 해서 끔찍스러운 폭력사태가 전혀 없었던 것은 아니었다. 유럽의 어느 지역보다 많은 도시들이 조밀하게 자리 잡은 이탈리아에서, 오랜 세월 동안 켜켜이 쌓인 친밀감으로 굴러가던 도시생활은 때에 따라 폭발적인힘이 터져나올 수

있는 정열을 내장하고 있었다.[181]

　이탈리아 반도 어느 곳에서나 폭력에 의한 유혈은 공격의 심각성을 보여주는 증거이기 때문에 법률적으로 중시되고 무거운 처벌의 대상이 되었다. 유혈 여부가 기준이었다. 마찬가지로 재판관의 입장에서 피가 흐를 정도의 태형을 선고하는 데도 그에 상응하는 범죄의 가혹성이 참작된 것이었다. '피' 라는 것이 단순한 생리현상을 넘어서는 의미를 가지고 있었던 것이다.[182]

　이 붉은색 물질로부터 상징적 의미는 쉽게 발생했지만, 그 의미가 애매하거나 복합적이어서 종교적 의미와 형사적 의미 사이의 차이가 모호하게 되었다. 공개적 처형, 범죄자의 신체 절단, 때때로 볼 수 있는 (또는 이야기로 들을 수 있는) 종교적 고행, 그리고 기도문이나 종교예술품을 통해 어디서나 접할 수 있는 예수 그리스도와 순교성인들의 피 흘리는 모습 등 일상생활의 온갖 의식 속에서 피가 중요한 요소였기 때문에 더욱 그랬다.

　형사 방면에서는 절도, 살인, 위조, 위증, 강간, 이단, 반역 등의 범죄를 저지른 죄인의 피를 흘리는 것이 정당한 보상이었다. 기독교 순교에서는 목이 잘리거나 못에 박히든, 화살을 맞거나 불에 태워지든 많은 성인들이 하느님의 사랑을 위해 피를 흘렸다. 그리고 기도문에서 늘 지적하는 것처럼, 그리스도도 자신의 피로 만민의 죄를 씻어주면서 죄악과 파멸로부터 우리를 구원한 것이다. 당시의 찬송가에서는 이렇게 노래했다.

　내가 진정한 길인 그분이시니라.
　너희들을 모두 되찾아 왔느니라.

아아, 너희들을 되찾아 오기 위해
내 피를 흘리고 내 땀을 흘렸느니라.[183]

로렌초 데 메디치도 그리스도에게 올리는 기도에서 이런 간결한 표현을 쓴 일이 있다. "주님께서는 피를 흘리심에 아낌이 없으셨습니다."

범죄자의 피와 순교자의 피는 전혀 성격이 달라 서로 비교하거나 연관될 수 없는 것이었다. 그런데도 사람들의 마음은 그렇지 않았다. 범죄자의 피는 개인의 사악한 행동의 대가로 흘리는 것이고, 순교자의 피는 인간의 원죄에 대한 대가로 흘리는 것이기 때문이었다.

어느 도시에나 공식적인 '처형장' 또는 '정의의 마당'이 있었다. 판결 받은 죄인을 매다는 교수대가 있는 넓은 공간이었다. 그 근처에는 죄인의 영혼을 위해 기도하려는 사람들이 찾는 예배당이 있었다. 정의의 마당은 불명예의 장소였으므로 '거룩한' 중심부에서 멀리 떨어진 성벽 밖에 위치한 것이 보통이었다. 그러나 베네치아에서는 그렇지 않았다. 그곳의 사형수들은 공작의 궁전으로부터 몇 발짝 떨어지지 않은 대운하 옆 광장의 유명한 '두 기둥' 사이에서 목이 매달렸다.

도심지의 이런저런 장소에서 사형을 집행하는 경우도 있었다. 형사법정 건물의 창문을 이용하는 일이 많았고, 범행 장소에서(거룩한 장소가 아닐 경우) 처형하기도 했다. 도심에서 사형을 집행하는 것은 정의의 실천이 빠르고 엄격하다는 사실, 그리고 국가가 범죄를 가로막는 장벽이라는 사실을 시민들에게 알리려는 의도

적 조치였다.[184]

1400년경 피렌체의 중고의류 상인 바르톨로 치니가 구시장 안에서 정부 관리 한 사람을 칼로 머리를 쳐서 죽인 일이 있었다. 그는 곧바로 체포되었다. 이튿날 재판관은 참사회의 권유에 따라 시장 안에 교수대를 세우게 했다. 시민들에게 처형을 알리는 종소리가 울리는 가운데 바르톨로는 수레에 태워져 시내를 행진했고, 그동안 내내 빨갛게 달군 집게로 살을 꼬집혔다. 구시장에 당도해 행진이 끝난 후 모든 사람이 지켜보는 가운데 목이 매달렸고, 시체는 해질 때까지 그대로 걸려 있었다.

17세기까지 잔존하는 이런 행사가 그로부터 100년 후 피렌체에서 다시 한 차례 있었다. 1498년 6월 27일 이름이 전해지지 않는 한 사람이 구시장에서 처형되었다. 그 전날 다른 사람을 죽인 바로 그 장소에서였다. 한 목격자는 이렇게 적었다. "수레에 태워 시내로 끌고 오는 동안 뜨거운 집게로 그를 꼬집었다. 정의는 아름답고도 신속하게 실현되었다."[185]

각별히 악독한 성질의 살인에 대해서는 범인을 완전히 발가벗긴 채 수레에 실어 그의 동네로 데려갔다가 범행 장소와 다른 중요한 장소들로 끌고 다니는 일도 있었다. 범인의 죄지은 손을 잘라 엄지손가락끼리 묶은 다음 목에 걸쳐놓고, 손이 잘린 두 팔을 눈앞에 고정시켜 자기 눈으로 보게 했다.

피렌체에서는 그런 범인을 도랑에 거꾸로 처박아 숨이 끊어지게 한 뒤, 시체를 처형장으로 끌고 가 "다른 악인들에게 경계심을 주도록" 엿새 동안 걸어놓은 일도 있었다. 범인의 친척들이 탄원한 뒤에야 시체를 끌어내려 매장할 수 있게 해주었다. 산 프레디아노의 부세키노라는 그 범인이 피스토이아 부근의 시골에서 잡혔을 때 피렌체 사람들이 모두 기뻐했던 까닭은 범행이 지극히 악랄했기 때문이다. 당시 피살자는 전당업을 겸한 중고의류 상인으로 이전에 부세키노가 교수대에 오를 뻔한 것을 두 차례나 구해준 사람이었다고 한다.[186]

당시 도시 중심부에서의 처형은 대개 국가에 대한 반역이나 엽기적 범죄에 해당되는 것이었는데, 때로는 대담한 형태의 절도나 위조, 상습범, 그리고 다른 도시에서 온 외국인 범죄자를 대상으로 하기도 했다. 베네치아에서는 금융과 상업의 중심지인 리알토나 산 마르코 중앙 광장에서 사형을 집행할 때도 있었다. 그럴 경우 사형수를 뗏목에 쇠사슬로 묶어 대운하를 통해 데리고 왔다. 1504년 8월 24일에는 "네 살짜리 여자애를 강간한 인간 말종"이 산 마르코 광장에서 화형에 처해졌다. 몇 년 후 같은 장소에서 가스파로 다르쿠아의 네 갈래로 찢긴 몸이 "교수대에 따로따로 매달린 것"은 더욱 피비린내 나는 장면이었다.[187]

'정의의 마당'에서 치뤄지는 통상적 처형에는 더욱 반향이 큰 의식이 수반되었다. 사형수를 수레에 싣고 시내를 통과해 처형장으로 향하는 행진은 예수가 골고다 언덕을 올라가던 모습을 모델로 한 것이었다. 그분도 결국은 군중과 병사들이 지켜보는 가운데 다른 두 죄수와 함께 공개적인 처형대에 오른 것을 수없이 많은 종교화들이 보여주지 않았던가. 사형수를 위로하고 처형장으로 가는 길에 동행해 주는 것을 목적으로 하는 종교단체가 이탈리아 모든 도시에 설립된 데서도 예수의 흔적이 남아있다.

피렌체에서 "템플 동산 십자가의 성모 마리아 검은 형제들"이라는 이름으로 두건을 쓴 사람들의 조직은 파치 음모 당시에도 50명의 회원을 가지고 있었다. 그들은 메디치가와 그 일파가 권력을 장악하고 있는 상황에서 검은 옷을 입고 자기네 할 일을 했다. 로렌초도 이 조직의 회원이었지만 교수대로 함께 행진하는 일은 하지 않은 것 같다. 행진 동안 검은 옷을 입고 두건을 쓴 두 사람이 죄수의 양쪽으로 나란히 걸어가면서 예수 그리스도의 수난에 관한 이야기를 통해 회개를 권유하기도 하고 연민의 눈물을 흘리기도 했다. 아울러 기도를 하면서 그리스도의 수난 모습을 떠올리면 공포에서 벗어날 수 있다고 가르쳐주기도 했다.[188]

피렌체에서는 이 죽음의 골고다 행진이 통상 바르젤로의 형사 법정 밖에서 시작되었다. 바르젤로는 참사회의 요새인 시 청사 뒤쪽에서 동북쪽에 자리 잡고 있었다. 사형수는 대개 걸음을 걷지 못하는 상태여서 수레에 실렸는데, 수레에 핏자국이 묻어 있기도 했다. 죽음의 행진은 먼저 발레스트리에리(쇠뇌 궁수) 거리 북쪽으로 올라가 대성당 모퉁이에 이른다. 거기서 왼쪽으로 꺾어 대성당과 세례당 사이의 광장까지 나아간 다음, 다시 남쪽으로 꺾어 칼리말라 거리를 지나 구시장을 거쳐 신시장으로 향한다. 그리고 얼마 후 다시 왼쪽으로 꺾어 바케레치아 거리를 따라 도시의 중심인 시청 광장으로 들어간다.

여기서부터 죄인, 위병들, 처형수, 검은 형제들, 그리고 구경에 열중한 군중은 시 청사 남쪽 전면의 길을 따라 동쪽으로 행진하다 다시 북쪽으로 꺾어 요새의 뒤쪽으로 올라간다. 그러면 도시의 오래된 중심부를 거의 한 바퀴 돈 셈이다. 이 타원형의 구역 안에서 가장 눈에 띄는 (그리고 가장 높은) 표지인 대성당과 시 청

사는 영적 권력과 세속적 권력, 교회와 국가를 대표한다.

이제 애처로운 행진은 다시 동쪽으로 방향을 틀어 그레치 거리를 따라 산타 크로체 교회 앞의 장방형 광장으로 나간다. 창시합이 열리는 곳이다. 거기서 계속 동쪽을 향해 강과 평행으로 교회 북쪽에 면한 말콘텐티(불만을 품은 자) 거리를 지나간다. 그렇게 해서 "정의의 문"이라 불리는 성문을 나서면 곧장 처형장에 이른다. 검은 형제들은 이곳에 묘지와 예배당을 소유하고 있는데, 거기서 사형수가 기도와 미사를 올리고 영성체를 받을 수 있다.

그러나 이렇게 무미건조한 약도에는 죄수의 수레와 그 곁의 검은 형제들, 구경꾼 무리의 소리와 모습이 담겨 있지 않다. 온갖 종류의 감정들이 촉발되는 장면이다. 군중이 죄수에 대한 분노를 터뜨려 침을 뱉고 욕을 하는, 보기 고약한 장면이 연출되기도 했다. 또한 두려움에 질린 군중이 말없이 쳐다만 볼 때도 있었다. 때로는 죄수를 풀어주려는 어처구니없는 시도가 벌어지기도 했다.

1465년 4월 10일에는 행진을 구경하는 군중 사이에 슬픔과 충격의 침묵이 흐르고 있었다. 피렌체 시내를 돌아 정의의 문으로 향하던 수레에 실린 사형수는 차노비 게루치라는 사람의 딸로, 열두어 살밖에 안 된 여자아이였다. 그 여자 아이에게 참수형이 내려진 이유는 베르나르도 델라 체카라는 금 세공사의 갓난아기 딸을 죽인 혐의 때문이었다. 재판관은 아기의 목에 걸린 진주와 은으로 장식된 목걸이를 빼앗으려 아기를 우물에 던져 넣었다고 판결했다. 그러나 실제 상황이 정확히 어떠했는지 누가 알 것인가?

한두 주일 뒤에는 위조범 하나가 조그만 은화들을 위조했다는 죄로 목이 잘렸다. 그 경우에는 군중으로부터 동정을 받지 못했으리라 짐작해도 틀림없다. 현대 서구인의 눈으로 볼 때 잔혹한 시대였던 그 시절, 그런 식으로 돈을 쉽게 벌려는 짓은 동정의 대상이 되지 못했다. 문서 위조나 위증도 마찬가지였는데, 법률을 엄격히 적용시킬 경우 손이나 혀를 잘리는 벌을 받았다. 죄수의 얼굴에 낙인을 찍기도 했는데, 대개 하층민 죄수나 악명 높은 범죄자들에게 대개 적용되었다. 사회적으로나 도덕적으로 천한 신분을 영원히 나타내도록 하는 조치였다.[189]

죽음을 향해 행진하는 죄수에게 검은 형제들은 정확히 어떤 말을 해주었을까? 그 말은 대부분 관습적이면서도 자발적인 것이었다. 그 중심주제들이 볼로냐의 '죽음의 성모 마리아 형제들' 모임에 속했던 법률가 그레고리오 로베르벨라(1410~1488년경)의 기록에 보인다. 그가 지은 운문의 기도문 〈정의를 맞이하러 가는 자들을 위해〉는 자신이 그런 상황에 처해 있다는 상상을 바탕으로 한 것이다.

따라서 그 글은 기도문을 외우는 상상의 목소리를 그린 것이다. 운문 형식으로 인해 감정이 순화되어 나타나기는 하지만, 그 목소리가 고뇌와 슬픔 속에서 울려나왔음을 짐작할 수 있다. 기도하는 사람은 소리를 지르고 모욕을 가하며 웅성거리며 슬퍼하는 군중에게 둘러싸여 있었을 것이다. 그 글의 일부를 소개한다.[190]

자비를 베푸소서, 높고도 영원하신 주님이시어,
······
누구나 겪어야 하는 이 마지막 계단에
주님이시어, 제가 와 있습니다.

도둑질과 비천함과 한숨이 넘치는 이 세상에.
……
지옥의 영원한 불길이 제 몫이오니,
……
제가 지은 죄를 회개하며,
고통 속에 눈물 젖은 얼굴로,
주님의 [십자가 위에서의] 크신 아픔을 생각합니다.
……
당신을 향한 불길 같은 사랑으로 저를 채워주소서,
보물 같은 당신의 수난 덕분에
저도 이 큰 짐을 질 용기를 낼 수 있도록.
……
주님이시어, 저를 이 눈물로부터 건져내셔서,
순교자와 성인들에게 주어지는
고귀한 얼굴을 바라볼 수 있게 해주소서.
……
이 세상의 끝에 이른 저의 영혼은
주님의 거룩하신 도움을 소리쳐 청합니다.
복 받은 영혼들과 함께 거두어 주옵소서.
여기 이 쓰디쓴 쓸개도, 단단한 돌멩이도,
베드로와 바오로와 여러 사도들께서
당신의 사랑을 위해 씹고 삼켰던 것입니다.
주님께서 몸소 이곳에 와 우리 사이에서 겪으신 것이
거룩한 십자가에서의 크나큰 본보기 아니었습니까.

이 기도문이 일련의 감동적인 상투어를 사용한 것은 관례에 벗어나지 않으면서 판결 받은 죄수를 기독교 사회 안으로, 올바른 인간의 울타리 안으로 되돌려오기 위함이다. 그리고 끝 부분에서 처형을 그리스도와 성인들의 순교에 비유함으로써 골고다 언덕을 '죽음의 행진'의 모범으로 끌어들였다.

피렌체에서 처형이 1년에 한두 차례밖에 없었다면 그 광경은 사람들에게 낯선 것이었을까? 그럴지도 모른다. 그러나 언제든지 군중이 광기에 휩싸이는 무서운 사태로 돌변할 수 있었다. 1503년 5월 29일 분노한 구경꾼들이 검은 형제들을 쫓아버리고 처형수를 돌팔매로 쳐 죽인 일이 있었다. 깃발 장수였던 젊은 죄수를 참수하면서 칼질을 너무 서투르게 하는 바람에 옆에 있던 기병대장이 대신 몽둥이로 일을 끝내야 했기 때문이다. 공식 처형수가 세 차례나 칼을 잘못 내리치는 바람에 현장이 온통 피바다가 되었다.[191]

1451년에서 1500년까지 50년 동안 피렌체 사람들은 1년에 평균 여덟 번 가량(7.94) 처형을 목격했다. 파치 음모의 여파로 인해 목이 매달리거나 몸이 찢긴 80 내지 100명을 포함하지 않은 수치다. 자료에 빠진 부분을 감안하면 실제 평균은 더 높았을 것이다. 같은 기간 피렌체의 3분의 2 정도 규모의 인구를 가진 군주제 치하의 페라라에서는 연평균 처형 건수가 4.88건이었다.[192] 페라라의 평균에 3분의 1을 더하더라도 피렌체의 평균이 1.44건 더 높다. [인구당 처형 빈도를 비교하려면 3분의 1이 아니라 절반을 더해야 하는데, 그럴 경우 차이는 0.62건으로 무시할 정도가 된다.] 바꿔 말하면, '독재국가'(공화국의 인문학자들이 즐겨 쓰던 말이다)

와 비교하더라도 공화제의 피렌체 쪽이 더 부드럽고 인간적이거나 '문명화된' 점이 없었다. 이 도시 사람들은 엄격한 정의를 실행하는 방법을 알고 있었던 것이다.

식인食人 풍속

당시의 연대기나 다른 자료에서 이따금 전해지는 대로 분노와 복수심에 불타는 사람들이 사람의 몸을 이빨로 뜯어냈다는 이야기가 정말로 사실일까? 지롤라모 리아리오 백작, 메디치 형제, 밀라노 공작에 대한 습격사건이 모두 그런 상황을 몰고 왔다.

그런 관념은 격앙된 감정을 표현하기 위한 일종의 비유로 쓰이기도 했다. 밀라노 사건에 연루된 의혹을 부정하기 위해 람푸냐니 집안의 두 사람이 만약 그런 음모를 꾸미는 줄 알았더라면 "그놈들을 우리 이빨로 씹어 먹었을 것"이라고 맹서하는 장면이 그렇다.[193] 이것은 상징적 행위로서의 식인이며, 그런 행동을 말로 대신한 것이다.

그러나 때로는 식인 행위가 실제로 일어났음이 분명한 경우도 있다. 포를리의 지롤라모 리아리오 백작 암살에 대한 보복 과정에서 많은 사람들이 그런 이야기를 한 것으로 미루어 사실이었던 것 같다. 당시 도시의 문명수준에조차 미치지 못하는 이탈리아 반도의 광대한 오지나 산골에서는 그런 우악스러운 짓이 더 자주 발생했을 것이다.

그런 곳에서는 가혹하고 잔인한 용병의 활동도 잦았다. 고용한 사람이 지불을 거부하거나 지체할 경우 용병들은 작물을 망가뜨리고 농장을 불태우면서 가축을 싹쓸이하듯 몰아가기도 하고, 사람들을 죽이거나 인질로 잡고 돈을 요구하기도 했으며, 여자들을 괴롭히고 강간하기도 했다. 베네토 주에서 중부 이탈리아에 이르기까지 넓게 펼쳐져 있던 이런 세상을 도시 상류층 사람들은 경멸감에 약간의 동정심을 섞은 눈길로 바라보았다. 시골사람들을 인간 이하의 존재로 여겼던 것이다.[194]

1437년 2월 어느 날 토스카냐 서남방 국경 근처 교황령의 나지막한 아콰펜덴테 산지에서 세 명의 목동이 교수형에 관한 이야기를 하고 있었다. 이런저런 이야기가 꼬리를 물던 끝에 실제로 어떤 건지 한 번 실험을 해보기로 했다. 장난스런 기분으로 한 아이의 목에 밧줄을 감고 두 번째 아이가 그 아이를 안아 들고 있는 동안 세 번째 아이가 밧줄을 나뭇가지 위로 넘겨 나무둥치에 묶었다. 연대기 작가의 기록으로는 그렇게 진행되었다고 한다.

그 순간 갑자기 늑대 한 마리가 나타나는 바람에 두 아이가 놀라서 도망쳤다. 늑대가 사라진 후 돌아와 보니 "매달려 있던 친구가 죽었기에 밧줄을 풀어서 묻어주었다."

다음 일요일에 죽은 아이의 아버지가 늘 하던 것처럼 빵을 가지고 아이를 보러 왔다. 아무리 찾아도 아들이 보이지 않자 당연히 그 친구들에게 도움을 청했고, "자꾸 캐묻다 보니 결국 한 아이가 사실대로 고백하고 말았다." 그 아이를 붙잡고 아들이 묻힌 곳으로 간 아버지는 "그 자리에서 칼로 그 목동의 배를 갈라 간을 꺼낸 다음 집으로 가지고 왔다. 그러고는 목동의 아버지를 식사에 초대하여 그 간을 대접했다."[195]

이 엽기적인 행동에는 두 겹의 상징성이 있다. 하나는 목동의

간을 음식으로 내놓음으로써 짐승의 고기처럼 비하되었다는 것이다. 그러면서도 당시의 민담에 따라 이 간이 죽은 목동의 힘이나 용기 같은 도덕적 품성을 여전히 품고 있었다는 것이 또 하나의 상징성이다.

식사가 끝난 뒤 복수를 이룬 아버지는 지금 막 드신 것이 댁의 아드님 간이라고 손님에게 알려주었다. 화가 난 손님은 상대방을 그 자리에서 죽여 버렸고, "마찬가지로 죽은 목동의 어머니도 목매달린 아이의 어머니를 죽였다." 이렇게 해서 분노의 연쇄살인이 촉발되었다. "이쪽에서 저쪽 사람을 죽이면 저쪽에서 이쪽 사람을 죽이는 일이 계속되어 2월 말까지 한 달도 안 되는 기간 동안 서른여섯 명이 살해되었는데, 그중에는 남녀를 불문하고 아이들까지 있었다."

상징성은 둘째치고, 이 연쇄적 보복 살인에는 전형적이라 할 만한 요소가 아무것도 없다. 신뢰할 만한 기록자인 연대기 작가 그라치아니가 등장인물의 이름이나 성도 밝히지 않으면서 이 한 편의 드라마를 그려낸 이유는 특이한 일로 생각되었기 때문이다. 그러나 그는 그다지 해괴한 사건으로 여기지도 않고 도덕적 해석을 가하지도 않는다. 어떤 식으로든 이해가 가는 일이기에 그대로 받아들였을 것이다. 이 피비린내 나는 사건의 동력이 복수에 대한 굶주림이라는 것은 명백하지만, 그 문화적 맥락은 우리 스스로 끼워 맞출 수밖에 없다.

목동의 간을 잘라낼 때부터 식탁에 내놓을 때까지 첫 번째 복수자의 행동은 너무나 서슴없는 것이어서 자연스럽게 보일 정도다. 그곳에서는 가까운 사람이 살해당한 데 대한 복수를 할 때 아무리 이치에 맞지 않고 이상하게 보이더라도 그런 식의 행동을 해야 한다는 전통이 은밀히 전해지고 있었다. 그런 종류의 행동이 자주 일어나지는 않아도 사람들의 입에는 많이 오르내렸다.

그뿐 아니라 이 주제는 육신의 순교를 시각적으로나 교훈적으로 강조하던 중세 후기 기독교 세계의 분위기와도 통하는 것이었다. 가까운 사람의 눈에는 죽은 아버지나 아들이 순교자처럼 보이지 않았을까? 갑자기 좋은 사람으로 보이지 않았을까?

그 시대의 종교문화는 성화와 기도를 통해 매일같이 기독교 순교자들을 찬양했다. 그것은 유혈의 메시지였고, 인간 육신의 참혹한 파괴에 관한 이야기를 집집마다 들여놓는 것이었다. 그리스도에게 올리는 기도를 비롯해 성 세례요한, 성 세바스찬, 성 야고보, 성 프란체스코, 성 아그네스, 성 마가렛, 성 바르바라 등에 대한 찬양이 모두 그랬다.[196]

그리스도와 순교자들의 이야기나 그림들은 최대한의 고통, 즉 몸에 구멍을 뚫거나 잘라내는 내용을 담고 있다. 인류를 악으로부터 구원하기 위해 예수 그리스도는 십자가에 올라 극히 고통스러운 방법으로 살해당했다. 그리고 많은 순교자들이 피 또는 불길의 의식을 통한 죽음을 기꺼이 받아들임으로써 주님과 하늘나라에 대한 헌신을 확인했다.

보통의 선남선녀들이 개인의 덕성만 가지고는 영생을 얻을 수 없기 때문에 극도의 고통과 교회의 도움이 그 방법으로 제공되었다. 진정한 성인들은 육체적 금욕의 생을 살았으므로, 현세에서의 지극한 육체적 고통이 내세로 넘어가는 확실한 통로였던 것이다.

순교 광경의 전파 자체가 비상한 심리상태에 있는 사람들을 진

그라니스하의 《사도들의 수난》(1512년경) 중 〈성 베드로의 순교〉다. 그리스식 십자가에 의한 책형을 보여준다.

짜든 모방이든 식인의 행위로 이끌었다고 말하려는 것이 결코 아니다. 기독교 교리에서 강조하는 박애와 용서의 정신을 생각한다면 더더구나 있을 수 없는 일이다.

순교자들은 영웅이었다. 고통으로 죗값을 치르는 범죄자도 아니고, 복수에 희생되는 가족도 아니었다. 그러나 기독교 순교의 형상화는 그 자체로 이루어지거나 형제애의 호소만을 바탕으로

한 것이 아니었다. 그 배경에는 정치적 폭력이 넘치는 현실세계가 있었다. 비록 15세기에 이르러 다소 순화되었다고는 하지만 아직도 복수를 수컷들의 의무로 여기는 상황에서 이루어진 것이었다. 남자든 여자든 모든 인간이 파괴된 육체의 상징성을 교육받던 시절이었다.

이탈리아의 여느 도시와 마찬가지로 피렌체는 교구교회와 수도원, 그 밖의 종교시설들이 바글바글한 곳이었다. 동쪽에서 서쪽으로든, 아르노 강을 가로질러 북쪽에서 남쪽으로든 도시를 가로지르는 데 걸어서 30분이 안 걸렸다. 그런데 다른 시설은 제외하고 교구교회만 해도 62개가 있었고, 100개가량의 종교단체가 있었다. 로렌초 데 메디치는 적어도 일곱 단체의 "형제"였고, 대부분의 사람들이 서너 단체에 가입하는 경우가 보통이었다.

그중에는 유독 고행을 목적으로 하는 단체들이 많았다. 베네치아에서는 고행 단체들을 "큰 학교"라 불렀는데, 종교단체들 가운데 가장 큰 부와 명성을 누렸다. 고행 단체 회원들은 정기적으로 모여 집단적으로 고통을 나눴다.

이런 자기학대가 14세기까지는 상당히 형식화되었지만, 그런 형식과 의식의 틀을 넘어 때로는 피가 흐를 정도로 심한 고통을 추구하는 사람들이 더러 있었을 것이다. 베네치아의 "큰 학교" 소속 귀족과 부자들이 자기학대를 행하지 못할 때 큰 액수의 돈을 대신 낸 것을 보면, 그곳에서 벌어지는 일이 고통스럽고 보기 흉하거나 적어도 편안하지 못했다는 사실을 알 수 있다.

그리스도와 순교자들에 대한 기억을 새롭게 하기 위해, 또는 영혼을 교정하고 정화하기 위해 육체에 고통을 가하는 의식은 그 시대의 지배적 분위기였다. 대화와 교리, 그리고 성화와 신앙 속에 언제나 깔려 있었다.[197] 피렌체 시인 베르나르도 지암불라리의 한 기도문은 십자가 위의 그리스도를 떠올리며 기도하기를 청한다.[198]

옆구리에 벌어진 저 상처,
개들이 물어뜯은 자리,
얼굴에는 온통 피칠갑,
손과 발에는 못구멍.

고행 단체의 신심 깊은 회원들이 자신에게 고통을 끼칠 용의가 있다면, 그들이 보기에 사악한 자로 여겨지는 자들을 해치는 데는 더더욱 주저가 없었을 것이다. 인간의 본성에 대한 종교적 관점이 짙은 문화에서 참회의 고전적 방법인 신체적 고통을 기꺼이 받아들이거나 가할 태세가 되어 있고, 그 위에 정치적 잔인성이 포개진다면 음모자들에 대한 보복에서 나타나는 것처럼 극도로 처참한 상황이 벌어지게 된다.

이탈리아 도시에서 정치란 전멸에 목적을 둔 전쟁터였다. 기억할 수 없는 옛날부터 그래 왔다. 300년 가까운 기간 동안 이탈리아 도시에서 정치적 충돌은 집단적인 추방이나 처형으로 마무리되는 경우가 많았다. 15세기에 들어와 그런 경우가 줄어들었다고는 하지만, 아직도 정치는 강하고 대담한 사람들의 사업이었다. 그 사업에서 심각한 갈등이 일어나면 승자는 패자를 완전히 파멸시키고 모든 것을 차지했다.[199]

합법적인 야당 같은 것은 베네치아에조차도 존재하지 않았다.

정부의 꼭대기를 차지하고 있는 사람들과 그 주변 사람들, 즉 통치 집단 내에서의 토론은 물론 가능했다. 그러나 권력을 쥐고 있는 엘리트 집단 밖에서 사람들이 질문을 심화시키거나 심지어 바꿀 수 있는 그런 토론은 있을 수 없었다. 정치 엘리트는 한 목소리여야 했다.

따라서 복수나 박멸의 필요가 정치계에 제기되었을 때 그것을 억제할 수 있는 기제가 없었다. 어떤 참혹한 사태도 가능했다. 정치적 보복을 그린 당대의 시 한 수가 보복을 꿈꾸는 자들에게 가르쳐주는 것이 있다. 납작 엎드려라, 그리고 기회를 기다려라.[200]

운명의 여신이 너를 도와주러 돌아설 때까지 기다리라.
그러고는 그들의 죄를 모조리 적은 목록을 꺼내라.
두려움은 잊어버리고 사정없이 물어뜯어라.
베고, 찍고, 찢고, 깨고, 패라.
이제는 저 미치광이 개새끼들 눈치를 보지 마라.

군인의 진술
Chapter 9 A Soldier Confesses

진술

메디치 형제를 살해하려는 계획은 원래 야심과 원한이 넘치는 세 사내의 음모였다. 은행가 한 사람, 신흥 군주 한 사람, 그리고 대주교 한 사람이었다. 그런데 이 계획이 미치광이 논리에 따르듯 확산되어 나가면서 놀라운 범위의 사람들을 끌어들였다. 교황, 나폴리 왕, 우르비노 공작뿐 아니라 직업군인 하나, 상인–은행가 하나, 학자 하나, 사제 몇, 주교 둘, 추기경 하나, 사업가 하나, 용병 지휘관 둘, 마지막 단계에 끌려 들어온 한 무리의 용병들도 포함되었다. 더불어 음모자들의 친척이나 동료, 하인이었던 20명 내지 30명의 죄 없는 사람들까지 연루되어 피비린내 나는 복수극 속에서 살해되었다.

음모의 내용을 가장 알기 쉽게 펼쳐 보여주는 것은 음모 중심부에 서 있던 한 군인의 진술이다. 몬테세코 백작 조반 바티스타는 우르비노에서 서남쪽으로 18마일 거리에 있는 산간마을 출신의 용병이었다. 수백 년 동안 굶주린 용병들의 온상이었던 마르케 주에서 교황령까지, 그리고 이탈리아 반도의 아드리아 해 연안에서 배출된 수많은 지휘관의 전형적인 한 사람이 이 하급귀족

이었다.[201]

전쟁 중의 포악한 행동과 약탈 때문에 직업군인들은 일반 백성들 사이에 좋지 않은 평판을 얻고 있었다. 그러나 전쟁이란 군사적 안보와 마찬가지로 전문가들의 소관이었고, 최고의 용병들 중에는 봉건 영주의 신분을 가진 사람도 많았다. 그래서 통치자들은 그들을 아끼고 비용을 투자해 육성했다. 통치자들은 용병 지휘관들을 신하로 채용하거나 몇 달 내지 몇 년에 이르는 고용계약을 맺었다.

15세기에는 한꺼번에 수백 명의 사상자를 내는 참혹한 전투가 더러 있었다. 1467년 7월 25일 볼로냐 부근의 몰리넬라에서 벌어졌던 우르비노 백작(나중에 공작으로 승격된다)과 베네치아의 뛰어난 용병 장군 바르톨로메오 콜레오니 사이의 전투가 대표적인 예다. 그러나 그렇게 격렬한 전투는 그리 많지 않았으며, 최고의 지휘관들은(오르시니, 스포르차, 포르테브라치 등) 언제나 병사들의 목숨을 아꼈다. 훈련과 경험을 쌓은 병사들 없이는 지휘관의 권위도 가질 수 없었다.

공표된 진술과 풍문을 통해 몬테세코는 당시 피렌체에서 훌륭한 판단력과 명예심을 가진 인물로 인정되었다. 자기 윗사람들인 지롤라모 리아리오 백작과 백작의 숙부인 교황 식스투스 4세에게 말려들었을 뿐이라는 것이다. 몬테세코는 교황 휘하의 군인으로서 로마에서 사도궁 위병대장과 산타 안젤로 요새 지휘관으로 근무한 인물이었다.

대성당 습격 8일 후인 1478년 5월 4일 작성된 이 군인의 진술 가운데 요점을 뽑아 다음의 요약문 안에 배치한다. (군인의 진술

피에로 델라 프란체스카가 그린 우르비노 공작(1465~1466, 피렌체 우피치 미술관).

내용은 별도의 색으로 표시한다.) 때문에 직접화법과 간접화법이 뒤섞여 나오는 부분들이 있다.

몬테세코가 처형의 위협 아래 진술을 작성했기 때문에 그 말의 흐름이 아무리 통제되었다 하더라도 주모자들과 만났던 장소에 관해서는 한 마디도 적을 형편이 못 되었다. 그러나 로마에 있을 때는 지롤라모 백작이나 살비아티 대주교의 방에서 이야기를 나누었으므로, 그 장소가 교황궁 안이었으리라는 사실은 분명하다. 백작과 대주교는 교황궁에 전용 방들을 가지고 있었다. 식스투스는 친척이나 총애하는 사람들을 가까이 두기를 좋아했다. 이 점을 비롯한 여러 가지 면에서 교황의 그림자가 이 군인의 진술 전체를 뒤덮고 있다.[202]

몬테세코는 이 음모를 로마에서 처음 듣게 되었다고 진술했다. 그는 바티칸에 있는 피사 대주교의 방에서 비밀을 지키겠다는 서약을 한 다음 그 이야기를 들었다. 그 자리에는 피렌체 출신의 상인이자 은행가인 프란체스코 데 파치가 함께 있었다. 아마 1477년 늦여름의 일이었던 것 같다.

세 사람이 만난 장소가 카날레 델 폰테 거리의 산타 안젤로 다리 부근에 있던 파치가의 로마 저택이 (몬테세코는 이 장소 이야기를 한 적이 없다) 아니었다는 사실이 의미심장하다. 그 구역은 시에나와 제노바 출신 은행가들이 모여 사는 곳이었는데, 교황 휘하의 용병 지휘관이 교황의 우두머리 은행가 저택을 방문하는 광경이 사람들 눈에 띄었다면 이야깃거리가 되었을 것이다.[203]

먼저 입을 연 대주교가 피렌체 정부의 변화를 이끌어낼 계획을 세우고 있다는 사실을 군인에게 일러주었다. 나는 그들을 위해 무엇이든지 해주고 싶지만, 군인의 몸으로서 교황 성하와 [지롤라모 리아리오] 백작 각하의 녹봉을 타먹고 있는 입장이기 때문에 계획에 참여할 수 없다고 했다. 그들은 대답하기를 자기네가 어떻게 백작의 동의 없이 이런 일을 추진할 수 있겠냐고 했다.

백작의 좋은 친구들인 성직자와 은행가는 이어 피렌체 정부를 변화시키지 않을 경우 백작의 새 나라 이몰라-포를리는 로렌초 데 메디치가 백작을 극도로 미워하기 때문에 위험을 벗어나지 못할 것이며…… 교황 성하께서 승하하신 뒤에는 로렌초가 백작을 해치고 그 나라를 빼앗기 위해 무슨 짓이라도 할 것이라고 했다. 군인은 로렌초가 왜 그렇게 백작과 적대관계에 있는지 물었다. 그들은 대답으로 교황 재정의 세밀한 내용과 피사 대주교직 취임에 관한 일, 그리고 다른 일들을 설명했는데, 몬테세코는 "너무 길어서 여기에 다 적을 수 없다"고 주장했다.

석 달 후 피렌체에서 이 진술의 사본을 이탈리아의 여러 나라에 보내기로 결정하고 진술을 공표했을 때, 로렌초가 지닌 적개심의 원인을 구체적으로 덧붙일 필요가 없었다. 그 원인들은 너무나 잘 알려져 있었을 뿐더러, 공식 문서로 드러내기에는 수치스러운 것이었다.

로렌초는 교황령의 도시 이몰라를 피렌체에 끌어들이고 싶어 했다. 그런데 식스투스 교황은 로렌초의 희망을 묵살하고 이몰라를 밀라노 공작으로부터 4만 다카트에 사들였다. 그는 이 도시를 총애하는 조카 지롤라모 리아리오에게 만들어주려는 소국의 중심지로 삼으려 했다. 게다가 밀라노 공작의 서녀 카테리나 스포르차와 조카를 결혼시키기도 했는데, 그 까닭에 이 작은 도시가 카테리나의 지참금 일부가 아닌가 하는 착각도 일게 되었다.

이와 아울러 메디치 은행이 이몰라 구입자금의 대출을 거부했기 때문에 교황은 자금의 대부분을 로마의 파치 은행으로부터 빌릴 수밖에 없었다. 이것이 식스투스가 메디치 은행을 주거래은행에서 떨구고 파치 은행에 교황청 재정을 맡기는 하나의 빌미가 되었다.

그리고 다른 두 가지 말썽으로 인해 양측 사이의 분노가 격화되었다. 앞서 1474년 교황은 교황령 내의 요새도시 치타 델 카스텔로를 용병대장이자 반 교황 역도인 니콜로 비텔리로부터 탈취하려는 자신의 시도를 봉쇄하는 데 로렌초가 도움을 주었다고 비난한 일이 있었다. 또 근자에는 앞에서 살펴본 것처럼 교황이 피렌체 시민인 프란체스코 살비아티를 피사 대주교에 임명하는 데 로렌초가 끈질기게 저항한 일이 있었다. 로렌초는 자기 친척이나 영향권 안의 인물이 피사 대주교에 임명되기를 바랐고, 살비아티가 추기경으로 승진할까봐 염려했다.[204]

몬테세코와 은행가 및 대주교의 첫 번째 회동은 몬테세코가 지롤라모 백작이 내리는 그의 [백작의] 명예와 이익, 그리고 그들 모두의 명예와 이익에 관련된 어떤 명령에라도 따를 것에 동의함으로써 마무리되었다. 두 주일가량 지난 후 백작이 몬테세코를 불렀을 때도, 살비아티 대주교는 자리를 함께 했다. 백작이 말했다. "대주교께서 그대와 어떤 일을 의논했다고 들었소. 그래, 그대 생각은 어떠시오?" 나는 그 일을 아직 충분히 이해하지 못하기 때문에 무어라 드릴 말씀이 없으며, 이해할 수 있게 된다면 그때 말씀드리겠다고 대답했다. 대주교가 말했다. 보시오, 우리가 피렌체에서 쿠데타를 일으키려 한다고 말하지 않았소? 내가 대답했다. 그런 말씀을 했습니다. 그러나 어떻게 [그 계획을 실행]하려는지 말씀은 없었고, 그것을 알지 못하는 이상 나로서는 무어라 드릴 말씀이 없습니다.

이 군인의 진술이 너무나 침착하고 조리 있게 풀려나왔기 때문에 그를 포로로 잡은 사람들이 그에게 완전한 진술을 할 경우 목숨을 살려주겠다는 약속을 했을 것이라고 연구자 지노 카포니는 믿었다. 진술은 이어진다.

이제 두 사람은 솔직하게 털어놓기 시작했다. 두 사람에 대한 로렌초의 악의를 이야기하고, 교황 성하의 승하 뒤에 백작과 그의 나라가 겪을 위험을 설명했으며, 그 [피렌체] 정부를 뒤집어놓음으로써 우리가 어떻게 백작이 피해를 입지 않을 상황을 만들게 될 것인지 이야기했다.

쿠데타를 어떻게 진행시키려 계획하고 있는지 몬테세코가 재차 묻자 그들은 파치가와 살비아티가가 피렌체에서 누리는 권세를 개략적으로 설명했다. 그러다가 갑자기 원래의 진술에서 일부가 삭제된 것 같은 대목이 나온다. 삭제된 문장에는 나폴리 왕(페란테)과 저명한 예술애호가인 용병대장, 우르비노 공작 페데리고 다 몬테펠트로의 이름이 음모와의 관련 속에 나타났을 것으로 보인다. 백작과 대주교가 마침내 인정한 사실은 "유일한 길은 로렌초와 줄리아노를 죽이고 군대를 피렌체로 진격시키는 것이며, [그러기 위해] 의심을 사지 않도록 비밀리에 군대를 동원해야 한다는 것이었다."

내가 말했다. 나리들, 무슨 일을 하려는 것인지 다시 살펴보십시오, 이것은 보통 큰 일이 아니라고 생각됩니다. 이런 일이 어떻게 이뤄질 수 있을지 저는 알지 못하겠습니다. 피렌체는 큰 나라이고, 위대한 로렌초는 제가 알기로 그곳에서 많은 지지를 받는 사람이니까요.

백작이 즉각 살비아티 대주교와 프란체스코 데 파치는 그와 반대로 생각한다고 대답했다. 로렌초는 "[피렌체에서] 사랑보다 미움을 많이 받고 있으며, 그들이[메디치 형제가] 쓰러지기만 한다면 피렌체 사람들은 [감사의 뜻으로] 만세를 부를 것이라고 했다."

다음으로 대주교가 입을 열었다. 조반 바티스타, 그대는 피렌체에 가본 적이 없소. 우리는 피렌체 사정을 그대보다 많이 알고 있으며, 로렌초에 대한 피렌체 사람들의 모든 선의와 악의에 관해 알고 있소. 그러니 우리 계획에 대해 걱정하지 마시오. 계획이 성공하리라는 것은 우리가 여기 앉아 있는 것처럼 확실한 사실이요. 우리가 해야 할 일은 길을 밟아가는 것뿐이요. 어떤 일이냐구요? 얼음보다 더 차가운 자코포 [데 파치] 경을 녹이는 일이요. 그분이 우리 편에 서기만 하면 모든 일이 순조로울 것이요. 조금도 의혹을 가지지 마시오.

프란체스코 살비아티 대주교가 무슨 근거로 결과에 대해 그렇게 자신감을 가질 수 있었을까? 그가 어떤 사람인지 스케치를 해보겠다.

그는 1443년 피렌체 정계의 유수한 가문에서 태어났다. 살비아티라는 이름은 피렌체 정계에서 손꼽히는 가문 가운데 하나였다. 14세기와 15세기를 걸쳐 참사회 근무 경력에서 살비아티가를 능가하는 가문은 예닐곱에 불과했다. 대주교의 할아버지 자코포와 아저씨 알라마노는 당대 정치기구에서 가장 활동이 많은 사람들 틈에 끼었다. 그리고 살비아티가는 파치와 메디치, 베토리를 위시한 명문가들과 혼인관계를 맺고 있었으므로, 대주교는 메디치가와 사돈 관계를 내세울 수 있는 위치였다.

고아로 자라났지만 새로운 인문학 풍조에 따라 훌륭한 교육을 받은 젊은 살비아티는 야심만만하고 돈을 잘 쓰는 인물로, 일찍이 성직을 통한 '출세'를 결심했다. 그는 마르실리오 피치노를 비롯해 수많은 친지들과 친구들이 있는 피렌체를 뒤로 하고 1464년 로마에 자리 잡았다. 그는 나중에 폴리치아노도 알게 되는데, 폴리치아노는 그가 아첨꾼에다 도박꾼이며 대담하고 음험한 호색한이었다고 주장했다. 로마에서 그의 큰 행운(또는 불운)은 후에 교황 식스투스 4세가 되는 프란체스코 델라 로베레와 그 조카인 지롤라모 리아리오, 피에트로 리아리오 형제와 교분을 나누게 된 것이었다.[205]

1474년 부유한 추기경이었던 젊은 피에트로의 죽음으로 피렌체 대주교좌가 비었을 때 살비아티는 그 자리를 넘봤다. 그러나 로렌초 데 메디치가 식스투스를 설득해 그 자리를 로마 귀족이자 자신의 처남인 리날도 오르시니에게 주도록 함으로써 살비아티의 야심이 좌절되었다. 그로 인해 교황은 그해 말엽 피렌체 령인 유명한 항구도시 피사의 대주교직에 로렌초와 의논 없이 살비아티를 선임하게 되었다. 피렌체의 통치 집단은 이것이 비우호적 조치라고 즉각 불평을 터뜨렸다.[206]

이 일이 살비아티의 인생을 결정적으로 바꿔버렸다. 자신의 대주교직 취임에 대한 피렌체의 일사불란한 저지 공작에 교황 및 지롤라모 리아리오 백작과의 친분이 겹쳐져 살비아티는 "위대한" 동료 시민을 적대하는 입장이 되었다. 메디치 형제를 죽이려는 계획에서 그가 한 발짝도 머뭇거리지 않은 것을 보면 그 증오심이 무척 깊었던 모양이다.

그는 친척 둘을 음모에 끌어들였다. 바로 자신의 형 자코포와 사촌 바르톨로메오(자코포라고도 함)였는데, 둘 다 운명의 날에 처형당했다. 대주교의 로렌초에 대한 감정에는 야심도 얼마간 작용했다. 교황의 가족들에 대한 그의 헌신적인 태도는 교황의 호의를 얻으려는 욕심에 근거를 두고 있었다. 그는 추기경이 되고 싶었던 것이다.[207]

또 한 가지 곡절이 있었다. 자코포 데 파치의 어머니는 살비아티의 아주머니였으며, 자코포가 살비아티의 성직 진출을 위한 비용을 댔던 것으로 보인다. 따라서 1477년 살비아티가 자코포에게 로렌초 데 메디치에 관한 이야기를 할 때는 혈연관계의 유대감과 의무감을 바탕에 깔고 있었다.

진술로 돌아가 보자. 자코포 데 메디치가 음모에 가담하기를 거부했다는 이야기를 들은 몬테세코는 백작과 대주교에게 궁극적인 질문을 제기했다. 좋습니다. 이 모든 일[쿠데타와 두 사람의 살해]이 거룩하신 아버님의 뜻에 맞는 일입니까? 그들은 아무 문제가 없다고 대답했다. 우리는 언제든 그분에게 우리가 원하는 행동을 하시도록 할 수 있소. 또 한 가지, 성하께서는 로렌초를 싫어하십니다. 그분께서는 이것을 어느 누구보다 바라십니다. 그분께 말씀을 드렸습니까?[몬테세코의 질문] 물론 말씀드렸소. 그대가 그분의 뜻을 충분히 이해할 수 있게 그분께서 직접 그대에게 말씀하시도록 하겠소.

그들은 의심을 불러일으키는 일 없이 비밀리에 군대를 동원하고 이동할 방안을 검토하기 시작했다. 그들이 병력을 토디, 페루자, 몬토네를 비롯한 다른 지역의 군대와 섞어서 감춰놓은 방법이 진술에 드러났다. 교황의 용병대는 1477년 9월 몬토네 성을 카를로 포르테브라치의 아내로부터 탈환해 놓았다. 피렌체의 지원을 받는 반 교황 반란자 포르테브라치는 그 무렵 피렌체에 있었다.

얼마 후 로마에서 파치 은행을 경영하고 있던 프란체스코 데 파치가 피렌체에 다니러 갔다. 군사정보를 수집하는 한편, 음모에 아직도 반대하고 있던 가문의 수장 자코포 경과 이야기를 나누기 위해서였다. 프란체스코는 그를 설득해서 끌어들일 경우 그에게 음모의 핵심적인 부분을 맡길 수 있을 것이라고 내내 생각하고 있었다. 거리로 나가 메디치가에 대한 시민들의 반감을 끌어 모으고 정부 청사를 완전히 장악하는 일이었다.

여기서 한 가지 사정은 분명히 짐작할 수 있다. 자코포 자신이 오랜 세월 동안 조카와의 대화에서 로렌초에 대한 원색적인 감정을 스스로 드러낸 적이 없었다면, 프란체스코가 이런 무시무시한 음모를 가지고 자코포 경에게 접근할 엄두도 내지 못했으리라는 점이다.

지롤라모 백작은 이웃 도시에 있는 숙명적인 경쟁자 파엔차 영주의 발병을 기회로 삼아 몬테세코를 피렌체에 사절로 보냈다. 그로 하여금 현지 사정을 살펴보게 하려는 것이었다. 몬테세코가 가져간 백작의 편지에는 피렌체 '지도자'에 대한 거짓 호감과 우정이 담겨 있었고, "지금까지 그들 사이에 일어난 일들에 상관없이 [백작은] 모든 것을 일소에 붙이고 …… 그를[로렌초를] 아버지처럼 모시겠다"는 주장이 적혀 있었다. 점잖은 외교 놀이에서 뒤질 리가 없는 로렌초가 너무나 자상하고 다정한 반응을 보였기 때문에 백작에 대한 로렌초의 증오심이 어떤 것인지 들어서 알고 있던 몬테세코를 놀라게 했다.

목숨이 걸려 있는 상황에서 사면을 받고 싶은 마음에 몬테세코가 피렌체 지도자의 매력적인 풍모를 과장해서 진술한 것일 수도 있지만, 거짓 애정과 우정을 휘두르는 로렌초의 솜씨 자체가 기막힌 것이었으리라고 짐작할 수 있다. 15세기 이탈리아의 고급 외교란 이런 것이었다.

로렌초를 접견한 뒤 벨 여관으로 점심식사를 하러 가는 몬테세코의 품에는 지롤라모 백작과 살비아티 대주교가 써준 소개편지들이 들어 있었다. 그가 전갈을 보내자 자코포 데 파치 경이 곧 여관으로 왔다. 한 침실로 조용히 함께 들어간 뒤 나는 그에게 [식스투스 교황] 성하와 백작과 대주교가 보내는 안부 말씀을 전했다. 그런 다음 편지들을 보여주었다. 편지를 읽은 후 그가 물었다. 우리가 할 이야기가 무엇입니까, 조반 바티스타? 나라 일에 관한 이야기를 할 것입니까? 물론 그렇지요, 하고 내가 대답했다. 그가 말했다. 보시오, 나는 당신이 하려는 이야기를 아무것도 듣고 싶지 않소. 그 사람들은 피렌체의 주인이 되고 싶어서 온갖 궁리를 다 하고 있소. 그러나 이곳 사정을 그들보다 내가 더 잘 알고 있으니, 이 일에 대해 아무 말도 하지 마시오. 나는 듣고 싶지 않소.

"이 일" 이야기를 꺼낸 자코포 경은 몬테세코의 눈치를 살피며 저울질해 보는 것 같았고, 말과 달리 더 듣고 싶은 게 분명해 보였다. 도시의 최고직인 집법관을 지낸 바 있는 (1469) 자코포에게는 적자가 하나도 없었다. 그러나 1470년대까지 그 항렬에서 유일하게 살아남아 있던 그는 두 형의 후손인 아홉 명의 조카와 네 명의 조카딸, 그리고 조카손자와 손녀 열세 명에게 어른 대접을 받는 가문의 수장이었다. 음모의 중심에 서 있던 그의 조카 프란체스코는 앞서 이야기한 것처럼 비앙카 데 메디치의 시동생으로 로렌초와는 사돈 간이었다.

1460년대 중엽 자코포 경은 은행 일로 프랑스에서 주로 지냈지만 로렌초의 아버지 피에로의 지지자였다. 오랫동안 은행가이자 조세 사업자, 그리고 고급 견직물 생산회사의 경영자로 일해 온 그는 사업차 멀리 잉글랜드까지 여행한 적이 적어도 한 차례 있었다. 앞서 이자놀이 하는 식의 사업가가 결코 아니었던 것이다. 불과 마흔여덟의 나이에 영광스러운 집법관 직을 수행한 후 한두 해 동안 그는 "통치 집단 내에서 가장 영향력이 강한 인물의 하나"였다. 그리고 루카 피티와 마찬가지로 피렌체에 대한 봉사의 대가로 참사회에서 기사 작위를 받았다. 이는 프랑스 군주 앙주의 르네에게 기사 작위를 받은 데 대한 후속조치였다.

따라서 1470년대에 자코포 데 파치는 가문의 원로일 뿐 아니라 자연스럽게 대표자로 여겨지고 있었다. 밀라노 대사는 1471년의 한 보고에서 그가 "[피렌체] 사람들의 호감을 많이 모으고 있다"고 했다.[208]

그러나 음모사건 후 역사에 남은 자코포의 모습은 추악하고 괴기한 것이다. 뛰어난 재능을 가진 로렌초의 피후원자 폴리치아노가 신랄한 라틴어 문장으로 그의 프로필을 뒤틀어 그려낸 덕분이다. 그 프로필에 나타나는 자코포는 구두쇠인 동시에 미치광이 같은 낭비벽을 가진 사람이며, 거만하고 무례한 고집쟁이에다가 가난한 근로자의 창백하고 허약한 착취자, 그리고 불경스러운 도박꾼으로 악명 높은 인물이다. 거기에는 고개를 뒤로 젖히고 어설픈 동작을 곁들여 말하는 모습과 근로자들에게 일당을 썩은 돈 지고기로 지불하는 모습이 묘사되어 있다. 기록에서 끌어낼 수 있는 자코포의 모습은 이보다는 낫다.

이와 달리 마키아벨리는 가난한 사람들에 대한 자코포의 너그러움을 강조한다. 공평한 입장의 구이치아르디니가 묘사한 프로필에도 도박꾼의 모습이 들어 있기는 하지만 폴리치아니의 표현보다는 익살맞은 시각이다. 구이치아르디니는 자코포가 처음에 음모 가담을 꺼린 일을 은행가와 도박꾼의 입장에 빗대어 본다. 자코포 경이 "얼마나 많은 재산과 중요한 지위를 판돈으로 올려놓아야 하는지" 고려해서 음모에 끼지 않으려 했다는 것이다.[209]

프란체스코 데 파치와 지롤라모 백작, 살비아티 대주교가 기사 자코포 경을 음모의 정치적 절정부에서 핵심 역할을 맡을 인물로 점찍은 것은 그의 명성과 위엄과 경험을 필요로 했기 때문이다. 그리고 군사 전문가인 몬테세코가 교황의 전갈을 가지고 그를 설득하도록 피렌체로 파견된 것이었다. 진술에서 몬테세코는 자코포가 이야기를 듣도록 설득해낸 것처럼 말한다. 그러나 정황상 자코포 경이 겉으로는 관심이 없는 시늉을 했지만, 속으로는 진행상황을 듣고 싶어 애가 탔을 것으로 생각된다.

몬테세코의 말: 나는 [교황] 성하님의 격려 말씀을 가져왔습니다. 떠나기 직전에 그분을 뵈었습니다. 백작님과 대주교님이 있는 자리에서 성하님께서 말씀하시기를 내가 귀하를 피렌체 일에 참여하도록 설득해야 한다고 하셨습니다. 몬토네에서 마침 큰 작전이 있어서[인근의 몬토네에서 교황에 대한 반란을 진압한 일을 말한다] 많은 무장병력이 피렌체 가까운 곳에 준비된 상황인데, 이런 좋은 기회가 또 언제 있을지 모르기 때문입니다. 그리고 더 늦추는 것이 위험하기 때문에 귀하가 행동을 취하기를 바라시는 것입니다.

피렌체의 행정관과 함께 몬테세코의 진술을 참관하고 부서한 이들은 특이하게도 여섯 명의 성직자였다. 식스투스 교황과 관련된 진술의 내용을 보면 성직자들을 동원한 것이 우연일 수 없다. 몬테세코가 서면으로 작성된 진술을 참관자들에게 낭독할 때, 성직자들이 많이 보임으로 해서 그에게 심리적 영향을 끼치려 한 것이다.

압력 아래 이루어진 진술이었기 때문에 이야기가 이 주제에서 저 주제로 마구 오락가락하기도 한다. 자코포 경에게 시일을 늦추는 것에 대한 경고를 전한 다음 갑자기 교황의 역할로 이야기가 넘어간다.

그가 자코포에게 한 말은 이러했다: 성하께서는 피렌체 정부의 변화를 확고히 바라시지만 누구도 죽는 것을 원치 않으십니다. 그런 일은 로렌초와 줄리아노, 그리고 상황에 따라서는 그 밖의 사람들까지도 죽이지 않고는 정말로 이루어질 수 없는 것이라고 내가 백작님과 대주교님이 있는 앞에서 말씀드리자 성하께서 이렇게 말씀하셨습니다. 나는 어떤 이유로도 어떤 사람의 죽음도 원하지 않는다. 어느 누구의 죽음에 동의하는 것은 내 직책에 맞지 않는 일이며, 로렌초가 악당이고 우리에게 나쁜 행동을 하기는 하지만, 어떤 이유가 있더라도 나는 그의 죽음을 바라지 않는다. 그러나 정부의 변화, 그것은 좋다. 그러자 백작님이 말했습니다. 저희는 그런 일이 일어나지 않도록 저희가 할 수 있는 최선을 다하겠습니다만, 부득이하게 그런 일이 일어날 경우 성하께서 그 일을 행한 자들을 용서해 주시기 바랍니다. 성하께서 곧바로 백작님을 꾸짖으셨습니다. 짐승 같은 놈! 나는 너희에게 누구의 죽음도 원하지 않는다고 일렀다. 그러나 정부의 변화는 바란다. 조반 바티스타, 네게 이르노니 나는 피렌체의 정치적 변화를 간절하게 바란다. 그 정부가 로렌초의 손아귀에서 벗어나기를 바라는 것은 그 자가 사악한 인간이며 우리에게 경의를 품고 있지 않기 때문이다. 그가 피렌체에서 축출된다면 우리는 그 나라에서 우리가 바라는 대로 할 수 있을 것이니, 그것은 우리의 계획들과도 잘 맞아떨어지는 것이다. [이에] …… 백작님과 대주교님이 …… 말했습니다. 성하께서 말씀하신 것이 진실입니다. 피렌체를 성하의 권력 안에 거두신 뒤에는 그 나라가 …… [로렌초 아닌 다른 사람의] 손에 들어 있는 한 성하의 뜻대로 하실 수 있을 것입니다. 그러면 성하께서는 이탈리아의 절반을 통치하게 되시고, 모두들 성하의 편이 되고 싶어 할 것입니다. 그러하오니 이 일을 이루기 위해 필요한 모든 일이 행해지는 것을 기쁜 마음으로 받아들여 주십시오. 성하께서 다시 말씀하셨습니다. 내가 무엇을 원하지 않는지 너희에게 일렀노라. 가서 최선이라고 생각되는 방책대로 일을 추진하되, 사람을 죽이는 일만은 없도록 하여라. …… [성하께서] 우리 목적을 성취하는 데 필요한 편의와 병력 동원 등 모든 조치를 베풀겠다는 말씀으로 이야기를 맺으셨습니다. 대주교님이 이렇게 응답했습니다. 저희가 이 배를 모는 것을 기뻐해 주십시오, 잘 몰도록 하겠습니다. 성하께서 마지막으로 말씀하셨습니다. 나는 기뻐하고 있도다. 이에 [무릎을 꿇고 있던] 우리 모두 그분의 발치에서 일어나 백작님의 방으로 물러갔습니다.

복잡다단한 인물 식스투스 4세의 단면이 짧은 스케치일망정 나타난 것이라 할 수 있을까?[210]

신학자이자 저술가이며, 성서학 교수와 프란체스코수도회 총장을 지내면서 청빈을 서약한 인물인 프란체스코 델라 로베레는 세속에 초연하다는 평판을 가진 사람이었다. 〈그리스도의 피에 관해〉와 〈하느님의 권능에 관해〉라는 학술논문까지 쓴 그가 교황으로 선출될 때 추기경단이 쏠린 이유는 경건성에 관한 평판 때문이었다. 몇몇 추기경들에게 푸짐한 선물을 안기고, 그의 조카 하나가 지도적 위치의 추기경들에게 어떤 약속을 하기는 했지만 그 평판에 큰 손상을 입히지는 않았다.

그러나 그가 그리스도의 대행자가 되는 순간 우리 눈에 나타난 것은 극히 현세적인 한 인간이었다. 가족과 친척들을 위한 이권 챙기기, 형제들과 조카들에 대한 총애, 중매질 등에 발 벗고 나서는가 하면 (르네상스 시대 교황으로서는 당연한 일이라고도 하겠지만) 정치권력에 깊이 물든 모습이 갑자기 나타난다. 그의 정치 공작은 움브리아와 로마냐 범위에 그치지 않고 교황령의 전 경계선을 따라 추진되었다.

1477년경 멜로초 다 포를리가 프레스코화로 그렸고 지금은 캔버스에 옮겨져 있는 유명한 그림을 보면 오른쪽 끝의 거룩한 노인이 총애하는 조카들에게 둘러싸여 있다. 교황 바로 정면에 교황청 서기장의 복장을 한 사람이 피에트로 리아리오 추기경이다. 그는 리아리오 집안으로 시집간 교황의 누이 비앙카의 아들이다. 그 앞 코린트식 기둥 옆에 서 있는 이는 줄리아노 델라 로베레 추기경으로 교황의 형 라파엘레의 아들이다. 줄리아노 추기경을 등지고 선 채 관직 체인을 걸친 미남자가 비앙카의 또 다른 아들 지롤라모 리아리오 백작이다. 백작 옆, 그림의 왼쪽 끝에 역시 관직 체인을 걸치고 서 있는 사람은 줄리아노 추기경의 동생이자 로마 시 장관인 조바니다. 교황령 세니갈리아와 몬다비오의 영주이기도 한 조바니는 숙부인 교황의 중매로 우르비노 공작의 딸과 결혼한 사람이다.

식스투스 교황이 바티칸 도서관 건축에 깊은 열정으로 임했다고 하지만, 아무도 인문학자 플라티나에게 눈길을 주지 않고 있다. 백작과 추기경의 모습 아래 플라티나가 교황을 향해 무릎 꿇고 있는 것은 그 자리에 새 교황청 도서관 사서로서가 아니라 하인의 자격으로 있기 때문이다. 이 그림은 "가족 챙기기의 뻔뻔스러운 과시이며 자축을 위해 회화와 인문학의 '불멸성'을 구입한 사례"로 설명되어 왔다.

지롤라모 백작, 살비아티 대주교와 함께 음모를 꾸미면서 식스투스가 유혈을 원하지 않는다고 거듭 천명한 것은 당연한 일이었다. 포고된 성전聖戰이 아닌 한 그의 신분과 서약은 어떤 의도적

멜로초 다 포를리, 〈식스투스 4세의 플라티나 임명〉(1477, 바티칸, 피나인테카).

살인 계획에도 나설 수 없게 되어 있었고, 또한 나름대로의 양심을 가지고 살아가야 했다. 그러나 1477년 가을까지 그는 이탈리아 한 국가의 군주 노릇을 6년 동안 해오면서 머리끝부터 발끝까지 세속정치에 물들어 있었다.

그렇다면 피렌체에 외부로부터 쿠데타를 일으키려는, 그것도 교황 휘하의 군대에게 결정적 역할을 맡겨서 공작하려는 결단과 유혈이 없기를 바라는 희망이 어떻게 맞아떨어질 수 있을 것인가? 교수 출신의 이 교황은 성문과 정부 청사의 보안과 경비에 관해 아무것도 몰랐단 말인가? 무장 호위병이나 용병의 속성, 강철제 무기의 날카로움에 대해 아무것도 몰랐단 말인가? 같은 시대 사람들이—지배층이건 군주들이건 자기 조카들이건—어떤 식으로 높은 자리에 탐욕스럽게 매달리는지도 전혀 몰랐단 말인가?

파도바, 파비아, 볼로냐, 시에나, 피렌체, 페루자 등은 모두 그가 아는 곳이었다. 그가 공부하고, 가르치고, 설교를 행한 도시들이다. 따라서 이 토론의 명수는 기도시간이면 피렌체에서 무혈의 기적이 일어나기를 빌었다. 국가 규모의 평화로운 귀순이 이루어지기 위해 필요한 기적이었다.

그러나 사건이 터진 1478년 피비린내 나는 4월 이후 피렌체와의 선전 전쟁에서, 그리고 로렌초와 그 패거리를 전복시키기 위해 군대, 성무정지, 파문, 절박한 외교전술 등 온갖 수단을 동원해 투쟁하는 과정에서 나타나는 면모는 격렬하고도 강인한 인간성이었다. 로렌초는 그의 사면을 얻고 파문을 해제받기 위해 로마에 가는 것을 끝까지 거부했다. 식스투스가 무슨 멋진 말을 하고 그럴싸한 약속을 하더라도, 자기가 로마에 갔다가는 그 영원의 도시로부터 살아 돌아오지 못할 것이라 염려했기 때문이다.

몬테세코를 접견한 자리에서 교황이 로렌초의 정부가 전복되기를 바라기는 하지만 그 형제의 죽음을 (사실상 살해를) 원하지 않는다고 세 차례나 거듭 공언하던 장면 뒤로 몬테세코의 진술을 따라가 보자.

바티칸궁의 백작 방으로 물러간 세 사람은 이야기를 계속했다. 우리는 그 일을 세밀히 검토한 결과 위대한 로렌초와 그 동생의 …… 죽음 없이는 그 일의 성취가 현실적으로 불가능하다는 결론을 내렸다. 이것이 내키지 않는 점이라고 내가 말하자, 그들은 위대한 일을 이루기 위해서는 부득이한 상황도 있는 것이라고 대답했다. …… 최종적으로 결정된 사안은 내가 이리로 [피렌체로] 와서 프란체스코[데 파치]와 자코포 경을 만나 그들로부터 [우리의 계획을 성공시키기 위한] 구체적인 방법을 알아낸다는 것이었다.

몬테세코는 두 사람을 만나기 위해 두 차례 피렌체로 여행했다. 어느 날 밤에는 세 사람이 오랫동안 이야기를 나누기도 했지만 뚜렷한 방안은 떠오르지 않았다. 군대가 필요하다는 사실은 모두 알고 있었지만 습격 날 이전에 나타나서는 안 되었다. 살비아티 대주교도 피렌체에 와 있어야 했다. 자코포 경은 정부 청사와 길거리에서 자기 역할을 수행할 것이었다.

그러나 그 밖의 것들은 모두 유동적이거나 불확실했다. 로렌초와 줄리아노가 함께 있을 때 습격해야 할지의 여부조차 확실하지 않았다. 예를 들어 자코포 경은 둘을 동시에 살해한다는 게 불안했고, 더욱이 도시 안에서 둘 다 죽이게 되지 않기를 바랐다.

몬테스코의 진술로 돌아가 본다. 그는 [자코포 경] 실행이 어려울 것이라고 느꼈다. 반면 프란체스코는 …… [두 형제가 함께 있을 때] 그렇게 해야 한다고 주장했다. 그는 언제나 그 일을 결행할 담력이 있다고 자신했으며, 두 형제가 교회든, 카드판이든, 결혼식장이든 한곳에 있기만 하면 자기를 도와줄 사람이 곁에 많지 않아도 될 것이라고 생각했다.

여기서 떠오르는 과감하고 저돌적인 프란체스코의 모습이 몬테세코의 진술에 신빙성을 더해준다. 운명의 일요일 습격에서 프란체스코는 줄리아노를 가장 맹렬하게 공격한 인물이었다. 앞에서 본 것처럼 그가 부상을 입은 것도 미친 듯이 칼을 휘두르다가 자기 칼에 다친 것이기 쉽다.

그를 알고 있던 폴리치아노는 그에 대해 키가 작고 몸이 날씬하며 창백한 피부에 금발머리였다고 묘사했다. 구이치아르디니는 그를 "대담하고 성급하며 야심만만한" 인물이라고 했는데, 세 형용사 모두 몬테세코의 진술이나 운명의 날 그의 행동에 부합하는 것이다. 프란체스코는 참으로 활동적인 인간이며 사업가였다. 책상머리에 얌전하게 앉아 있는 그런 부류의 은행가가 아니었다.[211]

1477년이 가기 훨씬 전부터 로렌초는 편지와 이야기를 통해 음모의 소문을 듣고 있었다. 그 시절에는 조금도 놀라운 일이 아니었다. 그뿐 아니라 경계태세를 늦추는 법이 없는 팔인회가 모든 곳에 눈과 귀를 가지고 있었다. 비록 겉으로 드러나지 않는다 하더라도 메디치가 뿌려놓은 원한과 공포가 적지 않음을 알고 있었기 때문에 위험에 대한 경각심은 늘 팽팽하게 유지되었다.

떠도는 소문 가운데 설령 로렌초가 심각하게 여긴 것이 있었다

하더라도, 그런 경각심이 행동으로 표출되지는 않았다. 그와 줄리아노가 공적인 자리, 특히 외부 사람들이 있는 자리에 함께 나타나는 일이 갈수록 줄어들기는 했지만, 그 밖에 습관과 행동이 달라진 것은 전혀 없었다.

1478년 2월이 되자 음모의 규모가 크게 자라나, 음모자들 스스로 소문이 새어나갈 것을 걱정하기 시작했다. 특히 몬테세코는 로마와 피렌체와 이몰라 사이를 오락가락하면서 갈수록 커지는 불안감을 느꼈다. 이몰라에는 피렌체로 달려갈 태세를 갖춘 100명의 부대가 그의 지휘 아래 편성되어 있었다. 그러나 다른 용병 부대들의 예상할 수 없는 움직임이 특히 토스카냐의 남쪽 경계를 따라 활발했기 때문에 주모자들은 운명의 순간을 계속 늦출 수밖에 없었다.

3월에 몬테세코는 로마에서 지롤라모 백작 및 프란체스코와 또 한 차례 모임을 가졌는데, 그 자리에는 두 명의 용병대장이 함께 참석했다. 그들은 조반 프란체스코 다 톨렌티노와 로렌초 주스티니 경이었다.

주스티니는 로렌초 데 메디치에게 깊은 원한을 품은 사람이었다. 로렌초가 피렌체의 힘을 모아 지원해 온 반 교황 반란자이자 용병대장 니콜로 비텔리와 주스티니가 아레초 10마일 동쪽에 있는 요새도시 치타 디 카스텔로의 영주 자리를 놓고 격렬하게 다투고 있었기 때문이다. 주스티니는 교황청의 녹봉을 타면서 식스투스 교황으로부터 전폭적인 지지를 받고 있었다.

3월까지도 지롤라모 백작과 프란체스코 데 파치는 로마와 피렌체 양쪽에서 작전이 진행될 것으로 내다보고 있었다. 내가 |피

렌체 정부를 전복할] 방법을 [다시] 묻자 백작이 말해주었다. 로렌초는 부활절에 로마로 오게 되어 있소. 그가 [피렌체를] 떠났다는 소식을 듣자마자 프란체스코가 역할을 수행하러 떠날 것이고, 남아 있는 자[피렌체의 줄리아노]에게 할 일을 할 것이요. 우리는 이곳에 오는 자에게 할 일을 생각하고, 그가 우리를 떠나기 전에 모든 일이 잘 마무리되도록 처리할 것이요. 내가 물었다. 그를 죽일 것입니까? 백작이 대답했다. 아니, 절대 그러지 않을 것이요. 나는 그가 이곳에서 어떤 불편도 겪기를 바라지 않지만, 그가 떠나기 전까지는 일들이 잘 처리되어 있을 것이요. 내가 백작에게 다시 물었다. [식스투스 교황] 성하께서 이것을 알고 계십니까? 백작이 대답했다. 물론 알고 계시지요. 내가 말했다. 저런, 엄청난 일을 승인해 주셨군요. 백작이 내게 말했다. 일이 잘못되지만 않는다면 그분은 우리가 원하는 일을 무엇이든지 하게 하실 수 있다는 것을 모르시오? 그리하여 우리는 로렌초가 오느냐 오지 않느냐에 달린 이 문제에 꽤 여러 날 동안 매여 있었다. 그러다가 그가 오지 않을 것이 알려지자 우리는 늦어도 5월이 닥치기 전까지는 행동을 꼭 취해야겠다고 결정했다. …… 여러 번 말한 것처럼 이 일에 관한 이야기는 그치는 때가 없었다. …… 그리고 [우리 모두 동의한 점은] 이 일이 벌써 여러 사람들에게 알려져 있기 때문에 이런 식으로 자꾸 끌고 가다가는 탄로가 나고 말 것이라는 사실이었다.

교황을 원하는 대로 움직일 수 있다는 백작의 주장은 놀랍지만, 식스투스가 생애의 대부분을 학자나 세속을 떠난 수사로 지내 온 사실을 기억할 필요가 있다. 권력을 손에 쥐고 정치적 물질

세계에 빠져들자 네포티즘nepotism(족벌정치) 경향의 본색을 드러내며 측근들의 아첨과 조종에서 헤어나지 못하게 된 것이다.

음모자들은 탄로의 위험에 떠밀려 마침내 행동에 나서게 되었다. 결정된 것은 프란체스코가 이곳으로 [피렌체로] 오고, 조반 프란체스코 다 톨렌티노와 나는 이몰라로 물러나 있고, 로렌초 [주스티니] 다 카스텔로 경은 …… [이 부분이 삭제되어 있는 것은 우르비노 공작이 거명되기 때문이 아닐까 짐작된다] …… 준비를 마친 다음 치타 디 카스텔로로 향하는 것이었다. 그리고 우리는 대기상태에서 자코포 경이나 대주교 또는 프란체스코의 명령을 기다린다는 것이었다. …… 이 명령은 로마에 있는 백작 각하로부터 떨어진 것이었다. 마침내 리옹 주교도 [음모에] 들어와서 앞서 말한 사람들의 어떤 요청에도 응할 태세를 갖추고 있으라는 명령을 되풀이했다. ……우리는 토요일 밤 둘째 시각[10:00]까지 아무 소식도 더 듣지 못했다. 그러다가 일요일에 그들이 다시 계획을 바꿨다. 우리는 언제나 주군[식스투스 교황]과 백작님의 명예를 받들라는 말을 듣고 있었지만, 이것이 실제로 일이 처리된 방식이었다. 그리하여 1478년 4월 26일 일요일 아침, 산타 리페라타[피렌체 대성당]에서 온 세상에 알려지게 되는 일을 행한 것이었다.

진술의 분석

몬테세코의 진술에 등장하는 악당은 식스투스 교황과 그 조카 지롤라모 백작, 프란체스코 데 파치, 살비아티 대주교, 그리고 피렌체 파치 가문의 수장으로 기사이자 상인이며 은행가인 자코포 경이다. 군인이 진술한 내용을 따져보면 로렌초의 적들에 대한 매우 중대한 고발이 담겨 있다. 그래서 3개월 후 (8월) 교황청과의 전쟁이 진행되는 와중에 피렌체 정치 지도자들은 진술서를 인쇄해서 온 세상에 돌렸다. 피렌체와 피스토이아, 피에솔레에 성무 금지 명령을 내린 식스투스의 명예를 실추시키려는 목적이었다. 세 도시의 성직자들은 사제의 직무를 중단하라는 명령을 받았고, 4월에서 5월 사이에 로렌초와 피렌체 정부의 대표자들이 파문을 당한 일은 어느 곳에서나 화제가 되어 있었다.

그러나 몬테세코의 진술에는 그림자로 덮여 있는 부분이 많았다. 주모자들을 중심으로 한 내용이 공표되었을 뿐, 나폴리 왕과 우르비노 공작에 관한 사항은 가려져 있었다. 주모자들의 동기도 아예 묵살되거나 너무 막연한 것이었다. 비밀의 그물에 걸려 있던 송사리들에 대해서는 아무 언급도 없이 지나갔다. 그리고 진술자인 군인 자신도 분노를 품고 있었으므로 이 음모가 새대가리에서 나왔다는 생각을 계속 풍겼다. 그렇다면 그는 새의 부하 노릇을 한 셈이다.

그의 증언에 전혀 나타나지 않는 열쇠 하나는 (우리는 지금 시점에서 돌아보기 때문에 알 수 있다) 교황의 가족 챙기기 욕심이 얼마나 대단했는가 하는 것이다. 대관식 후 3개월도 지나지 않아 교황의 금고에서 녹봉을 타 먹는 조카들이 있었다. 그해가 가기 전에 식스투스는 제노바 지역에 거주하던 누이들이 거룩한 도시에서 살도록 로마의 저택들을 구입했다. 무엇보다 희한한 점은 그가 재위기간 중—추기경단의 승인 여부와 관계없이—임명한 서른 네 명의 추기경 가운데 무려 여섯 명이 자기 조카였다는 사실이다. 그중 셋은 1477년 한꺼번에 임명되었고, 둘은 1471년 12월에 임명받았다.

한마디로 식스투스는 토지, 관직, 신분, 교회수입, (신분상승용) 결혼 등을 통해 자기 친척들을 다른 인간들보다 우월한 위치로 끌어올릴 수만 있다면 어떤 욕을 먹든, 어떤 오명을 뒤집어쓰든 개의치 않는 위인이었다. 이런 욕심을 가진 교황에게 로렌초와 피렌체는 귀찮은 장애물이었다. 특히 교황령 안에서 지롤라모 백작을 위해 꾸미는 계획에 걸림돌이 되었다.

멜로초 다 포를리의 '포근한' 가족초상화에는 식스투스의 욕심이 거의 여과 없이 그려져 있다. 독립된 소국가들로 변해 있던 교황령 내의 도시와 요새들에 대한 통치권을 회복한다는 정책조차 가족을 챙기려는 욕심에 바탕을 둔 것이었는지 모른다.

공표된 진술서에는 나타나지 않지만, 나폴리의 페란테 왕과 우르비노 공작은 음모 초기부터 흐릿하지만 중요한 존재로 음모의 구도 속에 자리 잡고 있었다. 책략가 페란테 왕은 피렌체가 베네치아 및 밀라노와 맺고 있던 동맹조약을 자신이 식스투스 교황과 맺은 동맹에 대항하는 것으로 보고 못마땅하게 여기고 있었다. 그는 시에나와 남부 토스카냐에 눈독을 들이며 자기 세력을 넓힐 틈을 찾고 있었는데, 북부 국가들 간의 동맹은 이에 대한 경고로 보였다.

우르비노의 페데리고로 말하자면 페란테의 호주머니와 교황의 호주머니에 한 발씩 걸치고 있는 입장이었다. 그는 양쪽 모두의 용병 노릇을 했다. 더구나 식스투스에게는 1474년 8월에 페데리고의 조그만 나라를 공국公國으로 승격시켜 준 은혜를 입었으므로 더 특별한 충성심을 품고 있었다. 교황의 손과 발에 키스하는 절차가 포함된 작위 수여식에서 새 공작은 충성을 서약했다. 그뿐 아니라 이 동맹을 더욱 강화하는 결혼관계도 있었다. 페데리고 공작의 딸 조바나가 식스투스 교황의 형 라파엘레 델라 로베레의 아들 조바니와 결혼한 것이다. 결국 혈연과 결혼과 정치가 효과적으로 결합한 관계였다.[212]

몬테세코의 진술에는 드러나지 않으면서도 그림자처럼 어른거리는 것이 메디치가에 대한 반감의 힘이었다. 살비아티 대주교와 프란체스코 데 파치는 음모가 전개되면 이 힘을 이용할 생각이었다. 그 힘의 크기를 얼마나 정확하게 계산했는지는 접어두고, 이것은 그들을 행동으로 몰고 간 하나의 요인이었다. 그들의 음모 계획뿐 아니라 자코포 경이 가담을 결심하는 데도 핵심적 역할을 했다.

피렌체로 군대를 몰고 들어갈 준비를 했던 조반 프란체스코 다 톨렌티노와 로렌초 주스티니는 식스투스 교황과 지롤라모 백작에게 봉급을 받는 용병들이었다. 그들은 돈벌이를 하고 있었을 따름이다. 르네상스 시대 이탈리아에서는 정치적 이념과 병정 노릇이 서로 뒤섞이는 일이 없었다. 직업군인이 '자유'나 공화주의를 소중히 여긴다고 해서 공화국으로 진군하는 일을 꺼리는 법도 없었고, 군주제를 신봉한다고 해서 군주 치하의 도시에 대한 공격을 삼가는 법도 없었다.

애국자들이 (마키아벨리를 포함해서) 용병의 믿을 수 없는 점과 비용이 많이 드는 점을 더러 비판하는 일도 있었지만, 대세의 흐름에 관계없는 미약한 목소리일 뿐이었다. 피렌체를 비롯한 13세기의 이탈리아 도시들이 시민군 성립에 필수적인 사회적 기반을 조성한 때도 있었지만, 14세기의 정치 환경은 그 자원을 소멸시켰다. 15세기에 들어—파치 음모의 여파 속에서 그랬던 것처럼—빈민으로 구성된 지역 민병대가 위기상황에 동원되는 경우도 이따금 있었지만, 군주건 공화국 지도자건 지역 시민들로 이루어진 상비군에게 신뢰를 두는 사람은 아무도 없었다.[213]

전쟁은 전문가의 직업이 되었고, 그 전문가 중에는 교황령과 밀라노 공국의 수많은 봉건 영주들이 끼어 있었다. 인문학자들이 군주와 공화국 통치자를 가리지 않고 글재주를 팔아먹은 것과 마찬가지로, 톨렌티노와 주스티니는 자기들의 능력과 노력을 가장 높은 값을 부르거나 장기적 유대관계를 맺은 군주들에게 팔았다.

이런 각도에서 본다면 전문가 몬테세코가 강력하게 풍기는 4월의 음모에 대한 회의적 시각은 곧이곧대로 받아들일 것이 아니다. 사실 그 자신이 이몰라와 로마와 피렌체 사이를 부지런히 오가며 음모의 실행을 도왔다. 그리고 목숨이 걸려 있다는 사실을 충분히 알면서 "운명의 장소"에까지 임무를 수행해 갔다. 자기 손으로 로렌초를 죽이는 일을 거부했다는 주장으로 인해 음모에서 그가 차지하고 있던 핵심적 위치가 바뀌지는 않는다.

피에로 파렌티는 (로렌초의 주장을 인용하면서) 비극의 날 아침 대성당으로 함께 가는 길에 몬테세코가 처음에 로렌초의 팔짱을 끼고 걸으며 친근한 태도를 보였는데, 혹시 음모에 대한 경고를 해줄 생각이었을지도 모른다고 했다. 윗사람인지 아랫사람인지 누군가가 몬테세코를 비키게 하고 더 중요한 인물인 산소니 리아리오 추기경의 형을 그 자리에서 걷게 했다. 당시의 상황을 로렌초가 나중에 그런 식으로 재구성해 보았으리라는 것이다.[214] 만약 몬테세코가 정말로 그 시점에서 음모와 자기 윗사람들을 밝힐 생각을 염두에 두고 있었다면 용병들이 이따금 보이는 배신행위의 절묘한 사례였을 것이다.

얼핏 생각할 때 살비아티 대주교가 집안사람 둘을 음모에 가담하도록 설득했다는 사실이 놀라운 일로 보인다. 하나뿐인 형제 자코포와 사촌인 바르톨로메오인데, 바르톨로메오는 자코포라 불리기도 해서 혼동을 일으킨다. 놀랍다는 것은 그 사람들이 음모가 목숨을 건 일이라는 사실을 알고 있었을 것이기 때문이다. 4월 26일 아침 그들이 대주교의 행렬에 합류할 때는 틀림없이 옷 속에 무기를 감추고 있었을 것이고, 적어도 그때는 위험을 완전히 알고 있었을 것이다.

음모에 관한 폴리치아노의 책에는 대주교의 형을 타락한 건달로 소개하고, 사촌은 유능한 사업가로 창녀나 하층민들과 자주 어울리는 인물이라고 했다. 사실이 그랬을지도 모르지만, 두 사람이 직면했던 생명의 위험에 비추어 본다면 그들은 작전의 성공을 확신했을 것이다. 그렇다면 대주교가 그들에게 어떤 이야기를 했던 것일까? 틀림없이 (1) 식스투스 교황이 확고하게 음모 배후에 자리 잡고 있으며, (2) 페란테 왕과 우르비노 공작 역시 음모에 참여했으며, (3) 음모자들이 성공을 위해 충분한 병력을 확보하고 있다는 이야기였을 것이다.

망설이던 자코포 데 파치 경이 참여를 결정하는 데도 바로 그 이유들이 (기본적인 이유들이었다) 작용했음이 틀림없다. 아마 자코포 경과 마찬가지로 대주교의 형과 사촌도 로렌초에 대한 증오심과 메디치가에 대한 시민들의 궐기가 가능하다는 믿음에 따라 움직였을 것이다. 그 도시에 침묵을 강요당한 정치적 반대자들이 있다는 느낌에 근거를 둔 믿음이었다.

마지막 두 가지 이유, 즉 적개심과 정치적 변화의 희망도 중요한 요인이었다. 음모에 참여한 다른 피렌체 사람들도 공유한 동기였기 때문이다.

음모에 뛰어든 단 한 사람의 문인인 자코포 브라치올리니는 정치적 변화에 대한 기대감으로 가담한 것으로 보인다. 그는 피렌체 현지 사정을 잘 아는 사람이었다. 그의 아버지 포지오는 당대 인문학자 중 가장 많은 업적을 내고 널리 알려진 인물로, 학문과 문장을 바탕으로 피렌체에 자리 잡았다. 피렌체의 오래된 거족인 부온델몬티 가문 출신 어머니에게서 태어난 자코포는 라틴어 고전을 읽으며 자라났다.[215]

포지오는 정치에도 입문해서 아들이 공직으로 나갈 길을 열어주었다. 그러나 1460년대 중엽 학식 높은 자코포는 반 메디치 개혁파에 참여해 (만약 악의적으로 모함한 것이 아니라면) 가장 적극적인 발언자의 한 사람이 되었다. 이 일로 인해 그는 20년간 도시에서 추방되고, 금화 2,000플로린이라는 어마어마한 벌금형을 선고받았다. 이 선고는 곧 10년간의 추방과 1,000플로린의 벌금으로 줄어들었다.

얼마 후 귀환을 허락받아 피렌체로 돌아온 그는 로렌초의 환심을 사는 데 공을 들였다. 1469년에는 화려한 옷을 차려입고 성대한 피렌체 마상시합에 참가하기도 했다. 1476년에는 자기 아버지가 라틴어로 쓴 《피렌체 역사》 이탈리아어판을 냈다. 이어 1477

년 내지 1478년 초에는 페트라르카의 서사시 〈승리〉 여섯 부 중 한 부인 "명성의 승리"에 대한 주석을 내놓았다. 그것은 "철인鐵人"과 도덕적 "용기", 그리고 "지적知的 영웅"에 관한 글이었다. 자코포는 이 짧은 글을 로렌초에게 헌정했다.

그러나 1477년 그는 여러 연줄 덕분에 새로 추기경이 된 교황의 조카 라파엘레 산소니 리아리오의 비서로 채용되었다. 피사 대주교 및 프란체스코 데 파치와 이미 알고 지내던 자코포 브라치올리니는 이 직책 덕분에 그 음모자들과 더 긴밀한 접촉을 가지게 되었다. 만약 그가 추기경의 측근이 되기 전 음모에 가담하지 않았더라도 곧 참가하게 되어 있었다.

폴리치아노가 그린 브라치올리니의 모습은 또 한 장의 뒤틀린 풍자화다. 폴리치아노는 빚에 쪼들리고 입이 더러운 속물 지식인이 자기 몸과 변변찮은 재주를 팔아서 음모자들로부터 자리와 돈과 은혜를 얻으려고 발버둥치는 모습을 보여준다. 정치의 세계는 보이지 않고, 자코포는 지성의 매춘부일 뿐이다. 사실 그는 진지한 저술가이자 고전학자로서, 비록 "시민 원수元首" 관념과 계명군주의 통치에 대한 희망에 끌리기도 했지만, 공화주의 입장이 분명한 사람이었다.

시간이 지남에 따라 생각을 거듭하면서 음모자들은 음모에 개입된 복잡한 문제들을 인식하게 되었고, 이에 따라 계획의 규모가 확장되었다. 메디치 형제의 살해로 행동이 시작되면, 다음의 (그들이 예상한) 두 단계는 거의 저절로 펼쳐질 것이었다. 시 청사를 장악하는 것과 '민중'을 피렌체 길거리로 끌어내는 것이었다. 그럼에도 직업군인과 무력이 사태의 초점 노릇을 할 것이었으므로 훈련된 사람들을 동원할 필요가 있었다.

피렌체 출신 음모자들 중 거물급으로 마지막에 꼽힐 베르나르도 반디니 바론첼리는 전혀 그런 인물이 아니었다. 폴리치아노는 그를 뻔뻔스럽고 사악한 파산자로 몰아붙였다. 그에 관해 알려진 사실은 많지 않지만 프란체스코 데 파치와 가까운 관계에 있던 사람이었음이 분명하고, 파치가의 고용인이었을지도 모른다. 밀라노 대사는 (얕잡아보는 뜻이었을 것 같지만) 그를 파치가의 "회계원"이라고 지칭했다.

그러나 발로리는 그를 "천성적으로 분별력이 있고 몸과 마음이 모두 민첩한 사람"이라고 평했다. 그는 나폴리와 로마의 고위층에 연줄을 가지고 있었고, 파치가의 은행 한 곳에 1천 플로린 가까운 돈을 투자해 놓고 있었다. 그의 아내 조바나는 결혼 때 "큰 돈"(완전한 가치의) 2,600플로린이라는 거금을 지참금으로 가져왔다. 후에 조바나는 루앙 추기경 기욤 데스투트빌의 도움을 받아 파치 음모로 인해 풍비박산이 된 재산에서 자기 지참금을 건져내려는 법정투쟁을 벌이게 된다.[216]

더 넓게 둘러보면 폴리치아노가 "파산자" 딱지를 붙인 이 사람의 가까운 친척 중에 피에란토니오 반디니 바론첼리라는 사람이 있었다. 그는 여러 해 동안 파치 은행의 브루제 지점을 운영한 적이 있었다. 모치, 바르디, 페루치 가문들과 같이 바론첼리가는 피렌체의 명망 높은 가문으로 은행업과 관계가 많았다. 또한 피렌체 정계의 탄탄한 자리를 차지하고 있으면서 살비아티 가문과 마찬가지로 도시의 동쪽(산타 크로체) 구역에서 오랫동안 살아왔다.

1433~1434년의 투쟁에서 바론첼리 가문의 한 집안이 반 메디

치파에 참여한 일로 해서 그 집안 사람들이 모두 도시에서 추방되었다. 그후 그 집안은 나폴리에서 왕의 호의를 얻으며 잘 지내게 되었고, 피렌체에 남은 바론첼리 가문 사람들과도 통하게 되었다. 베르나르도도 나폴리에서 지내는 동안 페란테 왕과 만난 적이 있었다. 사실 베르나르도가 줄리아노 데 메디치를 죽인 후 콘스탄티노플까지 도망할 수 있었던 것은 페란테가 직접 개입한 덕분이었다.

또 한 가지 흥미로운 일은 베르나르도의 사촌 마리아 바론첼리가 메디치 은행의 브루제 지점장을 지낸 토마소 포르티나리의 아내였다는 사실이다. 전체적으로 보아 베르나르도는 훌륭한 연줄을 가진 사람이었다.

음모 진행 막판에 두 명의 성직자가 가담했다. 안토니오 마페이 다 볼테라는 교황 밑에서 일하는 신부였고, 세르 스테파노 다 바뇨네는 자코포 데 파치 경이 소유

레오나르도 다 빈치, 〈목 매달린 베르나르도 반디니 바론첼리〉(1479, 바욘, 보나미술관).

한 토지 가운데 있는 몬테무를로 마을의 교구 사제였다.

마페이가 음모에 가담한 것은 자기 고향 볼테라가 1472년 약탈당한 데 대한 원한 때문이었다고 한다. 피렌체에 반란을 일으켰던 볼테라 사람들은 그 무자비한 공격의 책임이 위대한 로렌초에게 있다고 여겼다. 세르 스테파노에 관해 폴리치아노는 그가 자코포 경의 비서이자 자코포 경의 사생녀 카테리나의 개인교수였다고 설명한다. 그는 또한 산 프로콜로 교구교회에도 성직록을 가지고 있었는데, 그 교회가 파치 저택들 구역의 바로 남쪽에 접한 위치에 있었으므로 자코포 경이 발언권을 가진 곳이었음이 틀림없다.

두 성직자를 끌어들인 이유는 몬테세코의 중요한 일거리 하나를 대신하기 위해서였다. 진술에서는 아무 언급이 없지만, 몬테세코가 로렌초를 자기 손으로 죽이겠다는 약속을 한 사실이 당시 사람들의 이야기로 확인된다. 그런데 시간이 지나면서 음모의 내용이 계속 바뀌다가 결국 산타 마리아 델 피오레의 대미사 때 습격을 행하기로 결정되자, 몬테세코는 살인과 신성모독을 동시에 행할 수 없다며 자신의 임무 중 그 부분을 취소했다.

몬테세코가 피렌체 지도자를 좋아하게 되었다고 하는 이야기도 있지만, 메디치 식 신화 조작의 전형적인 사례다. 그런 상황에서 두 사제가 나서서 자신들이 필요한 피를 뿌리겠다고 한 것이었다.

그래서 수수께끼가 남겨진다. 몬테세코 같은 프로페셔널이 어떻게 작전의 가장 핵심적인 부분을 아마추어 성직자 두 사람의 손에 맡길 수 있었을까 하는 점이다. 음모의 성패에 목숨이 달려 있었다는 점을 생각할 때 그가 그런 혼동이나 부주의를 저지른 것은 이해할 수 없는 일이다.

진술의 마지막 부분에서 몬테세코는 신비스러운 인물 한 사람의 모습을 얼핏 보여준다. 토마스 제임스라는 이름을 가진 리옹 주교인데, 이 인물은 음모의 주모자가 자코포 경을 비롯해 살비아티 대주교와 프란체스코 데 파치라는 사실을 확인해 준다. 식스투스 교황과 리아리오 집안의 은혜를 입은 인물이 분명하다.[217]

몬테세코의 진술에 전혀 나타나지 않기 때문에 흥미롭게 생각되는 인물도 하나 있다. 바로 사르노와 밀레토의 주교 안토니오 디 피에로 데 파치다. 그는 파치가와 식스투스 교황을 위해 적어도 한 차례 프랑스에 다녀온 일이 있는 사람이었다. 사르노는 나폴리에서 동쪽으로 약 18마일 거리에 있는 곳인데, 페란테 왕과 식스투스 교황이 피렌체에서 로렌초 데 메디치의 권위를 타도할 방안을 찾기 시작한 직후인 1475년 여름 그를 주교로 선임했다.

사르노 주교를 지내다가 밀레토 주교가 된 그는 자코포 경의 조카이자 프란체스코의 사촌이었고, 식스투스와 페란테 두 군주의 지지를 받는 인물이었다. 그가 음모에 참가했으리라는 것이 거의 틀림없는데도, 그가 음모의 전모를 사전에 알고 있었다는 고발을 받았을 때는 아무런 증거가 없었다. 팔인회는 그의 "주거를 밀레토 교구로 평생 제한"한다는 결정을 공포했지만, 피렌체에서 집행 능력을 가진 사항이 아니었다.

이제 열일곱 살의 학생인 라파엘레 산소니 리아리오의 역할을 살펴보자. 그의 피렌체 방문은 음모 실행의 축이 되었다. 그의 어머니 비올란테 리아리오는 식스투스 4세의 누이 비앙카의 딸이었다. 따라서 그는 교황의 조카손자였다.

그가 공부한 분야는 교황 할아버지처럼 고매한 신학이 아니었다. 그 집안에서는 필요한 게 무엇인지 알고 있었다. 훗날 열여섯 대주교좌를 장악하게 될 이 젊은 교회 군주는 피사대학에서 교회법을 공부하고 있었다. 교회와 그 교단들의 법적 권리와 책임을 이해함으로써 최고위 경영자가 되기 위한 것이었다. 그러나 피렌체 대성당에서의 그 날 아침 비명과 고함소리가 그 거대한 공간을 채우기 시작했을 때, 자신이 음모의 한가운데 서 있음을 순간적으로 깨달은 그에게 교회법은 아무 도움이 되지 못했다.

음모자들은 로렌초의 도시에 대한 그의 특별 방문이 형제를 살해하기 위한 받침대로 쓰이도록 교묘하게 조율했다. 추기경 신분인 그에게는 여행할 때 많은 수행원이 따르게 되어 있었으므로 음모자들은 무장한 인원을 그 일행에 넣어두었다. 그중 하나가 자코포 브라치올리니였다. 음모자들에게는 병력과 더불어 기습 효과도 필요했기 때문에 추기경의 거대한 수행원단을 이용하지 않을 수 없었던 것이다.

피렌체 첫 방문을 앞둔 젊고 경험 없는 추기경에게 그 도시에 들어가 메디치 사람들의 접대를 받고 로렌초와 협상을 벌이는 데는 최대한의 위엄을 갖출 필요가 있다고 설득하는 음모자들의 목소리가 귀에 들리는 듯하다. 많은 수의 수행원과 하인들을 거느리고 가야 한다는 것이었다. 식스투스 교황이 이 젊은이에게 교황 사절의 권한을 부여했다는 사실이 이런 추측을 더욱 뒷받침해 준다. 그는 최고급 외교 현안들을 다룰 권한을 가진 사절의 신분이었다.

피렌체로 군대를 몰고 오기로 한 용병대장 조반 프란체스코 다 톨렌티노와 로렌초 주스티니는 1477년 9월 말이나 10월 중에 처음 음모에 접한 것으로 보인다. 외부로부터의 공격이 그들의 역할이었다.

　그러나 도시 안의 주동자인 살비아티 대주교와 자코포 데 파치경에게도 병력이 필요했고, 비밀을 지키고 의심을 피하기 위해서는 그 병력의 대부분을 최대한 늦은 시점에서 채용해야 했다. 이 시점에서 대주교를 비롯한 음모자들을 돕기 위해 등장하는 것이 페루자로부터 추방된 20명가량의 완전군장을 갖춘 정치범들이었다. 그들은 모두 시청 광장의 찢어진 시체가 되고 만다.

　음모의 실패에 바로 뒤따른 보복이 너무나 신속하고 철저하게 이루어졌으며 상당수의 외국인들이 살해되었기 때문에, 학살당하거나 처형당한 사람의 숫자를 정확하게 파악하기란 불가능한 일이었다. 4월 26일에서 28일까지 첫 사흘 동안 80명 내지 100명이 희생되었다고 보면 크게 틀리지 않을 것이다.

　비록 실패로 돌아가기는 했지만, 이 음모가 현실적이고 가능성 있는 목표를 추구한 것이었다는 주장에도 충분히 타당성이 있다. 로렌초가 줄리아노와 함께 살해당했다면, 또는 살비아티 대주교와 자코포 경이 정부 청사 접수에 성공했다면, 그리고 교황 휘하의 후속부대들이 도시에 진입했다면 피렌체의 정치에 변화가 일어났을 것이 틀림없다.

　추방당하거나 권력에서 소외되어 있던 수백 명의 시민들이 이 변화를 열정적으로 지지했을 것이다. 평화가 회복되고, 공약이 내걸리고, 정치 계층이 확장되는 데 따라 지지자는 더욱 늘어났을 것이다. 그리고 코시모 계열의 메디치 집안이 사라지고 나면 피렌체에는 메디치파처럼 저항을 불러일으키고 도시를 영도할 만한 재산이나 명성, 카리스마를 지닌 가문이 더 이상 존재하지 않을 것이었다.

분노의 대결: 교황과 시민

Chapter 10 Raging : Pope and Citizen

신과 인간

음모가 실패로 돌아간 후 로렌초가 대면하게 된 가장 위험한 적은 분노에 휩싸인 교황 식스투스 4세였다. 탁발수사 출신이자 지식인인 교황은 맹렬한 싸움꾼이었다. 반면 젊은 줄리아노를 잃고 몬테세코 백작의 진술을 받아낸 메디치 주군의 측근들(아레초 주교와 바르톨로메오 스칼라 등) 역시 분노에 휩싸여 있었다. 그들의 분노가 로렌초를 적극적으로 보호하는 데 가장 적합한 감정이었는지는 의문의 여지가 있다.

나폴리 왕은 군대와 외교 동맹을 통해 피렌체와 로렌초를 압박할 수 있었고, 우르비노 공작은 피렌체로 진격하는 군대를 지휘할 수 있었다. 지상에서 그리스도의 대행자이며 기독교 세계의 수장인 식스투스는 많은 수입원에서 나오는 방대한 재원과 함께 전 유럽을 감싸는 거미줄 같은 외교관계를 가지고 있었다. 그는 기병과 보병 부대들을 불러들일 수 있을 뿐 아니라, 도덕적 권위라는 특별한 무기를 손에 쥐고 있었다.

교황의 그 특별한 무기는 말에 그치는 것이 아니라 직접적 행동도 가능했다. 칙서를 통해 파문을 선고하거나 도시나 국가를 상대로 성무정지를 명할 수도 있었고, 국외에서 활동하는 피렌체 사람들을 궁지에 몰아넣을 수도 있었다. 그렇기 때문에 로렌초에 대항한 음모자들이 교황의 적극적 지지를 등에 업고 그토록 음모의 성공을 확신할 수 있었던 것이다.

토론과 설교의 명수 식스투스는 교수, 신학자, 그리고 프란체스코수도회 총장으로서 화려한 경력을 가진 인물이었다. 수사修辭 측면이든 논리 측면이든 그는 토론의 모든 기술을 가지고 있었다. 그리고 (신학의 규정에 따라) 그리스도의 대행자 신분으로서 어떠한 인간의 중재와 판결에서도 초연한 위치에 있었다.

식스투스 교황이 그러한 재주들을 칙서에 발휘하며 여타 유리한 조건들까지 갖추고 로렌초와 격돌하는 장면에서 패배란 상상할 수 없는 일이었다. 비록 얼마간의 실권을 가지고 있다 하더라도 로렌초는 결국 피렌체라는 일개 도시의 군주도 못 되는 일개 시민일 뿐이었다.

게다가 단호한 이기주의자이며, 명목상 조카라는 자들 중 누군가의 생부였을지도 모를 식스투스는 자기 가족의 물질적 이익 앞에서는 그 무엇에도 흔들림이 없었다. 교황령 안에서의 자기 가족들의 야심에 완강한 장애물로 버티고 있던 로렌초를 적대하게 되는 또 하나의 동기가 여기에 있었다. 피렌체의 수장은 도시 동쪽으로 인접한 지역에서 교황권이 확장되는 것을 두려워했다. 그곳에 로렌초의 피보호자들이 있었다. 그런데 바로 그 지역에서 식스투스는 교황령에 대한 교황의 통치권을 정비한다는 구실 아래 가족 챙기기를 꾀하고 있었던 것이다.[218]

그러나 로렌초는 중요한 카드 한 장을 쥐고 있었다. 유럽의 다른 지역에서는 별로 통하지 않을 카드였지만, 이탈리아 국가들 사이에서 350년 동안 계승되어 온 활발한 동맹관계의 전통이 그 카드였다. 이웃한 나라들은 세속권력으로서 교황령을 여느 국가와 다를 바 없는 의심의 대상으로 보았기 때문에 로렌초와 피렌체는 교황의 군대와 칙서에 함께 맞설 동맹국의 도움을 기대할 수 있었다.

늙은 교황(74세)과 젊은 시민(29세)의 대결에는 인간적 요소가 가미되어 있었기 때문에 그 전개가 더욱 화려하고 흥미로웠다. 서로 모르는 사람들 간에 사무적으로 벌어진 일이 아니었다.

1471년 8월 식스투스가 교황에 취임하고 얼마 지나지 않은 그해 가을, 로렌초가 새 교황에게 경하를 올리는 화려한 피렌체 사절단을 거느리고 로마에 갔을 때 두 사람이 여러 차례 만난 일이 있었다. 그 만남을 통해 식스투스는 교황의 새 '출납처'가 된 메디치 은행에 교황청의 재정과 치비타 베키아 부근의 톨파 명반광산을 맡겼다. 교황의 출납처라면 자금의 수금과 지급을 대행하는 것이 주된 임무였다. 그뿐 아니라 식스투스는 로렌초가 전임 교황(바오로 2세)의 수장품 중 일부 골동품 카메오세공과 기념패를 싼 값으로 구입하도록 허락해 주었고, 아우구스투스와 아그리파의 오래된 대리석 흉상을 개인적 선물로 주기도 했다.[219]

몇 달 후인 1472년 2월에는 식스투스가 로렌초와 줄리아노 형제, 그리고 어머니 루크레치아 토르나부오니와 할머니 콘테시나에 대한 무조건 면죄부를 하사하기까지 했다. 그러나 로렌초가 바라던 것은 크고 현실적인 것이었다. 동생 줄리아노에게 추기경 모자를 씌웠으면 좋겠다는 뜻을 비친 적이 이전에도 있었는지 모르겠지만, 1472년에 와서는 그런 탄원을 드러내서 하기 시작했다. 식스투스는 아무 약속도 하지 않았지만 즐거운 태도로 이야기를 들어주었고, 딱 잘라 거절하지도 않았다. 로마의 막강한 오르시니 가문은 교황에 대한 가장 강력한 지지자 중 하나였는데, 로렌초의 아내가 오르시니 가문 출신이었다.

로렌초 못지않은 정치적 감각을 지닌 식스투스는 메디치 가문에서 추기경을 배출하려는 강렬한 욕망이 정치적 이유 때문이라는 사실을 간파하고 있었다. 피렌체 공화국에서 메디치 가문의 위상은 불안정한 면이 있었기 때문에 교회의 거물이 가지는 영향력과 권위를 절실하게 필요로 한 것이었다. 피렌체에서 긴박한 상황이 벌어지더라도 어떤 종류의 '더 높은' 권력이 (물론 군사력과 함께) 있어야만 헌법에 근거하지 않은 메디치가의 권위가 멋진 색깔로 보일 수 있었다. 이것은 무력만으로 될 일이 아니었다.

그러나 1475년까지 식스투스와 로렌초의 관계가 악화될 대로 악화되어 그런 호의를 얻을 가능성이 사라져버렸고, 추기경 자리에 대한 희망은 다음 교황에게나 바랄 수 있게 되었다. 그리고 이제 음모자들에 대한 피비린내 나는 보복이 일으키는 반향에 어떻게 대처하느냐 하는 것이 로렌초에게 당장 벅찬 과제로 떨어져 있었다. 전쟁, 파문, 성무정지 명령, 그리고 로마, 나폴리, 시에나, 우르비노 등의 도시에서 피렌체 상인과 은행가들이 괴롭힘을 당하거나 쫓겨나는 사태가 연이어 벌어졌다.

1478년 4월 26일 당시 교황의 군대가 이미 불법적으로 피렌체 영토에 들어와 있었기 때문에 피렌체와 교황 사이의 전쟁이 공식화되는 데는 불과 몇 주일의 시간밖에 필요하지 않았다. 공화국은 6월에 전쟁기구인 십인회를 개설하고 로렌초를 그 위원으로 선출했다. 놀랍게도 그의 생애를 통해 겨우 두 차례째 중요한 공직을 맡은 것이었다.

그러나 십인회에 들어간다는 건 그의 실질적 권력에 틀을 만들어주는 것 외에 그 자신이나 피렌체 정계의 어느 누구에게도 별다른 의미를 갖는 일이 아니었다. 중요한 정치적 결정이 종종 메디치 궁전에서 이뤄졌을 뿐 아니라, 이따금씩 회의장을 방문한 로렌초가 위원들이 자기 제안을 지지하는지 감독하기 위해 불법적 '공개' 투표를 참관하는 일도 있었다.

그가 친구 루이지 풀치를 위해 두 개의 청원이 가결되도록 이끌어간 것도 그런 식이었다. 하나는 풀치에게 고위직을 확보해주는 것이었고, 또 하나는 그를 베르니아로 추방하는 판결을 취소하는 것이었다. 조바니 데 파치의 아내 베아트리체 보로메이가 유산을 상속받지 못하도록 하는 입법안을 통과시키는 데도 같은 방법을 썼을지 모른다.[220]

4월의 음모 여파는 로렌초의 통제를 벗어나고 있었다. 5월 중순 로마에 있는 피렌체 상인들은 엄격한 감시의 대상이 되었다. 이어 5월 24일까지 모두 체포되어 잠시 구금당한 뒤 도시를 떠나거나 상품과 돈을 도시 밖으로 내보내는 행위가 금지되었다.

식스투스 교황의 눈으로 보기에 로렌초와 피렌체 정부는 신성모독의 대역죄인이었다. 피사 대주교를 창문에 목매달은 끔찍한 짓, 무고한 성직자들(산소니 리아리오 추기경의 일행이던 젊은 사람들)의 피살을 방관한 일, 추기경을 구금한 일 등이 모두 신성모독이었다.

6월 1일 작성된 파문 칙서는 4일 공포되어 그것을 뒷받침하는 교황 친서와 함께 이탈리아와 유럽의 주요 군주들에게 발송되었다. 이 소식은 교회의 거대한 주교 조직을 통해 널리 퍼져 나갔다. 신성로마 황제와 프랑스 왕, 베네치아 공화국에는 교황의 사절이 파견되었다. 이로 인해 로렌초와 팔인회 위원들, 두 기 참사회 회원들과 고문들이 "죄악의 자식들"로 낙인찍혀 교회의 모든 성무와 성사를 받지 못하게 되었다. 기독교인들은 불경에 전염되지 않도록 그들과 모든 사회적 관계를 끊으라는 명령을 받았다.

 이 파문은 당사자들이 추기경을 석방하고 식스투스가 제시한 여러 조건들을 충족시킬 때까지 계속될 것이었다. 6월 8일 교황은 피렌체를 공격하러 나서는 모든 사람을 대상으로 "포괄적인 사면을 비롯한 제반 면죄부"를 선포했다. 22일에는 피렌체, 피에솔레와 피스토이아에 성무정지 명령을 내려 그 지역 성직자들이 신도들을 위해 집행하는 일체의 성무와 성사를 중단시키고, 이 명령을 어길 경우 성직자 자신이 처벌받을 것이라고 위협했다. 교황은 이 조치가 추기경단의 지지를 얻은 것이라고 주장했다.[221]

 파문 칙서에는 로렌초의 여타 불충하고 불순한 행동들도 열거되었다. 살비아티의 피사 대주교 취임에 대한 완강한 반대, 교황령 안의 이몰라와 치타 디 카스텔로 사태에 대한 개입, 반 교황 역도인 니콜로 비텔리와 카를로 다 몬토네에 대한 피렌체의 물질적 지원 등이었다.

 교황의 뒤를 이어 행동에 나선 이는 나폴리의 페란테 왕이었다. 그는 피렌체로 사절을 보내 '거룩한 아버지'의 입장을 강력히 지지하고, 피렌체 사람들이 스스로 로렌초를 쫓아내지 않는다면 참혹한 전쟁과 전면적인 파괴를 겪을 것이라고 위협했다. 페란테는 '폭군'이자 악명 높은 시민인 로렌초를 자유공화국과 구분해서 상대하려고 애썼다. 피렌체가 그를 쫓아내거나 식스투스에게 넘기기만 한다면 모든 문제가 해결되리라는 것이었다.

6월 12일 로렌초는 마침내 도시의 가장 영향력 있는 사람들과 전쟁의 위협 문제를 의논하는 자리를 갖고 메디치파 청중에게 연설을 행했다. 메디치파란 메디치가에 대한 충성심에 의문의 여지가 없고, 그 충성심을 통해 오랫동안 물질적 이득을 받아 온 가문들을 말한다.

로렌초는 유창하고 감동적인 연설을 통해 만약 평화에 도움이 된다면 자신의 추방이나 심지어 죽음까지도 감수할 것이라고 했다. 다른 누구보다 조국의 은혜를 많이 받아 온 만큼, 그리고 조국을 사랑하는 만큼 공익을 사익에 앞세울 태세를 갖춰야 한다는 것이었다.[222]

눈물바다가 된 청중의 반응은 뜻밖이 아니었다. 그들의 운명은 메디치가에 묶여 있었고 공범으로서 깊이 연루되어 있었다. 그래서 그들은 로렌초를 중심으로 더욱 단결하였고, 피렌체의 안녕과 복지는 메디치가의 그것과 일치하는 것이라고 말했다. 한쪽을 지키는 것이 다른 쪽도 지키는 길이라는 것이었다.

남부 토스카냐에 대한 페란테 왕의 야심과 교황령에 대한 교황의 획책을 익히 알고 있던 그들은 이튿날(6월 13일) 로렌초를 국방기구인 십인회에 들어앉혔다. (로렌초는 5월 18일 강력한 경찰기구인 팔인회에서 사퇴한 바 있었다.) 나흘 후에는 시내에서의 무기 소지가 금지된 상황에서 로렌초에게 여덟 명의 개인경호원을 둘 수 있는 권리가 주어졌는데, 경호원 전원을 자신이 뽑을 수 있도록 했다. 이후에는 팔인회에서 그 숫자를 열두 명으로 늘려 주었고, 가족들에게도 경호원을 붙일 수 있게 했다.

7월의 두 번째 주일, 우르비노 공작과 칼라브리아 공작이 지휘하는 교황과 나폴리 군대가 피렌체 영내로 쳐들어왔다. 침략군은 멀리 몬테풀치아노 부근으로 진입한 뒤 신속하게 북서쪽으로 휩쓸고 올라왔다. 이어 시에나의 위쪽을 지나면서 요새도시인 키안티의 카스텔리나와 라다에 손을 뻗쳤다. 피렌체군은 페루자 부근의 지엽적인 전투에서 작은 승리를 거둔 것 외에 줄곧 밀리기만 했다.

전투는 종이 위와 마음속에서도 진행되고 있었다. 로렌초와 피렌체는 지체 없이 군주와 친구들, 그리고 동맹 가능성이 있는 상대들에게 자위를 선언하는 편지를 보냈다. 밀라노는 즉각 이에 호응해 소규모 부대들을 보냈다. 베네치아는 파문과 성무정지 조치에 격한 분노를 표명했다. 볼로냐의 조바니 벤티볼리오는 군대를 거느리고 서둘러 피렌체로 달려왔다. 프랑스의 루이 11세는 즉각 피렌체 편을 들어 교황을 비난하며 이탈리아의 여러 곳으로 사신을 보내고, 교황의 권위를 무너뜨리기 위해 공의회 개최를 요구하기 시작했다. 루이 11세는 그러지 않아도 오래 전부터 교황과 불화를 겪고 있었다.

거듭된 처형 위협에 시달리느라 얼굴이 새파랗게 질린 산 조르지오 추기경은 6월 4일 피렌체에서 석방되어 로마에 나타났다. 그를 석방하면 로렌초와 그 '도당'에 대한 제재 조치가 풀릴 것이라는 교황의 언명은 지켜지지 않았다.

6월에서 7월에 걸쳐 로마와 나폴리에 있는 메디치가의 은행을 비롯한 모든 재산이 압류되었다. 교황이 7월에 쓴 편지들 중에는 로렌초를 '이단자'로 지칭한 것들이 있었다. 열이 오를 대로 오른 식스투스의 귀에는 루이 왕의 경고도, 공의회의 위협도, 불복종을 제창하는 피렌체의 호소도 들어오지 않았다. 그저 로렌초와 피렌체에 대한 공세를 강화할 뿐이었다.

르네상스 시대 피렌체는 말싸움에 관한 한 누구 못지않은 실력을 가지고 있었다. 로렌초는 교황의 제재 조치에 대응해 재빨리 "비서들을 동원하고 충실한 지지자들을 선동하는 등 교황에 대한 대규모 비방전을 지휘했다."[223]

로렌초는 당대의 지도적인 법학자들까지 (바르톨로메오 소치니, 시에나의 불가리니와 프란체스코 아콜티) 끌어들여 피렌체 등 도시에 내려진 성무정지 명령과 파문 칙서의 적법성을 검토하도록 했다. 법학자들은 그 조치들에 적법성이 없다는 결론을 내렸다. 그런 사안은 공의회에서 다뤄져야 하는 것이므로, 성직자들은 영혼을 돌봐주는 직무를 계속 수행하고 성사를 집행할 수 있다는 것이었다. 로렌초와 피렌체 정부는 지체 없이 그 내용을 널리 선전했다.

이 사안의 법률적 측면 중에는 성직자가 살인을 목적으로 무기를 소지한 것이 적발되었을 경우 성직자 신분을 인정하지 않는다는 교회법 두 조항의 효력에 관련된 것이 있었다. 그런 경우에는 성직자 신분에 따르는 특권도 누릴 수 없었다.[224] 4월의 음모를 뒤따른 보복의 난동 속에서 최소한 대여섯 명의 성직자가 살해되었다. 그러나 그 중에 무장을 갖추고 있던 성직자는 두 명뿐이었다고 알려져 있다.

참사회가 1478년 7월 21일 교황에게 발송한 편지에는 경멸감이 가득 담겨 있다. 식스투스를 "[사보나의] 프란체스코 수사"라 지칭하면서 "귀하의 주장은 우리를 웃깁니다"라는 식이었다. 그리고 식스투스가 "베드로의 자리에 앉아 있는 유다"로서 "그물 아닌 독을 물에 던져 좋은 고기들을 죽이려 든다"고 했다.[225]

교황에 대한 공격 중 가장 신랄한 작품은 《피렌체 종교회의록》이다. 이는 로렌초의 개인교수였으며 계속해서 애호를 받은 아레초 주교 젠틸레 베키의 펜 끝에서 나온 것이다.[226] 베키는 식스투스가 교황에 즉위한 지 1년도 안 된 1472년 신랄한 라틴어 풍자시를 지어 파렴치한 가족 챙기기와 교회 재산의 도적질을 비난한 바 있었다. 교황의 마음이 편치 못했을 것이 틀림없다.[227]

식스투스가 보석과 은그릇을 흐트러뜨리네.
보물이 없어졌네, 이제 나라들을 뽑아가네.
나라가 없어졌네, 도시들만 남았네. 이제 도시들을 뿌리네.
아아, 옥좌여 살피소서. 그는 묻고 있네, "내가 누군데?"

베키는 1478년 7월 23일 날짜가 박힌 〈피렌체 종교회의록〉이라는 명목의 문서 하나를 만들어냈다. 파문 조치와 반 메디치 음모 등의 사안을 다루기 위해 피렌체 대성당에서 열린 고위성직자 회의의 회의록이라는 것이다. 그런 회의가 실제 열렸는지 여부는 확인되지 않지만, 순전한 허구였을 것으로 보인다. 로렌초 시대의 피렌체에서 문서기록이 거의 병적으로 중시되던 풍속에도 불구하고 행정문서나 재정문서에 이 회의에 관한 기록이 전혀 보이지 않기 때문이다.

베노초 고촐리의 〈교황 식스투스 4세와 성직자들의 모임〉(1471, 파리, 루브르 박물관).

진짜든 가짜든 회의의 목적은 명백하기 이를 데 없다. 교황의 제재 조치에 대한 통렬한 반박문을 만들어 서둘러 인쇄한 후 뿌리려는 것이었다. 야유와 분노, 조롱과 모욕으로 가득한 〈피렌체 종교회의록〉은 식스투스가 파문 칙서에 명시한 죄목들에 냉소를 퍼붓는다. 서두에서부터 식스투스를 추악한 모습으로 그린다. 그를 가리켜 "악마의 대행자"이며 "돼지들에게 산해진미를 대접"하기 위해 교회의 의식과 성직을 팔아치우는 등 자기 어머니인 교회에게 창녀질을 시키는 뚜쟁이라고 했다.

살비아티 대주교에 대해서는 "기독교인이었던 적이 없던 사람"이며 "반란의 전문가"라고 했다. 칼을 휘두르며 미쳐 날뛸 때 그는 대주교가 아니라 무장강도였기에 신속한 방어가 필요했다고 했다. 만일 참사회원들이 스스로 방어하지 못하고, 살비아티가 정부 청사를 장악했더라면 그들의 목이 매달렸을 것이라고 했다.

그리고 죄 없는 로렌초가 파문을 당해 교회에서 쫓겨난 것은 줄리아노처럼 살해당하지 않은 죄 때문이라고 했다. 3~4월의 참사회원들이 같은 상황에 처한 것도 창문에 목이 매달리는 것을 거부한 죄 때문이라는 것이다. 이 문서는 저주하는 자를 저주하고 파문하는 자를 파문하는 내용이었다.[228]

회의록의 독설이 음모 자체의 구체적인 내용에서 몬테세코 백작의 진술로, 다시 파문 칙서에 명시된 로렌초의 열한 개 죄목으로 넘어가는 동안 식스투스의 주장을 계속 조롱하고 반박한다. 로렌초의 죄목 중에는 반 교황 반란자 니콜로 비텔리와 카를로 다 몬토네에 대한 물질적 지원도 포함되어 있었다.

교황이며 신학자라는 자보다 더 흉악한 살인자는 없다고 회의록은 주장했다. 성직을 매매하는 이단자가 어떻게 성령을 대변할 수 있다는 말인가? 이 인간은 지금 자신의 사악한 얼룩을 똥오줌으로 닦아내려 하고 있으며, 칼로 이루지 못한 일을 말로 이루려 하고 있다. 그는 로렌초의 친구들을 "공범들"이라 부르고 있다. "존속살해범"과 "반역자들"에게 대항해 일어난 것이 누구였는가? 도시 전체 아니었는가? 자코포 데 파치의 시체를 피렌체 길

거리로 끌고 다닌 것이 누구였는가? "한 무리의 공범들 또는 한 무리의 어린아이들"이었단 말인가? 또한 "교황에게 죽음을, 추기경에게 죽음을, 우리에게 빵을 주는 로렌초 만세!"라고 노래를 부른 이들은 누구였단 말인가?

욕설은 이어진다. 식스투스는 그리스도의 대행자가 아니라 지롤라모 리아리오 백작의 대행자였다. 그는 "화냥질은 자기가 하면서 다른 사람들이 음란하다고 욕하는 못난 여인네"와 같은 인간이었다. 추기경의 수행원들은 무장을 갖추고 대성당에 들어갔다. 어떻게 그들에게 성직자 대접을 해준다는 말인가?

식스투스는 교회의 명예에 먹칠을 하고, 사악하고 세속적인 목적을 위해 교회를 이용했으며, 신의를 무너뜨리고 개인적인 전쟁을 벌이는 데 교인들의 돈을 썼다. "우리는 상처와 시신을 보여주는데 그는 헛된 말과 거짓 죄목만 내놓고 있다."

두 고위성직자의 수행원들이 무기를 지니고 있었고, 반란을 선동하고 정부 청사를 탈취하려 했으며, 참사회원들의 목에 칼을 들이댔다는 사실을 그는 말하지 않는다. 그는 살인자들을 "성직자"라 부르며 무고한 자의 상처에 독을 더하고, 칼에 창을, 고용한 암살자들 뒤에 군대를 더하고 있다.

피렌체 시민들은 교황에게서 정의를 구할 수 없게 되었으므로 이제 신성로마 황제와 프랑스 왕을 비롯한 모든 기독교 군주들에게 호소한다. 시민들은 여러 군주들에게 성직 매매로 교황 자리를 차지한 한 인간을 고발한다. 아울러 그가 저지른 살인과 배신, 그리고 이단을 고발한다. 그 자는 악마의 대행자이므로 본 종교회의는 그를 악마에게 보내기로 결정하고, 양의 탈을 쓴 포악한 늑대들로부터 기독교인들을 구해주실 것을 하느님께 빈다.

문서의 끝에는 인문학의 관점에서 내놓는 탄식까지 있다. "슬픔이 우리의 마음을 짓누르기 때문에 문체조차도 숨 가쁘고 어지럽게 된" 것을 인정한 것이다.

식스투스에 대한 이 비방문서에 뒤이어 8월 11일에는 참사회의 공개서한 〈피렌체 시민들의 변명〉이 나왔다. 인문학자이자 최고위 정부 서기인 바르톨로메오 스칼라가 작성하고 서명한 것이다. 교황과 그 제재 조치를 겨냥하면서 기독교 군주들의 지원을 호소한 이 편지에는 음모의 특징에 대한 설명이 담겨 있고, 몬테세코의 진술이 그대로 실려 있다.[229]

합스부르크가의 신성로마 황제 프리드리히 3세와 프랑스 왕이 수신자로 표시되어 있지만, 이 편지는 베키의 《피렌체 종교회의록》과 동일한 인쇄소에서 인쇄되어 정부에서 보낼 만하다고 판단한 모든 도시와 군주에게 발송되었다. 스칼라가 이 편지에 담은 내용 중에는 산소니 리아리오 추기경을 찢어발기려고 달려드는 군중으로부터 그를 구해낸 것이 피렌체의 지도적인 시민들이었다는 사실도 지적되어 있다.

새로 발명되어 이탈리아에 도입된 지 얼마 되지 않은 인쇄기는 양쪽 진영 모두의 선전전에 맹렬하게 활용되었다. 본문만이 아니라 브로드사이드판도 활용된 것 같은데, 본문은 나중에 수거, 파기되었기 때문에 극히 희귀한 고판본이 되었다.

4월의 음모에 관한 서술로 가장 널리 알려진 것은 시인이자 학자인 안젤로 폴리치아노가 쓴 《파치 음모 이야기 Coniurationis commentarium》다. 이는 1478년 5월에서 8월 사이에 작성되어 서

둘러 인쇄되었고, 1480년에서 1482년 사이에 두 차례 더 인쇄되었다.[230]

앞서 본 것처럼 폴리치아노는 줄리아노가 살해당한 직후 로렌초와 함께 대성당의 새 성물보관소에 피신해 있었다. 악의와 허위로 가득한 그의 서술은 역사로서는 공허하고 선전물로는 지독한 것이었다. 그는 음모자들의 동기를 미움과 악과 탐욕의 혼합물로 몰아붙였고, 식스투스 교황과 나폴리 왕의 역할에 대해서는 아무 언급도 하지 않았다.

그후 수백 년간 이 서술이 역사기록의 표준이 되었다. 그러나 베네치아의 역사가 조반 미켈레 브루토는 16세기 중반에 이미 폴리치아노의 글을 유치하다고 보았다. 음모에 짙은 정치성이 있음을 알아보았기 때문이다. 다른 것은 차치하고라도 이 음모로 촉발된 파치전쟁은 곧바로 피렌체를 위기에 몰아넣었고, 치열한 외교전을 불러일으켜 약 20개월 동안 상대편도 괴롭혔지만 로렌초와 그 친구들을 더 심하게 괴롭혔다. 결국 적들의 무력이 회복되자 로렌초가 물러서서 협상할 수밖에 없게 되어 전쟁이 끝맺게 되었다.

비방문서는 라틴어로 작성되어 좁은 범위의 사람들밖에 읽을 수 없었지만, 식스투스 교황에게 욕설을 퍼부은 사실로 인해 피렌체 사람들은 불안하지 않을 수 없었다. 교황 자신이 정신적 무기를 동원함으로써(그에게는 다른 선택의 여지가 없었다) 말의 전쟁을 군대의 전쟁 못지않게 중요한 것으로 만들었다. 로렌초의 옹호자들은 같은 방식으로 대응하지 않을 수 없었으며, 유력한 선례가 있었기 때문에 용기를 얻을 수 있었다.

당시로부터 100년 전 교황에 대항한 "여덟 성인의 전쟁"(1375~1378) 때 피렌체는 교황 그레고리우스 11세에게 맞서서 같은 수단, 즉 논쟁을 이용한 일이 있었다. 이 충돌의 기억은 반교회주의에 속하는 것이 되었다. 지식층에서 두드러지게 나타났던 반교회주의는 두 명의 교황, 나중에는 세 명의 교황이 병립해 서로 비난을 주고받던 창피스러운 교회분열기(1378~1415)에 크게 자라났다.[231]

〈피렌체 종교회의록〉 같은 독설이나 반교회주의 성직자의 계보는 이러한 배경에 그 지적 연원을 두고 있었다. 성직자의 결함을 파악하고 지적하는 데 성직자 자신보다 더 나은 사람이 있겠는가?

이 전통에 따라 〈피렌체 종교회의록〉을 작성한 로렌초의 전 개인교수 아레초 주교가 쏟아댄 푸짐한 욕설은 50년 후 프로테스탄트 개혁가들조차 따라오지 못할 정도였다. 식스투스를 일개 세속 군주로밖에 볼 수 없는 입장에서, 그 어마어마한 정신적 권위 때문에 더더욱 비열하고 더러운 인간으로 보았던 아레초 주교는 체면이나 품위는 일체 아랑곳하지 않았다. 식스투스가 가족 챙기기밖에 모르는 더러운 속물이라는 사실을 밝히기 위해 주교는 그를 지상으로 끌어내리는 정도가 아니라 오물통에 빠뜨리려는 기세였다.

그러나 식스투스 교황에 대한 이 성직자의 거센 공격은 사실상 정치적 용도를 겨냥한 것이었다. 교황의 이름을 입에 올리지 않는 피렌체 사람이 없었으리라고 뻔히 짐작이 되는 상황에서, 폴리치아노의 서술에 식스투스가 거론되지 않은 데서도 종교적인 거리낌이 있었다는 것을 알 수 있다. 파치전쟁은 대성당 습격사건 후 일곱 주일이 안 되어 터졌고, 피렌체에는 교황의 군대가 들이닥쳐 있었다.

이러한 상황에서 선전전은 거창한 이름들을 공개적으로 들먹이지 않고도 쉽게 펼쳐졌다. 길거리 연희 차원에서 익명의 작가가 쓴 시 〈줄리아노 데 메디치의 죽음〉을 낭송하는 것도 그런 사례였다.[232] 다른 이탈리아 도시와 마찬가지로 피렌체에는 "벤치 가수"라 알려진 연희자들이 있었다. 잘 알려진 장소에서 청중을 상대로 최근의 사건이나 무서운 사건에 관해 운문으로 서술된 이야기를 노래하거나 낭송하는 아류 시인들이었다.

삼운구법三韻句法에 따라 수백 줄로 구성된 이 시는 사실상 4월의 음모에 대한 서술인데, 피렌체에서 낭송되기 시작한 때는 인쇄본이 판매용으로 나온 1478년 10월 이전이 분명하다. 이 시에는 파치 집안과 피사 대주교 '살비아토'에 대한 혹독한 고발이 들어 있지만, 동시에 [그 음모에] "대단한 인물들이 더 걸려 있었지. 그러나 그 이름은 들먹이지 마세"와 같은 구절처럼 친구를 칭찬하거나 적을 욕하는 데 조금의 여지도 남기지 않았다. 작가는 메디치 집안의 영광을 "그 거룩한 가문"이라고 찬양하고, 줄리아노를 "하늘의 합창대에서 지상으로 내려온 빛나는 태양"이라고 칭송했다.

물론 로렌초도 찬양의 대상이었다. 그는 "선의와 자비심, 최고의 지식과 노인의 무게"를 가진 사람이었으며, "곧고 좁은 길을 따라 정의를 수호하고" 피렌체 사람들, 즉 "자기 사람들을 받쳐주는" 사람이었다. 시가 대단원으로 접어드는 단계에서 작가는 하느님에게 줄리아노를 "당신의 거룩한 순교자들 반열"에 올려주시기를 기원한다.

줄리아노의 피살을 다룬 또 한 편의 인쇄된 시는 대시인 루이지 풀치의 작품으로 전해진다. 줄리아노의 어머니 루크레치아 토르나부오니를 위로하는 이 시에서는 살해당한 인물에 초점을 맞춰 "겨울에는 따뜻한 모닥불과 같고 여름에는 시원한 바람과 같은" 사람으로 그렸다.[233] 이 시에도 로마에 대한 분노가 불타고 있다. 이름을 드러내지는 않지만 식스투스 교황과 추기경들이 분노의 표적이다. 그는 로마를 가리켜 지하세계의 신 플루톤이 "새로 얻은 아내"라고 했으며 "독을 품은 뱀과 호랑이들이 들끓는" 곳이자 "인간의 피와 살을 탐내는" 곳이라고 했다.

풀치는 (만약 그가 정말로 그 시를 지었다면) 교회의 수장에게 맹렬한 비난을 퍼부으며 그 도시의 반교회주의에 곧바로 뛰어들었다. 심지어 공격의 화살을 루크레치아 토르나부오니에게 돌리는 데도 추호의 망설임이 없다. 루크레치아는 경건한 신앙심으로 명성이 높았으며, 상당량의 종교시를 짓기도 했다.[234]

메디치 정권은 피렌체의 성직자들이 신자들에 대한 종교적 의무를 계속 수행하게 했다. 마음이 좀 불편할 때는 있었겠지만, 로렌초나 피렌체 정치 지도자들이 파문이나 성무정지로 인해 큰 곤란을 겪은 것 같지는 않다. 그러나 교황의 제재 조치는 적측의 선전에 이용된 것은 물론이고, 수치심과 불안감을 불러일으키는 것이었다.

생활방식이나 분위기가 아무리 세속적이라고는 해도 피렌체 역시 종교적인 도시였다. 그것도 대단히 종교적인 도시였다. 피렌체 사람들이 종교행렬과 놀라운 열정의 이야기들로 점철된 사보나롤라 시대의 출범을 맞이하는 것은 그로부터 불과 16년 뒤의 일이다.

  1478년 여름 전염병이 발생하고 평화의 전망이 보이지 않는 가운데 전쟁이 해를 넘기면서 시민들이 입는 피해가 갈수록 커졌다. 그에 따라 도시 안의 불안감은 점점 자라났다. 예를 들어 귀족 가문인 베토리 집안은 적군의 약탈로 초토화된 토스카냐 시골(발 델사)에 큰 재산을 가지고 있었다.[235]

  전쟁과 전염병이 하느님의 분노의 표시라고 믿는 경향을 지닌 사람들의 두려움으로 인해 불평의 목소리가 커지게 되었다. 1479년 3월에는 피렌체 시민들이 로렌초를 비난하는 풍자시와 쪽지들을 몰래 내다 붙이기 시작했다.[236] 그동안 식스투스는 요구를 철회하지 않고 있었다. 로렌초가 로마로 와서 몸을 굽히고 자신의 용서를 간청한다면 저절로 해결되리라는 것이었다.

  성무정지 명령과 전쟁 비용, 외국에서 피렌체 상인들이 겪는 위험에 대한 염려와 함께 민중의 불만에 두려움을 품기는 했지만, 십인회와 참사회는 전쟁 세금을 계속 거두지 않을 수 없었다. 그들은 시민들이 저축해 놓은 재산에 완곡한 방법으로 손을 댐으로써 전쟁 자금을 조달하는 방법도 찾아냈다. 또한 정부 공채의 지분 소유자에 대한 모든 지불이 유예되어 병사들의 호주머니로 방향을 돌렸다. 음모 발발 몇 주일 내에 피렌체는 3천 명의 용병을 더 고용했고, 여기에는 로렌초가 내놓은 개인 재산도 한몫했다.[237]

  로렌초는 1477년에 쓴 한 편지에서—그것이 불경스러운 생각임을 인정하면서도—자기에게는 교황이 하나가 아니라 서넛 있는 편이 낫겠다는 이야기를 했다. 1478년 여름에서 가을 동안에는 그 생각이 더욱 간절했을 것이다. 사적인 자리에서는 그가 교황에 대한 분노를 터뜨렸을 것이 분명하다. 특히 이 시기 이후의 편지에서 현금부족 문제를 한탄하는 기색이 역력한 것을 보면 더욱 그렇다. 그는 채무자들에게 빚 독촉을 하지 않을 수 없었는데, 그중에는 만토바와 밀라노의 영주들도 있었다. 때로는 메디치가 방계의 친척들을 윽박질러 수천 플로린의 돈을 빌리기도 했다.

그는 거둬들인 돈의 대부분을 군대에 썼다. 브루제, 밀라노, 베네치아와 아비뇽의 메디치 은행 지점들이 파산 위기를 겪고 있는 상황에서 자기 보유자금을 꺼내 쓴 것도 적지 않았다. 그러나 어떤 방법으로든 충분히 보상을 받게 될 터였다. 정부 내에 있는 부하들의 도움과 교묘한 공금 절취를 통해 손실을 보전받는 것을 나중에 살펴볼 것이다.

위기의 한가운데서 피렌체는 베네치아, 밀라노, 페라라 등 동맹국과의 관계에도 문제를 겪고 있었다. 개전 초기 몇 달 동안 나폴리와 교황의 군대가 남쪽 변경으로 쳐들어오고 있을 때 어느 동맹국도 피렌체 사람들이 마음 놓을 만큼 충분한 군대를 보내주지 않았다.

밀라노는 식민지인 항구 제노바에서 반란에 직면하고 있었다. 페란테 왕과 나이어린 밀라노 공작의 숙부들이 조장한 반란이었다. 터키인의 침입을 걱정하고 있던 베네치아는 충고와 인사치레가 푸짐한 데 비해 실천이 적었다. 그리고 페라라 공작 에르콜레 데스테가 다스리는 나라는 너무 작아서 큰 도움이 되지 못했다. 페라라 공작은 용병의 위치에서 오히려 돈을 받을 입장이었는데, 실제로 9월에 피렌체 연합군의 총사령관이 되었다.

동맹국으로부터 추가 지원이 있기는 했지만 그 이듬해(1479) 피렌체는 더 많은 패전을 겪었고, 전염병도 다시 발생했다. 피렌체는 남쪽의 중요한 도시 두 군데를 적군에게 탈취당했다. 9월에는 포지오 임페리알레를 빼앗기고, 11월에는 중요한 상업도시 콜레 발 델사를 잃었다.

피렌체 성벽에서 18마일 내지 20마일 이내에 적군이 없을 때가 없었고, 때로는 훨씬 더 가까이까지 밀고 들어왔다. 그러나 더

교황과 나폴리 왕이 연합해 피렌체와 시에나 사이의 작은 마을을 공격하는 장면(1478~1479)을 묘사한 그림이다.

심각한 피해를 입은 곳은 농업생산 지역인 시골이었다. 코르토나, 아레초, 체르탈도, 비코, 콜레, 포지본시 주변의 농촌에서 적군이 식량과 재물과 가축을 멋대로 약탈할 뿐만 아니라 불을 질러대는 바람에 농사를 망쳤다. 약탈한 물건을 시에나 영토로 가져가 처분하는 경우가 많았을 것이다. 피렌체의 숙적인 조그만 시에나 공화국은 식스투스 교황과 나폴리 왕 페란테의 편에 붙었는데, 나폴리군 사령관인 페란테의 아들 칼라브리아 공작이 시에나에 주둔하고 있었다.

위기가 절정에 이르면서 로렌초는 궁지에 몰렸다. 여러 달 동안 그는 전쟁기구 십인회의 지휘자로 일하면서 매일같이 정책을 세우거나 결정을 내리고, 수많은 편지를 구술하거나 직접 썼다. 그는 심한 과로 상태에 빠졌고, 정권에 대한 불평과 비판은 갈수록 힘을 얻었다.

지역 경제의 뼈대인 모직물과 견직물 교역이 크게 줄어들었고, 여행과 고용도 어렵게 되었다. 또한 로마와 남부 이탈리아에 있는 피렌체 직물업자들과 은행가들의 점포가 폐쇄되었다. 무엇보다 심각한 문제는 1473년 이래 계속 앙등해 온 빵 값이었다.[238] 피렌체 길거리에서 난동이 일어났는데, 그 원인의 일부는 기근의 위협에 있었다.

1479년 여름이 끝나 갈 무렵 로렌초는 모진 열병에 걸렸다. 그 시점에서 동맹국들과의 관계에 최악의 상황이 벌어지고 있었다.

나폴리 방문

1479년 7월 하순 밀라노의 젊은 공작이 죽자, 실권했던 그 숙부들(루도비코 스포르차와 아스카니오 스포르차)과 한무리의 밀라노 추방자들이 섭정을 맡고 있던 공작의 어머니 보나 데 사보이아와 협상을 맺었다. 10월에 로렌초의 첩자들이 심각한 정보를 전해 왔다. 롬바르드에 온 지롤라모 리아리오 백작의 수석 지휘관 조반 프란체스코 다 톨렌티노가 루도비코 스포르차에게 몇 몇 사항을 종용하고 있다는 것이었다. 그 내용은 피렌체와의 관계를 끊을 것, 몇 가지 호의에 답례할 것, 밀라노 군대를 피사의 배후지로 진격시켜 이미 점령한 남쪽 도시들로부터 진군하는 나폴리 및 교황의 군대와 함께 토스카냐 공화국을 협공할 것 등이었다. 그러면 "한 달 안에" 로렌초를 제거할 수 있다는 것이었다.

10월 하순 톨렌티노의 사행 정보가 전해지자 피렌체 지도부는 충격에 휩싸였고, 로렌초와 측근들은 도움을 바라는 눈길을 베네치아로 돌리게 되었다. 11월 초 공식적 외교석상에서 로렌초와 밀라노의 스포르차 영주들은 변함없이 상호간의 애정과 충성을 맹서했지만, 사실상 두 도시는 각자의 길을 걷고 있었다. 밀라노는 페란테 왕에게 밀착해 가고 있었고, 피렌체는 베네치아 공화국으로 접근하고 있었다.[239]

그러나 이런 상태는 오래 가지 않았다. 11월 중순 로렌초는 오랜 친구인 피렌체 주재 밀라노 대사 필리포 사크라모로를 만났다. 이 자리에서 대사는 루도비코 스포르차가 페란테와의 화해를 원한다고 전하며, 피렌체가 베네치아와의 신의를 그토록 대단하게 여기는 까닭을 이해할 수 없다는 말을 했다. 베네치아는 로렌초가 가장 간절히 도움을 원할 때 뻔뻔스럽게 약속을 어긴 나라가 아니었던가?

로렌초는 한 주일 후 최후통첩을 받았다. 베네치아와의 동맹에 계속 집착한다면 밀라노는 "얼마간의 손해를 감수하고라도" 다른 길을 찾아 "자연스러운 이치와 필요가 이끄는 대로 페란테 전하와" 평화를 이루도록 노력하겠다는 것이었다.

그동안 식스투스 교황과 그 조카 지롤라모 리아리오 백작은 로렌초의 로마 사죄방문 요구를 굽히지 않고 있었다. 그들에게는 이 굴복의 표시가 평화를 위한 열쇠였다. 이런 상황에서 밀라노의 새 군주로 떠오르고 있던 루도비코 스포르차가 측면 공작을 통해 페란테는 피렌체에 대한 로렌초의 지배권을 용납할 것이라는 눈치를 보내고 있었던 것이다.

만약 루도비코가 나폴리 왕과 합의를 이룬다면 밀라노는 피렌체의 곁을 떠나 로렌초를 왕과 교황의 수중에 내버려둘 참이었다. 정책 전환을 강요당한 로렌초와 십인회는 11월 하순 밀라노의 요구를 받아들였다. 베네치아와의 동맹을 끊고, 교황령의 영주들에게 등을 돌려 그들을 교황과 페란테의 손에 맡길 것이며, 적군이 점령한 피렌체의 성곽과 도시들을 돌려받지 못할 경우 (아무리 고통스럽더라도) 보상을 받는 선에서 물러나는 것까지 받아들이겠다는 것이었다.

베네치아와의 엄숙한 맹약이 내동댕이쳐질 참이었다. 밀라노와 피렌체는 배신의 길을 바라보고 있었다. 향후에도 베네치아 사람들과 이야기할 때 성실과 명예를 들먹이기는 하겠지만, 배신을 정당화하는 데는 통상적인 외교적 논법이 쓰일 것이 분명했다. 평화의 필요성, 국방상의 조건, 현실의 변화 등을 늘어놓고는 베네치아도 새로운 동맹에 대등한 파트너로 참가할 것을 권하는 방식 따위 말이다.

그럼에도 피렌체에는 가장 골치 아픈 문제가 그대로 남아 있었다. 식스투스 교황이나 (그 뒤에 있는) 지롤라모 리아리오 백작과 어떻게 협상을 해야 피렌체의 실질적인 군주를 희생시키지 않고 넘어갈 수 있을 것인가?

여기서 로렌초는 특별한 외교적 결단의 필요성을 간파했다. 그는 나폴리에 가서 페란테 왕을 직접 대면하게 된다. 이 결단은 당시 사람들을 경악과 흥분에 빠뜨렸으며, 로렌초의 용기와 애국심, 천재성과 행운, 그리고 정치기술을 논할 때 찬탄의 대상이 되었다. 이러한 특성들 모두가 분명 그의 것이었다. 그가 대단한 재능을 가진 인물이라는 사실은 그를 적대시하는 사람들도 인정했다.

로렌초가 남쪽 나라를 향해 떠나면서 보낸 편지들에는 그의 배포가 잘 나타나 있다. 그러나 그에게 다른 선택의 여지가 없었다는 점도 분명한 사실이다. 엄청난 전쟁비용과 피할 수 없는 패전은 그의 정권을 쓰러뜨리기 직전이었고, 그 과정에서 메디치가에 깊이 연루된 35개 내지 40개의 피렌체 가문들이 몰락하게 되어 있었다. 수십 명의 추방자들이 돌아오고 그동안 침묵을 지키던 사람들이 갑자기 입을 열게 되면, 보복의 요구가 분위기를 휩쓰는 가운데 기존 권력자들은 새 정부의 표적사정 대상이 될 것이었다. 수십 년 동안 수십만 플로린에 달하는 추방자들의 토지와 저택들이 경매로 매각되었고, 그중 메디치가의 충실한 지지자들이 넘겨받은 것도 상당량이었다.

  정치의 함정을 잘 이해하고 있던 로렌초는 나폴리 방문이 실용적 행위에 그치지 않고, 화려한 몸짓이면서 또한 심각한 모험이 되어야 한다는 사실을 알고 있었다. 온 피렌체 사람들이 평화를 원하고 있었다. 칼라브리아의 알폰소 공작이 11월 12일 콜레 발델사를 탈취한 지 열이틀 후 정전을 제의하자, 피렌체가 이를 냉큼 받아들여 공작이 시에나로 물러가 겨울 동안 쉴 수 있게 해주었던 것도 그런 맥락이었다. 조그만 전투가 계속 이어지는 가운데 봄이 되면 대규모 작전이 벌어질 것이 확실했고, 그때는 밀라노가 피렌체의 곁에 없거나 심지어 반대편에 서 있을 가능성까지도 있었다.

  11월 하순에 피렌체 주재 베네치아 대사는 시민들이 "난동에 가까운 태도로" 평화를 요구하면서 베네치아의 강경노선을 비난하고 있다는 사실을 지적했다. 베네치아는 피렌체가 동맹을 완벽하게 준수하고 교황령의 영주들을 페란테와 식스투스로부터 계속 보호할 것을 요구하고 있었다. 베네치아 대사의 저택 현관에 피렌체를 떠나달라는 위협적인 익명의 쪽지가 붙어 있곤 했다. 이 모든 것이 팔인회의 첩자와 정보원들에게 포착되고 있었다.

  로렌초는 비밀리에 계획을 꾸몄다. 그는 여러 달 전부터 나폴리 방문을 생각하고 있었다. 적군의 지휘관 칼라브리아 공작은 로렌초의 친지였는데, 로렌초가 그를 위해 시를 써준 일도 있었다. 공작은 개인적인 연락을 통해 로렌초에게 페란테 왕의 "품에 뛰어들도록" 권하고 있었다. 로렌초는 페란테 왕 쪽으로 촉수들을 움직여본 다음, 나폴리통인 피렌체의 상인이자 은행가 필리포 스트로치를 급파해 페란테 왕과 접견하도록 했다. 스트로치는 나폴리 조정에 잘 알려진 인물이었다.

모든 일이 놀라운 속도로 굴러가고 있었다. 12월 5일 저녁 로렌초는 십인회와 저명한 시민 40인을 (참사회는 아니었다) 모아놓고 나폴리에 갈 뜻을 밝혔다. 그의 결심은 확고했다. 목숨이 희생되고 전쟁이 계속되느냐, 협상을 통해 전쟁을 끝낼 수 있느냐 하는 갈림길 앞에 선 것이다. 조국을 위해 이 위험한 여행에 나서는 것은 양심의 명령이었다.

이튿날 새벽 그는 조용히 도시를 빠져나와 피사로 향했다. 며칠 후 피사 부근 바다와 피옴비노 사이의 한 지점에서 두 척의 나폴리 갤리선과 접선한 일행은 14일에 남쪽을 향해 떠났다. 나흘간의 항해 끝에 나폴리에 도착한 로렌초는 한 주일가량 뒤에 메디치 은행이 위치한 저택에 자리 잡았다. 그 저택은 왕의 명령에 따라 내부 장식이 새로 되어 있었고, 궁중에서 갖다놓은 가구도 있었다. 메디치의 이름은 어디에서나 부의 대명사였으며, 로렌초에게는 그 명성을 소중히 지킬 만한 양식이 있었다. 그는 조정 안팎의 사람들에게 뿌릴 엄청난 양의 선물을 가지고 나폴리에 도착했다.

로렌초의 극적인 나폴리 방문 소식은 삽시간에 이탈리아 전역으로 퍼져나가 놀라움과 분노와 의혹을 불러일으켰다. 이 방문에 관해 각국 대사들에게 알리면서 관계 진영 모두에 공식적인 편지를 보내기는 했지만, 로렌초와 페란테 왕은 다른 사람들이 모르는 일을 꾸미고 있는 것으로 비쳐지게 되었다.

이 만남은 무엇보다 식스투스 교황에 대한 페란테 왕의 배신을 암시하는 것이었다. 베네치아는 로렌초에게 사기당하고 농락당한 기분이 들지 않을 수 없었다. 지롤라모 리아리오 백작은 분노에 치를 떨었다. 자기네가 주도권을 쥐고 있다고 생각하던 밀라노의 영주들도 피렌체와 나폴리 사이의 화해 움직임에 모욕과 불쾌감을 느꼈다.

당혹감에 빠진 피렌체 참사회는 금세 체념의 마음으로 돌아가 로렌초의 기이한 행각이 평화의 실현으로 마무리되기를 기도했다. 출발 다음날 로렌초가 참사회 앞으로 보낸 편지는 이렇게 매듭짓고 있다. "하느님께서는 이 전쟁이 제 동생과 저의 피로 시작된 것이므로 제 손으로 마무리하기를 바라시는 것이 아닌지 모르겠습니다. 제가 무엇보다 바라는 것은 제 목숨과 죽음, 제게 좋은 일과 나쁜 일이 모두 조국의 이익을 위해 쓰이는 것입니다."

참사회의 반응은 희망과 예절에 맞춰진 것이었지만, 지하에 감춰져 있던 반대파의 목소리에서는 벌써 다른 이야기가 새어 나오고 있었다. 로렌초가 떠난 지 며칠 안 되어 "폭군은 이렇게 떠나도다"라는 비밀스러운 선언을 담은 쪽지가 피렌체 길거리에 나돌았다. 그 쪽지의 의미는 이런 것 아니었을까? "좋다, 폭군이기는 했지만 그는 자기 범죄의 현장을 알아서 떠났다. 이제 어떻게 할 것인가? 뭔가 행동을 취해야 하지 않겠는가?"[240] 한 달이 지난 1480년 1월 초에도 식스투스 교황의 분노는 식지 않았다. 페란테 왕에게 새로운 지시를 받은 나폴리 대사가 접근하기 두려워할 지경이었다.

로렌초도 식스투스 교황도 소심증과는 거리가 먼 인물들이었다.

교황의 요구는 1479년 봄까지 지속되었고, 로렌초가 나폴리를 방문한 시점까지도 중요 항목들에 변동이 없었다. 그 내용은 (1)

로렌초와 피렌체가 공손하게 교황의 용서를 청할 것, (2) 10만 플로린의 배상금을 지불할 것, (3) 목매달린 살비아티 대주교의 모습을 담은 치욕스러운 프레스코화를 즉각 철거할 것, (4) 살해당한 성직자들을 기념하는 특별 예배당을 지을 것, (5) 그들의 영혼을 위해 지속적으로 미사를 올릴 것 등이었다. 만약 피렌체가 영내의 세 요새, 즉 보르고 산 세폴크로와 카스트로카로, 모딜리아나를 바친다면 그것으로 배상금을 대신할 수 있다고 했다.

그중 (3)항의 요구는 수용 가능했지만, 다른 사항들은 피렌체와 로렌초가 받아들일 수 없는 것이었다. 그 내용이 너무 수치스러울 뿐 아니라 지도적 위치의 시민에게 목숨의 위험을 초래하는 것이었기 때문이다.[241]

자원 측면에서 교황보다 열세에 있던 로렌초는 전적으로 자신의 재능에 의지할 수밖에 없었다. 나폴리에서 왕과 그 신하들을 만날 때 그는 자신의 지적 능력과 사교 기술을 극한까지 발휘했다. 다른 사람에게 맡길 수도 없는 일이었고, 편지와 사절을 통해 흥정할 여유도 없었다. 깊이 생각할 만한 시간조차 넉넉지 않았다. 자신의 생명과 메디치 가문의 존속을 위한 투쟁에 그는 혼자 맨몸으로 나서 있었다.

페란테는 주도면밀하고 교활하기로 악명 높은 인물이었다. 사실 이런 평판은 아무 때고 등을 돌려 동맹자를 희생시킬 수 있는 능력을 말하는 것으로, 르네상스 시대의 이탈리아에서는 그렇게 특이한 재주도 아니었다. 그는 강력한 군대뿐 아니라 유능하고 노련한 조언자들을 거느리고 있었는데, 디오메데 카라파도 그중 하나였다.

따라서 로렌초는 페란테 왕이나 그 신하들(위험할 정도로 지루한 사람들)과 이야기할 때 재치 있고 상상력이 뛰어나며, 호감을 주는 태도를 유지해야 했다. 즉, 유쾌한 말과 행동으로 그들의 마음을 움직여야 했던 것이다. 그것이 아니라면 그가 남쪽 왕국의 지배자들에게 군사적으로나 정치적으로 실속 있는 이득을 제공할 것이 무엇이 있단 말인가?

그가 나폴리에 올 때 많은 선물과 큰 액수의 현금을 가지고 있었던 이유도 바로 그것이었다. 그리고 칼라브리아 공작부인의 마음을 붙잡는 데도 공을 들여야 했다. 본명이 아폴리타 마리아 스포르차인 공작부인은 북방의 위대한 군인 프란체스코의 딸이었다. 로렌초가 부인을 처음 만난 것은 1465년 밀라노에서 부인이 페란테 왕의 아들 알폰소와 대리결혼식을 올릴 때였다. 만약 부인의 취미가 궁정시였다면 로렌초는 그 주제를 놓고 세상 누구보다 이야기를 잘할 수 있는 사람이었다.

메디치 은행의 나폴리 저택이 고급 요정이라도 되는 것처럼 로렌초가 오찬과 만찬을 잇달아 베푼 것도 이상한 일이 아니었다. 그런 자리에서 그는 자신의 개성을 아낌없이 발휘했을 것이다. 나폴리 방문에 엄청난 경비가 든 사실을 당대 그의 전기를 쓴 작가가 지적한 바 있다.

그러나 돈의 소비보다 더 힘든 것은 정신력의 소비였다. 나폴리에 보좌관으로 따라갔던 파올란토니오 소데리니는 이렇게 말했다. "그는 두 사람 같았다. 낮 동안에는 매력과 자신감이 넘치는 모습으로 얼마나 마음 편하고 즐거운지를 과시했다. 그러나 밤이면 자신과 피렌체의 운명에 불평만을 늘어놓는 비참한 모습이었다."[242]

 매일같이 왕이나 신하들과 이야기를 나누는 시간이 로렌초에게는 끊임없이 절박한 순간들이었다. 이 기간 중 그가 피렌체 등지로 보낸 편지에는―그의 움직임을 살펴보던 각국 대사들의 편지와 마찬가지로―중요한 외교적 화제와 문제들만이 나타나 있다. 그런 측면이 기본적 의미를 가진 것이기는 하지만, 로렌초가 겪고 있던 과정의 한 부분일 뿐이다. 상대방을 설득하기 위해서는 예절과 언어, 표정과 몸짓, 기분과 재치가 모두 동원되는 포괄적인 접근이 필요했던 것이다.

 그동안 페란테는 화가 단단히 나 있는 만만찮은 인물 식스투스 교황을 전혀 다른 방면에서 상대하고 있었다. 당시 식스투스는 베네치아와 비밀협상을 벌일 움직임을 보이고 있었던 것이다.

 한편으로 페란테는 밀라노 스포르차 공국의 새 군주 루도비코 일 모로를 전력으로 지원하고 있었다. 1476년 루도비코의 형 갈레아초 마리아 스포르차의 암살에 뒤따른 혼란스러운 시기 동안 그는 추방당했던 루도비코가 밀라노에 돌아가는 것을 도와주는 한편 섭정세력과의 화해도 주선해 주었다. 반면 밀라노가 지나치게 강성해지는 것에 주의하고 있었다.

 이와 함께 페란테는 프랑스 앙주 왕실의 나폴리 통치권에 대한 주장도 경계해야 했다. 프랑스가 군주국과 공화국을 가리지 않고 이탈리아의 모든 나라들과 접촉하고 있었기 때문에 더욱 조심스러운 일이었다.

 로렌초는 한 장의 카드를 매우 효과적으로 써먹은 것 같다. 그는 자신이 피렌체의 통치력을 장악하고 있는 한 피렌체가 페란테 왕에게 충성을 바칠 것이라고 거듭 약속했다. 또한 피렌체가 언제라도 나폴리를 등지고 베네치아와 동맹 강화에 나설 현실적 가능성을 제시하기도 했다. 이것은 밀라노의 새 군주도 동의하는 점이었다. 전하께서 그런 결과를 바라지는 않으시겠지요? 로렌초는 프랑스의 루이 11세와도 강력한 유대관계를 맺고 있었는데, 이는 나폴리 입장에서 무시할 수 없는 또 하나의 조건이었다.

그러나 그 못지않게, 아니 더 중요한 요소였을지도 모르는 일은 로렌초의 말과 행동이 왕의 환심을 산 것이었다. 때문에 페란테는 그의 말에 더욱 귀를 기울이게 되었다. 로렌초의 이 위대하고 뛰어난 점은 소설가들이나 프랑스의 일기 작가들에게 좋은 소재가 되었지만, 외교문서에는 드러낼 수 없는 것이었다. 그런 인간성을 그려내는 근대적인 문예형식조차 아직 나타나지 않은 상태였다.

우리는 로렌초의 매력적인 특성들을 상상하고 또 상상함으로써 그것들이 페란테에 미친 영향을 짐작할 수밖에 없다. 페란테는 식스투스 교황으로 하여금 피렌체 지도자의 로마 사죄방문 요구를 포기하게 만들 결심까지 했다. 물론 그는 식스투스로부터 양보를 얻어내는 데 실패했다. 그러나 로렌초는 설득에 성공할 것이라 믿었고, 그럼으로써 페란테가 자신을 "죽음으로부터 되돌려 놓았다"고 생각하며 나폴리를 떠났다.

로렌초의 가장 큰 매력은 말과 대화에서 구사하는 적절한 표현이었다. 그가 냄새를 제대로 맡지 못할 정도로 인후부에 기형적인 폐색이 있어서 목소리도 자연스럽지 못했다는 점을 감안하면 참으로 놀라운 재주였다. 그는 시인이자 단편 작가로서, 세련된 인간으로서 가장 효과적인 표현방법을 자연스럽게 찾아내는 본능이 있었다. 더불어 공인으로서의 역할에도 같은 본능이 작용했다.[243]

이런 본능은 로렌초가 편지에 사용한 언어에서 확인된다. 그가 이런 매력적인 태도를 일상적인 대화에서 취하지 않았을 리가 없다. 1484년 11월 26일 열두 살 된 아들 피에로에게 보낸 편지에서 그 점을 확인할 수 있다.

피에로는 새로 교황에 즉위한 이노켄티우스 8세에게 경하를 올리기 위해 피렌체 대사 여섯 명과 함께 로마로 향하고 있었는데, 중간에 시에나에 들러 아버지의 친구 세 사람에게 인사를 올릴 참이었다. 로렌초는 피에로에게 이렇게 당부했다. "너 자신의 말을 적절하고 자연스럽게 써야 한다. 억지로 말을 끼워 맞춰서는 안 된다. 아는 것이 많은 체하지 마라. …… 그분들에게나 다른 이들에게나 예절바르고 정중한 말을 쓰도록 해라. …… 적절한 예절과 교양에 입각해 상대하는 이들을 점잖게 대해야 한다."

이 같은 훈계는 로렌초가 오랫동안 스스로 지키려 노력해 온 내용이라는 데 의문의 여지가 없다. 니콜로 발로리는 《로렌초 디 메디치의 생애 Vita di Lorenzo de Medici》에서 로렌초의 달변과 언어능력을 거듭 거론한다. 그는 로렌초를 잘 알고, 로렌초와 가까운 사람들 몇과도 친밀한 사

교황 이노켄티우스 8세

이었다.

페란테는 로렌초를 두 달 반씩이나 나폴리에 붙잡고 있으면서 그 사이 편지와 대사들을 통해 식스투스 교황 및 밀라노를 상대로 일을 처리했다. 그러면서 포로에 가까운 이 손님이 피렌체에서 오래 떠나 있는 상황으로 인해 파국을 맞게 되지 않을까 하는 생각도 했다. 그렇게 된다면 문제가 손쉽게 해결될 수도 있었다.

재정문제와 귀족층의 불온한 분위기 때문에 페란테는 현안 문제가 빨리 처리되기를 간절히 바라고 있었다. 현안 가운데는 식스투스 교황의 요구, 교황령의 영주들, 그리고 밀라노 및 베네치아와의 관계 등이 있었다. 또한 그에게는 프랑스에 있는 적들에 대한 두려움과 밀라노에 강력한 정부가 들어서는 데 대한 경계심이 있었다. 그러나 그는 빈틈없는 협상자로서의 역할을 벗어나지 않았다. 화가 난 식스투스의 존재를 잊지 않는 동시에 로렌초와 피렌체를 구석에 몰아넣은 사실도 상기하고 있었다.

주거니 받거니 하면서 협상은 로렌초의 출발일인 2월 28일까지 계속되었다. 그는 그날 가에타로 떠났다가 3월 5일에서 6일 사이에 배를 띄웠다. 그 시점까지 확정된 합의는 아무것도 없었고, 이제 일은 나폴리 조정에 남겨둔 두 명의 피렌체 대사에게 맡겨지는 것 같았다. 로렌초는 더 오래 피렌체를 떠나 있을 수 없었기 때문에 가에타로 전해진 페란테 왕의 체류 연장 요청에도 응할 수 없었다. 2월 중에 접한 피렌체 소식에는 걱정스러운 부분이 있었다. 정권에 대한 비판이 마구 터져 나오고, 심지어 통치 집단을 개방하고 확장하라는 소리까지 있다는 것이었다.[244]

거친 항해 끝에 로렌초가 피사에 도착하던 바로 그날(3월 13일)

나폴리에서 평화조약이 조인되었다. 식스투스 교황도 화가 가라앉지 않은 채로 여기에 동의했다. 대강의 내용이 이미 알려져 있던 피렌체에서 로렌초의 귀국은 영웅의 개선이었다. 모든 대사들과 저명한 시민 100여 명이 성 밖까지 나와 그를 영접했는데, 이는 통상 왕족과 군주들에게만 적용되는 예법이었다. 로렌초는 나중에 "어떤 상황에 있는 사람이건 내 손을 만지고 내게 키스하기 위해 오지 않은 사람이 없었다"고 회고했다.[245]

그 순간 메디치파의 기쁨은 가혹한 조건의 평화를 영광의 승리로 탈바꿈시켰다. 그러나 며칠 지나지 않아 쓰라린 현실이 꿀을 바른 표면 밑으로 파고 들어온다. 탈취한 피렌체 영토를 과연 돌려줄 것인지, 돌려준다면 언제 돌려줄 것인지에 관한 결정권이 페란테 한 사람의 손에 쥐어져 있었다. 칼라브리아 공작에게는 거액의 주둔비용을 기한 없이 지불해 주어야 했다. 그리고 파치 가문의 영향력이 아직도 사라지지 않았음을 보여주는 듯, 볼테라에 투옥되어 있는 형제와 사촌들을 풀어주어야 한다는 조항도 있었다.

게다가 파문을 포함해 피렌체에 대한 식스투스의 제재 조치는 풀리지 않았다. 로마에서는 여전히 로렌초가 거룩한 아버지의 용서를 빌러 찾아올 것을 기다리고 있었다. 피렌체와 피에솔레, 피스토이아에 대한 성무정지 명령은 부활절 기간의 영성체를 위해 4월 중 며칠 동안만 해제되었다.

피렌체에게는 힘든 평화였다. 그러나 결정적으로 좋은 점이 한 가지 있었다. 외국 군대가 도시를 포위하는 일이나 토스카나의 비옥한 농지를 마구 짓밟는 일이 없어진 것이다.

파치 음모를 기념하기 위해 제작된 메달. 베르톨도 디 조바니 작품이다.

로렌초의 행운은 바닥나지 않았다. "행운의 부인"(당시 사람들은 이렇게 말했을 것이다)이 다섯 달도 안 되어 그를 찾아왔다. 8월 초에 터키인들이 이탈리아 남쪽 끝의 오트란토를 습격해 약 1만 2,000명을 죽이고, 약 1만 명을 노예로 잡아갔다.

느닷없는 군사적 위기를 맞은 페란테 왕은 시에나에 주둔하고 있던 칼라브리아 공작의 부대를 빼내야 했다. 교황은 나폴리 왕을 도와주기 싫었지만 이교도 상대의 작전을 주도하지 않을 수 없는 입장이었다. 식스투스는 그제야 피렌체에 대한 강경노선을 철회했다. 피렌체 시민들이 대규모 사죄단을 만들어 로마로 찾아온다면 그중에 로렌초가 없더라도 사면을 받을 것이고, 파문과 성무중지 명령도 취소될 것이라는 뜻을 알려온 것이다.

더 말할 것이 없다. 이어지는 장면들은 예식을 좋아하는 연대기작가들의 몫이다. 11월 하순 로마로 향한 피렌체 사절단이 열두 명으로 구성된 것은 사도의 숫자에 맞춘 것이 분명했다. 그중에는 로렌초의 친척 두 사람도 들어 있었다. 사절단은 해 지기 두 시간 전 로마 성문을 들어가 눈에 띄는 행동을 삼갔다. 12월 3일 그들은 성 베드로 성당 현관에서 많은 추기경과 고위성직자들에 둘러싸여 있는 교황 앞에 나타났다. 그들은 교황의 발 아래 몸을 던지고 "지극한 겸손을 나타내는 모든 몸짓"을 하며, 피렌체의 모든 오류와 비행에 대한 사면을 간청하고 자기들은 어떤 처벌이라도 받겠다고 했다.

교황은 상황에 맞는 말을 읊조리며 지팡이로 등을 살짝 건드려 그들의 (그리고 모든 피렌체 사람들의) 지나간 죄를 사면해 주고, 교회 안으로 도로 맞아들여 모든 성무와 성사의 혜택을 볼 수 있도록 허락해 주었다. 이제 그들은 교회의 역도들이 아니었다. 이틀 후 이 소식이 피렌체에 전해지자 도시는 환희의 도가니가 되었다. 모닥불이 여기저기 피어오르고 도시 내의 모든 종이 울렸다. 그러나 공식적 사면은 1481년 3월이 되어서야 공표되었다.[246]

파치가의 재앙
Chapter 11 The Pazzi Cursed

철저한 격식

모든 공식기록에서 삭제되고 오명을 뒤집어쓰는 도덕적-정치적 응징, 이것이 앞서 본 것처럼 1478년 5월 파치가를 표적으로 공표된 법률의 목적이었다. 그러나 이것만으로는 부족했다. 그들의 모든 재산을 빼앗아야 했다. 그러지 않고 어떻게 현세에서의 응징을 완벽하게 이룰 수 있단 말인가?

피렌체 정치 지도자들은 완강한 반대를 억누르는 데 필요한 기술을 새로 배울 필요가 없었다. 무장 항쟁에 대해서는 더 말할 것도 없었다. 페루자나 볼로냐 같은 곳에서는 이따금씩 귀족들이 칼을 휘두르며 길거리로 몰려나와 정적들을 상대하기도 했고, 그럴 때는 쇠뇌 궁수가 동원되기도 했다. 보다 문명화된 수단(형사법)을 가진 베네치아 사람들은 불만을 탐지하고 혐의자들을 심문, 및 고문하거나 처형하고 추방하는 데 십인회의 조직을 이용했다.

피렌체에서는 반대를 분쇄하기 위한 정책으로 팔인회가 운용되었다. 베네치아의 십인회와 마찬가지로 '전체주의' 경찰의 초기 형태라 할 팔인회는 첩자, 밀정, 고문, 자백, 추방 등의 수단을 활용했다. 살비아티 대주교와 그 동료들이 로렌초와 줄리아노 형

제에 대한 습격을 계획할 때도 그림자 속에 숨어 있는 팔인회의 존재를 의식하지 않을 수 없었다.[247]

모직 산업 노동자들의 혁명에 대한 열망을 뿌리뽑기 위해 1378년 설치된 팔인회는 15세기에 힘을 키워 도시의 가장 중요한 범죄방지 기관으로서 면모를 지니게 되었다. 메디치가의 통치 기간 동안 여러 회의기구에서 이 기관의 권한 확장에 대한 강력한 반발이 여러 차례 나타났다. 범죄 처리를 일반 재판정으로 돌려보냄으로써 팔인회가 불러일으키는 정치적 공포감을 없애고자 한 것이었다. 그러나 메디치파는 협박이라는 전략을 이용해 거의 언제나 이런 시도를 좌절시킬 수 있었다.[248]

음모 닷새 후인 1478년 5월 1일 새 팔인회가 업무를 시작했다. 이 팔인회에는 위대한 로렌초와 그의 절친한 친구로서 그 피의 일요일 북쪽 성물보관실에 함께 있었던 시지스몬도 델라 스투파도 포함되어 있었다.[249] 이 두 사람을 넣기 위해 이미 뽑아 놓았던 명단을 마지막 순간에 뒤집은 것이 분명하다. 4개월마다 새로 구성되는 팔인회는 업무를 시작하자마자 곧바로 음모자들에 대한 조치에 착수했다.

프란체스코 데 파치와 피사 대주교가 시간을 오래 끌면 음모가 탄로날 염려가 있다고 그토록 걱정한 것은 무엇보다 이 기구 때문이었다. 침묵을 지키는 메디치 반대파에게도 그렇지만 음모자들에게 가장 두려웠던 것은 팔인회가 장려한 밀고 제도였다. 도둑, 정권 반대자, 동성애자, 창녀, 조세회피자 등 범죄자들을 비밀리에 익명으로 고발할 수 있도록 한 조치였다.

시내의 주요 교회 앞에 자물쇠를 채워놓은 '탐부리tamburi' 라 불리는 나무상자를 놓아두고 거기에 고발장을 넣게 했다. 고발 내용이 유죄로 판명될 경우 보상금을 지급함으로써 이 제도를 더욱 장려했다. 제보자들은 신원의 비밀이 보장된다는 것을 믿었기 때문에 유죄가 판명된 뒤 팔인회에 몰래 출두해서 포상금을 청구할 수 있었다. 범죄와 관련된 증거물을 내놓거나 고발장의 내용을 정확히 알고 있음을 보여주면 제보자로 확인받을 수 있었다.[250]

참사회와 팔인회의 손에 떨어진 음모자들은 그 자리에서 즉결 재판을 받았다. 프란체스코 데 파치와 그 숙부 자코포 경을 비롯해 범행 현장에서 체포된 자들의 행위와 범죄는 너무나 극명한 것이어서 더 이상의 증거를 필요로 하지 않았다. 그러나 다른 파치가 사람들의 관련성은 그렇게 극명한 것이 아니었다. 프란체스코의 형제 둘, 조카 하나, 그리고 교수형을 당하게 될 레나토를 위시한 사촌 일곱이 여기에 해당되었다.

프란체스코는 아무 자백도 하지 않았다. 그리고 레나토의 연루에 관해서도 확실한 증거가 없었다. 만약 있었다면 재판의 정당성을 홍보하는 데 그토록 열심이었던 통치자들이 요란한 선전거리로 삼지 않았을 리가 없다.

몇 달 후(1478년 8월 4일) 내려진 판결은 "정당한 절차"를 밟은 것으로 보이도록 행정관의 재판정을 통해 나왔지만, 실제로는 참사회와 팔인회의 작품이었다. "반역자" 자코포 경의 "고문 없이 행한 자백"을 통해 "파치 가문 구성원 전부"가 연루된 사실이 밝혀졌으며, 그 자백은 주요 시민들 여럿이 참관한 가운데 이루어졌다는 것이었다. 즉, 그들 모두가 로렌초 암살 음모를 알고 있었고, 또 승인했다고 자포코 경이 자백했다는 것이었다.[251]

팔인회와 참사회는 그 자리에서 자코포 경을 처형함으로써 그의 입을 영원히 봉했다. 그러나 판결문에 인용된 문장 하나 외에는 그 증언의 어떤 내용도 제출되지 않았으며, 추방당하거나 투옥당한 다른 파치가 사람들과의 대질심문도 없었다. 그들의 증언이 일체 제시되지 않은 것도 분명한 일이다.

그들은 재판 없이 판결을 받았다. 그들의 아내와 누이와 딸 등 파치가 여인들도 처벌의 대상이 되었지만, 그들로부터 증언을 받으려는 노력은 일체 없었다. 그들은 피렌체에서 결혼할 권리를 박탈당했고, 자기 재산을 찾으려면 소송을 걸거나 투쟁을 벌여야 했다.

우리가 고찰하고 있는 시대가 15세기라는 점을 잊지 말아야 한다. 우리 시대와는 전혀 다른 관습에 파묻혀 있던 시대였다. 근대적인 인권과 사법의 개념을 끼워 넣는 마술을 부릴 자리가 아니다.

팔인회는 진정한 의미에서 사법부가 아니었다. '정의' 또는 보복을 신속하고 확실하게 하기 위한 특별한 권력을 가진 기구였다. 성문법을 초월하는 존재였던 이 기구에는 통상적인 사법절차라는 것이 없었다. 현대의 제도 중 이에 가장 가까운 예를 들면, 재심의 기회 없이 사형 판결을 내릴 권한을 가진 비밀군사법정 정도일 것이다.

1478년 말, 팔인회의 헌법상 위치가 특이하다는 사실을 인식하고 그 권한을 보다 합리화할 필요를 느낀 로렌초 정권은, 팔인회의 운영에 관한 조례를 제정하여 그 결정이 피렌체 최고의 형사재판관인 행정관 관서를 거치도록 만들었다. 팔인회 회의는 어디에서나 열 수 있었지만 행정관 청사에서 여는 것이 보통이었다. 그러나 새로 만든 조례가 거추장스러웠는지 1479년 초에 취임한 팔인회는 조례집을 없애버렸다.[252]

4월 26일 화요일까지는 가문 전체에 대한 판결이 사실상 확정된 것이나 마찬가지였기 때문에 파치가의 상품과 재산에 대한 압류가 개시되었다. 정부 지도자들은 피렌체에서 파치가의 모든 정치적, 사회적 신분과 함께 경제적 위상을 말살하기 위한 '전면전'에 출격할 결의를 다졌다.

음모가 터져 나온 바로 그 일요일 저녁 벌써 공해상의 파치가 상품이 추적 대상이 되었다.[253] 그후 몇 주일 동안 파치가의 모든 상품과 가재도구를 대상으로 경매가 실시되었다. 자코포 경 소장의 고전 필사본 중 (그는 프랑스 대사로서 기사 작위를 받은 인물이었다) 경매장에 나오지 않은 것이 있다면 감식안과 영향력을 가진 누군가의 눈에 들어 따로 매각되었기 때문이었다.[254]

혼수나 지참금으로 가져온 재물에 대한 여성의 독자적 소유권은 피렌체에서도 물론 인정되고 있었다. 그러나 큰 지참금을 가지고 파치 집안으로 시집왔던 여인들의 권리는 약탈과 파괴의 광풍 속에서 제대로 배려받지 못했다. 그들의 재산도 함께 압류당하고 몰수, 매각되었기 때문에 그후 몇 달 내지 몇 해 동안 개인적인 연줄이나 법률가를 통해 팔인회를 귀찮게 하고, 그 재산의 복원을 맡은 다른 두 기구를 들볶아대지 않을 수 없었다.[255]

1478년 5월 16일 팔인회는 중고의류상에 팔아넘긴 옷과 허리띠 여섯 점이 자코포 데 파치의 미망인 마달레나 세리스토리의 소유물임을 확인하고 소유자에게 반환되도록 하는 결정을 내렸다. 부인의 집안은 피렌체에서 가장 부유한 가문 중 하나였다. 6

월 3일에는 로렌초의 누이인 "피에로 데 메디치의 딸 비앙카"에게 테이블보 한 점을 돌려주라는 결정을 내렸다. 그 테이블보는 "전에는 파치가 문장도 장식되어 있었으나 지금은 메디치가 문장으로 장식된" 것이었다.[256] 비앙카의 남편 굴리엘모 데 파치가 추방당한 사실은 앞서 밝혔다.

자코포 데 파치의 너덜너덜한 시체가 엽기적인 장난감 노릇을 한 며칠 후인 5월 23일 참사회가 파치가의 이름과 문장의 사용을 금지한 것도 앞서 살펴보았다.[257] 여기에는 부활절의 성화 수레와 관련된 특전도 포함되는 것이었다.[258] 또한 장래에 그 저주받은 집안과 통혼하는 모든 피렌체 가문을 엄하게 처벌한다는 방침도 정해졌다.

그러나 음모의 여파가 아직 가라앉지 않고 무기 소지가 엄격하게 규제되던 그 시점까지도 이 가혹한 조치들에 대한 날카로운 반발이 있었다는 사실을 간과할 수 없다. 이 법령은 첫 번째 의회 consilio populi에서 찬성 162표에 반대 55표를 얻었다. 18표 차이로 가결된 것이다. 두 번째 의회consilio comunis에서는 찬성 123표에 반대 43표, 13표 차이의 가결이었다. 메디치파가 1458년 강권으로 만들어낸 백인회에서도 이 법안은 찬성 82표, 반대 32표에 그쳤다. 가결에 필요한 3분의 2 득표에 겨우 여섯 표를 넘긴 것이다.[259]

통치 집단의 한가운데에도 이렇게 완강한 저항이 숨어 있었다. 메디치파 거물들의 공포가 널리 깔려 있었다는 점을 감안하면 파치가에 대한 증오심이라고 선전된 것이 그렇게 보편적인 현상은 아니었던 모양이다. 그 가문에 대한 처리가 보다 합리적이고 정의롭게 되기를 바라거나, 적어도 지도부의 복수심에 찬물을 끼얹으려는 만만찮은 소수파가 존재했던 것이다.

1478년 가을 4월의 음모를 다룬 저자불명의 시 한 편에 (307쪽을 보시오.) 파치가를 헐뜯는 움직임이 나타난다. 이 시는 인쇄본이나 (거리에서 팔았을 것으로 보인다) "고맙게 들어주시는 분들"을 위한 낭송으로 당시 사람들의 생활에 파고들었다. 당시 분위기의 한 측면을 보여주는 것이다.

시는 메디치파 청중 앞에서 이야기하듯, 피렌체의 훌륭함을 대표하는 것이 메디치가라고 한 반면 파치가의 반역을 유다의 배반과 같은 반열에 올려놓는다. 또 안테노르와 브루투스를 들먹이기도 한다. 파치가 사람들은 "모두가 교활하고 비열한 근성의 사악한 인간들"이고, "질투심과 야욕"에 사로잡힌 "배은망덕한 놈들"이며, "풀 속에 숨어있는 뱀" 같은 놈들이라고 묘사된다. 그리고 "하인이나 노름판 개평꾼"이던 자들이 4대도 안 되는 사이에 피렌체에서 가장 격이 높은 가문과 통혼하는 위치로 올라서 "존경과 명예"를 갖게 되었다고 주장한다. 그런데도 "저주받고 추악한 배신자"로서의 본성은 바뀌지 않았던 것이다. 이 시의 고발은 한마디 저주로 맺어진다. "그놈들의 씨가 조금이라도 남아 있다면, 유대인보다 더 멀리멀리 흩어져 버려라."[260]

압류와 몰수

'반역자'의 재산을 탈취하는 것은 피렌체에서 아득한 옛날부터 전해 오는 풍속이었기에 아무 망설임 없이 착수되었다. 파치가의 모든 재산을 밝혀내 목록으로 만들어야 했다. 가옥, 토지, 공채, 보석을 비롯한 개인 소유물에 그치는 것이 아니라 현금, 해외 재산, 임대재산, 사무실 집기, 재고상품, 그리고 보유한 모든 채권을 포함하는 것이었다.

나팔소리에 뒤이어 전령이 파치가에 채무를 가진 사람들에게 그 채무를 신고하고 상환할 태세를 갖추라는 포고를 알렸다. 일정한 기간 동안 신고하지 않는 사람은 사기범으로 간주되어 체포와 벌금, 투옥의 대상이 되었다. 마찬가지로 파치가에 채권을 가진 사람들도 모두 신고해야 했다. 파치가의 재산이 확보되는 데 따라 정부가 그 채권을 변제해 주게 되어 있었다.[261]

원부, 현금출납부, 재고명세서 등 파치가의 모든 장부와 사업 문서를 제출하라는 명령이 떨어졌다. 제대로 정리된 장부에 등재되어 있으면 자산과 부채의 증거로 받아들이는 것이 피렌체의 특이한 관습이었다. 재판관이나 조정관들도 장부에 의거해 분쟁을 판정하는 경우가 보통이었다. 그렇기 때문에 점포나 주거에 침입한 도둑이 장부를 훔쳐가는 일이 드물지 않았으며, 팔인회에서도 어떤 장부를 언제 어디서 거둬들였는지 밝히는 경우가 많았다.[262]

얼마 후 반역자의 재산 관리를 담당하는 특수기구 '탑塔 관리소'에서 팔인회로부터 업무를 인계받았다. 반란사건이 있을 경우 그렇게 처리하는 게 보통이었다.

탑 관리소는 1480년 봄까지 방대한 파치가 재산과 관련된 업무를 대부분 처리했다. 400명이 넘는 채권자들이 채권을 신고했다. 각양각색의 사람들로 농장 일꾼이나 석공, 벽돌장이, 금세공사, 법률가, 상인, 그리고 알라마노 리누치니 같은 아마추어 고전

파치 궁전 내부

학자까지 있었다. 리누치니는 "피렌체의 레나토 데 파치 은행"에 예치한 150플로린의 금액을 신고했다. 문구업자들의 신고도 있었는데, 이는 여러 파치 사업체에서 종이를 얼마나 썼는지 알 수 있는 자료가 되었다.

1478년 5월에는 레나토 데 파치의 부인이던 베네치아 출신의 프란체스카 디 조바니 마르티니가 피렌체에서 최고 수준의 지참금인 6,000플로린에 대한 반환을 청구했다. 클라리체 오르시니가 로렌초와 결혼할 때 가져 왔던 (만약 실제로 지불된 것이었다면) 지참금 외에는 이와 견줄 만한 수준의 지참금이 없었을 것이다. 이 베네치아 여인은 그 밖에도 세간살이, 보석, 선물 등 혼수품의 반환을 청구했다.[263]

기록상 남아있는 흔적은 없지만, 로렌초는 탑 관리소의 업무에도 개입했음이 분명하다. 관리들은 음모의 최대 피해자인 로렌초가 파치가 재산의 처분에도 발언권이 있다고 생각했을 것이다. 로렌초는 레나토 데 파치의 저택을 페라라 공작에게 4,000플로린에 팔기 위해 유보해 놓았다. 1478년 9월, 피렌체 연합군의 총사령관이 된 공작은 실제로 그 집에 거처했다. 로렌초가 자코포 경의 우아한 궁전과 몬투기의 별장을 인수한 사실은 1488년 딸 마달레나가 프란체스케토 치보와 결혼할 때 지참금에 포함된 것으로 보아 알 수 있다.[264]

피에로 데 파치의 고급 서적들을 비롯해 파치가 여러 집안의 귀중품 가운데 메디치 소장품으로 자리 잡은 것도 있었을까? 바로 가져갔을 수도 있고, 경매에서 싼 값으로 구입했을 수도 있다.

로렌초에게는 재산이 많은 육촌동생 둘이 있었다. 조바니 디 피에르프란체스코와 로렌초 디 피에르프란체스코였다. 이 둘과의 거래관계나 어떤 예술가들을 대접한 방식을 보면 로렌초는 타인의 재산을 쥐고 있는 것을 꺼린 사람이 아니었던 것 같다.

파치전쟁이 벌어지고 있을 때 그는 2만 플로린이 넘는 돈이 든 열세 개의 주머니를 다 써버렸다. 이는 당시 열다섯, 열한 살이던 육촌동생들의 후견인 자격으로 맡아두었던 돈으로, 그 전에 이미 그들로부터 6만 플로린 이상 빌려 쓰고 있던 터였다. 이로 인해 몹시 화가 난 육촌동생들은 후일 비밀스러운 정치적 반대파에 가담하게 된다.

1485년 청산할 때 두 형제는 이자를 포함해 10만 5,880플로린을 청구했으나 그들의 위대한 육촌형은 이것을 6만 1,400플로린으로 깎아내리고, 다량의 농장과 토지 형태로 지불했다. 카파지올로의 메디치 별장도 거기에 포함되었다.[265]

파치가 재산 처분에 로렌초가 관여했다는 확실한 증거는 음모 발생 후 두 주일이 지나지 않아 루앙, 만토바, 그리고 파비아의 추기경들에게 쓴 편지에서 나타난다. 그들이 가진 파치가 채권에 대해 안심하도록 설득하고 있었던 것이다. 5월 14일 로렌초는 부와 권력의 소유자 루앙 추기경 기욤 데스투트빌에게 보내는 세 번째 편지에 서명했다. 추기경을 위해 파치가의 은제품 한 짐을 따로 챙겨놓았으니 채권액을 충족시키기에 충분할 것이라는 내용이었다.

1479년 로렌초는 브루제로 사람을 보내 그곳의 파치 은행을 청산하도록 했다. 1480년 7월에는 리옹의 메디치 회사 관리인에게 명령을 내려 "파치 회사 소유였던 보유 상품"을 카포니 회사에 넘기게 했다. 그리고 1481년 6월까지도 로렌초는 브루제의 파치가 재산을 장악하려 애쓰고 있었다. 그곳의 파치가 은행이 교황에게 불하받은 명반 판매의 중심 창구였다. 그러나 그곳에서는 그 저주받은 집안이 아직도 나폴리 왕의 영향력에 의해 계속 보호받고 있었다.[266]

그동안 압류한 재산의 관리에 문제가 생겼다. 1479년 2월, 북방의 거물 용병대장 로베르토 디 산세베리노는 청산된 파치 은행 한 곳에 예치해 두었던 자금을 회수하는 데 애를 먹고 있었다. 담당 관리들이 그의 채권을 지불할 재원을 확보하지 못하고 있었던 것이다. 파치가의 채무자 명단 중 일부가 분실된 모양이었다. 게다가 많은 채무자들이 요행을 바라고 신고를 회피했다.

큰 채권자들 중에는 직물산업 관계자들이 많았는데, 채권이 제대로 지불되지 못했다. 프랑스 염세사업에 대한 파치가의 투자는 아직 파악도, 평가도 안 되고 있었다. 결국 탑 관리소가 이 복잡한 업무를 처리할 능력이 없다고 판단한 정부는 1479년 말, "파치 문제 처리 평의회"(파치 평의회)라는 새 기구로 업무를 넘겼다.

참사회는 세 의결기구에서 이 조치를 통과시켜야 했는데, 이번에도 완강한 저항에 부딪혀 의결에 필요한 표수를 겨우 얻었다. 통치 집단 핵심부 주변에 포진한 정치계급 구성원들이 비밀투표의 기회를 통해 새 기구가 로렌초의 심복들 손에 엉망진창으로 운영될 것에 우려를 표명한 것이다. 아울러 편파적인 정부에 의해 아직 처분되지 않고 남은 파치가의 재산이라도 지켜보려는 마지막 노력이라 볼 수 있다.[267] 여섯 명의 평의원 중 셋은 채권단의 대표였고, 나머지 셋은 피렌체 시민사회를 대변하는 입장이었다.

운영비와 평의원 봉급 문제로 논쟁을 벌이느라 평의회는 1480년 봄이 되어서야 업무를 시작했다. 결국 정부는 평의원들에게 봉급을 지급하고 서기 두 명과 법률가 한 명, 그리고 필요한 직원을 제공하게 되었다. 단, 그 비용은 1년에 600플로린을 넘지 않게 했고, 파치가 재산으로 충당하도록 했다. 반대자들을 누그러뜨리기 위한 조치로 생각된다.[268]

많은 비밀들이 드러나기 시작했다. 채무자들에 관한 것도 있었지만, 파치 구성원들에 관한 것도 있었다. 파치가의 해외 재산에 대한 조사는 제대로 이뤄지지 못했다. 저주받은 가문에 대한 동정심이 아니라 그 작업이 너무 복잡하기 때문이었다. 사르노 주교와 추방당한 굴리엘모, 그리고 굴리엘모의 (외가가 메디치가인) 아들들 외에는 움직일 수 있는 파치가 사람이 없었다. 모두들 볼테라 언덕의 높은 탑에 죄수로 갇혀 있었다.

5월 19일 업무를 시작한 평의원들은 채무자들에게 27일까지 8일간 신고할 시간을 주었다. 기한이 되자 "통상적인 모든 장소"로 전령을 보내 나팔소리와 함께 포고문을 외치게 하고 80명의 채무자 명단을 발표했다. 며칠 후에는 브루제와 발렌치아, 라구사(두브로브니크)의 상인들에게 여러 파치가 회사들에 대한 채무를 이행하라는 편지를 발송했다.

6월 하순에는 피렌체 령 발디시에베 구역에서 소, 돼지, 양, 염소 등 파치가 소유 가축의 경매를 진행했다. 7월 초순에는 채무자 27명에 대한 체포영장을 발부했는데, 그중에는 루첼라이, 스트로치, 아디마리, 바론첼리, 프레스코발디, 구알테로티, 그리고 방계 메디치 등 쟁쟁한 가문의 이름들도 있었다. 그후에는 볼테라, 발렌시아, 브루제, 아비뇽, 리옹과 "그 밖의 장소들"로 인원을 보내 현장조사를 실시했다. 그동안 평의원들은 압수된 대량의 장부와 문서들을 검토하고 있었다.[269]

평의회가 업무를 수행하는 데는 2년의 시간이 걸렸다. 그동안 평의원들은 매주 두어 차례씩 모여 방대한 기록을 만들었다. 지불과 체포, 토지 압류와 매각에 대한 기록이 있었고, 증언을 그대로 받아 적은 것과 편지를 통째로 베껴 놓은 것도 있었다. 그 기록을 통해 새로 밝혀진 사실의 예를 들면, 두 개 직물회사의 대주주였던 레나토 데 파치는 피렌체의 모직물 교역에서 큰 비중을 차지하고 있었고, 그 동생 니콜로는 아비뇽에서 집안 사업에 전념하고 있었다.

파치가 재산의 확인이 갈수록 늘어남에 따라 그것을 매각하는 경매가 주기적으로 열렸다. 1480년 9월과 10월 평의회는 로렌초의 매부 굴리엘모 소유였던 재산의 매각을 공표했다. 매각 대상에는 농장 두 곳과 여러 필지의 토지, 네 채의 집과 별장 한 곳이 포함되어 있었다.[270]

피렌체 시내에서 가장 주목을 끈 매각물은 파치 저택 단지 안에 있는 '궁전'이었는데, 아마 자코포 경의 저택이었던 것 같다. 이것은 위대한 로렌초의 손에 떨어졌다. 이 궁전에는 궁륭 천장을 씌운 안마당과 한쪽 벽이 트인 로지아, 그리고 과수원, 우물, 마구간, "기타 건물과 부속시설"이 갖춰져 있었다고 한다.

이런 간략한 묘사로는 이 궁전의 명성과 위치가 어떤 의미를 가지고 있었는지 알 수 없다. 파치가의 땅이라 할 때도 그저 맨땅이 아니라 포도주, 올리브, 밀, 사료, 밀가루, 과일, 장작, 가금류

사육시설 등이 따라오는 경우가 보통이었다. 이런 물건들은 시내에 사는 주인이 필요로 할 때마다 수레로 실어오곤 하던 것이다. 피렌체에서 식품 값을 (여기에는 감춰진 세금이 들어 있었다) 치르는 이들은 땅을 못 가진 가난한 사람들이었다. 파치가 정도 재산가라면 방앗간 정도는 가지고 있었다.

1481년 초 평의회는 주요 표적의 하나인 자코포 데 파치 경의 프랑스 염세사업 관련 내용을 밝혀내기 시작했다. 자코포 경의 아버지 때부터 시작된 일이었다. 탑 관리소에서도 그 방면의 조사를 시도했었지만, 평의회는 1480년 8월 내용을 잘 아는 피렌체 사람 둘을 리옹으로 보내 구체적인 조사를 하고 보고서를 제출하도록 했다.

문제의 회사는 리옹에 있는 피렌체 사람들의 합자은행으로, 자코포 경과 프란체스코 디 니콜로 카포니, 프란체스코 디 로토초나시 등이 참여한 것으로 밝혀졌다. 물론 예탁금을 수령하는 업무도 보았지만, 그 은행의 가장 수익성 높은 사업은 프랑스 왕이 위탁판매한 소금을 매점해 놓고 소량씩 내다파는 것이었다.

이 소금 부문의 주요 출자자는 자코포 경과 카포니였다. 현금으로 소금을 매입하면서 대출이나 외상 판매도 했기 때문에 이 회사에는 수많은 채무자와 채권자가 있었는데, 그중에는 프랑스 왕과 나폴리 왕, 그리고 프랑스 귀족들과 피렌체 상인들이 포함되어 있었다.

세 사람의 출자자는 아비뇽에서도 비슷한 방식으로 모두 수십만 플로린에 달하는 대규모 사업을 벌이고 있었다. 그러나 모두 과거의 일이 되었다.[271]

파견 요원들의 보고를 분석한 평의회는 리옹 회사의 가치가 순자산으로 프랑스 돈 1만 4,000에퀴에 달한다는 결론을 내리고, 카포니에게 1만 1,500플로린의 지불을 명령하는 것으로 이 방면의 조치를 매듭지었다. 카포니는 이 금액을 리옹 회사에 채무를 지고 있는 라니에로 리카솔리와 로렌초 리카솔리에게 서류상으로 넘겨, 그들이 파치가의 채권자들에게 돈을 보내도록 한다.

복잡한 사업절차와 숨겨진 이해관계로 둘러싸인 소금사업에서 전체적으로 누가 얼마를 벌고 얼마를 잃었는지 밝혀내는 것은 불가능하다. 프랑스 왕 루이 11세는 음모의 소식을 듣자마자 파치가의 사업을 중단시켰다. 그러나 영향력을 가진 사람들은 챙길 것을 챙기게 되어 있는 법이며, 리카솔리 형제처럼 분쟁 능력이 있는 상인들은 살아남을 수 있었다.

평의회는 거짓 정보로 인해 조사에 오류가 있을 가능성을 인정하면서 1482년 5월 활동을 끝냈지만, 채권자들에게 향후 2년에 걸쳐 채권을 변제받을 조치를 취해 놓았다. 필요에 따라서는 그 기간이 더 길어질 수도 있었다. 종종 발생했던 업무상 혼란과 지체의 원인 중 일부는 재산의 확보와 처분을 서두른 데 있었다. 파치가에 시집왔던 여인들의 지참금이 법적 보호를 받게 되어 있음에도 돌려받는 데 애를 먹은 사례가 그런 결과였다.

참사회와 팔인회의 조치가 대성당에서 사건 발생 후 불과 몇 시간 만에 시작될 정도로 신속했기 때문에 파치가 측에서는 보석이나 현금조차 감출 여유가 없었다. 남자들은 모두 체포되고, 여자들은 수색을 당했을 것이다.

레나토의 아내가 1478년 5월 22일 탑 관리소를 상대로 6,000

플로린을 청구한 사실은 파괴와 약탈로 치달은 보복에 대한 하나의 증언으로 볼 수 있다. 두 달 후 법률가를 채용한 부인은 최고위 관리인 행정관에게 제출한 청원서에서 남편이 먼저 죽을 경우 자신의 지참금을 변상하도록 시아버지가 지정해 놓았던 농장과 재산들을 열거했다.

법률비용까지 포함해 청구한 것으로 미루어 법률가의 조언이 준엄했던 것으로 보인다. 그러나 부인이 상대한 것은 정권의 비호 아래 사법제도의 틀 밖에 존재하던 두 기구(탑 관리소와 평의회)였다. 따라서 부인의 청구가 받아들여지는 데는 3년 반의 시간이 걸렸다. 1482년 2월 25일에야 평의회의 전령이 그 지불을 위한 조치로 30개 농장과 많은 토지, 두 곳의 별장과 농가 주택 몇 채의 매각을 공고하러 나갔다.[272]

음모 발발 이후 4년 동안 진행된 재산처리 과정에서 가장 이해하기 힘든 점은 담당 관리들이 채권자들의 청구를 충족시키는 데 왜 그토록 어려움을 겪었을까 하는 것이다. 당시 수익성이 높아 활기를 띠고 있던 중고 의류 시장의 상황을 감안하면 파치가의 의류만 하더라도 수천 플로린의 가치가 있었을 것이다. 예를 들어 파치가의 침대보 단 두 장이 8플로린에 팔린 적도 있었다.[273] 파치가 재산의 경매에서 "신속한 처리"라는 명분 아래 낙찰가를 최대한 낮추려는 조작이 있었던 것일까? 특정 입찰자들에게 특혜를 준 것은 아닐까?

파치가의 채무 총액이 15만 플로린에 달하는 엄청난 재산 규모와 비슷한 수준이었을 리가 없다. 파치가처럼 거상이 아니더라도 주로 직물산업에 종사하던 피렌체 사업가들은 보통 2만 내지

3만 플로린의 재산을 가지고 있었다.

팔인회와 참사회는 파치가의 부채를 4만 내지 5만 플로린으로 추정했지만, 그 근거는 아직까지도 수수께끼로 남아 있다. 아무런 근거도 제시되지 않았다. 설령 이 액수를 인정한다 하더라도 나머지 재산은 어디로 갔는지가 문제로 남는다.

규모가 큰 리옹의 금융업과 소금사업은 그 회사의 채권자들을 감당할 수 있었다. 교황청과 관련된 로마의 파치가 재산은 교황의 도움으로 보호받았을 것이 거의 확실하다. 브루제의 재산 중 일부는 건져낸 것 같다. 그래도 그 나머지는 어디로 갔단 말인가? 피렌체 정부 금고로 환수되었을 리는 없다. 정치적 복수극이 당장 벌어지고 있는 와중이 아니라면 공공의 이익을 개인의 채권에 우선시키지 않는 것이 피렌체 사람들의 관습이었다. 수백 건의 채권 신고액 중 대부분은 2~3플로린을 넘지 않는 푼돈이었다.

평의회는 채권자들에게 지불할 추가 재원 1만 1,000플로린을 확보하려 노력하면서 업무를 마쳤다. 이를 위해 평의원들이 추방당한 굴리엘모와 볼테라 요새의 탑에 갇힌 네 명의 젊은이들에게 매달린 모습은 물에 빠진 사람이 지푸라기 잡으려는 꼴로 보였을 것이다. 평의원들은 그들에게 편지와 사람을 보내 재산이 어디에 있는지, 채무자가 더 있는지 알려달라고 거듭 졸라댔다.[274]

평의원들은 살아남은 파치가 사람들이 땅굴 속에 금덩이라도 묻어놓았을 것이라 생각했던 것일까? 얼마 후 굴리엘모가 비밀리에 재산을 건져보려고 노력한 것은 사실이지만 원래의 재산 규모에 비하면 찌꺼기에 불과한 것이었다. 식스투스 교황의 도움으로 로마의 재산이 지켜졌다면 그나마 웬만한 규모가 되었을 것이다.

피렌체 정부는 압류한 재산으로 덕을 본일이 전혀 없었던 것으로 보인다.

파치가의 재산 처분을 맡은 수탁자들이 채권과 채무 일부를 무책임하게 처리하거나, 상당 규모의 부정과 교묘한 협잡을 용인한 게 아닌가 하는 의심이 든다. 15세기의 피렌체 문헌에는 교활한 탐욕과 교묘한 합법적 도둑질에 대한 지탄이 넘쳐난다.[275]

프란체스코 파치는 음모 발발 당일 처형되었다. 그의 숙부 자코포와 사촌 레나토는 이틀 뒤에 목이 매달렸다. 동생 굴리엘모가 목숨을 건진 것은 비앙카가 로렌초에게 애걸한 덕분이었다. 음모 발발 후 몇 주일 동안 충격과 분노에서 벗어나지 못하고 있던 로렌초는 자기 매부가 음모에 관여했다고 생각하지 않을 수 없었을 것이다. 가족과 혈연에 관한 피렌체의 통념에는 친족 남성들 간에는 좋은 뜻이든 모든 것을 나쁜 뜻이든 공유하는 법이라고 보는 경향이 있었기 때문이다.

피렌체에서 추방당한 굴리엘모는 아내의 소유지 한 곳으로 주거가 제한되었다가, 1480년 9월 무렵에는 돌아다닐 수 있는 허락을 받아놓고 있었다. 그러나 피렌체에 돌아오는 것은 허용되지 않았다. 그가 비밀리에 피렌체 쪽으로 접근해 기와지붕과 첨탑들을 바라보며 단테가 "진정한 도시[천국]의 탑만이라도" 바라보기를 갈망하던 마음을 떠올린 적이 있었을까? 아니면 보다 신랄한 기분으로 "잃어버린 사람들"로 가득한 "슬픔의 도시[지옥]"에 관한 대목을 떠올리지는 않았을까?[276]

레나토의 동생 안드레아는 피렌체에서 도망치다가 붙잡혔으나 목숨만은 건졌다. 그는 두 동생 니콜로와 갈레오토와 함께 무기징역을 언도받고 얼마 후 볼테라로 이송되었는데, 나중에 그곳에서 평의회가 보낸 사람들을 만났다. 굴리엘모의 동생 조바니도 무기징역을 판결받고 볼테라로 이송되어 같은 탑에 수감되었다.

파치가 사람들이 피렌체에서 제거되고 그 방계 친척들이 이름과 문장을 사용하지 못하게 되자, 이제 남은 일은 재산을 몰수하고 채권자들에게 변제를 해주는 것뿐이었다. 일이 그렇게 보였다. 그러나 파치가의 명성과 후광이 그리 쉽게 사라지지 않는다는 사실이 분명해지면서 팔인회는 보다 막연한 문제에 직면하게 된다.

참사회가 파치가에 대한 조치를 의결기구에서 통과시킬 때 적지 않은 반대표가 나온 데서 짐작할 수 있듯이 도시 안에는 파치가를 동정하는 보이지 않는 세력이 있었다. 그리고 (나중에 살펴보겠지만) 알라마노 리누치니처럼 동정을 넘어 찬양하는 사람들까지 나타나게 된다. 사실 파치가에 특별히 호감을 가지지 않은 사람들 중에도 메디치가를 싫어하는 이들이 있었기 때문에 통치 집단은 파치가의 응징에 대한 시민들의 절대적 지지를 기대할 수 없었다.

레나토의 동생으로 사르노와 밀레토 주교를 지낸 안토니오는 체포되지 않았으며 보복의 물결도 피할 수 있었다. 그의 뒤를 이어 파치가 사람인 안드레아 디 조바니가 나폴리 왕국에서 주교가 되었다. 주교는 영향력 있는 존재였다. 더욱 중요한 점은 파치가에 대한 교황의 우호적인 태도와 나폴리 왕 페란테의 지지가 계속 되었다는 사실이다. 파치전쟁을 종결짓고 평화를 얻기 위해 피렌체가 파치가 젊은이 넷의 형량을 무기징역에서 추방으로 낮

취주지 않을 수 없었던 사정을 눈여겨 보아야 한다.[277]

그러나 팔인회는 멀리 떨어져 있는 적에게도 위협을 가할 힘을 가진 존재였다. 1434년 이래 죄인을 포함한 정치적 추방자들은 감시를 받을 뿐만 아니라 팔인회와의 접촉을 계속 유지할 의무가 있었다. 추방당한 장소에서 벗어나지 않고 있다는 사실을 정기적으로 (보통 매월 한 차례지만 매주 한 차례인 경우도 있었다) 팔인회에 알려야 했던 것이다. 팔인회에 보내는 이 보고서는 공증을 받아야 했다. 이 의무를 제대로 지키지 않으면 '비행자非行者'에서 '반역자'로 넘어가, 재산을 몰수당하고 피렌체 법에 따라 누구든 보는 대로 죽여도 괜찮은 대상이 되었다. 죽인 사람은 상금을 탈 수도 있었다.[278]

다른 위협들도 있었다. 추방자와 피렌체 사람 사이의 모든 접촉이 감시의 대상이었다. 팔인회의 검열 도장을 받지 않은 편지를 추방자에게 보내는 것은 불법이었다. 팔인회의 사전 허락 없이 친척이든 친구든 사업 관계자든 추방자를 찾아가 만나는 것도 금지되었다. 마찬가지로 추방자가 피렌체로 보내는 모든 편지도 팔인회의 검열을 받아야 했다.

팔인회는 추방자가 있는 곳으로 밀정을 보내기도 했다. 알비치, 아치아이우올리, 네로니와 니콜로 소데리니 같은 중요한 추방자들을 감시하는 데는 비용과 노력을 아끼지 않았다. 필요할 때는 무려 40명이나 되는 인원을 쓰기도 했다. 추방자의 어머니나 아내가 팔인회의 허락 없이 추방자를 만나거나 편지를 쓰다가 적발될 경우 형편없기로 악명 높은 감옥에서 2년 동안 징역을 살 뿐 아니라 200플로린의 벌금도 내야 했다.

피렌체 정치에서 원한과 복수는 재산이라는 매체를 통해 아버지에서 아들로 이어졌다. 정치적 특권의 상실은 토지와 자본에 대한 위협을 불러왔고, 이로 인해 공포심과 분노, 꺼지지 않는 증오심이 일어났다. 팔인회의 '전체주의적' 조심성도 이러한 측면에서 설명된다. 메디치파 통치 집단은 추방에 따르는 비통과 상실감이 어떤 것인지 충분히 알고 있었다. 그러나 그 정치적 측면을 죄악과 반역으로 규정했기 때문에 추방자들이 서로 만나 음모를 꾸미거나 피렌체를 적대하는 외국 세력의 도움을 받으려는 유혹에 빠질 경우에 대한 경계를 늦추지 않았다.

메디치파의 의심은 근거가 있는 것이었을까? 어느 추방자가 무슨 이유로든 (허가 없이 여행을 하거나 적과 자리를 함께 한 일이 드러나는 등) '반역자'의 위상으로 떨어지면 그 머리에 현상금이 붙는 셈이었다. 따라서 추방자에게 국외의 유력한 친구나 친지가 있을 경우, 고국의 통치 집단을 겨냥한 음모에 가담할 동기가 생기는 것이었다.

1481년에 로렌초의 목숨을 노린 음모는 그에 대한 증오심에 내몰린 세 명의 피렌체 사람들이 꾸민 것이었다. 1470년대와 1480년대에 걸쳐 네리 아치아이우올리와 조바니 알토비티는 이탈리아 반도를 누비며 자객이나 복병이든, 혹은 돈이든 로렌초를 암살할 수 있는 자금과 군사적 지원 수단을 찾아다녔다. 이러한 점을 우려한 팔인회와 탑 관리소가 반역자로 규정된 추방자의 재산을 (피사에 있는 주택이든, 다른 어느 곳에 있는 땅이든) 몇 년이 걸리더라도 한 조각도 남기지 않고 찾아내려 애쓴 데는 '정당한' 처벌을 완벽하게 하려는 뜻과 함께 계속되는 '반역' 행위의 바탕이 되는 자원을 제거하려는 의도도 있었던 것이다.

1466년 아버지의 죄로 인해 함께 추방당했던 네리 아치아이우올리는 아버지가 빈궁에 빠지는 것을 보았다. 그런 이유로 그는 로렌초에 대한 증오심을 키우게 되었다. 1482년에 콜라 몬타노는 굴리엘모 데 파치가 피렌체의 지도자를 제거하려는 새로운 음모를 꾸미며 다른 불평분자들과 연락을 취하고 있다고 주장했다. 니콜로 소데리니가 1466년 추방된 후 17년이 지난 1483년까지도 팔인회와 탑 관리소는 남아 있는 그의 부동산을 찾아내서 매각하고 있었다.[279]

파치 재산의 처리과정에 석연치 않은 의문점을 얼마나 남겼든, 탑 관리소와 평의회는 재산을 비롯해 채무자와 채권자를 밝혀내려는 집요한 작업을 거치는 동안 수천 매의 증거문서를 살펴보았다. 몇 해 후인 1486년 9월 관리들이 두 기구가 보유하고 있던 파치가 장부와 문서의 목록을 작성해 놓은 것을 통해 이 작업의 범위를 알아볼 수 있다.

그 목록에는 무려 56권의 작은 공책과 문서 여덟 꾸러미, 그리고 127점의 장부와 기록이 올라 있는데, 그중 열두 점은 압류된 재산의 처리과정을 담은 것이었다. 나머지는 영업용 원부와 일지, 현금출납부, 재고목록과 입고목록, 재산관리 장부 등이었다. 그 전부 또는 대부분이 사라진 것으로 보인다.[280]

그 밖에도 또 다른 파괴의 대상이 있었을 것이 거의 확실해 보이기는 하지만, 아마 영원히 풀리지 않는 수수께끼로 남게 될 것이다. 15세기 파치가 성인의 초상은 남아있지 않은 것으로 보인다. 15세기의 새로운 풍속에 비추어 볼 때 그처럼 자부심과 재산

파치 예배당 제단화(안드레아 델 카스타뇨 작품으로 추정). 파치가의 두 아이, 레나토와 그 누이 오레타의 모습이 좌우의 아래쪽에 보인다.

이 많았던 집안에서 초상화를 그리지 않았을 리가 없다.

예를 들어 1452년에서 1462년까지 10년간 적어도 다섯 명의 파치 집안 처녀가 (굴리엘모의 누이 둘과 레나토의 누이 셋) 결혼을 한 사실이 알려져 있다. 그들의 혼수를 담은 상자는 당시 피렌체에서 카소네 그림의 대가였던 아폴로니오 디 조바니의 공방에서 만든 공예품이었을 것이다. 상자 겉면에는 주로 고전시대나 근세의 사랑 이야기를 내용으로 한 그림이 그려져 있었다. 특히 자코포 경과 피에로 경, 레나토 데 파치, 그리고 그 부인들은 초상화를 많이 그렸을 것이다.[281]

추측컨대 파치가의 상품과 세간을 경매에 내놓기 위해 압류할 때 그 가문에 관련된 일체의 명예로운 기억을 말소하려는 취지에 따라 초상화를 파괴하는 데 애쓴 사람들이 있었을 것으로 보인다. 만일 그중에 시장으로 흘러나온 그림이 있다 하더라도 구입자가 문장을 비롯한 파치가의 그림을 모두 지워서 출처도 이름도 없는 물건으로 만들어버렸을 것이다.

리누치니의 프로필[282]
Chapter 12 Profile : Rinuccini

알라마노 리누치니, 1426~1499

자유의 찬미자인 시민 엘레우테리우스가 피렌체를 떠나 시골의 검소한 농장으로 은거했다. 가까운 친구인 알리테우스(진실을 말하는 자)와 미크로톡수스(문제를 푸는 자)가 그를 찾아와 하룻밤 묵어가게 되었다. 공화국이 자유를 사랑하는 사람들의 존재와 활동을 필요로 하는 상황에서 그가 왜 도시와 공직생활을 등졌는지 궁금해서였다.

세 사람이 함께 앉아 이야기를 나누었다. 알리테우스는 피렌체가 오랫동안 정치적 자유를 추구해 온 사실을 강조하며, 자유란 문명된 행동을 할 수 있는 능력을 말하는 것이라고 정의한다.

이야기를 주거니 받거니 하던 중에 엘레우테리우스가 피렌체의 정치 방식을 규탄할 기회를 잡는다. 공화국이 훌륭한 가문 출신으로 성품이 고매한 인물들의 손에 맡겨져야 하는데도, 작금은 고위직을 부패한 방법으로 나눠먹거나 부정한 방법으로 탈취하고 있다는 것이었다.[283]

알리테우스가 이 말을 받아 로렌초 데 메디치가 피렌체의 전통적 지도자들에게 굴종을 강요하고 있다고 비판한다. 의회에 있는 사람들은 자기 생각을 말하기가 두려워 입을 다물고 있다. 시민들은 정치에 관심을 잃었다. 재판은 권력자들의 손에 쥐어져 있으며 판결을 사고파는 일도 많다. 관직은 권력자의 추종자들로 채워진다. 로렌초는 자기 영향력으로 팔인회를 움직여 뻔뻔스러운 범죄자들을 감옥에서 풀어준 일까지 있다. 세금은 권력에 가까운 사람들에게 유리하게 매겨진다.

굳건한 조상들이 이웃 도시들을 이겨내고 야만스러운 폭군들을 몰아냈던 이 도시가 어쩌다 이 꼴이 된 것일까? 알리테우스는 심지어 진행 중인 파치전쟁에서 로렌초가 나가떨어지고 자유가 회복되었으면 좋겠다는 말까지 한다.

밤새 끊어졌던 대화를 미크로톡수스가 다시 잇는다. 그는 과거의 조상들이 공화국의 납세자로, 그리고 공직 담당자로 나섰던 것처럼 개인에게는 사회에 봉사할 도덕적 의무가 있는 것이라고 주장한다. 그런데 엘레우테리우스가 자기 자신만을 위해, 그리고 조용한 시골에서의 연구만을 위해 살아가고 있는 것은 이 전통을 저버리는 부끄러운 행동이 아닌가?

엘레우테리우스는 스토아철학에 입각해서 비판에 응수한다. 철학을 공부한 사람으로서 그는 재물이나 공허한 명성을 추구하는 데 따른 열정을 회피하려 한다고 말한다. 그런 종류의 노력으로 얻을 수 있는 것은 근심뿐이다. 인생의 유일하고 참된 목적은 마음의 평안을 얻는 것이다. 그것이 행복에 이르는 길이다.

도덕적 의무를 완수하기 위해 공직을 수행하면서 그는 그것이 로렌초와 그 둘레의 아첨꾼들을 도와주는 일일 뿐이라는 사실을 알게 되었다. 정부에 있으면 도둑놈들에게 둘러싸여 있을 수밖에

없다는 사실을 안 이상 공직생활을 포기하는 것이 제일 좋은 길이라고 결정했다는 것이었다.[284]

어떤가, 생각을 바꿔 볼 수는 없겠는가? 안 된다. 피렌체의 정치가 너무나 부패해서, 자연스러운 권리로 차지해야 할 공직을 얻기 위해 거지처럼 비는 꼴이 되고 말 것이다. 이런 상황에서 그런 구걸을 하느니 공직을 포기하고 시골에 은거하는 편이 합리적 판단 아니겠는가?

또 한 가지 문제가 있다. 식스투스 교황과 페란테 왕을 상대로 진행 중인 전쟁은 피렌체의 자유를 위한 전쟁이라기보다 로렌초에 대한 피렌체의 예속상태를 유지하기 위한 전쟁이다. 피렌체의 수령과 정부가 이렇게 비판의 도마에 올라 있다.

지어낸 이야기가 분명한 앞의 대화는 알라마노 리누치니가 비밀리에 남긴 우울한 정치적 증언 《자유에 관한 대화》에서 발췌한 것이다. 피렌체에 환멸을 느끼고 스스로를 추방한 시민 엘레우테리우스가 바로 리누치니 자신이다. 그는 4월의 음모 이듬해에 지은 이 글을 로렌초가 파치전쟁으로 타도된다면 그때 발표하려고 했다. 실제로 이 조그만 작품은 빛을 보지 못하다가 2차 세계대전 후에야 출판되었다.

세련된 합리성을 내세우는 이 작품에는 기독교적 요소가 들어 있지 않으며 순전히 '세속적' 논리를 따른다. 초기의 교부철학자나 중세의 어느 철학자보다 키케로, 플라톤, 아리스토텔레스와 스토아학파의 논조에 어울린다.

이 글을 쓴 사람에 관해 무엇이 알려져 있는가?

피렌체 지하의 정치적 반대세력의 모습을 매우 또렷이 그려낸

필자 알라마노 리누치니는 훌륭한 교육을 받고 야심과 정열을 가진 인물로 피렌체 정계를 세심히 살피는 위치에 있었다. 그는 로렌초와 아는 사이였고 그 주변의 모든 문인 및 학자들과 친구로 통했으며, 여러 고위 공직을 수행했기 때문에 정권에 동조하는 사람으로 보였다.

그러나 그는 4월의 음모 무렵까지 마음속으로 이를 갈고 있었다. 위대한 수령이 모든 권력을 독점하면서 피렌체 귀족들을 부하 취급하고 있다고 보았던 것이다. 그 반동으로 파치가에 대한 경모의 마음을 키우던 그는 음모의 실패를 대단히 애석하게 여겼다.

그는 파치가 사람들이 "조국의 해방이라는 타당하고도 진정한 과업"에 나선 것을 보며 그 "당당하고 너그러운 정신"에 깊은 감동을 받았다고 비망록과 《대화》에 적었다. "더 없이 고귀한 행동 facinus gloriosissimum"이며 "영원한 찬사를 받을 가치"를 지닌 결단인데 아쉽게도 "운명의 여신에게 외면당했다"는 것이다.[285]

1200년대에 등장한 리누치니 가문은 14세기 중엽부터 피렌체 역사에서 눈에 띄는 자리를 차지하게 되었다. 알라마노의 증조부 프란체스코 경은 상인이자 기사였는데 참사회에서 다섯 차례나 근무한 경력이 있었다. 피렌체 최고기록 보유자일지도 모른다.

그는 또한 대단한 재산가로서 다년간 도시의 최고액 납세자 중 하나였다. 이후 1430년대에 이르기까지 리누치니 집안의 정치적 중요성은 줄어들었지만 피렌체의 고액납세자 명단 꼭대기를 떠나는 일은 없었다. 그 집안은 도시의 동쪽 구역, 파치 집안과 알비치 집안 저택단지 가까운 곳에 자리 잡고 있었다.[286]

알라마노는 피렌체 상류층 젊은이들이 대부분 그랬던 것처럼 장사와 은행에 관한 훈련을 받으며 자라났지만, 또한 라틴어와 그리스어 교육도 받았다. 시인이자 논객으로 명성을 떨쳤던 할아버지 치노 이래 자랑스러운 학식의 전통을 가지고 있기도 했거니와, 그 무렵에는 고전학이 지배계층 소년들을 위한 바람직한 교육과정으로 여겨지고 있었기 때문이다.

알라마노의 아버지는 거액의 재산을 상속받았으나 그것을 지키지도, 성공적인 사업으로 전환시키지도 못했다. 그 이유의 일부는 1430년대에서 1440년대까지 시행된 살인적인 재산세와 소득세 제도에 있었다. 세금에 대한 분노가 조심스러운 분위기 밑바닥에 깔려있는 가운데 자라난 알라마노도 장사에서 성공을 거두지 못했을 뿐더러 아예 장사를 싫어했다. 그래서 말년에 그는 집세와 농지에서 나오는 개인적 수입에다 공직에서 얻는 수입을 보태야 할 형편에 자주 놓였다.[287]

그의 마음을 진정으로 사로잡은 대상은 따로 있었다. 1440년대에서 1450년대에 걸쳐 그는 피렌체대학에서 수사학과 철학 강의를 들었다. 이후 그는 피렌체 최고의 그리스 연구자가 되어 그리스 작품들을 라틴어로 번역하는 일에 착수했다. 특히 플루타르크가 중요한 번역 대상이었다.

그러나 정치가 우리의 주제이며, (플루타르크의 주제이기도 했지만) 리누치니 집안에 끊임없이 영향을 끼친 것도 정치였다. 그런 정도의 재산을 가진 피렌체 가문에게 길은 두 갈래였다. 하나는 정략결혼을 맺고 공직을 차지하는 길이었고, 다른 하나는 편파적인 세무 관리들에게 시달리는 길이었다. 세무 관리들은 그런 집안을 손쉬운 밥으로 여겼다.

어느 역사가의 기록에 의하면 리누치니 가문은 14세기 말엽에 "[공화국] 통치 집단과 알력을 겪으면서 약 50년간 모든 중요한 공직에서 제외되었다"고 한다. 그 이유는 밝혀져 있지 않다. 알라마노는 《자유에 관한 대화》에서 자기 가문의 역사를 한 문단으로 요약할 때 이 반세기에 걸친 기나긴 정치적 그림자의 세월을 아무 말 없이 지나쳐버린다. 그러나 이 시기가 바로 그 집안이 가장 세금에 시달릴 때이고, 그 굴곡이 절정에 이른 시점이 메디치파 통치의 초기에 해당된다. 아버지가 1462년까지 살아 있었으므로 알라마노도 집안에서 오고가는 이야기를 통해 가문의 정치적 문제에 관해 모두 알고 있었을 것이다. 그러나 그는 그 이야기를 한 마디도 하지 않는다.

1450년대까지 몰락을 거듭한 결과 리누치니 가문 본가의 경제적 지위가 중간급 사업가들 틈에 낄 정도가 되었다. 그러나 그 명성과 사회적 위신은 유지되어 혼담에서도 좋은 위치를 지키고 있었다.

알라마노의 숙부 한 사람은 1447년 납세신고서에서 이렇게 불만을 터뜨리기도 했다. "내 재산의 대부분은 피렌체 사회로 넘어갔다. [우리가] 짊어져 온 과중하고 부당한 세금 때문이다. 하느님이시여, 저에게 더 많은 참을성을 주시고, 이런 결과를 불러온 자들을 용서하소서."[288] 알라마노의 형제 중 적어도 세 사람이 성직에 들어갔는데, (당시의 풍속으로 보아) 아마 경제적 이유 때문이었을 것이다. 그런 신분과 교육배경을 가진 사람들에게 교회는 안정된 자리를 만들어줄 수 있었다.

1469년에 알라마노의 순자산은 1,569플로린으로, 그 안에는 검소한 생활을 근근이 보장해 줄 만한 부동산과 투자자본이 포함되어 있었다.[289] 예를 들어 그 일부는 파치 은행에 '정기예금'으로 들어 있었다. 정해진 기간 동안 돈을 예치해 놓는 제도로 이율은 은행가의 판단에 따라 결정되었는데, 대개 7퍼센트 내지 8퍼센트 정도였다.

동생 프란체스코에 대한 상해죄로 한 차례 체포되었다가 사면을 받은 경력에서 볼 수 있듯이 알라마노는 폭발적인 성격의 소유자였다. 그런 그가 박쥐와 같은 이중적인 길을 걷고 있었다. 겉으로는 메디치파에 협조하면서 속으로는 반대파에 속하고 있었던 것이다.

유서 깊은 가문 출신에다가 학식도 갖추고, 정치적 비중이 큰 집안(카포니 가문)과 결혼하고 메디치가를 부지런히 드나드는 사람이었으니 그의 명패가 고위직 추첨함에 들어가는 것은 어려운 일이 아니었다. 그는 1460년에 참사회원으로 한 번 뽑혔고, 뒤이어 여러 공직을 맡았다. 최고의 명예인 집법관 자리에 가까이 간 일까지 있었다.[290]

그렇기 때문에 1466년 5월 그가 공화주의 '개혁파'의 반 메디치파 청원서에 이름을 올린 것은 참으로 뜻밖이었다. 그러나 그는 이 '배신' 행위를 무마하고 1466년(9월)과 1471년, 1480년 메디치파에서 더 적은 수의 사람들이 더 많은 권력을 점유하기 위해 구성한 전권위원회에 끼어들 수 있었다. 그런데도 그는 《역사비망록Ricordi》에서 이 시기를 서술할 때 피에로 데 메디치를 무장난동이나 독재와 부패의 죄목으로 비판하고, 로렌초가 1480년 구성한 전권위원회를 "독재적"인 것이었다고 규탄한다.

비망록과 《대화》를 보면 알라마노는 메디치파 통치 집단을 "자격 없는" 사람들이 벼락출세한 것으로 여긴다. 그렇다고 그가 후원 청하기를 꺼린 것은 아니었다. 그는 플루타르크의 《영웅전》에서 뽑은 다섯 편의 번역을 피에로 데 메디치와 젊은 로렌초에게 헌정했다.[291]

외교적으로 민감한 시기에 중요한 사행으로 로마에 갔을 때 (1475~1476) 그는 밀라노 공작에 대한 식스투스 교황의 분노를 참사회에 곧바로 보고했다. 교황이 "그 놈을(공작을) 똥개처럼 파문시켜 버리겠다!"고 분통을 터뜨린 말까지 그대로 전했다. 로렌초는 이 보고에 분노해서 알라마노의 사행을 중지시켰다.

알라마노는 충격과 수치감을 느꼈지만 화가 난 수령에게 우호적인 편지를 계속 보냈고, 이따금씩 사냥을 다녀온 뒤에는 잡은 동물을 한 마리씩 보냈다. 이런 행동이 호감을 되찾아 고위직으로 돌아가기 위한 단순한 아첨과 위선이었을까? 사람이 처한 시간과 장소를 감안하여 살핀다면 도덕성이란 단순명쾌하기만 할 수 없는 것이다. 알라마노의 행동을 살피는 데도 그런 감안이 필요할 것이다.[292]

베네치아와 마찬가지로 조그만 피렌체도 갖출 것은 다 갖춘 하나의 국가였고, 그 맹렬한 애국심을 놓고 본다면 거의 민족국가에 가까운 나라였다. 중류층과 상류층 사람들은 (여자들은 말할 것도 없고 남자들도) 이 도시에서 저 도시로 마음대로 옮겨 다니며 새로운 직업이나 직종을 찾을 자유가 없었다. 유산계층이 그런 자유를 가지게 되는 것은 근대사회에 들어와서의 일이다.

물론 피렌체 상인들이 사업을 위해 국외로 나가는 일이 많았고, 장기간 머물 때도 있었다. 그러나 결국은 모두들 돌아오게 되어 있었다. 강력한 뿌리와 가문과 신분과 결혼관계와 친구들이 모두 갖춰져 있는 곳, 고국만이 '진정한 도시'였다.

알라마노와 같은 피렌체의 상류층 인물은 스스로 추방상태로 들어가지 (성직에 들어서는 것은 이 세상을 버린다는 점에서 그렇게 볼 수 있다) 않는 한, 될 수 있으면 평안한 삶을 위해 애쓰지 않을 수 없었다. 자신이 바라는 사회적 역할이 공직 세계에서 가장 잘 실현될 수 있었기 때문에 그는 그 세계를 받아들였고, 속으로는 이를 갈면서도 공직생활을 추구했을 것이다. 피렌체 집안들의 가장 수백 명이 알라마노와 같은 방식으로 살아가고 있었다. 메디치가에 협조하는 시늉을 하는 것이다.

그러나 1466년의 개혁파 400인이나 (공화주의 서약에 서명할 용기가 없던 사람들은 제외하고라도) 1470년과 1471년 로렌초 일당에 저항하다 나중에 협조한 입법기구 의원들처럼, 시민들은 통치 집단의 전권을 눈감아 주면서도 메디치파의 지배로부터 풀려날 희망을 버리지 않았다. 그들은 관망하면서 더 넓은 범위의 참정권을 허용하는 틈새가 갑자기 벌어지기를 기다리고 있었다. 그러는 동안 회의장 안으로 내키지 않는 발길을 옮기기도 하고 비밀투표에서 불만을 표출하기도 했다.

1479년, 파치전쟁이 로렌초의 파멸을 향해 치닫는 것처럼 보이기 시작하고, 많은 사람들이 그 통치의 종말을 점치고 있을 때 충실한 폴리치아노마저 (그는 피렌체 사람이 아니었다) 절망에 빠져 도시를 떠났다. 그런 사정을 보면 로렌초가 1480년 나폴리에 가느라 석 달 남짓 도시를 비웠다가 정부가 심각한 내부 동요에 직면할 것을 우려해 서둘러 돌아온 것도 이해할 만한 일이다. 그런 위험은 실제로 존재했으며, 측근들이 그의 귀국을 안절부절 기다리고 있었다. 결연한 반대파들이 정치기구들 가운데 도사리고 있다는 사실을 알고 있었기 때문이다.

알라마노는 대단히 정치적인 인물이었다. 가문에서 그를 공직에 진출할 사람으로 점찍은 것은 올바른 결정이었다. 활동적인 성격에 지성까지 갖춘 그가 리누치니 집안의 정치적 운명을 호전시키는 과제에 가장 적임자로 보였던 것이다.

1466년의 서약에 서명한 데서 나타난 것과 같은 그의 로마식 공화주의 성향은 고전 교육의 산물이었다고 볼 수 있다. 이 성향은 1476년 갈레오초 마리아 스포르차를 살해한 밀라노의 "폭군 살해자"들을 열렬히 찬양한 데서도 나타난다.

플루타르크의 저술을 번역한 것을 메디치가에 헌정한 사실로 미루어 그가 로렌초에게 냉대받기 전까지는 진심으로 메디치가를 지지했다고 보는 견해도 가능하다. 공화주의 서약에 서명한 일로 인해 의문의 여지가 있기도 하지만, 그해 메디치파의 전권위원회에 선발된 사실을 보면 그가 흔들리고 있었던 것으로 생각되기도 한다. 겉으로 나타내는 메디치가에 대한 충성을 내면적인 믿음에까지 관철하려 노력하고 있었던 것이 아닐까.

사실 그는 오랫동안, 특히 1460년대를 통해 플라톤의 "시민 군주" 관념에 매력을 느끼고 있었다. 백성의 동의를 받아 통치하는 현명하고 선량한 군주를 말하는 것이다. 이 관념을 연장해 메디치가가 지도적 위치를 차지하는 귀족제 공화국을 꿈꾸는 것도 가능한 일이었다. 이 흔들리는 관점 때문에 그는 한편으로 메디치가에 봉사하면서도 다른 한편으로 냉소적인 거리감을 두는 이중적 태도를 지니고 있다가, 로렌초의 냉대를 받게 되자 결정적으로 등을 돌린 것이 아닐까.[293]

알라마노의 《자유에 관한 대화》는 강한 정치적 메시지를 담은 글로 눈에 띄게 극단적인 측면이 있다. 메디치파 지배 이전의 공화국을 이상화하는 데서도 그렇고, 메디치파를 혹독하게 비판하는 데서도 그렇다. 로렌초 정권의 부패하고 범죄적인 측면을 공격하는 데 쓰인 언어는 웅변가이자 법률가였던 키케로에게서 빌려온 것이다.

그러나 이 껍데기를 벗겨낸다 하더라도 메디치파 지배의 불미스러운 측면은 사라지지 않는다. 온 도시를 뒤덮는 로렌초의 후원과 '우정'의 그물에는 아첨과 부패가 따르게 되어 있었다. 이 짧은 글에서 알라마노는 자기 자신도 만드는 데 한몫했던 동그라미를 네모로 바꾸겠다고 애쓰고 있다.

우리가 《대화》 속의 가상세계로부터 걸어 나오고, 또 그도 걸어 나오게 만든다면, 그는 자기 행동의 죄악을 스스로 비판하는 자가당착에서 벗어날 수 없을 것이다. 1480년대를 지나 로렌초가 죽을 때까지 그가 공직을 계속 담당한 것은 (그가 실제로 보기 드물게 정직한 인물이었다면) 범죄적 정권이라고 스스로 비난한 정부의 얼굴에 분칠을 해주는 역할을 한 셈이 아닌가.

여러 세대에 걸쳐 많은 시민들이 메디치파 정권에 협조했다. 표결에서 메디치파를 지지하기도 했고, 그후원의 우산 아래 공직을 맡기도 했다. 그중에는 언젠가 이 재능 있는 가문이 내동댕이쳐지는 순간이 온다는 것을 믿거나 희망한 사람들도 많았다. 그러나 마침내 그런 순간이 닥쳤을 때는 무대 위에 새로운 대본과 새로운 배우들이 올라가 있었고, 그 어려움은 도를 더해가고 있었다.

영주이자 시민 로렌초
Chapter 13 Lorenzo : Lord and Citizen

벗겨진 가면

1489년 1월의 어느 날 아침 페라라 공작의 피렌체 주재대사가 특이한 광경을 접했다.[294]

그 전날 시골 별장에서 돌아온 로렌초가 대사와 대성당에서 우연히 마주쳤고, 두 사람은 그곳에서 잠깐 이야기를 나누었다. 그곳은 이야기를 편하게 나눌 수 있는 자리가 아니었기 때문에 두 사람은 이튿날 다시 만나기로 약속했다. 19일 아침 로렌초를 만나기 위해 메디치 궁전으로 향하던 대사가 불온한 분위기의 군중과 마주쳤다.

대단히 많은 사람들이 길거리에 몰려나와 있었는데, 그 까닭은 며칠 전 팔인회의 하인 하나를 죽인 젊은 피렌체 사람이 정의의 장소로 끌려가고 있었기 때문이다. 젊은이는 시에나로 도주했으나 시에나 사람들이 다시 참사회의 수중으로 돌려보냈다. 젊은이가 가로를 이끌려 가는 동안 …… 사람들이 반항적인 태도로 '도망쳐! 도망쳐!' 하고 외쳐댔다. 그리고 어떤 사람들은 밀고 들어가 그를 행정관의 위병들 손에서 빼앗으려 했다. 그때 막강한 팔인회

위원들이 나타나 광장을 당장 떠나지 않는 사람은 사형에 처할 것이라고 위협했다.

밀라노 대사와 제노바 대사, 그리고 로렌치노 디 피에르 프란체스코 데 메디치와 그 동생 조바니가 [로렌초의 육촌동생들] 그 젊은이에 대한 은혜를 청하기 위해 소동 당시 [참사회] 궁전에 있던 위대한 로렌초에게 가 있었다. 로렌초는 찾아온 사람들에게 위안의 말을 베풀기는 했지만, 그 젊은이를 광장에서 목매달아 행정관 궁전의 한 창문에 매달도록 했다. 그러고 나서 그는 앞장서서 '도망쳐! 도망쳐!'를 외쳤던 사람 넷을 붙잡아 오도록 명령하고는 그들에게 네 차례씩의 스트라파도 형벌을 가한 다음 4년간 도시에서 추방했다. 이렇게 해서 소동은 진압되었는데, 위대한 로렌초는 분위기가 완전히 가라앉을 때까지 현장을 떠날 생각을 하지 않았다. …… 나는 밀라노 대사를 비롯해 여러 시민들과 함께 궁전에 머물러 있었지만, 위대한 수령과 이야기를 나누기에는 그리 좋지 않은 상황이라고 생각되었다.

이 사안에는 뭔가 대단히 특이한 점이 있었음이 분명하다. 적어도 형벌의 경감을 고려할 만한 정황이나 조건이 있었을 것이다. 그렇지 않다면 두 명의 외국 대사는 말할 것도 없고, 군중이나 로렌초의 육촌동생들이 그 젊은이의 목숨에 그렇게 관심을 보였을 리가 없다.

그 젊은이가 많은 사람들의 관심을 끈 이유가 무엇이었는지 우리는 알지 못한다. 그러나 놀라운 사실은 대사들과 로렌초의 육촌동생들이 관용을 청하기 위해 로렌초를 쳐다보았다는 것이다.

그가 직접 개입할 경우 사형을 징역형이나 손 하나를 자르는 형벌, 또는 추방으로까지도 감형시킬 수 있다는 사실을 지극히 당연하게 여긴 것이다.

로렌초는 그 시점에서 그런 권한과 관련된 어떤 직위도 맡지 않고 있었다. 그런데도 사정을 잘 아는 당시 사람들의 눈에는 그가 그런 권한을 가진 것으로 보였다. 그리고 그는 그 권한을 즉각 행사했다. 사람들이 원한 방향으로는 아니었지만.

한순간에 그의 말 한마디로 처형 장소가 바뀐 것이다. 성문 밖의 "정의의 장소"로 끌려가는 대신 젊은이는 시내 한복판에서 처형되었다. 우매한 군중에게 교훈을 준다는 의미로도 볼 수 있고, 불손한 백성의 뺨을 후려치는 의미로도 볼 수 있는 조치였다.

이에 만족하지 않고 로렌초는 군중의 항의를 주도한 네 사람을 체포하고 형벌을 주었으며 추방하도록 명령을 내렸다. 서 있던 그 자리에서 경찰관으로, 그리고 재판관으로 변신한 것이다. 그것이 실질적인 통치자의 모습이기도 했다.

이탈리아의 도시에서는 오직 군주와 영주들만이 그런 초월적인 권위를 행사했고, 또 행사할 경우에도 정규적 사법기구를 통하는 것이 보통이었다. 이런 식으로 직접적이고 우악스럽게 휘두르는 것은 14세기의 밀라노 영주들이나 취하던 태도였다

1490년대 후반 피렌체에서 로렌초가 어느 정도의 권력을 가지고 있었는지 어떤 서술이나 문서보다도 직설적으로 보여주는 것이 이 조그만 사건이다. 어느 순간 가면을 벗어던지고 도시의 영주로 나서는 장면이다.

그 무렵 그는 통풍 발작으로 인해 건강이 좋지 않던 상태였음

을 역시 페라라 대사의 보고를 통해 알 수 있다. 그날 그의 무자비한 태도는 건강상태에서도 일부 원기인한 것일 수 있다.

그러나 그가 형법의 엄격하고 가혹한 적용을 한결같이 주장한 사람이었다고 생각해서는 안 된다. 그는 후원의 그물 안에 있는 수백 명의 피후원자를 위해 무거운 형을 경감시켜 주려 애쓴 일이 많았다. 그가 사형수들을 감형이나 사면시켜 준 덕분에 살인자들이 피렌체 거리를 활보하고 있다고 알라마노 리누치니가 비판하기도 했다.

기이한 일들

군주 권력의 삐뚤어진 형성과정을 살펴보기 위해서는 로렌초 말년의 한 시점으로 미리 달려가 방향을 잡아놓는 것도 좋을 것 같다.

성유聖油를 바르고 왕위에 오른 군주에게는 뭔가 신성한 속성을 기대하는 것이 17세기 중엽까지의 풍속이었다. 세속의 존귀한 권위 뒤에는 어떤 초월적 힘이 있을 거라고 사람들은 믿고 싶어 했다. 르네상스 시대 이탈리아의 시인과 사상가들 중에는 고전세계의 목소리에서 힘을 얻어 이 통념에 반기를 들고 나선 사람들도 있었다. 그러나 대중뿐 아니라 대다수의 지성인들도 (마르실리오 피치노도 그런 예다) 정치적 권력을 초자연적 힘과 결부시켜 생각했다.[295]

피렌체에서 로렌초의 위상에 대한 사람들의 느낌은 너무나 강렬한 것이었기 때문에 그의 죽음과 결부하여 특이한 현상들이 관

1543년 미켈란젤로가 디자인한 산 로렌초 교회 예배당과 로렌초의 무덤(왼쪽).

찰되지 않을 수 없었다.[296] 그의 죽음을 앞두고 늑대 떼가 우는 소리를 들었다는 사람들도 있었고, 혜성을 보았다는 사람들도 있었다. 또 어떤 사람들은 "무시무시하고 혼란스러운 목소리들" 속에 "놀라운 크기의 그림자들" 사이의 싸움을 보았다고 하기도 했다. 미친 여자 하나는 시내의 어느 큰 교회로부터 뛰쳐 나오며 화재에 대한 괴상한 예언을 했다. 피렌체를 내려다보는 언덕마을 피

영주이자 시민, 로렌초 371

에솔레에서 세 가닥의 빛이 비쳐 나와 시내 상공을 지난 다음 산 로렌초 교회 위에 어른거렸다는 이야기도 있었다. 로렌초의 할아버지와 아버지, 그리고 살해당한 줄리아노를 비롯한 메디치가 가족들이 묻힌 묘지였다.

그러다가 1492년 4월 5일 자정을 한 시간가량 앞둔 시각에 심한 폭풍우가 쏟아지는 가운데 벼락이 대성당 꼭대기에 내려쳤다. 그 충격이 얼마나 컸는지, 돔 지붕의 거대한 대리석 석재들이 튕겨 나와 수십 미터 아래의 땅바닥으로 떨어졌다. 메디치가 방향이었다. 병마에 시달리던 로렌초는 그 사흘 후에 죽었다.

그가 위중한 상태라는 사실을 피렌체에서 모르는 사람이 없었다. 그를 미워하는 사람들은 목소리를 낮춰 그 소식을 퍼뜨리는 데서 즐거움을 얻었다.

이 세상은 영혼으로 가득한 곳이었다. 적어도 당시 사람들은 그렇게 생각했다. 시민들 중에는 로렌초가 낀 반지 속에 요정 하나가 갇혀 있다가 그의 죽음 사흘 전에 풀려나면서, 얼마나 힘차게 튀어나왔는지 대성당 지붕에 손상을 입힌 것이라고 믿는 사람들까지 있었다. 피렌체 수호성인 산 조바니의 이름을 딴 세례당은 도시의 정신적 초점이었고, 대성당은 바로 그 건너편에 있었다. 로렌초의 죽음은 친구와 가까운 사람들에게 슬픔과 함께 더러는 두려움을 불러일으켰지만, 대다수 피렌체 사람들은 속으로 기뻐했던 것으로 보인다.

그렇다면 어째서 로렌초가 사람들의 생각 속에서 마술반지의 힘과 맺어진 것인지 한 번 생각해 보자. 민담에서 지표를 찾는 것도 가능하나, 더불어 그가 모은 엄청나게 많은 골동품에 관련된 소문에서 원인을 찾을 수 있다.

그의 수집품 가운데는 조각한 보석, 반지, 주화, 메달, 장신구, 소형 탁상시계, 염주 등 값비싼 소품들이 얼마든지 있었다. 로렌초가 이것들 중 많은 것을 (특히 파치전쟁 동안) 팔아치우기는 했지만, 이 신기한 재산은 사람들의 상상력을 자극했다. 외국의 군주나 추기경, 대사 같은 중요한 인물들은 피렌체를 방문하면 이 수집품을 꼭 구경하고 싶어 했다.

그가 죽은 후 목록을 만들 때 이 소품들 중에는 하나에 500플로린이나 되는 평가를 받은 것도 있다. 반면 그가 소장하고 있던 파올로 우첼로의 세 폭으로 된 전쟁 그림 〈산 로마노의 약탈〉 같은 것은 한 폭에 겨우 50플로린으로 평가되었다.[297] 강인하고 현실적인 기질이면서도 미신적 성향을 가진 피렌체 사람들은 로렌초의 권력에 초월적인 느낌을 받았기 때문에, 그가 신비로운 정령들의 도움을 받는 존재라는 믿음을 자연스럽게 가지게 되었던 것이다.

권력

4월의 음모가 음모자들을 피바다에 빠뜨린 반면 로렌초에게는 하나의 좋은 기회가 되었다. 그는 줄리아노의 희생과 나폴리에서의 외교적 성공을 이용하여 최측근의 지지자들을 더욱 강고하게 결속시키고 새로운 방식의 강압통치를 펼쳤으며, 완고한 반대자들을 물리치거나 압도하면서 자신의 위치를 통치 집단의 머리 위에 올려놓았다. 그의 다음 세대에(b. 1483) 태어난 위대한 역사가

이자 정치사상가 구이차르디니는 이런 설득력 있는 평가를 내놓았다. 그의 할아버지 형제는 로렌초에게 긴밀히 협력한 인물들이었다.[298]

이 [파치가의] 봉기는 …… 그날이 그에게 가장 행복한 날이 되었다고 할 만큼 그의 명성과 운명을 되살려 주었다. 줄리아노가 죽

프란체스코 푸리니의 〈위대한 로렌초와 카레지 별장의 플라톤 아카데미아〉(1635, 피렌체, 피티 궁, 왼쪽)와 19세기 화가 루이지 무시니가 재현한 작품(오른쪽). 코지모가 설립한 이 카레지 별장은

지 않았다면 재산을 분할해야 했을 것이니, 그의 재산도 그렇게 위대할 수는 없었을 것이다. 그의 적들은 정부의 손으로 당당하게 제거되었고, 그가 피렌체 위에 씌워 놓았던 의혹의 그림자도 마찬가지로 척결되었다. 시민들이 그를 위해 무기를 들었으며 …… 바로 그날 드디어 시민들은 그를 도시의 영주로 인정했던 것이다. 그는 자신의 안전을 [위협으로부터] 지키기 위해 마음대로 무장경

인문주의의 가장 권위 있는 요람이다. 이곳에서는 플라톤 탄생일인 11월 7일에 해마다 화려한 향연을 여는데 이러한 플라톤 철학에 대한 관심은 메디치가 측근을 특징짓는 일종의 표식이 된다.

호원을 둘 것을 허락받았다. 사실상 그는 군주와 마찬가지 존재가 된 것이었다. …… 그가 그 시점까지 쥐고 있던 막대한 권력은 불신의 표적이었지만, 이제는 더욱 막강해졌을 뿐 아니라 의심을 벗어나게 되었다. 이것은 [이런 식의 승리는] 시민들 사이의 불화에 종지부를 찍어준다. 한쪽 편이 [또는 당파가] 절멸되고 다른 편의 우두머리가 도시의 영주가 된다. 그를 지지하던 사람들은 이제 지지자 정도가 아니라 그의 신민이 되다시피 한다. 국민 전체가 노예상태에 빠지고, 국가는 상속을 통해 영주의 후손에게 넘어간다.

로렌초는 그러나 이 글에서 그려 보이는 것과 같은 행운아였던 것만이 아니었다. 음모가 터져 나오자 그는 전쟁, 교황청의 정신적 권력과의 충돌, 그리고 정부 지출의 폭증과 반대파의 불평에 직면해 공격과 방어에 분주한 가운데 사태를 자신에게 유리하게 활용하는 본능을 발휘했다.

그가 시인, 독서광, 예술애호가, 공상가, 도시계획가를 지향한 사람이었던가? 그렇다, 그 모두였다. 그리고 1480년대의 몇 년 동안은 피치노의 제자이며 신新플라톤주의자이기도 했다. 그러나 '현실'과 완전성의 형상이 천국의 지평에 속한다고 상상하면서도 그에게는 지상의 사업이 언제나 첫 번째로 중요한 것이었다.

그는 다른 무엇이기에 앞서 행동가였다. 이 행동가는 자기 도시의 정부와 그 안에서 자신의 위치를 무엇보다 중요하게 여기는 목표를 집요하게 추구하였으며, 메디치가의 운명은 이 목표에서 떼어낼 수 없는 것이었다.

그러나 그가 처해 있던 상황은 적의와 야심을 품은 사람들에게 둘러싸인 위험천만한 것이었기 때문에 생존을 위해 민첩하고 교활한 지성, 임기응변의 능력, 그리고 위엄까지도 필요로 했다. 한마디로 천재가 아니면 안 되었던 것이다.

  그에게 아무리 깊은 원한을 가진 사람이라도 그가 그런 능력들을 가지지 않았다고 말하지는 못했을 것이다. 그러나 그 능력들 외에도 그에게는 오만, 권력욕, 잔인성, 그리고 지독한 복수심이 있었다고 주장했을 것이다. 그를 심하게 미워했던 인문학자 알라마노 리누치니의 말을 들어보자.[299]

> 로렌초는 천성과 훈련과 습관을 통해 대단한 재능을 갖춘 사람으로서, 그 할아버지 코시모와 비교하더라도 전혀 떨어지지 않는 인물이다. …… 그의 정신력은 워낙 강하고도 적응력이 뛰어나 어렸을 때부터 어떤 대상에 관심을 가지더라도 다른 사람들보다 더 쉽고 완벽하게 습득할 수 있었다. 그래서 그는 춤, 활쏘기, 노래, 승마, 각종 경기, 여러 가지 악기를 비롯한 온갖 일에 능했으며, 그 모두를 통해 아름답고 즐거운 소년기를 지냈다. 그가 자신의 엄청난 능력에 대한 자부심과 더불어 우리 시민들의 비겁하고 예속적인 정신을 간파했기 때문에 자기 아버지의 가르침에 따라 모든 공적 권위와 권력과 위엄을 독차지하고, 결국 율리우스 카이사르처럼 스스로 공화국의 영주가 되기로 마음먹은 것이라고 나는 믿는다.

  뛰어난 정치적 후각을 가진 로렌초는 필요할 때면 신속한 행동을 할 수 있었다. 1470년 통치 집단에 대한 통제력 강화를 너무 일찍 시도했다가 실패로 돌아간 일처럼 때로는 지나치게 신속한 행동도 때로는 있었다.

　파치전쟁의 종결이라는 낭보를 가지고 나폴리로부터 개선할 때, 분위기에 편승해 실속을 거둘 시점이라고 본능적으로 파악한 그는 바로 행동에 착수했다. 그가 남쪽 왕국에 있는 동안 측근들은 통치 집단 내의 불만이 팽배해 가기만 하는 데 겁을 집어먹고 있었다. 충성심 없는 건달 녀석들에게 본때를 보여줄 때가 온 것이었다. 그 녀석들을 주변부로 밀어내거나 아예 몽땅 쫓아내고 통치 집단 핵심부의 대열을 바짝 조일 기회였다.

　로렌초는 나폴리에서 돌아온 지 3주일이 안 되는 동안 양순한 멤버들로 구성된 참사회를 앞세운 채 측근들과 함께 세 입법기구에 출두해 다시 한 번 의원들을 기만하고 새 법안 하나를 통과시키려 획책했다. 그 법안은 합헌적 쿠데타라 할 만한 내용을 가진 것이었다. 그런데 두 입법기구에서는 로렌초 일당의 오도와 기만에도 불구하고 뭔가 낌새를 알아챘는지, 이 법안을 거의 부결시킬 뻔했다. 백인회에서는 한 표 차이로 통과되었고, 인민의회에서는 불과 두 표 차이였다.

　뇌물과 이권의 약속이 있었을까? 폭력과 협박이 있었을까? 우리는 알 길이 없다. 세금을 더 공평하게 한다느니, 지연된 후보 심사를 신속하게 한다느니, "훌륭한 행정"을 위해 "문제점"을 정리한다느니, 개혁의 필요를 들이대는 바람에 의원들은 짧은 기간 동안 강력한 권한을 가지는 전권위원회의 설치를 승인하지 않을 수 없었다. 전권위원회, 이것이 의혹의 냄새를 피운 실체였다. 멋지게 표현하자면 트로이 목마였다. 전권위원회를 손에 넣음으로써 로렌초와 그 일당은 행동에 나설 준비가 되었다.[300]

약속했던 조세개혁은 서두르지 않았고, 결국 이뤄진 사안도 전혀 만족스럽지 못한 것이었다. 후보 심사 문제는 완전히 묵살되었다. 다른 현안들도 모두 젖혀놓았다. 전권위원회가 업무를 시작한 지 며칠 만에 해낸 일 하나는 새 위원회인 칠십인회를 만든 것이었다.

메디치파가 여러 해에 걸쳐 겉보기로는 전체 정치 계급의 모습을 그대로 두면서 실제 통치 집단의 규모를 축소해 권력을 집중시키는 작업을 해온 이유는 후원 전략의 성과에 고무된 한편, 반대세력의 적개심에 대한 두려움 때문이었다. 이 "합헌적" 정책은 성과를 거두었다. 그러나 통치 집단 내의 야심가인 "불순한" 명문가 출신 정치인들의 위협은 아직도 남아 있었다.

그래서 로렌초와 그의 조언자들은 일종의 상원과 같은 존재인 칠십인회를 만들어 통치 집단의 심장이나 영혼 역할을 맡게 한 것이다. 그 회원들은 비밀을 서약할 것이며, 처음에는 5년 임기로 시작하지만 결국은 종신직이 될 터였다. 특권으로 결합된 이 조직은 로렌초에 대한 충성과 순종이 기대되는 동시에, 필요할 때면 손쉽게 분열시켜 다스릴 수 있는 대상이었다.

칠십인회의 권한은 유례가 없는 것이었다. 1480년 이후 이 조직은 참사회 구성을 계속 맡았다. 그리고 최종적 자문기구로서의 기능을 통해 입법기구를 통제하였으니, 이것은 참사회의 가장 큰 권한 하나를 빼앗아 온 것이었다. 또한 칠십인회 멤버만으로 구성되는 외무위원회와 내무위원회, 두 개의 새 기구가 생겼다. 8인으로 구성된 외무위원회는 외교관계를 담당하는 기구였고, 12인으로 구성된 내무위원회는 형사와 재정을 포함한 내무를 맡았다.

그러나 로렌초와 그 일당이 나폴리에서의 성공이 가져다 준 후광에 힘입어 칠십인회를 만드는 동안에도, 페라라 대사는 (1480년 7월 3일) 이를 비롯한 근래의 변화들을 놓고 이런 보고를 본국에 보내고 있었다. "제가 보기에 이곳 사람들은 과거 어느 때보다 큰 불만을 가지고 있습니다."[301]

대사의 견해가 전혀 허무맹랑한 것이 아니었다면 피렌체의 제1 시민은 경계심을 늦출 수 없는 입장이었다. 지금까지에 못지않게 계속 재주를 피워야 했고, 이따금씩 철권을 휘두를 필요도 있었다.

스포르차 가문과의 관계

편지쓰기는 로렌초의 생활에서 놀랄 만큼 큰 비중을 차지했는데, 그것을 통해 시민의 모습보다 영주의 모습을 더 많이 찾아볼 수 있다. 그가 받은 편지 중 남아 있는 것만도 2만 통이 넘고, 파괴되거나 분실된 것은 또 얼마나 많은지 알 수 없다. 그의 비서들이 작성한 불완전한 목록을 봐도 그가 보낸 편지 역시 수만 통에 이른다.[302]

그는 매일 대여섯 시간 정도를 자기 방에 앉아 편지를 구술하거나 자기 손으로 쓰는 데 보냈다. 실질적으로 외교부장 역할을 한 셈이었다. 1480년대를 지나는 동안 그는 외교 분야에 대한 통제력을 계속 늘려 나갔다.

그의 편지 중 대부분은 해외 주재 피렌체 대사들, 피렌체 영지의 장관들, 시 의회들, 군주들, 교황들, 추기경들, 소규모 영주들,

그리고 주교들과 비텔리, 오르시니, 산세베리노, 발리오니 등 당대의 중요한 장군들에게 보낸 것이었다. 그의 관심 영역과 대조할 때 놀라운 사실은 공개된 편지 중 시와 문장에 관한 내용이 없다는 것이다. 책을 빌려달라는 부탁이 더러 있을 뿐이다. 정치권력, 그리고 아마 더 큰 목적을 추구하기 위해 그는 역사책을 읽는 데 특별한 취미를 가지게 되었다.

로렌초의 편지들에는 위대한 후원자가 일하는 모습이 나타난다. 밀사를 보내고 후원을 베풀며 감사의 뜻을 전하고, 친구와 피후원자, 친구의 친구들을 추천하는 장면들이다. 감언이설, 희롱, 강박, 지시, 협박, 매혹, 기만 등 온갖 수법이 발휘된다.

후원 편지에는 애정의 도식적인 주장이 거의 강박증세로 보일 만큼 자주 나타난다. 이런 식이다. "당신이 내게 가지고 있는 사랑을 위해, 또는 당신에 대한 나의 사랑을 위해 이런 일을 해주시오. 이 사람이 나인 것처럼, 이 사람의 사업이 내 사업인 것처럼 여기고 이 사람과 그의 사업을 대해 주시오. 내가 그렇게 여기고 대하는 사람이오."[303]

그러나 피렌체에서 로렌초의 권력은 도시의 헌법에 털끝만큼도 근거가 없었다. 그 권력은 협상과 강요 두 가지 방법을 통해 만들어진 정치조직의 형태에 근거를 둔 것이었다. 피렌체 공화정부의 구조는 비록 이런 일이 가능하도록 굽혀질 수는 있었지만, 로렌초가 주장하고 행사한 것과 같은 권리를 "정당한 방법으로" 부여할 수는 없는 것이었다.

로렌초가 권력을 가진 것은 그것을 쥘 '능력'을 가졌기 때문이었다. 이런 일이 가능했던 것은 상당한 범위의 지도적인 인물과 가문들이 (대부분 '귀족'이었다) 자발적으로 그에게 권력을 쥐어 주면서, 그와 함께 일하고 필요할 경우 (그런 경우가 없지 않았다) 함께 몰락할 각오를 가졌기 때문이었다.

충신들과 영리한 정치가들, 거물들과 후원자들, 상인들과 지주들, "명예로운" 기사들과 법률학자들이 힘을 합쳐 만들어준 권력이었다. 공직과 정치적 후원, 비밀 회합의 구불구불한 길을 꿰뚫고 있는 사람들이었다. 아무런 헌법상의 권리도 없이 사회평화의 절박한 필요를 내세우면서 그들은 로렌초에게 권력을 넘겨주었다.

바로 그들 자신이 교란자로 지목될 수 있는 상황에서 이루어진 일이었다. 로렌초와 메디치가를 밀어 올려주는 가운데 자신과 자신의 가문도 끌려 올라가고, 메디치가에 가장 긴밀하게 협력한 귀족층을 위해 보다 안전한 조건을 마련하는 작업이었다.

설령 토마소 소데리니와 그의 패거리가 1469년 12월 로렌초의 집에 찾아가 그를 "수령maestro di bottega"으로 인정하는 일을 하지 않았다 하더라도, 밀라노 공작의 군대가 로렌초를 피렌체의 지도자로 앉히려 했을 것 또한 분명한 사실이다. 그럴 경우 피렌체의 귀족층이 단결되어 있다면 즉각 동맹자들을 찾는 등 위협에 효과적으로 대응해 밀라노 군대를 격퇴할 수도 있었을 것이다. 그러나 골수 메디치파의 존재가 그런 정도의 단결을 불가능하게 만들고 있었다는 사실을 잊지 말아야 한다.

밀라노와의 관계에서 로렌초는 언제나 피후원자의 위치였고, 갈레아초 마리아 스포르차는 후원자의 입장이었다. 스포르차 가문이 거의 언제나 메디치 은행의 큰 채무자였다는 사실도 이 관계를 바꿔놓지 못했다. 1466년 프란체스코 스포르차가 죽을 때 메디치 은행에 대한 채무는 11만 5,000다카트에 달했고, 보석과 염세 징수권이 그 담보로 들어가 있었다. 메디치 은행 역사 연구자 한 사람의 말에 의하면 그후 한두 해 동안 이 채무는 "17만 9천 다카트라는 환상적인 금액"으로 늘어나게 된다.[304]

그러나 이탈리아 최강국의 하나를 통치하던 공작들은 필요할 경우 메디치가를 지켜줄 수 있는 군대를 가지고 있었다. 메디치가가 피렌체 성문을 통제할 만한 힘만 가지고 있으면 되었다. 이 두 가지 조건은 결코 잊혀지는 일이 없었다. 로렌초가 "밀라노 포병대"의 위용을 마음속에 떠올리는 일이 이따금씩 있었을 것이다. 1472년 밀라노 포병대는 "16문의 거포"를 보유하고 있었는데, 그 대포들을 옮기는 데 "227대의 수레와 1,044마리의 소"가 필요했다고 한다. 그리고 이 대포들 뒤에는 2만에서 4만에 이르는 밀라노 군대가 있었고, 그중 기병이 1만 2,000기였다.[305]

로렌초는 열 살 때 피렌체에서 젊은 군주 갈레아초 마리아를 처음 만났다. 그 6년 후 밀라노에서 만난 것은 나폴리 왕가와 스포르차가 사이의 결혼식에 참석하러 갔을 때였다. 세 번째 만남은 바로 그 다음 해, 로렌초가 갈레아초 마리아의 아들 세례식에 참석하러 밀라노에 다시 갔을 때였다. 그때 로렌초는 큼직한 다이아몬드가 박힌 황금 목걸이를 선물했다.[306]

두 사람이 가장 친밀한 관계를 나눈 것은 1471년 3월의 네 번째 만남에서였다. 공작은 2,000기병의 화려한 행진 속에 피렌체를 방문했다. 그 일행에는 500명의 보병과 개 1,000마리, 그리고 수많은 사냥용 매가 끼어 있었다. 공작과 그 측근들은 메디치 궁전에서 아흐레 동안 손님으로 묵었다. 시민들이 어안이 벙벙해서 바라본 이 행사를 통해 로렌초 신변에 일종의 후광이 생겨났을 것이 틀림없다. 물론 리누치니처럼 식견이 있는 피렌체 시민들에게는 스포르차 공작이 흉측한 괴물로 보였겠지만, 힘은 힘이었다.

로렌초와 공작 사이의 편지는 물론 정중한 것이었지만, 분방한 표현이나 감정이 넘치는 경우도 더러 있었다. 로렌초는 자신이 피렌체에서 위치를 지키는 것이 갈레아초 마리아를 위한 일이라고 거듭 강조한다. 그는 공작을 위해 봉사하고 공작의 도구이자 촛불 노릇을 하는 것이므로, 무엇이든 "각하Vostra Celsitudine"를 위해 좋은 일이 곧 로렌초와 피렌체를 위해서도 좋은 일이라고 주장했다.[307]

우리의 제1 시민이 편지에 쓴 이런 말의 의미를 따져보면, 메디치가 통치의 목적이 궁극적으로 피렌체를 밀라노의 외교정책에 종속시키는 데 있다는 뜻이다. 이런 아부성 발언에는 과장이 있기 마련이지만 밀라노 영주와 그 조언자들은 액면 그대로 받아들인 것 같다. 그들은 그런 전제 아래 행동했던 것이다.

이것은 나중에 메디치파에서 파치가와 살비아티 대주교가 피렌체를 식스투스 교황과 나폴리 왕에게 복속시킴으로써 피렌체의 독립성을 훼손하려 했다고 비난한 것과 모순되는 일이다. 로렌초와 그 일당이 피렌체를 이미 밀라노에 예속시켜 놓은 것이다. 그리고 밀라노와의 유착관계가 1450년 이래 20여 년에 불과한 것이었으므로, 오랜 전통을 지키는 것이라고 주장할 여지도 없었다. 말도 안 되는 소리였다.

이탈리아 국가들이 처해 있던 역동적이고 불안정한 상황 속에서는 피렌체를 때에 따라서는 베네치아에 가까이 하기도 하고,

또 때에 따라서는 교황이나 심지어 나폴리 왕에게 가까이 하기도 하는 유연한 정책이 현명한 길이었다. 1470년 로렌초와 통치 집단 사이의 견해 차이가 첨예하게 불거져 토마소 소데리니 같은 사람조차 투쟁과 회유의 대상이 된 적이 있었다. 당시 문제의 상당 부분은 피렌체가 밀라노의 외교정책에 예속되어 버렸다는 믿음에 근거했던 것이다.

로렌초도 자기 주장의 적어도 일부가 현실이라는 사실을 1479년 가을 몸소 맛보기도 한다. 새 영주로 일어서고 있던 루도비코 스포르차로 인해 밀라노의 정책이 갑자기 페란테 왕에게 우호적인 쪽으로 뒤집어지는 바람에 로렌초가 극적인 나폴리 방문을 결행하지 않을 수 없었던 것이다. 자신을 로마로 보내 식스투스 교황과 지롤라모 백작의 손에 넘겨버릴지도 모르는 왕의 품안으로 뛰어든 일이었다.

실제로 페란테 왕은 1480년 1월 중순까지도 로렌초가 로마로 가서 "[교황의] 용서를 빌기"를 원하고 있었다. 로렌초는 이에 대해 자기를 로마로 보내려면 쇠사슬로 묶어야 할 것이며, 자신의 유언과 고회를 받아줄 법률가와 신부를 붙여야 할 것이라고 대답했다.[308]

후원자

한 사람의 막강한 시민의 (또는 탄생는 과정 중인 군주의) 모습을 마음속으로 그려보자. 피렌체의 거리나 시청 광장을 걸어가면서, 또는 대성당 안에서 걸음을 옮기면서 조정을 자기 주변에 끌고

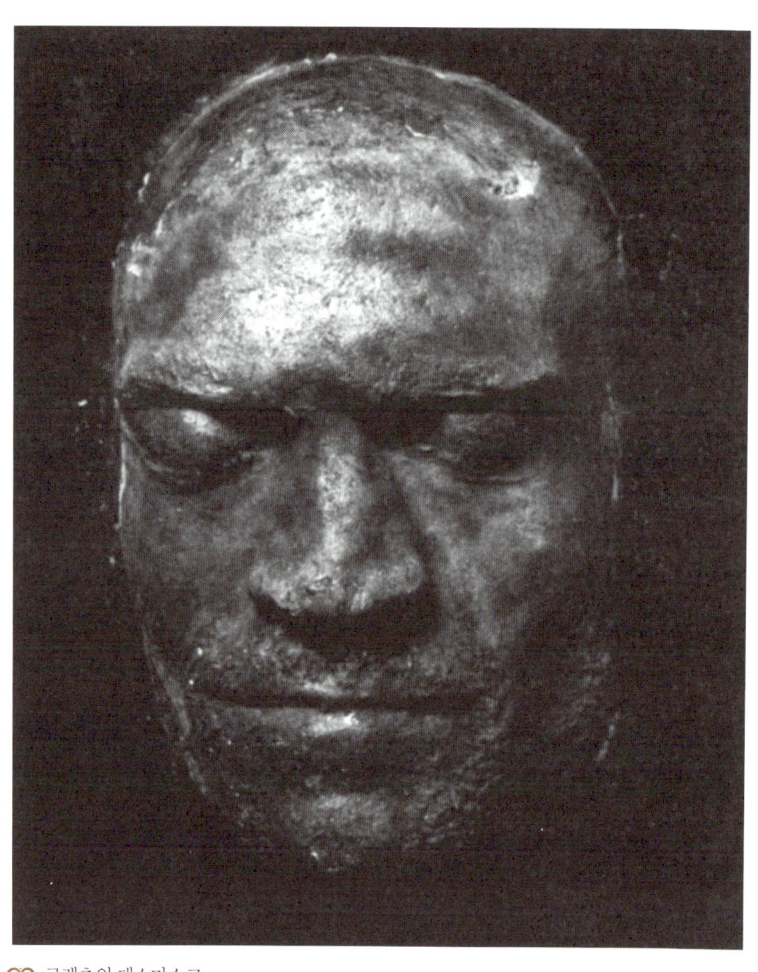
로렌초의 데스마스크

다니는 모습이다. 이것이 4월의 음모가 터져 나올 시점까지 위대한 로렌초의 모습이었다. 좀더 초연한 태도를 지켰던 그의 아버지나 할아버지에게는 보이지 않았던 모습이었다.

로렌초는 비록 미남이 아니었고 목소리도 껄끄러웠지만 뛰어난 재능을 가지고 있었다. 놀라운 말솜씨와 능란한 대인관계 덕분에 공인의 역할을 즐기고 사람들의 눈에 띄기 좋아했으며, 늘 사람들에게 둘러싸인 채 활기를 보였다. 그는 자신의 매력에 자신감을 가지고 열심히 활용했음이 틀림없다. 널리 알려진 나폴리 여행에서의 기막힌 성공도 그 결과였다. 그가 대사들, 친구들, 청탁자들, 시인들을 비롯해 많은 사람들과 공공장소에서 이야기를 나누는 모습을 볼 수 있었다.

대성당과 시청 광장이 사람들을 만나는 데 주로 쓰인 장소였다. 그러나 비밀스럽고 중요한 회합은 시골 별장에서 따로 열리거나, 그 밖에 메디치 궁전이나 집법관, 참사회, 팔인회 등의 청사 건물 안에서 이루어졌다.[309]

그는 편안한 방식의 공적 행동양식을 1478년 4월을 계기로 중단하게 된다. 두려움이 끼어들었을 뿐 아니라 이제 시민으로서 그의 신분도 너무 높은 것이 되었다. 파치가에 대한 "기억의 삭제"는 로마법에서 군주나 황제와 같은 고귀한 신분에 적용되던 조치를 연상시키는 것이었다. 로렌초 살해 시도가 마치 군주의 시해 같은 대역죄大逆罪라도 되는 모양새였다.

팔인회는 갑자기 모든 무기 소지 허가를 취소했다. 전령들이 달려 나와 나팔을 불며 시민들이 소지하고 있는 모든 무기의 목록을 제출하라는 명령을 전했다. 극소수의 특권층 시민들만이 팔

인회로부터 특별 면제를 받았다.[310]

그리고 피렌체 공화국 역사상 처음으로 일개 시민인 로렌초가 무장호위대를 거느리고 시내를 다닐 수 있는 허가를 받았다. 열두 명에서 열네 명으로 구성된 호위대에는 기병들과 네 명의 쇠뇌 궁수, 그리고 궁수와 검술사들이 들어 있었다.

로렌초는 호위병들이 호화로운 별명으로 불리는 것을 좋아했던 모양인데, 그중에는 그가 지어준 별명도 있었음이 분명하다. '마늘지기Salvalaglio', '검둥이 마르티노Martino Nero', '삐딱이 안드레아Andrea Malfatto' 등이었다. 기막힌 멋쟁이 마르구트는 또 한 명 호병의 별명 모르간테와 함께 루이지 풀치의 영웅적 희극시 〈모르간테〉에서 따온 우스꽝스러운 이름이었다.[311] 더러는 칼을 위협적으로 빼들기도 하면서 시내를 지나다니는 호위대는 무척이나 눈에 띄는 존재였을 것이다.[312]

사실 이처럼 요란한 모습은 아니라도 비슷한 모습이 피렌체 시내에 나타난 일이 몇 해 전(1472)에 있었다. 피렌체에 예속된 도시 볼테라의 반란에 대한 참혹한 진압의 책임으로 로렌초가 비난의 표적이 되어 있을 때였다. 신변의 위협을 느낀 로렌초는 얼마 동안 시내를 다닐 때 소규모 호위대에 둘러싸인 모습을 보였다. 그러나 위험에 대한 불안감은 오래지 않아 사라졌다.

새로 만들어진 호위대는 철폐되지 않았다. 호위대의 존재는 그를 시각적으로 다른 시민들과 차별되는 위상으로 올려놓았고, 그에 따르는 고함소리와 명령소리는 권위적 분위기를 만들어주었다. 그가 피렌체 시내를 지나다닐 때나 성문을 나서서 시골로 향할 때 언제나 호위병들에게 둘러싸여 있는 모습을 상상해 보라.

호위병들은 개인에게 속하면서 또한 공공적인 존재였다. 이 조그만 무장집단은 언제 어디서나 시민들의 눈길을 끄는 구경거리였다. 많은 사람들이 천사와 악마의 존재를 현실로 믿던 이 세계에서, 로렌초의 반지에 갇혀 있는 강력한 정령이 존재한다고 믿는 사람들이 생기게 된 것도 이상한 일이 아니다.

로렌초의 새로운 모습은 현실을 투영하면서도 묘한 분위기를 불러일으키는 것이었다. 그는 피렌체에서 가장 큰 '대부'로 오랫동안 그 자리에 있었다. 섬김과 두려움과 존경의 대상이 되도록, 은혜를 베푸는 사람이 되도록, 위대한 영주들과 어울리도록, 그리고 사람들로부터 경외의 태도를 기대하도록 교육받으며 자라난 로렌초는 자신의 새로운 모습을 너무나 자연스럽게 받아들였다.

그가 진짜 군주들처럼 민사건 형사건 재판을 직접 처결할 권리를 가지고 있지는 않았다. (폭동 비슷한 상황에 뛰어들어 즉결처분을 내리는 모습을 앞에서 살펴보기는 했지만.) 그러나 그는 팔인회를 조종할 수 있었고, 좀더 교묘한 방법으로 상인재판소도 마음대로 움직일 수 있었다.

그는 베네치아의 팔인회나 페라라의 에스테 영주들처럼 위기 상황이라는 주장을 내세워 일반적 법률을 초월하는 위치에 설 권한을 가지고 있지 않았다. 그 대신 그는 막후에서 추종자들, 피후원자들, 그리고 두려움이나 욕심을 가진 사람들을 통해 움직여야 했다. 강박, 협박, 협상 등은 기본이고 이 사람에게 혜택을 주면서 저 사람에게 손해를 입히는 온갖 방법이 사용되었다.[313]

그의 후원 활동을 생각할 때 그로 인해 박탈당한 사람들을 간과하기 쉽다. 선택되지 못한 사람들, 그가 다른 사람들에게 베푸는 혜택을 (정당한 이유가 있든 없든) 받지 못한 사람들이다. 예술가와 공예가들은 접어놓고 이야기할 때, 메디치가의 피렌체에서 후원의 혜택은 능력과 미덕에 대한 보상이 아니었다. 그것은 제공한 봉사에 대한 보답이었고, 줄을 잘 선 데 따라 얻어지는 성과였다.

헌법상의 근거가 없는 위상 자체가 로렌초로 하여금 온 도시 안에 연줄과 후원의 그물을 펼치지 않을 수 없게 만든 원인이었다. 자기 측근들을 포함해 다른 사람들이 무엇을 하고 있는지 불안한 마음을 가지지 않기 위해 그는 뒤통수에도 눈이 달려 있어야 했다. 편지로든 구두로든 끊임없는 부탁과 청탁이 그를 중심으로 오가야만 했던 이유도 여기에 있었다.

시민들 사이의 분쟁을 해결하는 데도 그의 역할이 필요했다. 그는 도시 최고의 조정자가 되어 자신의 판단력을 자랑스럽게 제공했다. 이런 역할의 부담은 시간이 갈수록 늘어났기 때문에 그의 동생이나 어머니까지도 나서야 했다.

로렌초가 신앙심 깊은 사람이기는 했지만, 일고여덟 개나 되는 종교단체에 가입할 종교적 이유까지는 없었다. 사실상 그는 이 종교조직들을 도시의 여러 구역을 살피는 이목으로 활용했다. 심지어 그는 서민들의 계 조직potenze까지 뚫고 들어갔다. 수없이 많은 '친구'들을 통해 그는 피렌체의 어느 구석에도 통할 수 있었다. 위로는 피렌체 정부 꼭대기의 집법관으로부터 밑으로는 성벽 주변 구석구석의 교구교회에 이르기까지 그의 영향력이 닿지 않는 곳이 없었다.[314]

알라마노 리누치니의 주장에 따르면 로렌초는 피렌체 정부가 용병 대장들을(대개 작은 영주들이었다) 고용하도록 압력을 넣는 일을 습관적으로 했다고 한다. 도시의 군사비를 엄청나게 높여서 공채 지분 보유자들을 속여먹고 시민들의 세금을 무겁게 하는 짓이었다는 것이다. 실제로 그의 편지에 용병들을 챙겨준 흔적이 많은 것으로 보아, 그가 용병 대장들을 피후원자 내지 식객 위치로 붙잡아 놓고 필요할 경우 도움을 얻을 수 있도록 한 것 같다. 예를 들어 4월의 음모가 터져 나오자 몇 시간도 안 되어 구알테로 다 베르니오와 조바니 벤티볼리오에게 호출이 갔다.[315]

군대가 중요하기는 하지만, 그가 거대한 지지자의 그물 안으로 끌어들인 다양한 계층의 사람들 중에 군인은 일부분에 불과했다. 주교와 추기경들, 대학교수와 의사, 법률가, 인문학자들, 외국인 관리와 서기들, 심지어 다른 도시의 정치가들까지 그 범위에 들어 있었다.

이렇게 폭이 넓었던 것은 그의 다양한 재능과 번잡스러운 성격에도 원인이 있었지만, 그 시대 "위대한 지도자"들의 일반적 행태이기도 했다. 우르비노의 페데리고 공작이나 나폴리의 알폰소 왕처럼 학식 있는 군주들은 말할 것도 없고, 많은 추기경들, 외교관들, 영향력 있는 정치가들이 모두 이런 행태를 보였다.

로렌초의 연줄 그물은 사회 밑바닥까지 뻗쳐서 하인들, 일꾼들, 농부들, 그리고 장사치들에까지 닿았다. 사면, 지불, 고용, 석방, 빚보증 등 그들의 온갖 청원에 응해주면서 맺은 관계였다. 외국에 있는 강력한 친구들과 친지들은 그에게 끊임없이 자기네 아랫사람들 일에 개입해 줄 것을 부탁했고, 그 또한 그들의 도시에 비슷한 부탁을 보내곤 했다.

구이차르디니는 로렌초가 매우 의심이 많은 사람이었음을

강조하면서 "자유로운 도시를 억압"해야 하는 그 입장 때문에 의심이 많게 된 것이라고 설명했다. "그의 허락과 참여 없이는 [피렌체에서] 상류층의 결혼이 이루어질 수 없었다"는 것도 의심 때문이었다고 한다. 얼른 봐서 과장된 이야기 같지만, 꼭 그렇다고 단언할 수도 없다.

로렌초는 스트로치, 피티, 리돌피, 세리스토리, 토르나부오니, 마르텔리, 판돌피니를 비롯한 저명한 가문의 결혼을 수없이 많이 중매했다. 중매 작업이 이루어지는 장소는 대개 메디치 궁전이나 메디치가의 별장이었고, 더러 메디치 은행 건물이 이용되기도 했다.

로렌초는 중매자의 역할을 통해 자신의 권위와 인기를 과시할 뿐 아니라, 귀족들의 혼사에 개입함으로써 두드러진 위치의 시민들이 자기네끼리 연합을 맺지 못하게 할 수 있었다. "내게 그림자가 드리우지 않도록 그들을 짝지어 놓는다"는 것이었다. 그는 특히 독자적으로 권력을 행사할 능력이 있는 사람들에게 경계심을 품었다. 그 결과 "그는 자질이 뛰어난 젊은이들에게 그가 권하지 않았다면 스스로 선택하지 않았을 아내를 맞이하도록 강요하는 일도 자주 있었다."[316]

공금 착복 기술

1470년대를 거치면서 런던, 밀라노, 브루제 등지에서 이미 경영난에 봉착해 있던 메디치 은행은 파치전쟁이 터지고 로마와 나폴리의 자산이 동결되자 참혹한 손실을 입기 시작했다.[317] 로렌초

는 2년 가까운 시간 동안 현금부족에 시달리고 있었다.[318]

20만 플로린 가량의 손실을 기록한 은행은 과거의 성세를 끝내 회복하지 못했다. 로렌초는 자신의 곤경을 드러내지 않으려고 애를 쓰기는 했지만, 관심 있는 시민들의 눈앞에 상황을 감출 수 없었다. 너무나 작은 도시였다. 더군다나 4월의 음모 이후 혐오의 대상인 전쟁세가 늘어나고 정부 공채의 이자 지불이 유예되면서 그에 대한 원성과 비방이 자자한 가운데 피렌체 사람들의 눈초리는 더욱더 날카로워졌다.

로렌초가 심복들의 손을 빌려 공금을 착복한 사실을 그 시대의 신빙성 있는 증인들이 주장했다. 착복 액수는 여러 사람의 주장 사이에 차이가 크다. 캄비가 5만 스쿠디(플로린)를 제시한 데 반해 피에로 파렌티는 15만 5,000플로린 이상으로 추정했고, 리누치니는 20만 플로린을 주장했다.[319]

이런 금액들이 얼마만큼의 가치를 가진 것인지 현대 독자들이 쉽게 알아볼 수 있도록 구매력으로 환산하기는 힘든 일이다. 소규모의 군대로 단기간의 전쟁을 치를 수 있는 비용이라고 설명한 다든가, 웅장하고 화려한 메디치 궁전이나 스트로치 궁전을 짓는 데 3만에서 3만 5,000플로린의 비용이 들었다고 밝히면 좀 도움이 될까? 10만 플로린이면 대학생 4,000명의 기숙사비를 포함한 1년간의 학비를 충당할 수 있었다. 건축노동자 3,500명 내지 4,000명의 1년간 봉급을 주는 데도 충분한 액수였다.[320]

로렌초의 공금횡령이라는 것이 선정적이기는 하지만 실질적 의미로는 작은 주제일지 모른다. 역사가들에게는 더 실질적인 주제가 많이 있을 것이다.

스트로치 궁전

    그가 당시 피렌체에서 시민으로서의 양심을 가진 보통사람의 하나가 아니었다는 것은 분명한 사실이다. 아무런 법적 근거도 없이 비공식적 국가원수 노릇을 한 그에 대해서는 바로 그 월권 행위가 중요한 문제점이며 연구가 필요한 주제다. 그에 비하면 공금 착복이라는 것은—당시 사람들에게는 분노의 대상이었겠지만—사소하고 지엽적인 문제다. 당시의 법률적 표현으로 설명한다면 핵심적 권리가 주어질 때 부속적 권리는 저절로 따라오는 것이었다.

정확하게 확인할 수는 없지만, 로렌초가 정부 공금에 손을 대는 데 그다지 양심의 가책을 받지 않은 것으로 보인다. 뭐라 하든 그는 자신이 피렌체의 충복이자 지도자이고 애국시민이며 수호자라고 생각하고 있었다.

메디치가에서 세 번째로 막후 (이제 상당히 전면에 드러나 있었지만) 국가 지도자 자리를 물려받은 그는 자신의 정치적 유산을 명확하게 느끼고 있었다. 1469년 12월 초 밀라노 공작에게 군대를 보내 자신을 지켜달라고 부탁할 때도 그런 느낌이 작용한 것이었다. 자기 가문의 이익을 지키는 데 그치지 않고, 메디치가가 지금의 위상에 올라오기까지 충성을 바친 가문들을 위해 수호자 노릇을 한다는 것도 더없이 당연한 일로 보였다.

이런 명분들을 깔아놓은 상태에서 그는 국내에서든 해외에서든 자신의 경제적 손실이 가문의 공적 위상과 어떻게든 관련되는 것이라고 여기지 않을 수 없었다. 어느 시점에서 그가 남긴 짤막한 메모에는 1434년에서 1471년 말 사이에 "우리는 [메디치가는] 다른 비용은 제쳐놓고, 건축과 자선과 세금에만 66만 3,755플로린이라는 놀라운 액수를 지출했다"고 적혀 있다. 이 액수 가운데 세금이 아마 3분의 1 내지 절반을 차지했을 것이다. 이런 놀라운 액수를 기록하면서 그 지출 사실을 기억하는 것이 그의 양심에 위안이 되었을지 모른다.[321]

로렌초가 국고로부터 비밀스러운 도움을 받는 것이 도둑질이 아니라 자신의 정당한 권리라고 여긴게 아닌가 추측된다. 피렌체에 대한 자기 가문의 오랜 봉사에 값하는 보수라고도 생각할 수 있었다. 그 가문과 국가의 관계는 정말로 너무나 가까운 것이어서 그는 자신과 국가 사이에 아무 거리도 느낄 수 없었다.

종신 집법관, 즉 참사회의 영원한 주인이 되려던 로렌초의 계획이 죽음으로 인해 좌절되었다는 구이치아르디니의 추측은 메디치가 내 요인들 사이의 이야기에 근거를 둔 것이 거의 확실하다. 이 추측은 로렌초의 삶의 궤적과도 맞아떨어지는 것이며, 그렇다면 그는 자기 자리를 아들 피에로에게 물려주려 했을 것이다. 13세기 후반에 만들어진 정치적 전략을 따른 것이었다.

군주의 행로

피렌체를 지배하는 모든 기구에서 로렌초의 권위는 가려져 있으면서도 거역할 수 없는 것이었다. 그러나 그는 갈망해 마지않던 정치적 안정을 끝내 이루지 못하고 만다. 관직의 임기가 짧은 제도와 토론을 좋아하는 피렌체 사람들의 관습을 통해 공화제는 생명을 이어갔고, 그에 따라 로렌초에 대한 음모의 위협은 계속되었다.

4월의 음모 훨씬 전인 1472년 11월, 나폴리에 추방되어 있던 피렌체 사람들 사이에서 진지한 음모 논의가 있었다. 암살범들을 출발까지 시켰다가 계획이 취소되어 도로 불러들인 것으로 보인다.

1480년 9월 하순에는 로렌초의 새 별장에 가까운 포지오 아 카이아노에서 종교 수행자 한 사람이 체포되었다. 그는 피렌체 영주 살해 음모 혐의를 받았는데, 팔인회는 자백을 받아내기 위해 그의 발을 "기름이 뚝뚝 떨어질 때까지" 불로 지진 다음 "막소금을 깔아놓은 바닥 위를 걷게" 했다. 그는 체포된 지 19일 만에 죽었다.

1481년 4월에는 괜찮은 연줄을 가진 사람 셋이 피렌체에서 갑자기 체포되어 처형당했다. "독재자"(그들의 표현이다) 로렌초의 살해 음모 혐의였다. 그중 두 사람은 명문가 출신이었는데, 그들이 진술한 범행 목적은 피렌체에 공화제의 자유를 회복하는 것이었다. 팔인회는 그들의 재산을 몰수하는 데 그치지 않고 가까운 친척들까지도 추궁했다. 마치 로렌초가 피렌체의 군주라도 되는 것처럼 그들에게 대역죄를 적용시킨 것이다.

비슷한 시기 콜라 몬타노의 진술에 따르면 다른 음모들도 피렌체를 맴돌고 있었다. 그중 중요한 것은 피스토이아 출신의 불평분자이자 추방자인 네리 아치아이우올리를 중심으로 한 음모였다. 아치아이우올리라면 피렌체에서 가장 명망 높은 가문의 하나였다.

1484년에는 로렌초의 친척 알레산드로 토르나부오니가 음모 혐의로 시칠리아에 종신 추방당한 일이 있었다. 로렌초는 이 음모에 관한 내용이 알려지지 않도록 힘을 썼다. 이처럼 드러나지 않은 분노에 찬 음모들이 얼마나 있었을지 상상하기도 어렵다.[322]

1488년 로렌초가 볼로냐 지배자인 군벌 조바니 벤티볼리오와 분쟁을 일으킨 뒤, 그의 친구들은 벤티볼리오가 포지오 아 카이아노 부근에서 로렌초의 암살을 시도할 것을 걱정했다. 1490년 5월에도 확실한 내용을 알 수 없는 한 사건으로 두 명의 외국인이 피렌추올라에서 체포되었다. 그들은 즉각 피렌체로 압송된 후 여러 날 동안 고문을 받으며 구금되어 있었다.

두 외국인 중 하나는 저 남쪽 끝의 가에타 사람이었다. 사건 전체가 엄격한 비밀로 취급되어 오늘날까지도 구체적인 내용을 알 수 없지만, 나폴리 왕의 이름이 사건과 관련하여 나온 것 같다. 그 밖에도 칼라브리아 공작과 조바니 벤티볼리오라는 두 거물이 이 사건에 연루되었다고 한다. 당시 떠돈 소문은 체포된 두 사람이 로렌초를 그가 좋아하는 온천에서 독살하도록 파견되었다는 것이었다.

이런 사건들이 꼬리를 무는 가운데 어떻게 로렌초가 장래 자기 가문의 안전을 기대하거나, 책과 글쓰기에 몰입할 만한 마음의 평안을 가질 수 있었겠는가? 그의 시 작업은 간헐적으로 진행될 수밖에 없었다. 〈내 소네트에 대한 논평〉은 재미있기는 하지만 고르지 못한 작품으로, 결국 완성에 이르지 못했다. 시 작품〈De summo bono〉와 〈Selve〉도 마찬가지 운명이었다.

로렌초가 르네상스 독재의 길을 걷고 있다고 본 것은 파치가 사람들만이 아니었다. 그 할아버지 코시모가 선택된 가문들의 긴밀한 협조 아래 획득하고 보유했던 것을 이제 로렌초는 원맨쇼로 바꿔놓고 있었다. 자기 손으로 키워 요직에 앉힌 벼락출세자들에게 둘러싸여 있으면서, 자신의 광대한 후원의 그물 속에서 공직을 나눠 갖는 귀족들을 마음대로 앉히거나 일으킬 수 있는 권력을 쥐고 있었던 것이다.

그러나 이런 권력운용 방법은 그와 귀족층 전체 사이의 거리를 넓히고 있었다. 그 현상은 자기 가문 사람들의 결혼과 진로를 결정하는 정책에서 가장 두드러지게 나타난다.

권력의 정상에 도달하는 과정에서 메디치가는 정계의 다른 가문들을 곁눈질해 보면서 지역 내의 탄탄한 결혼관계를 구축해 왔다. 이 방침은 도시 내의 연줄을 확보하는 데 효과가 있었다. 그래서 파치가와 긴장관계를 형성하던 와중에도 로렌초의 누이와 굴리엘모의 결혼을 통해 협상이 이뤄질 수 있었던 것이다.[323]

그런데 바로 이 세대에서 중대한 변화가 일어났다. 로렌초가 군주 신분의 오르시니 가문과 결혼한 일이었다. 요컨대 피렌체 출신 규수로는 격을 맞출 수 없을 만큼 로렌초의 위치가 높아진 것이다. 이 결혼은 정치적 야심에 대한 뻔뻔스러울 정도로 솔직한 표명이었다.

이 결혼을 주도한 이는 아마 로렌초의 할아버지 코시모였을 것이다. 코시모는 먼 친척 필리포 데 메디치의 화려한 경력을 후원해 주기도 했다. 필리포는 피사 대주교가 되어 (1461~1474) 당시까지 피렌체 출신 성직자 중 두 번째로 높은 위치에 오르는 영광을 차지했다. 1466년의 위기상황에서 로렌초의 아버지에게 1,500명의 병력을 제공한 성직자가 바로 그였다.[324]

최고의 영광을 차지했던 사람은 피렌체 대주교를 지낸 (1462~1473) 조바니 디에티살비 네로니였다. 그는 1466년 저명한 정치가인 형을 따라 용감하게도 반 메디치파 "개혁파"의 편에 섰다. 이로 인해 국가의 공적으로 간주된 그는 공화주의 이념에 대한 대가로 도시로부터의 평생 추방을 감수해야 했다. 교황 바오로 2세(1464~1471)는 추방생활을 로마에서 하기로 결정한 이 대주교의 얼굴을 볼 때마다 피렌체 정치의 여파를 느끼지 않을 수 없었다.

로렌초의 결혼을 통해 오르시니 가문과의 관계를 확보한 이상 군주 신분을 지향하는 메디치가의 추세는 되돌릴 수 없게 되었다. 로렌초의 동생 줄리아노는 두 가지 인생 중 하나를 향해 자연스럽게 나아가고 있는 것으로 보였다. 하나는 성직자와 추기경의 인생이었고, 또 하나는 고귀한 국제결혼을 통해 권력의 축이 되는 인생이었다. 그도 로렌초와 마찬가지로 무역업이나 금융업에 종사할 계획이 없었다.

1473년 내내 로렌초는 줄리아노에게 추기경 자리를 주도록 식스투스 교황을 졸라댔다. 그러나 앞서 본 것처럼 그 거룩하신 아버님에게는 따로 챙겨줄 사람들이 있었기 때문에 메디치 형제는 눈길을 돌려 줄리아노의 혼처를 알아보기 시작했다.

이런 맥락에서 검토된 혼처의 하나로 보이는 것이 피렌체 영지의 서남쪽 (바닷가) 모퉁이에 있는 피옴비노의 영주 아피아노 가문이다. 아라곤 왕실과 혈연을 가진 가문이었다. 그러나 이 계획은 결실을 맺지 못했다. 아피아노 영주 자코포 3세의 딸 세미라미데는 1480년 1만 플로린의 당당한 지참금을 가지고 로렌초의 육촌동생 로렌초 디 피에르프란체스코 데 메디치와 결혼했다.[325]

가문의 존속이라는 과제가 로렌초에게는 언제나 최대의 관심거리였지만, 통풍을 비롯한 건강 문제가 두드러지게 된 1485년 이후로는 심각한 걱정거리가 되었다. 어린 시절부터 메디치가의 영광과 운명을 바라보며 살아온 그가 이제 자식들의 장래에 대한 걱정으로 고통 받게 되었다. 여기서 무엇보다 중요한 일은 장남 피에로의 결혼 문제였다.

이 중대한 결합을 위해 로렌초는 다시 로마로, 그리고 오르시니 가문으로 눈을 돌렸다. 이번에는 더 강력한 지파가 표적이었다. 1487년, 자기 자신도 오르시니 핏줄을 절반은 잇고 있던 피에로가 미처 열일곱 살도 되지 않은 나이로 알폰시나 오르시니와 결혼했다.

알폰시나의 아버지는 (탈리아코초와 알바의 백작이었다) 세상을 떠났지만, 후견인 비르지니오 오르시니는 강력한 인물로서 당대의 가장 명망 높은 장군 가운데 하나였다. 이탈리아 반도 전체에 이 결혼의 의미를 두드러지도록 하기 위해 결혼식은 나폴리 페란테 왕의 궁전에서 온 조정이 참석한 가운데 열렸다.

당시 로렌초는 알폰시나가 피렌체로 올 때 3만 플로린의 지참금을 (온 반도에 이야깃거리가 될 크기였다) 가져오리라 기대한다는 뜻을 적어도 한 명의 외국 대사에게 밝힌 바 있었다. 그러나 실제로 가져온 지참금은 1만 2,000나폴리다카트였다. 그 전에 비르지니오에게 많은 대출을 해주었던 로렌초가 이 혼담을 붙잡기 위해 대출의 상당부분을 탕감해 준 것 같다. 그렇다면 나중에 전당포 업계의 상징이 될 문장을 쓰던 가문의 로렌초가 공주 하나를 사오다시피 한 셈이었을까?[326]

로렌초 자신에 이어 피에로까지 오르시니 가문과 결혼시킨 이 선택에 담겨 있던 야망을 피렌체의 시민들이 알아보지 못했을 리 없다. 비판적이거나 냉소적인 말을 드러내놓고 입에 올리는 사람은 없었지만, 달갑지 않은 마음이었을 것이다. 누구도 잊어버릴 수 없는 일이었음이 틀림없다.

메디치 가문의 그 밖의 결혼과 진로는 파치가의 "위대한 제거" (구이치아르디니의 표현)를 통해 더욱 안전하게 열린 길을 따라 이

루어졌다.[327]

로렌초가 죽을 때 셋째 아들 줄리아노는 겨우 열세 살이었지만, 그 진로는 이미 결정되어 있었다. 군인이자 관료, 음악가이자 시인이던 줄리아노는 네무르 공작으로 생을 마감하게 된다. 그는 1495년과 1498년, 그리고 1500년에 거듭해서 새로 세워진 공화국을 상대로 전쟁을 벌였고, 1515년에야 사보이 공작의 딸 필리베르타를 아내로 맞았다.

로렌초의 맏딸 루크레치아는 열여덟 살이 되어서야 (1488) 결혼한 것을 보면 용모가 시원찮았던 모양이다. 피렌체 사람들은 용모에 관해 가혹한 태도를 보였다. 1460년대에 파치가의 결혼적령기 처녀 하나가 사팔뜨기라는 사실이 피렌체 귀족사회에 두루 알려져 있었는데, 이는 당연히 혼담에 불리한 조건이 되었다. 루크레치아는 살비아티 가문의 가장 격조 높은 지파로 시집갔다. 두 가문 사이의 우호관계를 과시한 이 결혼은 지역 내의 현명한 동맹관계를 강화시켜 주는 것이면서, 또한 메디치 가문이 부르주아 출신이라는 점을 피렌체 사람들에게 각인시키려는 로렌초의 의식적 노력을 반영한 것이기도 했다.

1490년 3월 열두 살밖에 안 된 막내딸 콘테시나를 결혼시킨 것을 보면 근심과 병환에 시달리던 로렌초가 얼마나 일을 서두르고 있었는지 여실히 알 수 있다. 콘테시나는 메디치 가문의 중요한 지지자인 리돌피 가문으로 시집갔다. 또 하나의 딸 루이사는 열한 살의 나이로 죽었지만 이미 약혼해 놓은 상태였다.

이 야심의 행로 가운데 로렌초의 둘째 딸 마달레나(b.1473)의 궤적을 보면 로렌초와 교황 이노켄티우스 8세의 긴밀한 관계, 그리고 로렌초의 둘째 아들 조바니의 교회 내에서의 눈부신 출세의 배경을 알 수 있다. 여기서 우리는 또 암살당한 줄리아노의 사생아 줄리오를 만나게 된다. 줄리오의 행로는 몬시뇨르 조바니의 궤적과 뒤얽혀 펼쳐진다.

4월의 음모 직전 비밀리에 태어난 줄리오는 대부의 손에 의해 로렌초의 눈앞에 나타난다. 로렌초가 줄리오를 성직의 길로 인도하고 거대한 목표를 세워준 것은, 줄리아노의 영혼에 기도를 올리고 죄를 정화하는 의미를 내포한 행동이었다.

줄리오는 백부의 획책 덕분으로 열두 살이 되기 전부터 이곳저곳의 교회 수입을 가지게 되었는데, 그중에는 나폴리 왕이 준 풍요로운 카푸아 수도원도 있었다. 재능 있는 인물 줄리오는 사촌 조바니 추기경에게 바짝 달라붙어서 자기도 추기경이 되었고, 결국 1523년 교황 클레멘트 7세로 즉위하기에 이른다.

구원과 영광

줄리오의 출세가 가능했던 것은 몬시뇨르 조바니의 성공 덕분이었다. 이 이야기의 출발점은 1486년, 로렌초가 식스투스 교황의 후계자 이노켄티우스 8세(1484~1492)를 모시기 시작하면서부터다. 로렌초는 장차 메디치가가 구원과 영광으로 이르게 될 길을 이때부터 더듬어 나가기 시작했다.

당시 로렌초는 로마 교황청과 최악의 관계를 가지고 있는 것으로 보였다. 그 직전 이노켄티우스 교황과 페란테 왕 사이에 분쟁이 일어났을 때 로렌초는 명목상 중립을 표방하면서도 사실상 피렌체를 페란테 왕의 대열에 세웠다. 피렌체 영지의 남쪽과 동남쪽으로 경계를 접하고 있는 교황령의 군사력을 경계했기 때문이다. 그뿐 아니라 피렌체는 제노바와 해안의 요새 사르차나의 귀속을 놓고 첨예하게 대립하고 있었는데, 교황은 자신이 제노바 사람임을 자랑스럽게 여기는 인물이었다.

그러나 로렌초는 나폴리에서의 극적 성공을 가져다준 외교적 재능을 필요할 때면 언제든지 구사할 수 있었다. 지속적 외교관계에서 그의 편지 솜씨는 큰 힘을 발휘했다. 근대 이탈리아어 산문의 창시자 중 하나로 꼽히는 인물이 아닌가.

이탈리아의 군주들은 로렌초가 마음먹기만 하면 피렌체를 어느 편으로든 가져올 수 있다는 사실을 알고 있었다. 피렌체의 향배가 로렌초의 후계자에게 달려 있으리라는 전망 때문이 아니라면 왜 오르시니 가문의 수장들이 알폰시나를 피에로 데 메디치에게 시집보냈겠는가? 메디치가에게도 물론 득이 되는 일이었지만 오르시니 쪽도 마찬가지였다. 피렌체는 용병을 자주 고용하는 나라였고, 오르시니 가문은 교회의 꼭대기를 바라보는 성직자와 일선 군인들로 구성된 집안이었다.[328]

로마와 나폴리 사이에 이른바 '남작들의 전쟁'이 계속되는 동안 로렌초와 이노켄티우스 교황은 비밀편지의 교환을 통해 우의를 다지고 있었다. 1487년 초에 이르면 두 사람의 의기가 더할 수 없이 투합하여 교황이 "잠을 잘 때도 위대한 로렌초를 잊지 않는" 것처럼 보일 정도였다. 그리고 두 사람은 교황의 사생아 프란체스케토 치보와 로렌초의 딸 마달레나의 혼사에도 합의에 이르렀다.

이런 의논이 진행되는 동안 로마 주재 피렌체 대사가 로렌초에게 알린 내용 중에는, 이노켄티우스 교황이 피렌체 수장과의 관계에 너무나 만족해서 교황청의 정책 결정에까지 로렌초의 조언을 받으려 한다는 이야기도 들어 있었다. 대사의 편지는 이렇게 맺어졌다. "결론적으로 말한다면 귀하 자신이 교황이라고 생각해도 된다는 것입니다." 터무니없이 낙관적인 과장임에 틀림없지만, 그리스도의 대행자와 피렌체의 지배자로 보이는 정치가이자 시인이자 감식가인 인물의 관계가 어떤 분위기로 전개되고 있었는지 보여주는 말이다.[329]

이 놀라운 우호관계의 배경에는 무엇이 있었던 것일까? 로렌초가 마음속에 품고 있던 것은 오직 한 가지였다. 열한 살 된 아들 조바니, 일곱 살 때부터 머리를 밀고 언젠가 교회의 군주 자리를 차지하도록 교육받고 있던 아들의 장래였다. 이 야망을 위해 아까운 딸 (그 어머니가 제일 좋아하던) 마달레나를 희생시켜야 했다.

로렌초는 이노켄티우스가 이 결혼을 요구해 온 것처럼 행동했다. 거룩하신 아버님과의 관계가 나빠질 것을 두려워해서, 심지어 피렌체의 장래를 생각해서 요구에 응할 수밖에 없었던 것처럼 시늉을 했다. 어째서냐고? 피렌체는 로마 교황청과 너무 오랫동안 적대상태에 있었는데, "이 도시의 본래 성격이 얼마나 교회 쪽으로 기울어져 있는 것"인지 모르는 사람이 없지 않느냐고 로렌초는 말했다.

딸의 장래가 아무리 걱정되더라도 결행하지 않으면 안 될 일이었다. 그는 메디치가의 명예와 생존을 위해 이 결혼이 필요한 것임을 당연한 일로 믿어버렸다. 안 그래도 메디치가에서는 여러 해 동안 추기경 자리를 노려왔다.

그래서 마달레나는 열세 살의 나이에 (1487년 5월) 프란체스케토와 정식으로 약혼을 맺었다. 마달레나보다 스물네 살 연상의 프란체스케토는 키가 작고, "뚱뚱하고, 따분하고, 언제나 술에 취해 있는" 사람이었고, 도박에 미친 사람이었다. 마달레나는 열네 살에 (1488년 1월) 파치 궁전을 포함한 4,000플로린의 지참금을 가지고 당시 앙귈라라 백작이 되어 있던 프란체스케토와 결혼식을 올렸다. 그로부터 7개월 후 로렌초는 다시 문을 연 로마의 메디치 은행을 통해 이노켄티우스 교황에게 3만 플로린을 대출해 주었다.[330]

소년 사제 조바니의 진로는 이 시점부터 활기를 띠게 된다. 교황이 조바니에게 추기경 자리를 만들어주는 일에 조금이라도 미적거리는 기색을 보이면 로마 주재 피렌체 대사 란프레디니가 쫓아다니며 재촉했다.[331]

한편 로렌초는 추기경들에게도 공작을 했다. 특히 밀라노 영주의 동생으로 영향력이 큰 인물인 아스카니오 스포르차에게 공을 들였다. 그가 이노켄티우스에게 압력을 넣도록 바란 것이다.

로렌초는 스포르차 추기경에게 보낸 편지에서 자신은 명예를 목숨보다 더 소중하게 여긴다는 주장을 하면서 조바니의 추기경 자리 이야기를 했다. "만약 이 소망이 이뤄지지 못한다면 저는 무슨 보람으로 살아갈지 알지 못합니다. 우리 공화국과 저의 명예를 걸고 추기경 각하에게 이 부탁을 올리는 것입니다. 제 영혼의 구원을 위해 하느님께 올리는 간청 못지않게 간절한 부탁입니다."[332] 로렌초는 말을 엮어내는 방법을 잘 아는 사람이었다. 그리고 그리스도와 자신의 영혼과 기도의 힘에 대한 믿음도 가진 사람이었다.

1488년 말 로렌초는 마침내 조바니의 승진이 임박했다는 소식을 들었다. 1489년 2월 19일에는 열세 살인 조바니를 위해 연령제한 규정이 조정되었다. 그 엿새 후에 메디치 궁전 예배당에서 조바니의 서품식이 열렸다. 2월 27일에는 법률을 공부한 적이 없는 조바니에게 교회법 박사학위가 수여되었다. 3월 19일 아침 이노켄티우스 교황이 임명한 다섯 명의 추기경 중 하나가 조바니였다.

이 기막힌 소식은 신속하게 전해져 피렌체에 있던 로렌초가 바로 그 다음날 들을 수 있었다. 그러나 조바니의 나이가 논란을 불러일으킬 수 있다는 문제 때문에 이노켄티우스는 조바니의 승진을 3년간 비밀로 해 두도록 명령을 내렸다. 물론 하나마나한 명령이었다. 로렌초는 기쁨에 겨워 정신을 잃을 지경이었다. 주변 사람들이 소식을 퍼뜨리면서 온 피렌체가 경축의 분위기로 터져나갈 것 같았다. 추기경의 배출은 도시에게도 큰 자랑이었기 때문이다.

로렌초는 타고난 재주를 활용해 피렌체 측이 비밀을 지키지 못한 문제를 교황에게 얼버무릴 수 있었다. 애초에 지켜질 길이 없는 비밀이었다. 메디치가 입장에서 이런 비밀이라면 흘리는 정도가 아니라 나팔을 불어야 할 일이었다. 다섯 달 후에 메디치 은행은 교황의 금고에 9만 5,000플로린을 입금했다. 뇌물 성격의 대출이었다. 그리고 로마가 어떤 곳이었는지 감안한다면 스포르차 추기경의 금고에도 역시 얼마간 입금이 되었다고 보아야 할 것이다.[333]

시민 로렌초와 거룩한 아버님, 두 사돈은 원래도 기묘한 짝이었지만 이제 자연스럽게 더욱 긴밀한 관계가 되었다. 교황에게 보내는 로렌초의 편지는 당당한 조언의 성격을 띨 때가 있었다. 교황에 대한 로렌초의 영향력은 온 이탈리아에 모르는 사람이 없게 되었고, 로마의 교황청에 아쉬운 일이 있으면 군주들까지도 그에게 도움을 청하게 되었다. 로렌초의 새로운 모습이 떠오르고 있었다. 그는 이탈리아 최고의 중재자이자 권력 브로커가 되었다.[334]

따라서 로렌초는 만년에 천식, 통풍, 관절염, 그리고 위장과 신장 질환에 시달리면서도 전보다 더 독재적인 방식으로 피렌체를 다스리기 시작했고, 그 둘레의 심복 귀족들은 점점 더 그의 부하처럼 되어 갔다. 니콜로 미켈로치나 세르 조바니 구이디처럼 명문 귀족이 아닌 신흥 관료와 서기들은 완전히 신하가 되어 그의 변덕과 화풀이와 구박을 받는 형편에 놓였다.

토스카냐의 이 온천에서 저 온천으로 자주 시골길을 다니면서 시내의 정부기구에 수시로 지침을 보내는 동안 로렌초는 후원에 의식(儀式)처럼 따르는 사랑의 언어를 진지하게 받아들이기 시작했다. 물론 외국 군주들에 대한 자신의 태도와 같이 말로 하는 인사치레가 형식적인 것임을 잘 알고 있으면서도 그랬다.

로렌초는 이제 (벼락출세자와 묵은 귀족을 막론하고) "그의" 사람들과 "그의" 친구들이 자신을 진정으로 사랑한다고 믿고 싶어졌다, 관직과 혜택을 나눠주는 등 자기가 해준 모든 것들뿐 아니라 어쩌면 자신의 인간성 때문에도 자신을 사랑하는 것이라고.

말하자면 그는 군주가 백성들에게 받는 것과 같은 사랑과 충성을 누리려는 것이었다. 놀라운 욕심이었다. 편지와 시에서, 그리고 면전에서 말하는 경우도 있었겠지만, 코시모 데 메디치도 사람들에게 "성인"이라느니, "신"이라느니, "자비로운 어른"이라느니 하는 말을 많이 들었다. 그러나 그는 비유를 비유로만 받아들었다. 반면 로렌초는 그와는 다른 배경에서 자라났다. 자신의 고귀한 위상을 진심으로 믿도록 교육받았던 것이다.

그래서 피렌체의 공식 기구가 자신이 편지로 보낸 지침에서 벗어나는 결정을 내리는 일이 생길 때마다 그는 담당자들의 뛰어난 정치력을 비꼬고 싶은 기분이 들곤 했다. "[그 사람들의] 애정과 충성에 관해서는 내가 알 만큼 알지." 한 번은 이렇게 분통을 터뜨린 일도 있었다. "내가 도시에서 십 마일 밖으로만 나오면 친구들의 애정과 충성심이 사라진단 말이야."[335]

사랑과 그에 따르는 것들, 그가 마음 놓고 믿을 수 있는 것들이 그가 바라는 바였다. 그런데 그가 등을 돌리기만 하면 그것이 사라지는 것처럼 보일 때, 관대하고 지혜로운 로렌초가 상대하고 있는 것은 배은망덕한 자들이 아닐 수 없었다. 각자의 독립적인 견해를 가져야 한다고 주장하는, 수다와 허영만이 가득한 마음속에서 공화제의 이념을 떼어내지 못하는 저 귀족 놈들 말이다.

몸이 괴롭고 마음이 우울한 만년을 지내는 동안에도 그는 자신에게 주어진 임무를 완성했다. 그 사실에서 그는 기쁨을 얻었다. 꼬마 조바니는 추기경이 되었다.

그러나 자신의 성공이 4월의 음모와 파치가의 망령들 위에 세워진 것이라는 사실을 인식하지는 못했을 것이다. 로렌초가 그 위협을 전화위복의 계기로 삼았기 때문에 보통 상황에서 가능한 수준보다 훨씬 더 큰 성공을 거둘 수 있었던 것이라고 구이치아르디니는 말했다. 그뿐 아니라 부하들과 친구들, 하인들의 행렬을 거느리고 도시를 떠나거나 들어설 때 언제나 호위대에 둘러싸여 있던 그의 모습도 1478년 4월 26일이 남긴 유산이었다. 그가 병에 시달리며 고통을 겪고 있다는 사실을 염두에 두면 더더욱 인상적이고 두려운 모습이었다.

로렌초는 《주석》을 다시 손질하면서 자신의 연애시와 사라진 젊음을 아득한 눈길로 돌아보았다. 그는 마지막 손질에서(1490~1491), 특히 새로 쓴 머리말에서 플라톤주의적인 애정 옹호론을 덧붙였다.[336] 자신의 초년의 정열을 미화하고 고양하기 위한 변화였다. 이 피렌체 영주가 사랑에 관한 자신의 관점을 열심히 주장하는 태도는 마치 강렬한 종교적 메시지를 가진 사보나롤라가 바로 담 너머까지 와 있다고 느끼는 것 같았다.

그리고 사보나롤라는 정말로 거기까지 와 있었다. 1489년에 그 카리스마 넘치는 수사를 피렌체로 불러들인 사람은 다름아닌 로렌초 자신이었다. 그에게 사보나롤라의 초빙을 권한 이는 피렌체의 탁월한 사상가이자 소小군주인 피코 델라 미란돌라였다.

그동안 로렌초에게는 조바니 추기경에 대해 생각하고, 마달레나의 장래에 대해 걱정할 시간이 있었다. 이노켄티우스 교황에게 보낸 편지들에서 그는 교황이 "교황답게" 프란체스케토에게 재정적 기반을 만들어줘서 그 부부가 편안하고 유족한 생활을 할 수 있게 해달라고 간청했다.[337]

피렌체 군중 앞에서 설교하고 있는 사보나롤라를 묘사한 판화. 도미니크회의 수도사이자 종교개혁가 사보나롤라는 민주정치와 신재정치를 혼합한 헌법으로 피렌체를 통치하려 했으나 과격한 방법을 취해 크게 반감을 사 결국 1498년 화형에 처해진다.

사실 이노켄티우스에게는 사생아로 태어난 딸이 하나 있었고, 손녀 페레타를 부유한 제노바 상인과 결혼시켜 넉넉한 부르주아 생활을 하도록 만들어주었다. 반면 프란체스케토와 마달레나는 귀족의 생활을 택해 토지 수입과 녹봉, 그리고 가능하면 세금으로 먹고살려는 입장이었다.

결국 이노켄티우스가 그 부부를 위해 아무런 조치도 취해 주지 않은 것은 뜻밖의 일이었다. 마르케 주와 로마냐의 모든 교황 영지는 따로 맡아놓은 사람들이 있었던 것이다. 로렌초가 죽은 뒤에 마달레나는 형제들에게 도움을 청할 수밖에 없었다. 처음에는 오빠 피에로에게 부탁하다가 나중에는 동생 조바니 추기경에게도 손을 벌렸다.

젊은 조바니는 부유한 성직자였다. 로렌초는 그의 성직록을 마련해 주기 위해 온 유럽을 뒤졌고, 메디치 은행의 리옹과 로마 지점까지 동원했다. 추기경이 되기 전부터 프랑스 왕과 나폴리 왕으로부터 성직록을 받기 시작한 어린 성직자 조바니는 결국 스물일곱 개의 서로 다른 성직록에서 수입을 얻게 된다. 그중에는 토스카냐의 모든 대성당 참사회직도 들어 있었다. 로렌초의 발이 얼마나 넓었는지 보여주는 증거다.[338]

조바니의 추기경 승진이 몰고 온 넘치는 기쁨 속에서 로렌초는 그것이 "우리 가문에게 주어진 최고의 영광"이며 "우리 가문이 이룩한 가장 훌륭한 일"이라고 말했다.[339] 그에 비하면 국제금융업에서의 성공이나 피렌체의 권력 장악도 별 것 아니라는 듯한 말이었다.

그런데 감정에 치우친 표현으로 들리는 이 말이 사실은 더 없이 냉정한 판단이었음이 나중에 드러난다. 20년 남짓 지난 1512년 9월, 일단의 메디치파 귀족들이 인근에 주둔한 스페인군의 지원을 받는다고 주장하면서 부활했던 피렌체 공화국을 전복시키고 메디치 체제를 회복한 일은 전적으로 조바니 추기경의 정치적 영향력에 힘입은 것이었다. 당시의 교황 줄리우스 2세는 식스투스 4세의 "악마 같은" 조카였지만, 이 일만큼은 피렌체 사람들의 훌륭한 행동을 칭찬해 주었다.[340]

이 체제는 1527년 또 한 차례 고조된 공화주의 물결에 휩쓸려 나갔지만, 그때는 메디치파에서 교황 자리를 가지고 있었다. 암살당한 줄리아노의 사생아 줄리오가 교황이 되어 있었던 것이다. 1513년에 줄리오를 추기경으로 올려준 이는 누구였을까? 줄리오의 사촌 조바니가 교황 레오 10세로 즉위한 것이 바로 그해의 일이다.

교황 클레멘트 7세(1523~1534)가 된 줄리오는 신성로마황제 카를 5세와 연합하여 1530년 피렌체의 마지막 공화국을 무너뜨렸다. 항복한 도시의 성문이 열렸을 때 승리자들의 뒤를 따라 들어간 메디치 사람들은 다시는 쫓겨나지 않게 된다. 로렌초는 신플라톤주의자로서보다 정치가로서 멀리 내다보고, 또 밝게 내다봤다. 마달레나의 불행은 메디치가 출신의 두 교황과 토스카냐 공작의 자리를 얻기 위한 극히 사소한 희생이었다.

성인의 분위기

대중의 믿음 속에서 반지에 담긴 정령이 로렌초에게 비기독교적이고 어두운 신비감을 씌워주었지만, 그 자신은 더할 수 없이 정통적인 사상의 소유자였다. 그는 플라톤과 상당한 범위의 라틴 고전에 능통했을 뿐 아니라 성서와 성 아우구스티누스의 저술도 많이 읽은 사람이었다.

생의 마지막 2년 동안 그는 찬송가로 불릴 아홉 편으로 된 일련의 시를 썼고, 종교극 〈성 요한과 성 바오로의 모습〉(1491년 2월)도 지었다. 자신의 병이 돌이킬 수 없는 것임을 느끼고 신앙과 참회의 주제들로 돌아선 것이었다.[341]

하지만 이런 신앙심과 관계없이 그는 마지막 순간까지도 극히 복잡하고 교활하며 모순적인 인물의 모습을 지켰다. 교황의 정치적 권력이며 이탈리아에 비극적인 저주이고, 교회가 지배하는 로마가 "더러운 시궁창"이라는 믿음을 가졌으면서도 그는 가문에서 추기경을 배출하기를 간절하게 원했으며 교황의 사생아에게 (그 시대의 말투로) 딸까지 바쳤다.

줄리아노의 아들 줄리오에게 성직자의 길을 정해준 것도—속죄의 의미가 약간 곁들여지기는 했지만—역시 야망 때문이었다. 이 모두가 메디치가의 현세에서의 운명이 다른 모든 것들을 뛰어넘게 만든 때문이었다고 보는 것이 아마 합리적인 해석일 것이다.

그의 신앙심과 현세적 정열 사이의 갈등을 다른 무엇보다 명료하게 보여주는 것은 1492년 3월 마침내 세례를 위한 로마행에 나선 어린 추기경 조바니에게 쓴 편지였다. 로렌초는 한편으로 로마를 "모든 악의 소굴"이라 하면서, 다른 한편으로는 "하느님께서 너를 추기경으로 만들어주신 경이로운 은혜"를 이야기한다.[342] 그 명예를 얻기 위해 온갖 대가를 지불하고 갖은 책략을 부렸음에도 말이다.

그는 대부분의 추기경들이 악과 비열한 야심에 따라 움직이는 것을 당연하게 여기면서도, 그들이 바로 조바니처럼 극히 정치적이고 현세적인 수단을 통해 그 자리를 올랐다는 사실에는 눈감는다. 그는 조바니에게 로마에 정착한 후 "거룩하고 모범적이고 정직한 생활"을 하라고 당부한다. "네 어린 나이를 보고 너를 자기네가 빠진 시궁창에 함께 끌어넣으려" 들 수많은 "유혹자와 타락자들"로부터 거리를 두어야 한다고 주의를 준다. 그리고 이 초자연적 과업을 위해 "지금의 추기경단에서 찾아볼 수 없는 모든 미덕"에 합당한 의지력을 가져야 한다고 격려해 준다.

아버지의 이런 소망은 헛된 것이었을까. 교황 레오 10세가 된 조바니는 자신의 환경을 거울처럼 비쳐내는 인물이 된다. 성직매매와 친척 챙기기에 누구 못지않았던 레오 교황은 성직을 열심히 팔아치우고 교회의 재산으로 친척들을 살찌운다. 동생인 네무르 공작에게 보낸 편지에 이렇게 쓰기도 했다. "하느님께서 우리에게 교황 자리를 주셨으니 …… 우리 열심히 즐기자꾸나."

이제 로렌초에게 남은 일은 마치 성인처럼 성스러운 분위기 속에서 세상을 떠나는 것이었다. 임종의 자리에서 그는 아무도 실망시키지 않았다. 친구들과 가족들, 하인들을 비롯한 주변의 모든 사람들이 거의 성인에 가까운 그의 경건한 태도에 경탄을 금치 못했다. 폴리치아노는 로렌초가 "값비싼 진주와 보석으로 장식된 은제 십자가"에 열렬하게 입 맞추는 모습을 보았다고 했다.

1492년 4월 그의 임종을 본 어떤 사람이 제1 서기 미켈로치에게 이렇게 말했다. "임종을 앞둔 시각 로렌초가 영혼에 관해, 그리고 자신이 어떻게 [죽음에 대해] 준비가 되어 있는지 [그 아들] 피에로와 여러 성직자들에게 한 말을 들으면서 가슴이 터지는 것

라파엘로 산치오가 그린 교황 레오 10세(1518~1519, 피렌체 우피치 미술관).

같았습니다." 아흐레 후에 로렌초의 측근 한 사람은 미켈로치에게 보낸 편지에서 이렇게 말했다.[343]

부탁하건대 참을성을 가지십시오. 로렌초가 살아 있는 동안 자신이 태어난 도시를 도와줬다면 천국에 간 뒤에도 그 못지않게 도와줄 것임을 생각하십시오. 하느님 가까운 곳에 그와 같은 수호자가 있으니 이 도시는 영광스러울 것입니다. 그곳에서 [우리 수호자는] 다른 누구보다 로렌초가 먼저입니다. …… 그의 죽음은 그의 삶과 완전히 일치하는 것이었습니다. 고회를 할 때 그가 성사에 열중하는 모습을 본 사람들은 그처럼 헌신적이고 기독교적인 모습을 본 적이 없다고들 했습니다.

로렌초가 말년에 쓴 찬송시들은 죽음에 임박한 사람의 소망과 감동을 담은 것이다. 그 시들에는 13세기 움브리아와 14세기 시에나의 신비주의에 관한 내용이 담겨 있다. 그는 이 참혹하고 어둡고 공허한 세상으로부터 벗어나기를 기도한다. 사랑과 십자가의 피를 통해 그리스도와 결합되어 영생을 얻기를 갈망한 것이다.

결산
Chapter 14 The Bottom Line

　로렌초가 죽은 지 1년이 안 되어 권력 확대를 도와주었던 귀족들 사이에서 그의 아들 피에로에게 등을 돌리는 사람들이 나타나기 시작했다. 그들이 보기에 피에로는 아버지가 비운 자리를 채울 만한 재능도 능력도 없는 인물이었다. 피렌체의 지도적 인물들과 언제나 접촉을 유지하던 외국 대사들은 이런 향배를 예민하게 포착하고 있었다.

　당시의 이탈리아는 나폴리의 아라곤 왕실을 내몰기 위해 공공연히 침공을 준비하던 프랑스 왕 샤를 8세의 움직임에 불안감을 느끼고 있었다. 프랑스 왕이 밀라노 공국의 통치권도 주장할 것이라 내다본 밀라노 영주 루도비코 스포르차는 나라를 지키기 위해 맹렬한 외교활동을 펼치고 있었다. 마침내 1494년 8월에서 9월에 걸쳐 샤를 왕이 거느린 3만의 군대와 어마어마한 포병대가 알프스를 넘자 이탈리아의 군주들과 지배계층 사이에는 공포와 분열의 회오리바람이 몰아쳤다.

　이런 불안정한 상황에서 피에로 데 메디치는 프랑스 군영을 찾아가 샤를 왕을 만났다. 토스카냐를 지나갈 예정이었던 샤를 왕은 피렌체에 며칠 묵기를 청하고 있었다. 피에로가 어리석게 피사와 사르차나의 요새들까지 내주는 등 독단적인 양보를 프랑스 군에 허용하자, 이미 불만을 가지고 있던 피렌체의 대다수 지배계층은 즉각 분노를 터뜨리며 그에게서 돌아섰다. 피에로는 정부의 위임 없이 행동했던 것이다.

11월 8일 시내로 돌아온 피에로는 이튿날 무장호위대를 거느리고 참사회 청사에 들어가려다가 단호한 거절에 직면했다. 그날 저녁 두 동생과 함께 피렌체를 떠나 망명 길에 오른 그는 죽기 전에 다시 피렌체로 돌아오지 못했다.

그의 망명은 그때까지 피렌체가 겪어 온 메디치가 '독재'에 대한 항거의 방아쇠가 되었다. 그 직후 분노한 시민들이 떼 지어 로렌초의 가장 가까운 협조자들의 집으로 쳐들어가서 몇 곳에는 불을 질렀다. 팔인회가 가장 먼저 체포해서 재판한 다음 형사법정의 창문에 목을 매단 '악당'이 안토니오 디 베르나르도 디니였다. 디니는 여러 해 동안 강력한 (그러면서도 교묘한) 기구인 '17인 개혁위원회' 멤버이자 최고위 재정관으로서 로렌초를 도운 인물이었다. 자기 수령의 공금 착복을 가장 열심히 도와준 공범임에 틀림없었다.[344]

메디치가 떠난 지 몇 주일 만에 100명에 가까운 추방자들이 피렌체로 소환되었다. 그들은 가족과의 재회를 기뻐하며 재산을 찾기도 하고, 공화국의 재건에 발 벗고 나서기도 했다.

무엇보다 먼저 (피에로의 도피로부터 불과 나흘 후였다) 참사회는 "안드레아 디 굴리엘미노 데 파치의 모든 자손을 무죄로 하여 [추방으로부터] 석방"하는 조치를 취했다.[345] 1478년의 음모자들과 그 후손들을 가리키는 것이다. 그들은 이제 피렌체로 돌아올 수 있을

피에로 데 메디치

뿐 아니라 환영까지 받았다. 공직을 맡을 권리도 회복되었다.

그로부터 몇 주일 후 (1495년 1월 25~26일) 새 정부가 제정한 법령은 1478년 4월 26일의 사건을 서두에 명시하면서 프란체스코와 자코포 경이 "피렌체 도시와 인민을 해방시키려는 열정"에서 한 행동이었다고 규정했다. 더불어 그 가문의 다른 사람들은 음모에 대해 아무것도 모르고 있었으므로 잘못된 판결을 받은 것이라고 선언했다.

이 법안은 또 파치가 구성원들과 그 자손들이 5인으로 구성된 특별위원회를 통해 결함이 있거나 조작된 채권을 근거로 파치 위원회로부터 물품이나 재산을 취득한 "수많은" 시민들을 상대로 법적 조치를 취하도록 해주었다. 물품이나 재산 중 "정당한 가격의 절반도 안 되는 값으로" 넘어간 것도 보상해 주도록 했다. 드러내놓고 언급하지는 않았지만, 파치가 문장을 사용하는 것도 이 법안을 계기로 허용되었다. 그리고 성화 수레와 관련된 부활절 축제에서 파치가의 위상도 물론 회복되었다.[346]

4월의 음모에 씌워진 오명에도 불구하고 파치가에 대한 동정심이 워낙 강했기 때문에 이 법안은 두 입법기구에서 각각 151 대 63과 113 대 47의 표결로 통과되었다. 반대표를 던진 사람들 중에는 메디치가와 깊이 연루되었거나 파치가의 재산 회복과정에서 피고 입장에 서게 될 이들이 많았을 것이다.

1495년 1월 초 이미 파치가 사람들이 소송을 벌여놓고 있었다는 사실을 덧붙이는 정도로 이 방면 이야기는 충분할 것이다. 그들은 1478년의 일을 놓고 메디치 은행 리옹 지점에 1,400플로린 이상의 금액을 청구하고 있었다.[347]

쉽게 말해서 그때까지 메디치가의 권력에 법적 근거가 없다는 사실 덕분에 파치가 쪽 법률가들은 로렌초와 팔인회가 불법적으로 파치가 재산을 약탈했다고 주장할 수 있었던 것이다. 정치적 위상이 아무리 높다 해도 법률적으로는 로렌초가 일개 시민의 신분이었기 때문이다. 따라서 그동안 주장되어 온 것과 달리, 1478년 4월의 습격은 대역죄와 아무 상관없는 사건이었다.[348]

새 공화정부가 또한 남녀를 막론하고 모든 시민에 대해 군주나 세습귀족과의 결혼을 금하는 법령을 또한 제정한 것은 메디치가와 오르시니 가문 사이의 결혼관계를 또렷이 기억하고, 그런 종류의 동맹이 가지는 정치적 위험성을 인식했기 때문이다. 그런 상대가 피렌체 시민일 경우만 예외로 인정되었다. 이 법을 어기는 경우 "큰 돈 1,000플로린"의 벌금이 부과되었고, 그 가족들(아버지, 형제, 자식들)의 공직 취임 자격이 박탈당했다.[349]

로렌초의 공금 착복도 대대적 선전의 대상이었다. 명망 있는 시민들로 구성된 위원회에서 해당 경리부문을 조사한 결과 로렌초가 7만 4,948플로린을 빼돌렸다는 결론을 내렸다. 이 금액은 이제 압수된 메디치가의 재산으로 충당하게 되었다.

그러나 이 액수가 정확한 것이었는지는 또 다른 문제다. 당시의 조사 분위기가 일방적이었을 뿐 아니라, 로렌초와 밀착해서 작업한 재무관들이 착복의 흔적을 감추기 위해 로렌초의 계좌를 조작할 수 있었기 때문이다. 로렌초의 착복 방법과 액수에 대해서는 지금까지도 전문가들 사이에 의견이 엇갈리고 있는 실정이다.[350]

그런 사이에 피렌체에 거주하며 설교를 행하던 도미니크회 수사 사보나롤라는 아직 그 특유의 불길 같은 분위기를 펼쳐내지는 않았지만, 점차 열정을 높여 가면서 자기 식 기독교 관점을 시민들의 공화제 이념과 결합하고 있었다. 그의 메시지가 뭔가 '민주적인' 냄새를 풍기기 시작했던 것이다. 그가 다수 시민의 열성적 지지를 확보하는 것은 전통적 통치 집단의 보수적 인물들에게 경계심을 불러일으키는 일이었다.

공화제는 생기를 띠기 시작했고, 이후 3년간 피렌체의 정치와 헌법상의 변화에는 한 가닥 종교적 정열이 곁들여졌다. 열띤, 때로는 거칠기까지 한 논쟁을 불러일으킨 이 정치적 단락의 정서와 분위기는 피렌체 역사상 유례가 없는 강렬한 수준에 이르게 된다.

폴리치아노의 《음모의 회고》에는 율리우스 카이사르 시절의 악명 높은 귀족 카틸리나와 로마에 대한 그의 음모를 연상시키는 표현이 많이 나온다. 이런 연상은 키케로와 살루스티우스에서부터 나타나는 것이다. 《음모의 회고》에서는 모든 미덕을 메디치가로 돌리기 때문에 4월의 음모의 전통적 이름 "파치 음모"에서 파치가를 악역으로 규정했다. 폴리치아노의 펜 끝에서 나온 때문이기도 하고 카틸리나 음모를 연상시키기 때문이기도 하다.

이 이야기를 풀어오는 동안 내가 메디치가에 비판적인 반면, 상대적으로 파치가에 동정적인 태도를 보였으리라는 것을 안다. 이런 이야기를 풀어내면서 (확신을 가지고 풀어내면서) 절대적으로 공평무사한 태도를 취할 수 있다고 하는 생각은 하나의 환상일 것이다. 역사가들이 아무리 애를 써도 어느 편을 들게 되는 것은 어쩔 수 없는 성향이다.

그러나 내 서술에는 특별히 고려한 점이 있다. 역사 기록에서는 메디치가의 훌륭함을 전제로 상황을 바라보면서 언제나 파치가에 불리한 판정을 내려왔기 때문에, 그 균형을 되찾아주는 것이 바람직한 일 내지 거의 의무적인 일로 생각된 것이다. 특히 우리 시대처럼 정치적 암살 같은 "테러 행위"에 대한 합리적 토론을 용납하지 않는 상황에서 더욱 절실한 필요를 느낀다. 어떤 상황에서도 합리성을 포기해서는 안 된다는 게 내 생각이다.

파치 음모라 부르든 4월의 음모라 부르든 이 사건을 긴 안목에서 논리적으로 바라본다면 메디치가와 파치가를 찬양하고 비난하는 틀에 그쳐서는 안 된다는 사실을 깨닫게 된다. 사건의 의미는 두 가문의 관계를 뛰어넘어 피렌체의 유산계층 전체와 정치구조, 그리고 과거와 미래에 두루 걸쳐 있다.

1260년경에서 대략 1530년경까지 피렌체는 문화적 활력과 정치적 활기라는 측면에서 유럽의 가장 예외적인 도시였다. 로마도 베네치아도 (파리, 런던이나 독일 도시들은 말할 것도 없고) 단테, 페트라르카, 보카치오 급의 작가를 배출하지 못했다. 어느 도시에서도 피렌체에서 일어난 것과 같은 풍성한 화풍을 불러일으키지 못했다. 시와 단편 역시 이탈리아의 어느 도시보다 피렌체에서 번창했다. 고전 문헌의 부흥 역시 오늘날의 연구자들에게 주로 알려져 있는 찬란한 이름들을 피렌체에서 찾아보게 된다.

정치와 역사 분야에서 역사상 최대의 사상가 반열에 드는 마키아벨리와 구이치아르디니가 바로 피렌체 출신이다. 그것도 1494년의 메디치가 망명 후 첨예한 공화주의 논쟁 속에서 자라난 인물들이었다. 그들의 사상 중 많은 부분과 저술의 분석적 언어에서 이 시기의 독특한 흔적을 엿볼 수 있다.

피렌체에서 성행한 문학 장르라 할 수 있는 '리코르단체ricordanze'

는 유럽의 다른 곳에서 유례를 찾아볼 수 없는 것이다. 일종의 가문 회계장부에 개인적 성찰이 결합된 형태인데, 그중에는 내면적이고 풍부한 반향을 가진 것이 많다. 더욱이 피렌체 사람들은 놀라운 기록자들이었다. 르네상스 시대의 도시 중 피렌체만이 심층적 사회사 연구가 가능한 곳인 까닭이 여기에 있다.

거듭 독재정치에 빠져들면서도 유연성을 잃지 않는 역동적인 사회가 이 거대한 추론과 상상의 활동 안팎을 둘러싸고 있었다. 그 구성원들은 길드 체제를 통해 사회적 신분상승을 이루었다. 1400년경 이후 길드 조직들이 권위를 잃은 뒤에도 소상인들을 비롯한 사람들이 신분상승을 계속했다. 물론 이런 신분상승은 주로 이미 가문의 이름을 가지고 공직담당 계층에 끼어든 사람들에게 해당되는 이야기이기는 하다.

그들은 화려한 이름을 뽐내고 있다가도 불운과 곤경을 겪으면서 자기보다 우위에 있는 사람들에게 무시당하거나 심지어 경멸까지 받곤 했다. 대개 사업 실패가 그 원인이었다. 그러면 자손들은 고초를 겪어야 했다. 그중에는 "체면 없는" 가난뱅이를 벗어나지 못하는 사람들도 많았다. 그러나 누구에게든 만회의 길은 있었다. 사업을 다시 일으켜 "지체 높은" 결혼을 하고, 가문의 옛 저택을 도로 사들일 수 있었다. 신세가 처지는 친척들도 그에 딸려 올라올 수 있었다.

12세기 이래 약 300년 동안 피렌체 사람들은 정치적 주권을 확보하기 위해 노력했다. 그러면서 황제들, 교황들, 독재를 꾀하는 자들, 그리고 이웃 도시들을 상대로 싸움을 벌였다. 성벽 안에서 벌어지는 내전은 13세기의 만성적 현상이었다. 시민들이 파당들,

통치 집단들, 강력한 가문들, 폭도들, 그리고 지배층의 군사력을 상대로 싸운 것이다.

그러나 온갖 위협과 치열한 투쟁 속에서도 정치를 대화로 풀어가려는 정치적 토론을 통해 집단과 사회의 결정을 추구할 필요성과 그에 대한 요구는 16세기까지 계속되었다. 물론 이런 과정에는 활기가 늘어날 때도 있고 줄어들 때도 있었다. 그러나 언제고 그 흐름이 막힐 때면 더 세찬 힘으로 회복되는 길이 다시 열리곤 했다.

피렌체의 공화주의를 여러 측면에서 이해할 수 있는 열쇠가 바로 여기에 있다. 세금, 공직, 전쟁, 선거, 지도자, 일상적 법률 등 요컨대 정치 전반에 걸친 토론에 대한 집착이다. 메디치가 독재정치에 대한 최대의 위협도 바로 여기에 있었음을 구이치아르디니가 로렌초의 야망을 가로막는 장벽을 언급하면서 명확히 지적했다. 피렌체가 "무엇보다 언론의 자유를 신봉하는 도시이며, 극히 명민하고 열성적인 사람들이 가득한 곳"이라고 묘사한 것이다.[351]

풍부한 재력이나 높은 명망을 가진 가문이 지배하는 경향이 없지 않았다. 그러나 얼마간의 재력을 갖춘 영향력 있는 시민들이 서로 힘을 합쳐 독재자나 권력자에 반대하는 결정을 상정하고 통과시키는 일이 자주 있었다. 피렌체 시민들은 장사와 공직뿐 아니라 (솔직하게 이야기하자) 자기 일꾼이나 농부들이건 이웃 도시들이건, 남을 착취하는 데 열성적인 사람들이었다.

이런 열성을 통해 그들은 실용주의적 인생관을 가지게 되었다. 정치적, 사회적 유동성을 선선히 받아들이고, 언제나 새로운 지평을 내다보는 자세였다. 그것은 피렌체의 탐험적 기질을 키워내면서 미술, 사상, 문학, 그리고 일상적 이야깃거리의 범위를 넓혀준 조건들이었다.

따라서 짧은 임기의 관직 순환이 피렌체의 통치와 정치에서 중심적 역할을 하는 것은 당연한 일로 여겨졌다. 사람들은 관직에 들어갈 차례가 돌아오기를 간절하게 기다렸다. 관직에 들어가면 자신의 의지대로 표를 던지고, 연설과 토론의 생생한 흐름 속에서 발언과 참여를 할 수 있었다.

그러나 이 "조그만 제국"에는 구이치아르디니가 지적한 것처럼 자리에 제한이 있었다. 특히 중요한 자리들은 매우 드물게 차례가 왔다. 적어도 원한에 찬 리누치니처럼 자신이 고위직을 맡을 "타고난 권리"를 가졌다고 믿는 사람들에게는 흡족할 수가 없었다.

그래서 관직의 문을 "넓히자"는 주장과 "좁히자"는 주장이 끊임없는 줄다리기를 한 것이 공화제 피렌체의 역사였다. 한편에서는 명문가 출신의 영향력 큰 시민들이 좁은 범위의 통치 집단을 형성하려 하고, 다른 한편에서는 비교적 힘없는 시민들이 시 청사에서 더 넓은 범위의 목소리를 내면서 공익을 위한 정책이 결정되기를 바랐다. 양측 사이의 대결에는 끝이 없었다.

우리 현대인의 기준으로는 양측 사이의 차이가 사소한 것으로 보일 수 있다. 양측 모두 어떤 형태의 통치 집단 구성을 목표로 한다는 점에서는 마찬가지였다. 그러나 르네상스 시대 피렌체의 기준으로 보면 이것은 엄청난 차이였다.

인구가 4만 5,000이 안 되는 도시에서 40명 내지 70명의 시민들이 어느 정도의 통치권을 가지느냐, 아니면 비록 정부의 업무는 비슷한 숫자의 사람들이 맡고 있더라도 거대한 입법기구들을 통해 수백 명의 사람들이 자리를 바꿔가며 능동적으로 정부를 감시하고 궁극적으로 완전히 통제하도록 하느냐 사이의 차이는 결코 사소한 것이 아니었다. 이것은 서로 대척적인 주장들이었다. (최대한) 수백 명이냐, 수천 명이냐, 공화국의 공무를 적은 수의 사람에게 맡기느냐, 많은 수의 사람에게 맡기느냐 하는 문제였다.

입법기구 중 큰 것에는 가게 주인들, 야심적인 기술자들, 소지주들, 공증인들, 그리고 한때 명망 있던 가문 출신으로 체면을 잃은 시민들도 참여했다. 모두 얼마간의 재산을 가진 사람들이었지만 기본 입장은 서로 달랐다. 그들은 공금의 향방, 전쟁과 평화, 법정의 판결, 입법의 흐름에서 눈을 떼지 않는 사람들이었다.

그들 역시 이기적이거나 파당적인 동기에 따라 움직일 수 있다는 점은 별 문제가 되지 않는다. 중요한 점은 그들이 내부 통치 집단의 마법의 울타리 밖에 있었다는 사실이다. 그 위치에서 다른 시각으로 바라보면서 우두머리들이 내놓는 정책 중 인기가 없거나 불공평한 것을 부결시키기도 하고, 심지어 그 우두머리들이 공직에 선출되는 것을 가로막기도 했다.

이에 덧붙여 한 번 입법기구 안에서 역할을 맡아본 사람들의 견해는 역할을 맡지 않을 때도 그 시대 시민문화의 힘과 품위를 높이는 데 도움이 되는 경향이 있었다. 오랜 시간이 흐르면서 귀족문화 역시 그 영향을 받지 않을 수 없었다.

메디치 정권의 출발점 역시 하나의 파당이 다른 파당의 주장과 압박을 봉쇄하려는 시도들에 있었다. 그런데 진행과정 중 막후 지휘자인 코시모 데 메디치에게 과중한 권위가 집중되는 일이 벌어졌다. 그 권위를 모아준 것은 메디치파의 루카 피티와 토마소 소데리니 등을 비롯해 그 우산 밑에 들어가고 싶어 하는 한 무리의 시민들이었다.

그들은 장기적으로 자기네가 무엇을 희생시키고 있는지 알 수 없었을 뿐더러 그 결과를 예견할 수도 없었다. 그들의 눈은 변화의 소용돌이에 너무 가까이 있었다. 그 변화는 특이한 종류의 독재에 이르는 점진적 찬탈이었고, 완전한 결과는 긴 시간이 지난 뒤에야 나타났다.

로렌초가 아름다운 클라리체 오르시니와 결혼한 것은 군주의 꿈을 향한 행동이었으며, 과거와의 단절을 기하는 전환점이었다. 엄격한 가부장제 사회에서 로렌초의 아버지가 내린 결정이었고, 1464년 코시모가 죽기 전에 잡아준 방향이었다.

메디치 은행과 정치적 미래를 걱정한 그들은 근본적 정책 변화의 필요성을 느끼기 시작한 것이었다. 그들은 국외의 확고한 지지가 보장되기를 바랐다. 강력한 장군들과 교회 군주들의 가문이 로렌초와 결합하는 것을 보며 피렌체 시민들이 다른 무슨 의미를 생각할 수 있었겠는가?

1450년대 후반까지 수많은 추방자들이 국외에 있고, 그보다 더 많은 적들이 국내에 도사리고 있는 상황에서 코시모와 피에로는 무슨 방법을 써서라도 권력을 놓지 말아야 한다는 사실을 이해했다. 그렇지 않으면 참혹한 파멸이 기다리고 있었고, 다른 수십의 가문들까지 더불어 무너지게 되어 있었다. 노쇠한 할아버지와 병약한 아버지가 재능 있는 로렌초를 권력자가 되도록 키워냈고, 로렌초는 그 역할을 완벽하게 수행했다.

지롤라모 마키아벨리, 아그놀로 아치아이우올리, 디에티살비네로니, 니콜로 소데리니 등 1460년대의 "반역자"들은 형성 과정 중인 독재정권의 모습을 보았다. 그러나 결국 그들은 코시모와 피에로에게 격퇴당했다. 코시모와 피에로가 재산과 신분을 지키기 위해 싸운 반면 그들의 목표는 추상적인 것이었기 때문이다. 메디치가의 정치적 통제력을 와해시키고 더 많은 사람들이 정부에 참여하도록 만든다는 것이 그들의 목표였다. 코시모와 피에로와 로렌초가 상대방보다 더 빨리 움직이고 확실하게 타격을 줄 수 있었던 까닭은 바로 구체적인 목표와 직접적인 수단이 있었기 때문이다.

식스투스 교황은 로렌초와 싸움이 벌어졌을 때 편지와 교서, 그리고 말을 통해 그를 "폭군"으로 규정하고, 피렌체 시민들에게 그를 축출하고 공화제의 자유를 회복함으로써 파치전쟁을 빨리 끝내라고 촉구했다. 그 자신은 피렌체에 아무 유감이 없다고 주장했다. 문제가 되는 것은 단 한 사람의 사악하고 오만한 찬탈자였다. 이 인간이 교회의 영지에 대한 교황의 정책을 비방하고 반대하지 않았는가? 그를 쫓아버리라. 그러면 모든 문제가 해결될 것이다.

식스투스 교황의 진의가 중부 이탈리아에 대한 자신의 계획에 피렌체의 외교정책을 예속시키는 데 있었다는 점은 의문의 여지가 없다. 그런데 이 정책은 로렌초의 독재가 강화되는 것과 아무 관계가 없는 전혀 별개의 일이었다. 따라서 그 시점에서 식스투스가 로렌초에 가한 공격은 겁에 질려 침묵하면서도 원한에 차 있는 피렌체 내의 반대파에 대한 호소였다. 로렌초는 이 공격을

피렌체 우피치 미술관 입구에 있는 위대한 로렌초 동상.

두려워할 만한 이유를 가지고 있었다. 국내의 반대파가 차츰 대담해지고 있는 상황에서 나폴리로 서둘러 떠나기 직전, 로렌초는 시내의 '일반적 여론'이 지켜운 파치전쟁의 유일한 이유로 자신을 지목한다고 말한 일이 있다.

1434년 이래 피렌체의 정치적 토론은 갈수록 위축되거나 아예 봉쇄되어 버렸다. 이따금 터져 나오려다가도 1458년과 1466년의 쿠데타로 인해 끝장이 나고 말았다. 아버지 피에로가 세상을 떠나는 그 순간부터 로렌초의 목적은 정치권력을 자신과 선택된 친구들에게 집중시키는 것이었다.

70인으로 구성된 특별위원회의 설치는 이 목적의 완성이었다. 나폴리에서 개선장군처럼 돌아온 후 다섯 주일 만에 만들어진 이 기구는 그가 골라뽑은 멤버들로 이뤄진 단단한 한 덩어리의 통치집단이었다. 참사회와 (백인회를 포함한) 세 입법기구 위에 군림함으로써 피렌체 헌법을 벗어난 70인회는 로렌초의 손으로 만들어져 그를 중심으로 돌아갔다. 무서운 팔인회가 정치적 "범죄자"들을 탄압하는 데 더욱 거침없이 나서게 된 것도 피할 수 없는 일이었다.

메디치파가 보여준 것처럼 공화제 정부에 대한 최대의 위협은 권력의 영구한 확보를 시도하는 데 있었다. 그 시도는 권력을 한 사람, 형성 중인 군주에게 끝없이 집중시키는 움직임으로 나타났다. 이 과정에서 모든 경쟁자들과 반대자들은 반역자로 몰려 정계에서 축출되었다.

이제 정치적 변화의 가능성은 말살되었고, 공적 영역에서의 진정한 토론은 심지어 귀족들 사이에서조차 사라져버렸다. 그 필연적인 결과는 보스정치와 아부문화의 심화였고, 부패는 법정을 비롯해 모든 관청과 세금 업무, 그리고 개인법안의 흐름에까지 퍼져나갔다.

그동안 도시 안에서는 의식 있는 정치적 시민들이 불안감을 떨쳐버리지 못하고 있었다. 4월의 음모와 로렌초의 무장호위대는 도시에 어두운 그림자를 드리웠다. 1480년에 이르기까지 플라톤 재해석가인 마르실리오 피치노 같은 사람까지도 음모자 중 두 사람, 즉 살비아티 대주교와 자코포 브라치올리니와 교분을 가졌다는 이유로 목숨의 위협을 느끼며 지냈다는 이야기가 있다.

많은 시민들은 원한과 조심성이 깔린 분위기에서 살았다. 이런 심리상태의 한 모서리를 리누치니가 몰래 쓴 《자유에 관한 대화》에서 찾아볼 수 있다. 이 작품에서는 걱정스러운 마음이 분노와 우울증으로 전환되어 나타난다. 리누치니는 정치적 자유가 사라지는 가운데서도 "야심"은 번성하리라는 것을 알았다. 자신의 마음속에서도 확인할 수 있는 일이었다. 너무나 많은 사람들이 기회주의에 휩쓸려 폭군을 섬기러, 그럼으로써 자기 경력과 가족과 지갑을 보살피러 나설 것이었다.

무법자를 뜻하는 "폭군"이라는 비난에 로렌초가 펄펄 뛰었으리라는 것은 의문의 여지가 없다. 그는 공화국 안에서 자기 위치의 합법성이나 정당성에 믿음을 가지려 노력하지 않을 수 없었다. 그가 밀정들을 동원해 용기 있는 인문학자 콜라 몬타노를 추적하고 체포하여 처형한 일도 (1482) 이런 태도를 통해 이해할 수 있다. 메디치파의 주장처럼 몬타노가 1481년에 있었던 3인 "반역자"의 음모에 연루되었을 가능성은 전혀 보이지 않는다.

로렌초가 보기에 몬타노의 진짜 범죄는 소小공화국인 이웃 도시 루카의 지배자들에게 써준 라틴어 연설문에서 메디치가와 피렌체의 수령을 교활한 독재자라고 비난한 것이었다. 그 글은 대단히 신랄한 것이었는데, 4월의 음모 얼마 후 그것이 서둘러 인쇄되어 배포되는 것을 보고 몬타노 자신이 크게 당황했다고 나중에 진술에서 밝혔다. 인쇄한 사람은 사르노 주교 안토니오 데 파치와 로렌초의 가장 완강한 적대자의 한 사람인 군인이자 법관 치타 디 카스텔로의 로렌초 주스티니였다.[352]

리누치니가 《자유에 관한 대화》에서 로렌초를 비난한 것과 달리 공화국이 생생하게 살아 있었다는 증거는 메디치가의 망명과 1494~1495년간 공화정의 활기찬 회복에서 찾을 수 있다. '넓은' 기반의 정부를 원하는 대중의 요구에 맞춰 새 정권(부분적으로 사보나롤라 정권)이 가장 먼저 취한 조치는 3,500명으로 구성되는 강력한 입법기구 대大의회를 만드는 것이었다. 대의회는 1512년까지 새 공화국의 헌법상 기반이 되는 역할을 맡았다.

그러나 가문들 사이의 유동적 연합관계에 뿌리를 두고 있던 피렌체 공화주의의 사회적 기반이 메디치 정권 아래 유력한 가문들의 유착관계 속에서 깊이 썩어 들어간 결과 공화국의 존속이 불가능하게 된 것이 아니었을까? 협력자들을 몰아내거나 시민의 힘을 모아 메디치가 출신 교황들의 회유와 압박에 저항할 능력을 상실한 것은 아니었을까?

확정적인 대답이 불가능한 질문들이다. 따라서 공화제의 사망이 불가피한 일이었다고 단정할 수 없다. 여기서는 피렌체 이야기를 하고 있지만 더 일반적으로 이야기하더라도, 과거를 연구하는 데 역사적 과정과 현실을 불가피성의 자물쇠로 잠가놓아 가능성을 봉쇄하는 것은 좋은 방식이 아니라고 생각한다. 뜻밖의 일을 받아들일 자세를 잃어서는 안 될 것이다.

오늘날의 연구자들은 로렌초에게 불리한 사실들을 많이 밝혀내고 있다. 피렌체의 외교정책 실종, 정부 공채 조작, 재판 개입, 공금 착복, 요직 장악, 불량주화 발행, 심지어 중매를 빙자해 억지 결혼을 시킨 일까지 지적된다. 그런데 이런 지적이 사실이라 하더라도 그 모든 일을 가능하게 한 것은 메디치식 통치방식이었다.

그 통치방식은 상당한 범위의 주요 시민들과 가문들이 자유의지에 의해서든, 뇌물이나 강압에 의해서든 동의와 협조를 해주어야 하는 것이었다. 그뿐 아니라 그것은 로렌초가 새로 만든 것도 아니었다. 그는 지나가다가 놓여있는 것을 주워서 아주 멋지게 써먹은 셈이었다.[353]

그가 만들어낸 인물들이라 할 수 있는 벼락출세자들은 로렌초의 뜻 이외에는 생각하는 게 없었다. 로렌초의 도움이 사라지면 공직세계에서 사라질 그들은 정치계급 안에 독자적 기반이 없는 사람들이었다. 현실 문제에 재능이 없는 아들 피에로조차 그가 지켜주지 않자 공화주의 물결 앞에 한차례 위기를 견디지 못하고 말았다.

파치 음모는 로렌초의 권력찬탈 가도에서 반환점이었다. 사건이 직접 일으킨 공포심이 그와 그 일당으로 하여금 당당한 수준의 권력을 장악할 수 있도록 해주었을 뿐 아니라, 그로 인해 빚어진 유혈사태를 통해 그들의 필사적인 자세를 확인할 수 있었기 때문이다. 뛰어난 재능을 가진 지도자 밑에 통치 집단이 모든 요직을 틀어쥐고 있는 상황에서 전쟁이나 암살 같은 극단적 방법 외에는 로렌초와 그 일당을 실각시킬 수 있는 길이 없게 되었다.

오래된 귀족의 지배층이 자기 의지로 할 수 있는 일이 아니었다. 정치와 입법기구들, 그리고 선거 전략을 통해 구불구불 돌아가는 이 길은 벌써 어렵게 되어 있었다. 메디치파에서 너무 많이 막아 놓고 구부려 놓았다. 조심성과 교활하고 교묘한 폭력이 판을 치고 있었다.

파치 음모자들에게도 자기희생적인 고상한 의지가 없었다고 말하는 게 공평할 것이다. 그러나 그들이 정부 청사의 장악에 성공하고 하루나 이틀이라도 버틸 수 있었다면, 쿠데타를 성공시키기 위해 시내의 반反 메디치 가문들과 정서로부터 도움을 받지 않을 수 없었을 것이다. 그런 과정에서 그들은 공화제 개혁의 강력한 흐름에 휩쓸려 들어갔을 것이고, 정치계층의 신속한 확대를 이룰 수 있었을 것이다.

피렌체 공화국을 위기의 벼랑으로 몰아붙인 장본인이 바로 로렌초였다는 사실은 (역사를 이렇게 시원스럽게 몰아붙여도 되는 것이라면) 그의 뛰어난 재능으로도 어쩔 수 없는 일이었을까, 아니면 바로 그 재능 때문에 일어난 일이었을까?

처음에는 두려움과 기대감을 불러일으켜 놓고, 다음에는 이 두려움을 활용해 시민들의 야심을 교묘하게 끌어들이는 것이 그의 수법이었다. 피렌체의 공적 권위를 메디치가의 전유물로 만들면서 그가 늘 주장한 바는 메디치가에게 좋은 일이 곧 피렌체에게 좋은 일이라는 것이었다. 그는 이 주장을 스스로 믿기까지 했다.

주석

음모

[1] 로렌초와 1488년에 관해: M Pellegrini, *Congiure*, 25~40.
[2] 인구에 관해: Larner, *Lords of Romagna*, 209~219; Zaghini, "La popolazione", 257~261; Martines, *Power and Imagination*, 230.
[3] 카테리나의 보석에 관해: Breisach, *Caterina Sforza*, 89.
[4] 식스투스 교황과 리아리오에 관해: Pastor, *History*, IV, 231~257. 토지세에 관해: Graziani, "Fra Medioevo ed età moderna", 245~246(Vasina, *Storia di Forlì* 수록).
[5] 교황령의 사회와 정치에 관해: 참고문헌 목록 중 Larner의 저술 두 편을 보시오.
[6] 인용문: Pasolini, *Caterina*, I, 197에서.
[7] 연대기 자료: Cobelli, *Cronache*, 303~341; Bernardi, *Cronache*, 229~271.
[8] 편지 인용: Fabroni, II, 318~325; Pasolini, III, 111~115에서.
[9] 카테리나와 오르시 음모에 관해: Breisach, *Caterina*, 96~124.
[10] 4월 29일의 편지: Pasolini, III, 111~15.
[11] Breisach, 113~118. 인용: Cobelli, 337~338.
[12] 13장을 보시오. M. Pellegrini, 33~34, 48~50. 교황 이노켄티우스의 아들에 대한 교황과 로렌초의 의도에 관해: Pastor, *History*, V, 240, 265~270.
[13] 갈레오토 만프레디에 관해: M. Pellegrini, 100~115.
[14] 음모들에 관해: Funini, *Italia*, 220~252.
[15] 이 음모에 관해: Corio, *L' Historia*, 830~888; Verri, *Storia*, Chap. 18. 관련 연구: Casanova, "L' uccisione"; Belotti, *Olgiati*. 신학자와 교회 법학

자들에게 보낸 보나 부인의 편지들: Pasolini, III, 30~33.
16 현대 연구로 가장 뛰어난 것은 Belotti, *Olgiati*; Ilardi, "Assassination".
17 콜라 몬타노의 숙적 파베리 폰타나의 1477년 출간된 라틴어 시: Belotti, 114.
18 Belotti, 141~142에서.
19 끔찍한 처형 장면에 관해: Belotti, 127~128.
20 식인 행위에 관해: Belotti, 138.
21 콜라 몬타노의 운명에 관해: Lorenzi, *Cola Montano*; Belotti, 34~50, 167~176.
22 기본 참고문헌: Miglio, "Viva la libertà"; Giulari, *Prose*; Watkins, *Humanism and Liberty*, 107~115에 수록된 알베르티의 진술; Cessi, *Saggi*, 65~128; Pastor, *History*, II, 215~239.
23 인용: Pastor, II, 219에서.
24 이탈리아의 반교회 정서에 관해: Dykema and Oberman, *Anticlericalism*; Martines, "Raging Against Priests". Cessi, *Saggi*, 65~128에는 포르카리의 1447년 연설에 반역의 뜻이 들어있다는 주장을 부인했다.
25 음모의 윤곽에 관해: Pastor, II, 215~239; Cessi, *Saggi*.
26 결혼에 관한 연구: Martines, *Social World*, 57~62, 199~237; Klapisch-Zuber, *La maison*; Molho, *Marriage Alliance*; Fabbri, *Allenza matrimoniale*; Kuehn, *Law, Family*; Dean and Lowe, *Marriage*.

신분 상승

27 코시모의 새로운 결혼정책에 관해: Jubini, *Italia*, 80.
28 Tornabuori, *Lettere*, 62~64; Maguire, *Women*, 129~132.
29 오르시니가에 관해: Litta, *Famiglie celebri*, IV.
30 Martines, "A Way of Looking"이 주로 알레산드라를 다룬 것이다. Gregory, *Selected Letters*, 1~20에도 나옴.
31 A. Strozzi, *Lettere*, 106~108, 119~123에서.

[32] M. Parenti, *Lettere*, 93~95에 수록된 마르코의 편지.

[33] 피렌체의 결혼 중매에 관해: Fabbri, 139~154.

[34] 베네치아 귀족계급 내의 차이에 관해: Finlay, *Politics*, 59~96, 196~226; Qyeller, *The Venetian Patriciate*.

[35] 쇠퇴하는 가문에 관해: Dei, *Cronica*, 86~87, 90~91.

[36] 파치 가문에 관해: 이 책 4장; Litta, *Famiglie celebri*, IV, "Oazzi di Firenze".

[37] 트랑케디니와의 관계에 관해: Phillips, Memoir, 16~17.

[38] 메디치가의 결혼에 관해: Pieraccini, I, 49~75, 95~140, 157~284. 루크레치아의 지참금에 관해: Tornabuori, *Lettere*, 3. 14세기에는 명망 높은 가문들이 '거족'인 본가로부터 갈라져 나와 이름과 문장을 바꾸고 공식적인 '평민' 신분을 취하는 일이 많았다.

[39] 이하 내용은 Brucker, "The Medici"에서 걸러낸 것임. Sznura, *L'espansione urbana*는 13세기 피렌체의 토지 시장을 다루었다.

[40] 메디치 은행에 관한 De Roover의 고전이 된 연구; Holmes, "How the Medici"는 조바니 디 비치에 대한 관점을 넓혀준다.

[41] Martines, *Social World*, 353~378에는 1403년과 1427년 피렌체의 고액납세자 1,200명의 명단이 실려 있다. De Roover, 374에는 피렌체가 유럽의 금융 수도로 소개되어 있고, 조바니의 재산 규모에 대한 로렌초의 주장이 나와 있다.

[42] 팔라 스트로치와 판치아티키 가문에 관한 언급: 주로 Conti, *L'imposta*, 344~8; 일부는 Dei, *Cronica*, 86. D. Kent, *Rise of the Medici*, 179~180에는 여러 명문가와 판치아티키 가문 사이의 결혼 관계가 나타나 있다.

[43] Fabroni, II, 42.

[44] Gutkind, *Cosimo*는 아직도 가치 있는 전기다. 명성과 설화에 관해: Brown, "The Humanist Portrait".

[45] De Roover, 10~20, 109~116에 고리대금, 이자와 환거래를 다루고 있다. 연구가 더 필요한 분야다. S. Armstrong, "The Politics of Usury"를 보

라. De Roover, 74에는 코시모의 밀라노 재산과 1457년 납세신고서가 실려 있다. Bullard, *Filippo Strozzi*에서 다루기는 했지만 교황의 은행가의 진짜 이득에 대해서는 아직도 분명치 않은 점이 남아있다.

46 Brucker, "Economic Foundations", 9~10; De Roover, 108~141, 374. *Banks, Palaces*의 Goldthwaite, "The Medici Bank"에서는 은행 소유의 주체가 '가문'보다 '개인'이었음을 강조한다. 스포르차의 빚에 관해: De Roover, 141.

47 Maguire, *Women*, 23~4에 피에로와 회계 이야기가 있다. 1464년 피에로의 은행인수에 관해서는 De Roover, 358~361.

48 밀라노와의 전쟁에 관해: Brucker, Civic World. 세금에 관해: Molho, *Florentine Public Finance*; Conti, *L' imposta diretta*. Martines, "Forced Loans"는 불안감과 표적과세에 초점을 맞췄다.

49 1420년대에서 1430년대 초까지 피렌체 정치를 잘 묘사한 글: F Pellegrini, *Sulla repubblica*; Brucker, *Civic World*, 425~500; D. Kent, *Rise of the Medici*; Fubini, *Italia*, 62~86의 헌법 연구.

50 De Roover, 54.

51 추방자 숫자에 관해: D. Kent, *Rise of the Medici*, 355~357; Rubinstein, *Government*, 18; Dei, *Cronica*, 53. 데이의 500명 추정이 세대 평균 규모로 보아 300명이라고 한 다른 자료보다 그럴싸하다.

52 1458년 위기에 관해: Rubinstein, *Government*, 88~135.

53 Martines, *Lawyers*, 485.

54 Rubinstein, *Government*, 103, 108; Dei, *Cronica*, 65~6; Cambi, Istorie, I, 361~362.

55 *Lettere*, I, 3~5

56 마키아벨리의 두 번째 체포에 관해: Buoninsegni, *Storie*, 127.

57 Rubinstein, *Governemnt*, 128에는 메디치궁전에서 공식 회의를 열던 관습이 지적되어 있다.

58 아치아이우올리와 네로니는 스포르차의 제보자로 일할 때 피렌체 주재

밀라노 대사를 통해 활동했다.

59 아치아이우올리와 네로니에 관해: Gutkind, *Cosimo*, 125~126, 128, 162~164; Rubinstein, *Government*, 134; Clarke, *The Soderini*, 38~94.

60 1466년 위기에 관해: Rinuccini, *Ricordi*, c~civ; Municchi, *La fazione*; Pampaloni, "Fermenti"는 3부로 된 빼어난 연구; Gori, "La crisi del regime." Rubinstein, *Government*, 136~173과 Phillips, *Memoir*, 222~259도 참조.

61 인용: Dei, *Cronica*, 69에서.

62 사건진행: Rubinstein, 160~164.

63 8월 30일 아치아이우올리의 발언에 관해서는 Pampaloni, "Nuovi Tentative", 578 참조.

64 피에로와 두 대주교의 회동에 관해: Clarke, "A Sienese Note".

65 인용: Gondi's Ricordanze, in Ridolfi, *Gli archivi*, 87에서.

66 로렌초의 활약에 관해: Clarke, "A Sienese Note", 47.

67 시인에 관해: Romano, in Massèra, *Sonetti*, 146.

68 르네상스 시대 이탈리아 도시들의 정치적 천재성에 관해: Martines, *Power and Imagination*, Chap. 9.

69 이 일곱 항목은 여러 문헌에서 모은 것이지만, 가장 적절한 단행본은 Rubinstein, *Government*. Ninci, "Techniche"도 있다. 콩을 보이고 넣는 데 대한 벌칙은 한 차례 위반에 금화 5플로린(25리라)이었고, 투표함 관리자에게도 벌금을 물렸다. 콩알은 손으로 가리게 되어 있었다. F. Pellegrini, *Sulla repubblica*, xv 참조. 일곱째 항목은 문헌자료에서 내가 추출한 것이다. Martines, "Corruption" 참조.

마네티의 프로필

70 구이치아르디니의 말: 그의 *Opere*(*Dialogo del reggimento di Firenze*), 275에서 화자 베르나르도 델 네로의 입을 통해 나온다.

71 지아노초의 생애에 관한 자료: Vespasiano, *Le Vite*, I, 485~538, II,

515~622. 지아노초의 저술: Wittschier, *Giannozzo*. 지아노초 연구: Martelli(1989), "Profilo ideologico"와 "L' esilio di Giannozzo"; Field, *The Origins*, 64~71; Connell, "The humanist Citizen". 지아노초의 라틴어 연설: Vespasiano, II, 579.

72 마네티가에 관해: Martines, *Social World*, 131~5, 176~8.
73 공직경력에 관해: Martines, *Social World*, 176~190.
74 지아노초가 코시모에게 한 말: Vespasiano, II, 569. 코시모가 조심스럽게 대답한 말: De Roover, 74.
75 몰수성 세금에 관해: Conti, *L' imposta diretta*, 303~318.
76 카포니의 대꾸: Vespasiano, II, 569.
77 루카 피티에 관해: Vespasiano, II, 601.
78 Martelli, "Profilo"(1989)와 "L' esilio" 참조.
79 편지들은 Wittschier, *Giannozzo*, 45~48에 들어 있다.

파치 가문

80 파치 가문에 관해: Litta, *Famiglie celebri*, IV, "Pazzi di Firenze", vii~ix; Davidsohn, Storia, I~IV('성화' 이야기는 I, 1067~1068); Saalman, *Filippo Brunelleschi*, 211~234; Herzner, "Die Segel-Imprese".
81 파치궁전에 관해: Moscato, *Il Palazzo Pazzi*.
82 Dante, *Inferno*, XII, 137~138; XXXII, 67~69.
83 거대한 전사 가문이던 파치가는 1200년경 두 갈래로 갈라졌다. 발 다르노의 파치가는 황제당으로 남았는데, 피렌체의 파치가는 교황당인 구엘프당의 큰 세력이 되어 피렌체의 흑파에 가담했다. Davidsohn, *Storia*, I, 878, 1067~8; II, 338, 419, 483, 801; *Forschungen*, III, 42~43, 67, 69, 143; IV, 242~243, 248, 264, 373.
84 Brucker, *Florentine Politics*, 368.
85 피렌체의 작위에 관해: Salvemini, *La dignità cavalleresca*.
86 1250년경까지 파치가의 은행업 관계는 앞의 Davidsohn의 책과 Sapori,

Studi, 1046 참조.

[87] 1400년경 피렌체 고액납세자 목록: Martines, *Social World*, 351~365.

[88] Saalman, 441~442에서 안드레아의 청원을 다뤘다. 바르셀로나의 사업에 관해: Melis, *Documenti*, 284.

[89] 작위 수여에 관해: Salvemini, 145.

[90] Jacks, Caferro, *The Spinelli*, 196.

[91] Saalman, 231.

[92] 안드레아의 재산에 관한 모든 정보는 1427년의 납세신고서에 근거를 둔 것이다: ASF, Catasto, 57, ff. 1450r~1490r, pagination top right; Catasto, 80, II, ff. 586r~593v. 메디치가와 파치가의 전쟁공채: Molho, *Florentine Finance*, 181.

[93] 갤리선에 관해: Mallett, *Florentine Galleys*, 46, 58, 81~82, 88~89, 158, 212. 플로린 수송에 관해: Dei, *Cronica*, 98.

[94] 베네치아 사람들의 추산과 캄비니 은행의 수익에 관해: Tognetti, *Banco Cambini*, 147, 149~153.

[95] Spallanzani, "Le aziende"는 정부의 무한책임 주장에 동의한다. Goldthwaite, *Banks, Palaces* 안의 "The Medici Bank"에서는 이 관점을 지지하며 파치가의 여러 회사가 단일한 회사의 꾸며낸 창구들이라고 본다. De Roover, 76~78에서는 메디치가의 회사 하나하나가 다른 회사들과 구분되는 별개의 법적 실체라고 했다. 파치가 회사들도 같은 방법으로 조직되었다. 아들들의 분가에 관해: Saalman, 217.

[96] 대조 조사: ASF, Catasto, 57, ff. 1470~1473.

[97] 교구교회와 산타 피에르 마지오레의 예배당의 구체적 내용: Paatz, *Die Kirchen von Florenz*, III, 171; IV, 690; VI, 634~5, 637. Davidsohn, *Storia*, II, 338, n. 1에는 파치가가 13세기 초에 벌써 이 구역에 자리 잡고 있었다고 한다.

[98] Herlichy and Klapisch-Zuber, *Les Toscans*, 245~246, 251~259에는 피렌체 사람들이 피렌체 령 토스카냐의 토지를 매입하던 추세가 설명되어 있다.

99 문단 내용의 근거: ASF, Catasto, 478, I, ff. 8r~22v, top right.

100 파치가의 무한신용에 관해: De Roover, 91.

101 파치가와 교황의 독일 자금에 관해: Esch, "Überweisungen", 301, 309, 327, 350~357, 373~374.

102 형제들의 분가 공시와 그들의 공채 지분 및 재산에 관한 자료: ASF, Catasto, 682, ff. 908r~912r, 913r~916v, 917r~931r; Saalman, 222~223, 442~444.

103 Saalman, 444~445의 문서들.

104 문헌자료: ASF, Catasto, 828, ff. 544r~550v, 551r~560v; Catasto, 828, ff. 516r~524v.

105 루카 피티 관계: Goldthwaite, "Local Banking" in *Banks, Palaces*.

106 1469년 납세신고서: ASF, Catasto, 927, II, ff. 491r~496r, 504r~508r; Catasto, 928, II, ff. 29r~33r.

107 굴리엘모와 나시에 관해: Tognetti, *Banco Cambini*, 299.

108 De Roover, 164. 교황의 명반 전매사업은 1476년 6월에야 파치 은행으로 넘어갔다.

109 브루제에 있던 굴리엘모의 아들에 관해: Holmes, "The Pazzi Conspiracy".

110 전설들과 책략에 관해: Martines(1994).

소데리니의 프로필

111 토마소 소데리니에 관해: Clarke, *The Soderini*와 같은 저자의 요약된 논문 "Lorenzo de' Medici and Tommaso Soderini".

112 관련사실: Clarke, *Soderini*, 14~64에 잘 정리되어 있다.

로렌초의 등장

113 기본 참고문헌: *Lettere*, I~V; Valori, *Vita*; Fabroni, Rochon; Rubinstein(1966); Soranzo, "Lorenzo"; Fubini, *Italia*; A. Strozzi, *Lettere*; M. Parenti, *Lettere*.

114 프라토 봉기에 관해: Ammirato, *Istorie*, V, 379~380; *Lettere*, I, 122,

155~156. 로렌초의 목숨을 노린 다른 음모들에 관해서는 여러 대사들과 메디치가의 첩자들, 그리고 리누치니와 콜라 몬타노가 남긴 자료가 있다.
[115] 인용: Valori, *Vita*, 46에서.
[116] 다섯 살과 열 살 때의 로렌초에 관해: Rochon, 73~74.
[117] 시: *Uccellagione di starne*(aka *La caccia col falcone*).
[118] 소년기 로렌초의 후원 편지들에 관해: *Lettere*, I, 3~6. 중재자와 후원자로서의 역할에 관해: Salvadori, "Rapporti personali"; F. W. Kent, "Lorenzo …… Amico". Del piazzo, *Protocolli*는 많은 양의 편지를 확인해 준다.
[119] Rochon, 74~77; *Lettere*, I, 14~16; Rubinstein, "Lorenzo de' Medici", 44.
[120] Rochon, 77~79; *Lettere*, I, 18~20.
[121] 수많은 문학 연구에 관해: Orvieto, *Lorenzo*. 연애시에 관해: Martines, *Strong Words*, 99~100. 번역문은 "Io seguo con disio quel piú mi spiace"을 옮긴 것이다. Lorenzo, *Opere*, I, 152, lines 1~4, 9~11. 페트라르카의 분위기가 대단히 강하다.
[122] Soranzo, "Lorenzo", 44~47; Rubinstein, "Lorenzo", 41; Rubinstein, *Government*, 174~175; 그리고 콜레오니 음모에 관해 Martelli, "La cultura".
[123] 지도자 두 사람이란 지아노초 피티와 법관 도메니코 마르텔리를 가리키는 것이다. 대사의 편지 출전: Cappelli, *Lettere*, 250.
[124] 줄리아노의 불만에 관해: *Lettere*, I, 398~399. 대리결혼식을 올릴 때 로렌초는 열아홉 살이었다: Rochon, 98~99.
[125] 클라리체 오르시니를 맞아들이기 위한 로마로의 여행에 관해: Rochon, 98. 당시의 문학작품에 나타난 파치가의 모습에 관해: Orvieto, *Lorenzo*, 20; Rochon, 91, 455; Perosa, "Storia di un libro", 104~105.
[126] 파치가 참사회원들에 관해: ASF, Priorista Mariani, bobina 2, f. 185r.
[127] *Lettere*, I~II (특히 II, 68~75, 123~27)에 보이는 로렌초와 밀라노 대사 사이의 대화에 파치가에 대한 그의 태도가 드러나 보인다. 레나토 파치에 대

한 폴리치아노의 농담도 이를 비춰 보이는 것이다: Dempsey, *Inventing*, 101~102.

128 피렌체 말씨에 관해: Martines, *Strong Words*, Chaps, 2, 7, 8, 10.

129 밀라노 대사에 관해: Soranzo, "Lorenzo", 44~45; Lorenzo in *Lettere*, I, 48~55, notes(1469년 12월); Buser, *Beziehungen*, 443~444.

130 통제 강화를 위한 1471~72년간 로렌초의 노력에 관해: Rubinstein, *Government*, 176~194. 뇌물에 관해: 피렌체의 최고위 정치가들은 외국 군주들의 보수를 공공연하게 받는 일도 있었으므로 국내의 "조무래기"들을 타락시키는 일에 별로 가책을 느끼지 않았을 것이다. 이 관행은 베네치아에도 널리 알려져 있었다.

131 자코포에 대한 조치에 관해: Rubinstein, *Government*, 185; Fubini, "La congiura", 225~226.

132 *Lettere*, I, 39.

133 자코포의 입장에 관해: Soranzo, "Lorenzo", 52; 그런데 Fubini, *Italia*, 93~95, 241~243에는 그가 1470년에 이미 반 메디치파에 가담한 것으로 되어 있다.

134 파치가의 명패 세 개에 관해서는 Rubinstein, *Government*, 192~193.

135 이몰라 구입에 관해: *Lettere*, I, 443~446; II, 476; Fubini, *Italia*, 276, n.74. 우르비노 공작과 로렌초 주스티니도 이몰라 매입을 위해 돈을 빌려주었다.

136 살비아티에 관해: Hurtubise, *Une famille*, 54~57.

137 파치가 사람들을 위한 후원 편지에 관해: Del piazzo, *Protocolli*, 15, 35, 500, 501, 506, 507, 514, 524.

138 당나귀 대상에 관해: *Lettere*, I, 485~492.

139 문단 전체 인용: *Lettere*, II, 52~53, 66~68, 74에서.

140 로렌초의 병에 관해: *Lettere*, II, 49, n.1.

141 살비아티의 임명에 관해: Fulbini, *Italia*, 97~101.

142 식스투스가 로렌초를 "일개 시민"으로 부른 일에 관해: *Lettere*, II, 124,

n.4; Brown, *The Medici*, 216.
143 다음 인용과 함께: *Lettere*, II, 57~61, 68~75에서.
144 Bullard, *Lorenzo il Magnifico*, 43~79에는 로렌초가 "자기 이미지"를 놓고 매체에 민감한 모습을 보여준다.
145 로렌초의 말과 살비아티의 응답: *Lettere*, II, 73.
146 *Lettere*, II, 123, n.2.
147 Fulbini, *Italia*, 287~287, 318~322에 안토니오 파치(교령집 박사)와 사르노 임명, 그리고 프랑스 사행에 관한 내용이 나온다.
148 대사의 말: *Lettere*, II, 115 수록 8월 22일자 편지.
149 대사의 말: *Lettere*, II, 118~120.
150 인용문: *Lettere*, II, 123~125에서.
151 교황의 양보와 로렌초가 대사에게 한 말에 관해: *Lettere*, II, 126.
152 체면치레에 관해: 1475년 12월 28일 로렌초가 식스투스 교황에게 보낸 편지는 위선의 극치다. *Lettere*, II, 142~144.
153 *Lettere*, II, 144(명반 계약), 126~127, 276(베아트리체 보로메이의 상속권 박탈).
154 르네상스시대의 도시, 특히 피렌체의 순응적 분위기에 관해: Martines, *Renaissance Sextet* 수록 논문들.
155 안드레아는 메디치가의 회사 하나를 운영했다: Hurtubise, *Une famille*, 48.
156 스포르차의 피렌체 방문에 관해: Garbero Zorzi, "La Collezione", 189~190.
157 코시모의 신앙심과 애국심과 착한 마음에 관해: D. Kent, *Cosimo*; Martines, TLS.
158 Chellini, *Ricordanze*, 183; Ficino, "sta per ripetitore cum Piero de Pazzi"(1451년 10월) [목록에 보이지 않음.] ; Vespasiano, *Vite*, II, 309~320.
159 A. Strozzi, *Lettere*, 59~62, 1462년 3월 15일자 편지.
160 마르코의 논평: M. Parenti, *Lettere*, 50~51, 77, 90, 116, 153, 180, 197 등.

161 피렌체의 작위수여에 관해: Salvemini, 147.

162 A. Strozzi, *Lettere*, 59~62에서.

피의 4월

163 이 장의 기본 참고자료: Poliziano, *Della Congiura*; P. Parenti, *Storia*, 12~20; Landucci, *Diario*, 17~21; F. Strozzi, "Ricardo", in Caponi, *Storia*, II, 520~23; Valori, *Vita*, 107~16; Guicciardini, *Storie*, Chap. IV; Machiavelli, *Istorie*, VIII; *Lettere*, III, Ammirato, *Istorie*, VI, 1~16; Fabroni, *Laurentii*, I, 58~77; Roscoe, *Life*, I, 173~232. Poliziani와 Landucci 자료의 영문 번역본이 참고문헌 목록에 나와 있다. Poliziano 자료에 대한 Perosa의 주석이 요긴하다. 중요한 연구: Frantz, *Sixtus IV*, 174~259; Fubini, *Italia*, 87~106, 220~326.

164 피렌체의 종교단체에 관해: Henderson, *Piety and Charity*.

165 교구교회와 그 밖의 종교시설에 관해: Fanelli, *Firenze*, 10, 28~29, 58.

166 성체 빵을 처드는 것을 신호로 삼았다는 이야기는 주모자들에 대한 판결문에서만 나올 뿐이다: ASF, Podestà, 5160, f. 52v.

167 거리는 모두 내 추정이다.

168 건물의 내부구조에 관해: Rubinstein, *Palazzo Vecchio*, 18~24.

169 Giusti, BNCF, Ms. II. II. 127, f. 122v. 이 자료의 존재를 내게 알려준 라타 마리아 코만두치 박사에게 감사한다.

170 인용문: Poliziano, *Congiura*, 45, Perosa의 주석에서.

171 자료: Landucci, 17~21; Machiavelli, *Istorie*, VIII.

172 자코포의 시체에 관해: Poliziano, 58~59; Landucci, *Diario*, 21~22. Poliziano 책의 재판본에는 해 이야기가 빠져 있다.

173 로마법에 관해: Cavallar, "I consulenti", 337, n. 76.

174 자료는 11장에. 조폐창의 경매는 Landucci, 22에 보이고, 세부 내용은 저자의 부연임.

175 ASF, Provvisioni, 169, ff. 24v~26v. Fabroni, II, 112~15와 Roscoe, I,

Appendix XXIII, 62~65에 들어 있음.
[176] 피렌체 주화에 문장을 넣는 권리에 관해: Jacks, Caferro, *The Spinelli*, 23.
[177] 파산의 두려움에 관해: Martines, *Strong Words*, Chap. 6. 모욕을 위한 그림에 관해: *Consorterie*, 159~160.
[178] Botticelli에 관해: ASF, Otto, 48, f. 35v; *Consorterie*, 159.
[179] 1478년 가을 로렌초는 벌써 누이 비앙카의 자식들의 결혼 권리를 보호하기 위한 조치에 착수하고 있었다: *Lettere*, VIII, 30, n. 3. 비앙카의 아들 코시모 파치는 피렌체 대성당에서 계속 녹봉을 받았다: AOSMF, Deliberazioni, II, 2, Reg. 5(1476~82, f. 45r~v).
[180] Vasari, *Vite*, III, 234~35.

시신 훼손과 식인 풍속

[181] 이 초기 상황에 관해: Jones, *The Italian City-State*, 333~650; Martines, *Power and Imagination*, Chaps. 3~8.
[182] 당시의 법은 유혈 폭력을 더 엄하게 취급했다: e.g., *Statuta ······Florentiae*, I, 323, 325~326; *Aegidianae constitutiones*, 288; Ascheri, *L'Ultimo Statuto*, 304, 330~332; *Statuti ······ Udine*, 47~48; Pullan, Chambers, *Venice*, 87~104. 구체적 연구: Ruggiero, *Violence*; Chambers, Dean, *Clean Hands*; Gundersheimer, "Crime and Punishment".
[183] Giustinian, *Laudario*, I, 374~375; Lorenzo, *Opere*, II, 138~139, 35행에서.
[184] 포고령, 연대기, 일기 등에 처형 장소가 흔히 표시된다: Edgerton, *Pictures*; Rondini, "I Giustiziati"; Fineschi, "La rappresentazione".
[185] Molho, Sznura, *Alle Bocche*, 167~168; Landucci, *Diario*, 181.
[186] Molho, Sznura, 82~83.
[187] Sanuto, *Diarii*, VI, col. 53. 1513년에 있었던 나중 처형에 관해: Pullan, Chambers, *Venice*, 89~90.
[188] 종교단체에 관해: Black, *Confraternities*; Weissman, *Ritual Brotherhood*.

Eisenbichler, "Lorenzo"에는 피렌체의 검은 형제들이 다뤄져 있다. Fineschi, "La rappresentazione"에는 피렌체의 죽음의 행진 진행로가 묘사되어 있다.

189 Edgerton, Pictures, 138~146, 192~198; Martines, Strong Words, 42. 게루치 소녀와 위조범에 관해: Landucci, Diario, 4~5. 위증과 위조에 관해: Statuta ······ Florentiae, I, 336~337, 341; Statuta ······ Papie, rubric 37.

190 Martines, Strong Words, 42~44에서.

191 Rondini, "I Giustiziati", 226; Landucci, Diario, 255~256.

192 제시된 평균의 근거: Edgerton, Pictures, 231~238, Gundersheimer, "Crime and Punishment", 110~113.

193 Belotti, 138.

194 용병의 폭력성에 관해: Caferro, Mercenary Companies; Covini, "Alle spese di Zoan Villano"; Albini, Guerra.

195 Cronaca della città di Perugia, 415.

196 피렌체의 종교 관습 전반에 관한 가장 훌륭한 연구: Trexler, Public Life. 그밖에 Martines, Strong Words, 37~81; Galletti, Laude spirituali.

197 Brucker, Renaissance Florence, 172~212.

198 Galetti, Laude, 256.

199 Martines, Violence.

200 Corsi, Rimatori, 928. "bastardi(개새끼들)"라는 말은 원문에 없는 것이지만 이 시의 분위기와 느낌에 완벽하게 맞아떨어진다.

군인의 진술

201 몬테세코의 진술: Capponi, Storia, II, 510~520. 내 번역은 진술된 순서에 따르므로 Capponi 책의 쪽수는 표시하지 않는다.

202 백작의 밀실에 관해: Lettere, II, 469.

203 로마의 파치 저택에 관해: Pastor, IV, 302, note.

[204] Fubini, *Italia*, 87~106; Fubini, *Quattrocento*, 235~282에는 음모의 배경이 제시되어 있다.

[205] 살비아티에 관해: Hurtubise, *Une famille*, 54~58.

[206] 살비아티와 식스투스의 관계에 관해: Bizzocchi, *Chiesa*, 174, 214, 264~265; *Consorterie*, 172~175; Pastor, *History*, IV, 294~296.

[207] 살비아티에 관해: Fubini, *Quattrocento*, 268~270, 291.

[208] Fubini, *Italia*, 83084; *Lettere*, I, 105; II, 201, n.3에서.

[209] Machiavelli, *Histories*, 327; Guicciardini, *Storie*, 34.

[210] 교황 식스투스에 관한 기본자료: Pastor, *History*, IV, 198~296; Litta, *Famiglie celebri*, IX; Weber, *Genealogien zur Papsgeschichte*, I, lxxxv~lxxxvi, 336~341; Miglio, *Un pontificato*; Lombardi, "Sisto IV"; Di Fonzo, *I Pontefici*. 식스투스의 친척 챙기기에 관해: Shaw, *Julius II*, 9~50. "파렴치한 자축"은 Clark, *Melozzo*, 21에서. 베버의 책을 알려준 바바라 홀먼 교수에게 감사드린다.

[211] Guicciardini, *Storie*, 33~34.

[212] 페데리고 공작에 관해: Clough, "Federigo da Montefeltro".

[213] 이탈리아의 지역 민병대에 관해 Jones의 수정주의 성향 연구 "The Machiavellian Militia"가 있다.

[214] P. Parenti, *Storia*, 18.

[215] 브라치올리니 가문에 관해: Martines, *Social World*, 123~127, 210~214. 자코포에 관해: Bausi, "Paternae Artis Haeres"; "Politica e cultura".

[216] 바론첼리에 관해: Valori, *Vita*, 139; Ganz, "Paying the Price", 250; Fubini, *Quattrocento*, 258, 270, 285; Grunzweig, xxxii~xxxiii.

[217] *Lettere*, II, 469.

분노의 대결 : 교황과 시민

[218] 식스투스 교황에 관해: Pastor, *History*, IV, 198~296; Litta, *Famiglie celebri*, IX; Weber, *Genealogien zur Papsgeschichte*, I, lxxxv~lxxxvi,

336~341; Miglio, *Un pontificato*; Lombardi, "Sisto IV"; Di Fonzo, *I Pontefici*; Shaw, *Julius II*, 9~50. Weber, *Genealogien*, I, lxxxvi에는 소라 공작 레오나르도가 실제 교황의 아들이 아닌가 하는 의혹을 제기하였다.

219 로렌초의 로마행에 관해: *Lettere*, I, 352~5.

220 로렌초와 루이지 풀치의 관계에 관해: Fabroni, II, 24.

221 파치전쟁과 그 결과에 관해: *Lettere*, III~IV, 주석과 함께; Frantz, 260~351; Guicciardini, *Storie*, 39~48; Roscoe, *Life*, I, Appendix XXVI, 68~75에 수록된 파문 칙서.

222 로렌초와 시민들과의 만남에 관해: ASF, Consulte e Pratiche, 60, f. 159r~v; Rubinstein, "Lorenzo", 57.

223 인용: Poliziano, *Congiura*, viii~ix에 붙은 Perosa의 주석에서.

224 두 조항에 관해: Bizzocchi, *Chiesa*, 267에서.

225 편지: Di Benedetto, "Un breve di Sisto IV", 376~378에 수록.

226 《피렌체 종교회의록》: Roscoe, I, Appendix XXVII, 75~98에 수록.

227 *Lettere*, II, 71, n. 7에 수록.

228 베키의 비난에 관해: Franz, *Sixtus IV*, 238~259. 베키 자신에 관해: Granson, "Gentile Becchi".

229 Fabroni, II, 167~181; Brown, *Bartolomeo Scala*, 84~87, 158~159.

230 세 차례 인쇄에 관해: Poliziano, *Congiura*, viii, xvi~xvii에 붙은 Perosa의 주석.

231 피렌체의 반교회 정서에 관해: Martines, "Raging".

232 익명의 시: Flamini, "Versi", 315~330 수록.

233 Flamini, "Versi", 330~334 수록.

234 루크레치아의 시: Tornabuoni, *Poemetti sacri*.

235 베토리 가문에 관해: R. D. Jones, *Francesco Vettori*, 3.

236 익명의 쪽지(1479년 3월)에 관해: Brown, "Lorenzo and Public Opinion", 77, n.56.

237 편지: *Lettere*, II, 269 수록.

238 곡물가격에 관해: Tognetti, "Problemi di vettovagliamento"; Brucker, "Economic Foundations", 5~6.
239 나폴리 여행에 관해: *Lettere*, IV, 391~400; Pontieri, *Per la storia*, 170~188; De Angelis, "Lorenzo a napoli". 선물에 관해: Ammirato, *Istorie*, VI, 46.
240 참사회에 보낸 편지와 교황의 분노에 관해: *Lettere*, IV, 268, 292, n.2. 익명의 낙서에 관해: Rubinstein, "Lorenzo", 63, n.2.
241 교황의 요구에 관해: *Lettere*, IV, 33~34; Ammirato, VI, 34.
242 비용과 인용: Valori, *Vita*, 46에서.
243 로렌초의 코와 후각에 관해: Valori, *Vita*, 46. 피에로에게 보낸 편지: *Lettere*, VIII, 68~79 수록.
244 불안한 소식에 관해: Guicciardini, *Storie*, 52.
245 *Lettere*, IV, 336에서.
246 로마 사절단에 관해: Ammirato, *Istorie*, VI, 49.

파치가의 재앙

247 불만의 배경에 관해: Martines, "Political Opposition". 페루자에 관해: *Cronaca della città*. 볼로냐는 온건한 편이었다: Ady, *The Bentivoglio*. 만토바조차도 통제를 빠져나갈 때가 있었다: Chambers, Dean, *Clean Hands*.
248 팔인회의 헌법상의 위치에 관해: Martines, *Lawyers*, 135~136, 410~411; Antonelli, "La magistratura"; Zorzi, *L'Aministrazione della giustizia*; *Consorterie politiche*, 151~176.
249 로렌초의 팔인회 참여에 관해: ASF, Otto, 48, f. 2r(1478년 5~8월 의사록). 두 사람은 회의에 별로 참석하는 일이 없다가 곧 사임했다.
250 팔인회의 밀정 운용에 관해: ASF, Otto, 33(1473년 5~8월), ff. 3r, 3v, 10v, 35r. 탐부리에 관해: Otto, 221, ff. 60v, 100r. 포상금에 관해: Otto, 224, ff. 72r~v, 221, 60v.

251 ASF, Podestà, 5160, f. 52r에서. 팔인회는 중요한 결정을 행정관을 통해 내렸다: e.g. ASF, Otto, 50(1478년 11월~1479년 2월), *passim*.

252 몬테세코의 진술에는 파치가의 다른 사람들이 언급되어 있지 않으므로 그들에게는 죄가 없을 가능성도 있다. 팔인회의 조례에 관해: *Consorterie*, 153.

253 해상에서의 상품 압류에 관해: *Consorterie*, 169~170.

254 경매에 관해: Landucci, *Diario*, 21, 22.

255 지참금에 관해: Kirshner, "Pursuing Honor".

256 개인 물품과 가재도구에 관해: ASF, Otto, 48, ff. 6v, 15r.

257 파치가 탄압 법안에 관해: ASF, Provvisioni, 169, ff. 24v~26v.

258 부활제 축제의 특권 박탈에 관해: BNCF, Magl., 127, f. 98, "Carro del fuoco sacro che per la Casa de Pazzi il giorno del Sabbato Santo si conduceva alla chiesa di S. gio. batista e alle case loro, non si faccia piu per detta Casa de Pazzi ma per I Consoli di Calimala." 이 자료를 가르쳐준 로카 보스케토 박사에게 감사드린다.

259 투표에 관해: f. 26r~v.

260 시의 출전: Flamini, "Versi in morte".

261 나팔을 든 전령은 도시의 풍경에서 흔한 존재였다. ASF, Otto, 48(1478년 5~8월)에는 파치가에 대한 채무자의 소환이 빠져 있다. 기록은 되어 있지 않지만 팔인회가 시민들에게 모든 무기 목록을 제출할 것을 명령했다: BNCF, Ms. II. II. 127(5월 14일). 파치가 채무자에 관한 주장은 ASF, Capitani, 74, ff. 117r~118r에서 1481년의 음모자인 프레스코발디, 발도비네티와 발두치의 모든 재산을 수색하는 조치를 기록한 데 근거를 둔 것이다.

262 ASF, Otto, 58, ff. 67v~70r을 보면 팔인회가 481년 6월 7~15일 (6월 6일 처형된) 1481년의 '반역자' 세 사람의 계좌와 채무자들을 추적하는 모습이 보인다. 회의록 중에는 사업기록의 표시가 산재해 있다. ASF, Otto, 221, f. 224r에는 심지어 1490년 1월에 중요한 회계장부 하나가 상인재판소 Tribunale di Mercanzia 내에서 절도당한 일까지 적혀 있다.

263 탑 사무소의 회의록(심하게 바래져 있는 상태): ASF, Capitani, 77, I~II. 리누치니와 레나토 부인의 청구에 관해: Capitani, 77, I, ff. 60r, 350r~v. 두 번째로 큰 지참금의 소지자는 아치아이우올리 가문으로 시집간 바르디 가문의 규수였다: Ganz, "Paying the Price", 241. 아피아노 가문의 "공주" 한 사람은 메디치가 방계 집안으로 "큰 돈[완전한 가치의]" 1만 플로린을 가지고 들어간 일이 있다: Bruscoli, "Politica", 356.

264 레나토 저택의 매각 유보에 관해: Del Piazzo, *Protocolli*, 55. 마달레나의 지참금에 관해, Hook, *Lorenzo*, 171.

265 로렌초와 그 육촌동생들 사이의 관계에 관해: Fryde, *Humanism*, 143~157.

266 로렌초의 파치가 재산 처분 관여에 관해: Del Piazzo, 50, 51, 54, 111; Grunzweig, Correspondence, xxxiii에는 브루제로 라니에리 다 리카솔리를 파견한 일이 나타나 있다.

267 1479년 12월 22~24일간 파치 평의회 회의록: ASF, Provvisioni, 170, ff. 100r~102r.

268 근거자료: ASF, Balie, 38, ff. 1r~4r.

269 근거: ASF, Balie, 38, ff. 4v~5r, 5v~11r, 11v~12r, 12v~13r.

270 레나토, 니콜로와 재산 매각에 관해: ASF, Balie, 38, ff. 19r, 21v, 27r, 29v, 30r, 31v. 피사 대주교좌의 법률고문들은 굴리엘모의 재산 매각에 이의를 제기했다: ASF, Balie, 38, ff. 27v~28r.

271 파치가의 염세 사업 투자에 관해: ASF, Balie, 38, ff. 92r~97v.

272 레나토 부인에 관해: ASF, Capitani, 77, I, ff. 350r~351r; ASF, Balie, 38, ff. 98r~105v.

273 Frick, *Dressing Renaissance Florence*에는 상류층 의상이 상당한 시장가치를 가졌던 사실이 지적되어 있다.

274 굴리엘모와 탑 수감자들에 대한 평의회의 압력에 관해: ASF, Balie, 38, ff. 106r~108r, 109r~111r.

275 참고문헌: Martines, "Corruption and Injustice", 377~86.

276 인용: Dante, *Purgatorio*, XVI, 96; *Inferno*, III, 1~3에서.

277 파치가 출신 두 주교에 관해: Poliziano, *Congiura*, 83~84; Buser, *Beziehungen*, 472~475; *Lettere*, II, 115, 119~120; Lorenzi, Cola, 58~59; Litta, *Famiglie*, IV, "Pazzi", table vii. 안드레아 디 조바니는 1482년에 사르노 주교가 되었다.

278 팔인회의 형벌과 제재 권한에 관해: ASF, Otto, 221, ff. 1r, 3r, 17v, 81r, 87v(열한 살의 추방자); 224, f. 3r; *Consorterie*, 162~165. 추방자 중에는 매 주일 보고해야 하는 사람들도 있었다.

279 1481년의 음모에 관해: *Lettere*, V, 226~228과 주석; *Consorterie*, 162~165. 아치아이우올리와 알토비티에 관해, 그리고 굴리엘모의 혐의에 관해: Lorenzi, Cola, 62, 66, 76~77, 80~82. 소데리니와 그 재산에 관해: ASF, Capitani, 74, ff. 117v, 123v, 124v, 127r, 130v.

280 목록에 관해: ASF, Capitani, 74, ff. 137r~139r.

281 다섯 개 혼수 상자에 관해: Callmann, *Apollonio*, 79~80.

리누치니의 프로필

282 이 장의 참고문헌: Rinuccini, *Ricordi*; *Dialogus de libertate*; Giustiniani, *Alamanno Rinuccini*; *Lettere ed orazioni*; Martelli, "Profilo ideologico" (1895). Watkins, *Humanism and liberty*, 193~224에는 *Dialogus de libertate*의 번역이 *Eleutherius, a dovotee*라는 제목으로 수록되어 있다.

283 이후는 *Dialogus*, 272~273, 277~279, 282~288의 요약이다.

284 이하의 자료: *Dialogus*, 293~298, 299~302.

285 인용: Rinuccini, *Ricordi*, cxxviii; *Dialogus*, 273에서.

286 리누치니 가문의 역사에 관해: Rinuccini, Ricordi, Aiazzi의 서문; Martines, "Nuovi documenti".

287 상속 재산에 관해: Martines, *Social World*, 110~112; Giustiniani, *Alamanno*, 14~16.

288 Martines, *Social World*, 347; Giustiniani, *Alamanno*, 145, n.6에서.
289 납세신고서: ASF, Catasto, 912, f. 14.
290 체포와 사면에 관해: ASF, Otto, 58, ff. 12v, 77v.
291 Giustiniani, *Alamanno*, 24, 114~117, 130, 157.
292 로렌초와의 갈등에 관해: Fubini, *Quattrocento*, 108~122; Giustiniani, *Lettere*, 216~218에는 우호적인 편지들이 실려 있다.
293 메디치가에 대한 우호적 태도에 관해: Martelli, "profilo"(1985).

영주이자 시민, 로렌초
294 대사의 기록: Cappelli, *Lettere*, 305.
295 기이한 일들에 관해: Guicciardini, 73; Valori, 143~144; Masi, 16~17; Landucci, 63~64; Rinnuccini, *Ricordi*, cxlvi.
296 로렌초의 죽음에 대한 반응에 관해: Brown, "Lorenzo and Public Opinion", 61.
297 로렌초의 소장품에 관해: Wackernagel, *World of Renaissance Artist*, 254~258; Garbero Zorzi, "La collezione"; Beck, "Lorenzo il Magnifico".
298 Guicciardini, *Storie*, 37~38에서.
299 Rinuccini, *Ricordi*, cxlvii에서.
300 Rubinstein, *Government*, 197~202.
301 인용: Rubinstein, *Government*, 201, n.1에서.
302 Del Piazzo, *Protocolli*에는 로렌초의 편지 수천 장이 연표로 작성되어 있고, 그중 1,900개가 남아 있다: Ricci, Rubinstein, *Censimento*. 로렌초가 받은 편지에 관해: F. W. Kent, "Patron~Client Networks", 290~292.
303 후원 사업에 대한 애착에 관해: Martines, *Strong Words*, 13~36.
304 스포르차의 부채: De Roover, 141, 273.
305 포병대에 관해: Mallet, "Diplomacy'" 236.
306 로렌초와 갈레아초 마리아의 만남에 관해: Rochon, 73~87, 202~208.

307 피후원자로서 로렌초의 위치에 관해: *Lettere*, I, 50~51, 52, 54~55, 63~64, 127~128; II, 68~75, 123~127.
308 로렌초가 페란테에게 한 말: De Angelis, "Lorenzo a Napoli".
309 1480년대에 로렌초는 대성당에서 대사들과 만났다.
310 ASF, Otto, 48, f. 3v; 221, ff. 1r, 3r.
311 Otto, 48, f. 9r; 50, f. 39r; 67, f. 5r.
312 마늘지기와 칼을 빼든 일에 관해: Cambi, *Istorie*, II, 65, 67. 1472년 군인들에게 둘러싸인 모습에 관해: Corazzol, *Corrispondenze*, 296.
313 상인재판소에 관해: Astorri, "Note sulla Mercanzia".
314 로렌초의 후원의 그물에 관해: Bruscoli, "Politica matrimoniale"; Salvadori, "Rapporti personali"; F. W. Kent, "Lorenzo······ Amico".
315 Rinuccini, *Ricordi*, cxlvii. 용병에 대한 배려에 관해: *Lettere*, VII, 8~9; Corazzol, 294.
316 구이치아르디니의 강조: Guicciardini, *Storie*, 79. 로렌초의 결혼 중매 사업에 관해: Bruscoli, "Politica matrimoniale", 347~398.
317 경영난에 관해: Valori, 121; De Roover, 366; Fryde, *Humanism* 속의 "Lorenzo······ Finances".
318 현금부족에 관해: *Lettere*, III, 38, 124~126, 143, 153~154, 161, 165, 174, 175~182, 249.
319 공금 착복에 관해: Cambi, *Istorie*, II, 54~55; P Parenti, *Storia*, I, 198; Rinuccini, *Ricordi*, cxlviii~cxlix.
320 궁전 건축비에 관해: Goldthwaite, *Building*, 167(파치 궁전 건축비). 메디치 궁전에 대한 추산은 Brenda Preyer의 동의를 얻었다. 대학 비용에 관해: 하인을 데리고 학교생활을 하는 부유한 학생들도 있었겠지만 연간 25플로린의 낮은 금액으로 계산했다. Martines, *Social World*, 117; *Lawyers*, 90. 노동자 임금에 대한 추산은 Goldthwaite, *Building*, 347~348, 436~439의 내용을 준거로 하여 연간 260일간 일하는 것으로 상정한 것이다.

321 메디치가의 지출에 관해: Fabroni, II, 42.

322 음모들에 관해: Corazzol, 453(취소된 일); Lorenzi, *Cola*, 59~62, 67~68, 76~77, 80~81; Capelli, 254~255, 303, 309. 수행자의 발 고문에 관해: Landucci, 36~37.

323 Pieraccini, *La stirpe*, I, 49~75, 95~140, 157~284에는 메디치가의 여러 결혼에 관한 서술이 있다.

324 메디치가 출신의 피사 대주교와 그가 제공한 병력에 관해: Clarke, "A Sienese Note", 50; Bizzocchi, *Chiesa*, 233~234.

325 아피아노 영주 가문과의 결혼에 관해: Bruscoli, "Politica", 356.

326 알폰시나의 결혼과 지참금에 관해: Fabroni, II, 316, n.2.

327 결혼들에 관해: Pieraccini, I, 215~243. Bruscoli, "Politica"에는 루크레치아와 콘테시나의 결혼 날짜가 다르게 되어 있다.

328 로렌초와 이노켄티우스 교황의 관계에 관해: Picotti, *Giovinezza*, 160~234. 로렌초의 서한문에 관해: Bessi, "Lorenzo letterato", 101~106.

329 로렌초의 비밀편지와 피렌체 대사의 말: Bizzocchi, *Chiesa*, 343~344; Pellegrini, "Innocenzo VIII", 7.

330 마달레나에 관해: Pieraccini, I, 233~240. 프란체스케토에 관해: Hook, *Lorenzo*, 171; Falconi, 96.

331 Picotti, 176~177.

332 Falconi, 96~97.

333 조바니의 추기경 승진 과정에 관해: Picotti, *Giovinezza*, Chap. 3; Palmarocchi, "Lorenzo"; Falconi, 96(승진대금 9만 5,000플로린). Brown, *Bartolomeo Scala*, 108~109, n. 137에는 로렌초가 이노켄티우스에게 1488년 7월에 3만 플로린, 1489년 8월에 9만 5,000플로린을 빌려준 사실을 지적했다. 단순한 대출이었을까?

334 로렌초와 이노켄티우스 교황의 관계에 관해: Lorenzo, *Scritti*, 659~671. 로렌초의 병에 관해: Martelli, *Studi*, 198, 205.

335 Martelli, *Studi*, 198, 205.

336 로렌초의 《주석》 수정에 관해서는 Martelli, *Studi*, 51~133이 뛰어난 연구다.

337 Lorenzo, *Scritti scelti*, 660~662; Moreni, *Lettere*, 5~34.

338 조바니의 성직록에 관해: Picotti, 67~159.

339 Lorenzo, *Scritti*, 671~675.

340 1512~1527년간의 정치적 배경에 관해: Stephens, *The Fall*; Butters, *Governors*.

341 찬송시: Lorenzo, *Laude*. 종교단체에서 상연한 종교극은 Lorenzo, *Opere*, II, 71~115에.

342 Lorenzo, *Scritti*, 671~675.

343 미켈로치에게 보낸 편지: Martelli, *Studi*, 222와 "Il Cristianesimo di Lorenzo", 90에 인용되어 있다.

결산

344 1494년 12월 불태워진 로렌초의 심복들의 집에 관해: Cerretani, *Storia*, 207~208; P. Parenti, *Storia*, 152. 17인 위원회에 관해: Brown, *The Medici*, 151~211.

345 11월 13일 참사회의 조치에 관해: ASF, DSCOA, 96, f. 92r.

346 1월 25~25일의 법안에 관해: ASF, Provvisioni, 185, ff. 53r~54r. 이 자료의 존재를 가르쳐준 오스발도 카발라르 교수의 후의에 감사드린다.

347 Merisalo, *Le collezione*, 5, 81~82.

348 1495년 파치가를 옹호한 법률적 주장에 관해: Cavallar, "Il tiranno"; "I consulenti".

349 군주 가문 통혼 규제에 관해: ASF, Provvisioni, 185, ff. 40v~41v.

350 De Roover, 367.

351 Guicciardini, *Storie*, 74.

352 콜라의 연설문: Lorenzi, *Cola*, 132~144.

353 무엇보다 Brown, Astorri, Bruscoli의 연구, 그리고 *Consorterie*를 보시오.

참고문헌

Abbreviations

ASF   Archivio di Stato, Florence
AOSMF   Archivio del Opera di Santa Maria del Fiore, Florence
ASI   *Archivio storico italiano*
BNCF   Biblioteca Nazionale Centrale, Florence
Capitani   Capitani di Parte Guelfa: numeri rossi
DBI   *Dizionario biografico degli italiani*. Rome, 1960–
DSCOA   Deliberazioni dei Signori e Collegi, ordinaria autorità
Otto   Otto di Guardia e balía: periodo repubblicano
Podestà   Atti del Podestà

Acton, Harold. 1979. *The Pazzi Conspiracy*. London.
Ady, Cecilia M. 1937. *The Bentivoglio of Bologna*. London.
Aegidianae constitutiones cum additionibus carpensibus. 1571. Venice.
Albini, Giuliana. 1982. *Guerra, fame, peste. Crisi di mortalità e sistema sanitario nella Lombardia tardomedioevale*. Bologna.
Ames-Lewis, Francis, ed. 1992. *Cosimo il Vecchio de'Medici, 1389–1464*. Oxford.
Ammirato, Scipione. 1853. *Istorie fiorentine*. 7 vols. Turin.
Armstrong, Lawrin. 1999. 'The Politics of Usury in Trecento Florence.' *Mediaeval Studies* 61: 1–44.
Ascheri, Mario, ed. 1993. *L'Ultimo statuto della Repubblica di Siena (1545)*. Siena.
Astorri, Antonella. 1992. 'Note sulla Mercanzia fiorentina sotto Lorenzo dei Medici'. *ASI* 150: 965–93.
Bausi, Francesco. 1988. '"Paternae Artis Haeres". Ritratto di Jacopo Bracciolini'. *Interpres* VIII: 103–98.
———. 1989. 'Politica e cultura nel Commento al "Trionfo della Fama" di Jacopo Bracciolini.' *Interpres* IX: 64–149.
Beck, James. 1993. 'Lorenzo il Magnifico and his Cultural Possessions'. In Toscani, *Lorenzo*.

Bernardi, Andrea. 1895. *Cronache forlivesi dal 1476*. Ed. G. Mazzatinti. Bologna.
Bessi, Rossella. 1992. 'Lorenzo letterato'. In Cardini, *Lorenzo*.
Bizzocchi, Roberto. 1987. *Chiesa e potere nella Toscana del Quattrocento*. Bologna.
Black, Christopher. 1989. *Italian Confraternities in the Sixteenth Century*. Cambridge.
Breisach, Ernst. 1967. *Caterina Sforza: A Renaissance Virago*. Chicago and London.
Brown, Alison. 1961. 'The Humanist Portrait of Cosimo de' Medici, Pater Patriae'. *Journal of the Warburg and Courtauld Institutes* XXIV: 186–221.
———. 1979. *Bartolomeo Scala, 1430–1497, Chancellor of Florence*. Princeton.
———. 1992. *The Medici in Florence: The Exercise and Language of Power*. Florence.
———. 1994. 'Lorenzo and Public Opinion in Florence'. In Garfagnini, *Lorenzo*.
Brucker, Gene. 1957. 'The Medici in the Fourteenth Century'. *Speculum* 32: 1–26.
———. 1962. *Florentine Politics and Society, 1343–1378*. Princeton.
———. 1969. *Renaissance Florence*. New York.
———. 1977. *The Civic World of Early Renaissance Florence*. Princeton.
———. 1994. 'The Economic Foundations of Laurentian Florence.' In Garfagnini, *Lorenzo*.
Bruscoli, Francesco G. 1997. 'Politica matrimoniale e matrimoni politici nella Firenze di Lorenzo de' Medici'. *ASI* 155: 347–98.
Bullard, Melissa M. 1994. *Lorenzo il Magnifico: Image and Anxiety. Politics and Finance*. Florence.
———. 1980. *Filippo Strozzi and the Medici*. Cambridge, London, New York.
Buoninsegni, Domenico. 1637. *Storie della città di Firenze*. Florence.
Buser, B. 1879. *Die Beziehungen der Mediceer zu Frankreich während der Jahre 1434–1494*. Leipzig.
Caferro, William. 1998. *Mercenary Companies and the Decline of Siena*. Baltimore.
Callmann, Ellen. 1974. *Apollonio di Giovanni*. Oxford.
Cambi, Giovanni. 1785–6. *Istorie*. 4 vols, Ed. I. Di San Luigi, in *Delizie degli eruditi Toscani*, XX–XXIII. Florence.
Cappelli, A. 1863. *Lettere di Lorenzo de' Medici*. In 'Atti e Memorie delle RR Deputazioni di storia patria per le provincie modenesi e parmensi'. I: 231–320

Capponi, Gino. 1930. *Storia della Repubblica di Firenze*. 2 vols. Florence.
Cardini, Franco, ed. 1992. *Lorenzo il Magnifico*. Rome.
Cavallar, Osvaldo. 1997. 'Il tiranno, I *dubia* del giudice, e I *consilia* dei giuristi'. *ASI* 155: 265–345.
——. 1999. 'I consulenti e il caso dei Pazzi: *Consilia* ai margini della *in integrum restitutio*'. In *Legal Consulting in the Civil Law Tradition*, 319–62.
Cerretani, Bartolomeo. 1994. *Storia fiorentina*. Ed. Giuliana Berti. Florence.
Cessi, Roberto. 1956. *Saggi romani*. Rome.
Chambers, David S., and Trevor Dean. 1997. *Clean Hands and Rough Justice: An Investigating Magistrate in Renaissance Italy*. Ann Arbor.
Chellini, Giovanni. 1984. *Le ricordanze*. Ed. M. T. Sillano. Milan.
Clark, Nicholas. 1990. *Melozzo da Forlì: Pictor Papalis*. London.
Clarke, Paula. 1991. *The Soderini and the Medici*. Oxford.
——. 1992. 'Lorenzo de' Medici and Tommaso Soderini'. In Garfagnini, *Lorenzo*.
——. 1988. 'A Sienese Note on 1466'. In P. Denley and C. Elam, eds. *Florence and Italy: Renaissance Studies in Honour of Nicolai Rubinstein*. London.
Clough, Cecil H. 1984. 'Federigo da Montefeltro: the Good Christian Prince'. *Bulletin of the John Rylands University Library of Manchester* 67.
Cobelli, Leone. 1874. *Cronache forlivesi*. Ed. G. Carducci and E. Frati. Bologna.
Consorterie politiche e mutamenti istituzionali in età Laurenziana. 1992. Ed. M. Timpanaro, R. Tolu, P. Viti. Florence.
Connell, William J. 2000. 'The humanist citizen as provincial governor'. In Connell, Zorzi, *Florentine Tuscany*.
Connell, William J. and Andrea Zorzi, eds. 2000. *Florentine Tuscany: Structures and Practices of Power*. Cambridge, UK.
Connell, William J., ed. 2002. *Society and Individual in Renaissance Florence*. Berkeley and Los Angeles.
Conti, Elio. 1984. *L'imposta diretta a Firenze nel Quattrocento (1427–1494)*. Rome.
Corazzol, Gigi, ed. 1994. *Corrispondenze diplomatiche veneziane da Napoli. Dispacci di Zaccaria Barbaro, 1 Nov. 1471–7 Sett. 1473*. Rome.
Corsi, Giuseppe, ed. 1969. *Rimatori del Trecento*. Turin.
Covini, Maria N. 1992. 'Alle spese di Zoan Villano'. *Nuova rivista storica* 76: 1–56.

Cronaca della città di Perugia dal 1309 al 1491: nota col nome di DIARIO del Graziani. Ed. A. Fabretti. 1850. *ASI* 16, 1.
Culture et société en Italie du Moyen Age à la Renaissance. Hommage à André Rochon. 1985. Paris.
Davidsohn, Robert. 1896–1908. *Forschungen zur Geschichte von Florenz*. 4 vols. Berlin.
———. 1956–68. *Storia di Firenze*. 8 vols. Tr. G. B. Klein, *et al.* Florence.
Dean, Trevor, and K. J. P. Lowe, eds. 1998. *Marriage in Italy, 1300–1650*. Cambridge.
De Angelis, Laura. 1992. 'Lorenzo a Napoli'. *ASI* 150: 385–421.
De Roover, Raymond. 1966. *The Rise and Decline of the Medici Bank*. New York.
Dei, Benedetto. 1984. *La Cronica*. Ed. Roberto Barducci. Florence.
Del Piazzo, Marcello, ed. 1956. *Protocolli del Carteggio di Lorenzo il Magnifico per gli anni 1473–74, 1477–92*. Florence.
Dempsey, Charles. 2001. *Inventing the Renaissance Putto*. Chapel Hill and London.
Di Benedetto, Filippo. 1992. 'Un breve di Sisto IV contro Lorenzo'. *ASI* 150: 371–84.
Di Fonzo, Lorenzo, 1987. *I pontefici Sisto IV (1471–84) e Sisto V (1585–90)*. Rome.
Écrire à la fin du Moyen-Age. Le pouvoir et l'écriture en Espagne et en Italie (1450–1530). 1990. Aix-en-Provence.
Edgerton, Samuel Y. 1985. *Pictures and Punishment*. Ithaca, N. Y.
Eisenbichler, Konrad. 1992. 'Lorenzo de' Medici e la Congregazione dei Neri nella Compagnia della Croce al Tempio'. *ASI* 150: 343–70.
Enciclopedia dei papi. 2000. 3 vols. Rome.
Esch, Arnold. 1998. 'Überweisungen an die apostolische Kammer aus den Diözesen des Reiches unter Einschaltung italienischer und deutscher Kaufleute und Bankiers. Regesten der vatikanischen Archivalien 1431–1475'. *Quellen und Forschungen aus Italienischen Archiven und Bibliotheken* 78: 262–387.
Fabbri, Lorenzo. 1991. *Alleanza matrimoniale e patriziato nella Firenze del '400: Studio sulla famiglia Strozzi*. Florence.
Fabroni, Angelo. 1784. *Laurentii Medicis Magnifici vita*. Pisa.
Falconi, Carlo. 1987. *Leone X: Giovanni de' Medici*. Milan.

Fanelli, Giovanni. 1973. *Firenze: Architettura e Città*. Florence.
Field, Arthur. 1988. *The Origins of the Platonic Academy of Florence*. Princeton.
Fineschi, Filippo. 1992. 'La rappresentazione della morte sul patibolo nella liturgia fiorentina della congregazione dei Neri'. *ASI* 150: 805–46.
Finlay, Robert. 1980. *Politics in Renaissance Venice*. New Brunswick.
Flamini, Francesco. 1889. 'Versi in morte di Giuliano de' Medici, 1478'. *Il Propugnatore*, New Series II: 315–34.
Foschi, Marina, and Luciana Prati, eds. 1994. *Melozzo da Forlì*. Milan.
Frantz, Erich. 1880. *Sixtus IV und die Republik Florenz*. Regensburg.
Frick, Carole. 2002. *Dressing Renaissance Florence: Families, Fortunes, and Fine Clothing*. Baltimore.
Fryde, E. B. 1983. *Humanism and Renaissance Historiography*. London.
Fubini, Riccardo. 1993. 'La Congiura dei Pazzi'. In Toscani, *Lorenzo*.
———. 1994. *Italia quattrocentesca. Politica e diplomazia nell'età di Lorenzo il Magnifico*. Milan.
———. 1996. *Quattrocento fiorentino: politica, diplomazia, cultura*. Pisa.
Galletti, G., ed. 1864. *Laude spirituali*. Florence.
Ganz, Margery A. 1994. 'Paying the Price for Political Failure: Florentine Women in the Aftermath of 1466'. *Rinascimento* 34: 237–57.
Garbero Zorzi, Elvira. 1992. 'La Collezione di Lorenzo'. In Cardini, *Lorenzo*.
Garfagnini, Gian Carlo, ed. 1992. *Lorenzo il Magnifico e il suo mondo*. Florence.
Giuliari, G. B. 1874. *Prose del Giovane Buonaccorso da Montemagno*. Bologna.
Giustinian, Leonardo. 1983. *Laudario giustinianeo*. 2 vols. Ed. F. Luisi. Venice.
Giustiniani, Vito R. 1965. *Alamanno Rinuccini, 1426–1499. Materialien und Forschungen zur Geschichte des florentinischen Humanismus*. Cologne and Graz.
Goldthwaite, Richard A. 1980. *The Building of Renaissance Florence*. Baltimore.
———. 1995. *Banks, Palaces and Entrepreneurs in Renaissance Florence*. Aldershot.
Gori, Orsola. 1995. 'La crisi del regime mediceo del 1466'. In *Studi in onore di Arnaldo d'Addario*, III: 809–25. Ed. Luigi Borgi. Lecce.
Grayson, Cecil. 1965. 'Gentile Becchi'. *DBI* 7: 491–3.
Gregory, Heather, tr. *Selected Letters of Alessandra Strozzi*. Berkeley, Los Angeles.
Grunzweig, A. 1931. *Correspondence de la filiale de Bruges des Medici*. Brussels.
Guicciardini, Francesco. 1931. *Storie fiorentine*. Ed. Roberto Palmarocchi. Bari.
———. 1953. *Opere*. Ed. Vittorio de Caprariis. Milan, Naples.

Gundersheimer, Werner L. 1972. 'Crime and Punishment in Ferrara, 1450–1500'. In Martines, *Violence and Civil Disorder.*
Gutkind, Curt S. *Cosimo de' Medici: Pater Patriae, 1389–1464.* Oxford.
Hale, J. R. 1977. *Florence and the Medici.* London.
Herlihy, David, and Christiane Klapisch-Zuber. 1978. *Les Toscans et leurs familles.* Paris.
———. 1985. *Tuscans and Their Families.* New Haven and London.
Herzner, Volker. 1976. 'Die Segel-Imprese der Familie Pazzi'. In *Mitteilungen des Kunsthistorischen Institutes in Florenz* 20: 13–32.
Holmes, George. 2001. 'The Pazzi Conspiracy seen from the Apostolic Chamber'. In *Mosaics of Friendship: Studies in Art and History for Eve Borsook.* Florence.
———. 1968. 'How the Medici Became the Pope's Bankers'. In *Florentine Studies: Politics and Society in Renaissance Florence,* ed. N. Rubinstein. London.
Hook, Judith. 1984. *Lorenzo de' Medici.* London.
Hurtubise, Pierre. 1985. *Une famille témoin: les Salviati.* Vatican City.
Ilardi, Vincent. 1972. 'The Assassination of Galeazzo Maria Sforza'. In Martines, *Violence and Civil Disorder.*
Jacks, Philip, and William Caferro. 2001 *The Spinelli of Florence: Fortunes of a Renaissance Merchant Family.* University Park.
Jones, Philip J. 1999. 'The Machiavellian Militia: innovation or renovation?' In *La Toscane et les Toscans.*
———. 1997. *The Italian City-State: From Commune to Signoria.* Oxford.
Jones, Rosemary D. 1972. *Francesco Vettori: Florentine Citizen and Medici Servant.* London.
Kent, Dale. 1978. *The Rise of the Medici.* Oxford.
———. 2000. *Cosimo de' Medici and the Florentine Renaissance.* New Haven and London.
Kent, F. W. 1996. 'The Young Lorenzo'. In Mallett and Mann, *Lorenzo.*
———. 1994. 'Lorenzo . . . Amico degli uomini da bene'. In Garfagnini, *Lorenzo.*
———. 1993. 'Patron-Client Networks in Renaissance Florence and the emergence of Lorenzo as "Maestro della Bottega"'. In Toscani, *Lorenzo.*
Kirshner, Julius. 1977. 'Pursuing Honor while Avoiding Sin'. *Studi senesi* 89: 175–258.

Klapisch-Zuber, Christiane. 1990. *La maison et le nom. Stratégies et rituels dans l'Italie de la Renaissance.* Paris.
Kohl, Benjamin, and Ronald Witt. 1978. *The Earthly Republic: Italian Humanists on Government and Society.* University of Pennsylvania.
Kuehn, Thomas. 1991. *Law, Family and Women: Toward a Legal Anthropology of Renaissance Italy.* Chicago.
Landucci, Luca. 1883. *Diario fiorentino.* Ed. I. Della Badia. Florence.
———. 1927. *A Florentine Diary.* Tr. A. Jervis. London.
Larner, John. 1965. *The Lords of Romagna.* London.
———. 1972. 'Order and Disorder in Romagna'. In Martines, *Violence.*
La Toscane e les Toscans autour de la Renaissance: Cadres de vie, société, croyances. 1999. Université de Provence.
Legal Consulting in the Civil Law Tradition. 1999. Eds. M. Ascheri, *et al.* Berkeley.
Lettere. Lorenzo de' Medici. *Lettere.* 1977–. 8 vols. General editor: N. Rubinstein. R. Fubini, ed. I–II; Rubinstein, ed. III–IV; M. Mallett, ed. V–VII; H. Butters, ed. VIII.
Litta, Pompeo. 1819–88. *Famiglie celebri italiane.* IV. 'Pazzi di Firenze' and 'Orsini di Roma'. Milan.
Lombardi, Giuseppe. 2000. 'Sisto IV'. *Enciclopedia dei Papi* II: 701–17. Rome.
Lorenzo de' Medici. 1955. *Scritti scelti.* Ed. Emilio Bigi. Turin.
———. 1939. *Opere.* 2 vols. Ed. Attilio Simioni. Bari.
———. 1990. *Laude.* Ed. Bernard Toscani. Florence.
Lorenzi, Girolamo. 1875. *Cola Montano. Studio storico.* Milan.
Machiavelli, Niccolò. 1962. *Istorie fiorentine.* Ed. F. Gaeta. Milan.
———. 1988. *Florentine Histories.* Tr. L. F. Banfield and H. C. Mansfield. Princeton.
Maguire, Yvonne. 1927. *The Women of the Medici.* London.
Mallett, Michael. 1967. *The Florentine Galleys in the Fifteenth Century.* Oxford.
———. 1992. 'Diplomacy and War in Later Fifteenth-Century Italy'. In Garfagnini, *Lorenzo.*
Mallett, Michael, and Nicholas Mann, eds. 1996. *Lorenzo the Magnificent: Culture and Politics.* London.
Martelli, Mario. 1965. *Studi Laurenziani.* Florence.
———. 1985. 'Profilo ideologico di Alamanno Rinuccini'. In *Culture et Société.*
———. 1989. 'Profilo ideologico di Giannozzo Manetti'. *Studi italiani* 1: 5–41.
———. 1990. 'L'Esilio di Giannozzo Manetti'. In *Écrire à la fin du Moyen-Age.*

———. 1992. 'Il Cristianesimo di Lorenzo'. In Cardini, *Lorenzo*.
———. 1992. 'La cultura letteraria nell' età di Lorenzo.' In Garfagnini, *Lorenzo*.
Martines, Lauro. 2002. 'Raging Against Priests'. In Connell, *Society and Individual*.
———. 2001. *Strong Words: Writing and Social Strain in the Italian Renaissance*. Baltimore and London.
———. TLS: Review of Dale Kent, *Cosimo de' Medici and the Florentine Renaissance* 12 January 2001: 28.
———. 1999. 'Corruption and Injustice as Themes in Quattrocento Poetry'. In *La Toscane et les Toscans*.
———. 1994. *An Italian Renaissance Sextet*. New York.
———. [1979] 2002. *Power and Imagination: City States in Renaissance Italy*. New York and London.
———. 1974. 'A Way of Looking at Women in Renaissance Florence'. *Journal of Medieval and Renaissance Studies* 4: 15–28.
———, ed. 1972. *Violence and Civil Disorder in Italian Cities, 1200–1500*. Berkeley and Los Angeles.
———. 1968. *Lawyers and Statecraft in Renaissance Florence*. Princeton.
———. 1968. 'Political Conflict in the Italian City States'. *Government and Opposition: A Quarterly of Comparative Politics* III: 69–91.
———. 1963. *The Social World of the Florentine Humanists*. Princeton.
———. 1961. 'Nuovi documenti su Cino Rinuccini'. *ASI* 119: 77–90.
Masi, Bartolomeo. 1906. *Ricordanze*. Ed. G. O. Corazzini. Florence.
Massèra, A. F. 1940. *Sonetti burleschi e realistici dei primi due secoli*. Bari.
Melis, Federigo. 1972. *Documenti per la storia economica dei secoli xiii–xvi*. Florence.
Merisalo, Outi. 1999. *Le collezioni medicee nel 1495*. Florence.
Miglio, Massimo, et al., eds. 1986. *Un pontificato ed una città: Sisto IV (1471–1484)*. Vatican City.
Miglio, Massimo. 1979. 'Viva la libertà et populo de Roma'. In *Palaeographica diplomatica et archivistica. Studi in onore di Giulio Battelli*. 2 vols. Rome. I: 381–428.
Molho, Anthony. 1971. *Florentine Public Finances in the Early Renaissance, 1400–1433*. Cambridge, USA.
———. 1994. *Marriage Alliance in Late Medieval Florence*. Cambridge and London.
Molho, Anthony, and Franek Sznura, eds. 1986. *Alle bocche della piazza. Diario di anonimo fiorentino, 1382–1401*. Florence.

Moreni, Domenico, ed. 1830. *Lettere di Lorenzo il Magnifico*. Florence.
Municchi, Alfredo. 1911. *La fazione antimedicea detta del Poggio*. Florence.
Ninci, Renzo. 1992. 'Techniche e manipolazioni elettorali nel Comune di Firenze tra XIV e XV secolo'. *ASI* 150: 735–73.
Orvieto, Paolo. 1976. *Lorenzo de' Medici*. Florence.
Paatz, Walter and Elisabeth. 1940–54. *Die Kirchen von Florenz*. 6 vols. Frankfurt.
Palmarocchi, Roberto. 1952. 'Lorenzo de' Medici e la nomina cardinalizia di Giovanni'. *ASI* 110: 38–54.
———. 1933. *La Politica italiana di Lorenzo de' Medici*. Florence.
Pampaloni, Guido. 1961–62. 'Fermenti di riforme democratiche nella Firenze medicea del Quattrocento', *ASI* 119: 11–62, 241–81; and 'Nuovi tentativi'. *ASI* 120: 21–81.
Parenti, Marco. 1996. *Lettere*. Ed. M. Marrese. Florence.
Parenti, Piero. 1994. *Storia fiorentina I: 1476–78, 1492–96*. Ed. A. Matuci. Florence.
Pasolini, Pier Desiderio. 1893. *Caterina Sforza*. 3 vols. Rome.
Pastor, Ludwig. 1949. *The History of the Popes*. Vols. III–V. London.
Pellegrini, Francesco C. 1880. *Sulla repubblica fiorentina al tempo di Cosimo*. Pisa.
Pellegrini, Marco. 1999. *Congiure di Romagna: Lorenzo de' Medici e il duplice tirannicidio a Forlì e a Faenza nel 1488*. Florence.
———. 2000. 'Innocenzo VIII'. *Enciclopedia dei papi*, III, 1–13.
Perosa, Alessandro. 1943. 'Storia di un libro di poesie latine dell' umanista fiorentino A. Braccesi'. *La Bibliofilia* 45: 138–85.
Phillips, Mark. 1987. *The Memoir of Marco Parenti*. Princeton.
Picotti, G. B. 1928. *La giovinezza di Leone X*. Milan.
Pieraccini, Gaetano. 1924. *La Stirpe de' Medici di Cafaggiolo*. 3 vols. Florence.
Poliziano, Angelo. 1958. *Della Congiura dei Pazzi (Coniurationis commentarium)*. Ed. Alessandro Perosa. Padua. English translations of this work: in Watkins, *Humanism*, and Kohl and Witt, *Earthly Republic*.
Pontieri, Ernesto. 1940. 'La dinastia aragonese di Napoli e la casa de' Medici di Firenze'. *Archivio storico per le provincie napoletane* 65: 274–342.
———. 1947. *Per la storia del regno di Ferrante I d'Aragona Re di Napoli*. Naples.
Queller, Donald E. 1986. *The Venetian Patriciate: Reality versus Myth*. Urbana.
Ridolfi, Roberto. 1934. *Gli archivi delle famiglie fiorentine*. Florence.

Rinuccini, Alamanno. 1957. *Dialogus de libertate*. Ed. Francesco Adorno. *Atti e Memorie dell'Accademia toscana La Colombaria* XXII: 270–303.
——. 1978. *Dialogus*. See English trans.: Watkins, *Humanism*, 193–224.
——. 1840. *Ricordi*, in Filippo Rinuccini, *Ricordi storici*. Ed. G. Aiazzi. Florence.
——. 1953. *Lettere ed orazioni*. Ed. V. Giustiniani. Florence.
Rochon, André. 1963. *La jeunesse de Laurent de Médicis (1449–1478)*. Paris.
Rondini, Giuseppe. 1901. 'I Giustiziati a Firenze'. *ASI* 27: 208–56.
Roscoe, William. 1796. *The Life of Lorenzo de' Medici*. 2 vols. London.
Rubinstein, Nicolai. 1966. *The Government of Florence Under the Medici*. Oxford.
——. 1992. 'Cosimo *optimus civis*'. In Ames-Lewis, *Cosimo*.
——. 1992. 'Lorenzo de' Medici: The Formation of his Statecraft'. In Garfagnini, *Lorenzo*.
——. 1995. *The Palazzo Vecchio, 1298–1542: Government, Architecture and Imagery in the Civic Palace of the Florentine Republic*. Oxford.
Ruggiero, Guido. 1980. *Violence in Early Renaissance Venice*. New Brunswick.
Saalman, Howard. 1993. *Filippo Brunelleschi: The Buildings*. University Park.
Salvadori, Patrizia. 1992. 'Rapporti personali, rapporti di potere nella corrispondenza di Lorenzo dei Medici'. In Garfagnini, *Lorenzo*.
Salvemini, Gaetano. 1896. *La dignità cavalleresca nel Comune di Firenze*. Florence.
Sanuto, Marin. 1879–1903. *I darii*. 58 vols. Ed. R. Fulin *et al*. Venice.
Sapori, Armando. 1955–67. *Studi di storia economica*. 3 vols. Florence.
Sbregondi, Ludovica. 1992. 'Lorenzo de' Medici confratello'. *ASI* 150: 319–41.
Shaw, Christine. 1993. *Julius II: The Warrior Pope*. Oxford.
Soranzo, Giovanni. 1953. 'Lorenzo il Magnifico alla morte del padre e il suo primo balzo verso la Signoria'. *ASI* 111: 42–77.
Spallanzani, Marco. 1987. 'Le aziende Pazzi al tempo della Congiura del 1478'. In *Studi di storia economica toscana nel Medioevo e nel Rinascimento*. Ospedaletto.
Statuta de regimine praetoris civilia et criminalia civitatis . . . papie. 1505. Pavia.
Statuta populi et communis Florentiae. 1778–83. 3 vols. Freiburg [Florence].
Statuti e ordinamenti del Comune di Udine. 1898. Udine.
Strozzi, Alessandra. 1914. *Lettere ai figlioli*. Ed. G. Papini. Lanciano.
Sznura, Franek. 1975. *L'Espansione urbana di Firenze nel dugento*. Florence.
Tognetti, Sergio. 1999. *Il Banco Cambini. Affari e mercati di una compagnia mercantile-bancaria nella Firenze del XV secolo*. Florence.

——. 1999. 'Problemi di vettovagliamento cittadino e misure di politica annonaria a Firenze nel XV secolo'. *ASI* 157: 419–52.
Tornabuoni, Lucrezia. 1993. *Lettere*. Ed. Patrizia Salvadori. Florence.
——. 1978. *I poemetti sacri*. Ed. Fulvio Pezzarossa. Florence.
Toscani, Bernard, ed. 1993. *Lorenzo de' Medici: New Perspectives*. New York.
Trexler, Richard. 1980. *Public Life in Renaissance Florence*. New York.
Valori, Niccolò. 1991. *Vita di Lorenzo de' Medici*. Ed. E. Niccolini. Vicenza.
Vasari, Giorgio. 1967. *Le Vite*. 9 vols. Novara.
Vasina, Augusto, ed. 1990. *Storia di Forlì*. II: *Il Medioevo*. Forlì and Bologna.
Vespasiano da Bisticci. 1970–76. *Le Vite*. 3 vols. Ed. A. Greco. Florence.
Wackernagel, M. 1981. *The World of the Florentine Renaissance Artist*. Tr. A. Luchs. Princeton.
Watkins, Renée Neu. 1978. *Humanism and Liberty: Writings on Freedom from Fifteenth-Century Florence*. Columbia, S. Carolina.
Weber, Christoph. 1999. *Genealogien zur Papstgeschichte*. 2 vols. (Vol. 29, 1–2, of *Papste und Papsttum*). Stuttgart.
Weissman, Ronald F. 1982. *Ritual Brotherhood in Renaissance Florence*. New York.
Wittschier, H. W., ed. 1968. *Giannozzo Manetti. Das Corpus der Orationes*. Cologne.
Zaghini, Franco. 1994. 'La popolazione a Forlì nel sec. XV'. In Foschi, *Melozzo*.
Zorzi, Andrea. 1988. *L'Amministrazione della giustizia penale nella repubblica fiorentina*. Florence.
——. 1992. 'Ordinamenti e politiche giudiziarie in età laurenziana'. In Garfagnini, *Lorenzo*.

감사의 말씀

내가 '파치 음모'에 관한 생각을 시작한 것은 무려 25년 전의 일이다. 그러나 그에 관한 책을 쓸 생각이 들지 않은 것은 그 주제에 상당히 선정적인 측면이 있기 때문이었다. 메디치 형제의 목숨을 노린 이 유명한 음모에 관한 책을 쓴 '진짜' 역사가가 지금까지 한 사람도 없었던 것이 결국 무슨 까닭이겠는가?

이렇게 놓아둔 채로 3년 전이 되었을 때 내 친구이자 대리인인 케이 매콜리가 다시 생각해 볼 것을 권했다. 그러고 보니 이 피비린내 나는 이야기를 풀어놓기에 맞춤한 상황이 되어 있었다. 역사에 대한 인식에 변화가 있었다. 정치적 테러의 가능성이 자연스럽게 느껴지도록 되었다. 그리고 그럴싸한 구도가 잡혔다. 《메디치가 살인사건의 재구성 April Blood》이 태어나게 된 것은 케이 매콜리 덕분이며 그에게 거듭거듭 감사한다.

이 책의 토대는 많은 학자들의 연구로부터 얻어낸 것이며, 그 내용은 주에 표시했다. 이 책은 또한 피렌체의 여러 문서보관소에서의 작업, 그리고 여러 해에 걸친 궁리와 성찰의 산물이기도 하다. 자료의 번역은 내 손으로 한 것임을 밝힌다.

그 밖에도 감사할 곳이 있다. 4월의 음모가 터져 나온 그 일요일, 위대한 로렌초는 암살범들의 칼날을 피해 피렌체 대성당의 북쪽 성물보관소로 달려 들어가 청동문을 잠그고 있었다. 그러므로 여기서 내 다정한 친구이며 그 성물보관소에 관한 세계적 권위자인 피렌체의 마거릿 (페기) 헤인스에게 깊은 감사를 표한다. 2001년 4월 1일 오후에 그는 나와 함께 그 성물보관소에서 시간을 보내며 그곳의 예술작품 이야기를 해주었다. 나는 오르간 회랑으로 돌계단을 올라가 500년도 더 된 그날 시지스몬도 델라 스투파가 했던 것처럼 아래를 내려다볼 수 있었다. 그때 스투파의 눈에는 로렌초의 동생 줄리아노의 피흘리는 시체가 들어왔었다.

끝으로, 소중한 편집자 두 분에게 감사를 올리지 않는다면 내가 배은망덕한 놈이 될 것이다. 런던 조너선케이프 사(영국 랜덤하우스)의 윌 설킨과 뉴욕 옥스퍼드 대학출판사의 피터 지너에게 감사드린다.

라우로 마르티네스

서평
메디치가 살인사건으로 르네상스 시대 인간을 보다

김기봉(경기대 사학과 교수)

　서구 역사에서 15세기는 르네상스로 불린다. 이 책은 르네상스의 중심무대인 피렌체에서 일어난 살인사건을 재구성한 것이다. 이 책의 서장은 "1478년 4월의 어느 일요일, 한 무리의 암살자들이 메디치가의 두 지도자를 피렌체 대성당에서 살해하려 했다. 피렌체의 비공식적 국가원수 '위대한 로렌초'와 동생 줄리아노가 표적이었다. '파치 음모'라 알려진 이 시도는 실패로 돌아갔고, 피비린내 나는 보복이 뒤를 이었다. 그래서 '피의 4월'이라 일컫는 것이다"라는 문장으로 열린다.
　'재생'의 의미를 가진 르네상스 이미지는 일 년 열두 달 가운데 4월에 가장 가깝다. T. S. 엘리엇은 〈황무지〉에서 이렇게 노래했다.

　사월은 가장 잔인한 달, 죽은 땅에서 라일락을 키워내고
　추억과 욕정을 뒤섞고
　잠든 뿌리를 봄비로 깨운다.

　재생은 죽음을 전제로 한다. 죽음을 대가로 해서 재생이 이뤄

진다. 해마다 4월이 찾아오듯이 넓은 의미에서 르네상스는 14~16세기 유럽, 특히 이탈리아에서 일어난 문예부흥만을 지칭하는 고유명사가 아니다. 카롤링거 왕조 르네상스, 오토 왕조 르네상스, 12세기 르네상스, 상업 르네상스, 로마법 르네상스처럼 고대 그리스·로마 문화를 이상으로 하여 이를 부흥시키려 했던 문화운동 전반을 가리키는 일반명사로도 쓰인다.

보통 역사의 특정 시기를 지칭하는 르네상스는 중세의 죽음으로부터 생겨났다고 보지만, 요한 호이징가는 "중세로 거슬러 올라가면 벌써 르네상스의 각인刻印이 찍혀 있는 것처럼 보이는 형태나 움직임을 발견"할 수 있다고 주장했다. 그는 야곱 부르크하르트가 르네상스라고 칭했던 시대를 '중세의 가을'이라 불렀다. 그에 따르면 르네상스는 중세의 영혼에서 나왔으며, 고대는 트로이 전쟁의 불씨를 만든 파리스를 죽인 필록테테스의 화살과 같은 역할을 했을 뿐이다. 요컨대 르네상스란 중세가 죽고 고대가 부활한 것이 아니라, 중세 영혼을 인문주의자들이 재발견한 고대 형식으로 담아냄으로써 밝아온 근대라는 새 시대의 여명이었다.

이러한 르네상스의 표상을 이루는 인물이 레오나르도 다빈치나 미켈란젤로와 같은 예술가들이다. 이들은 중세에서는 인간의 능력으로는 알 수 없다고 여겨졌던 숭고sublime의 대상을 인간의 관점에서 시각적 이미지로 결정화해 구체적이고 물질적으로 재현하고자 했다. 이 같은 르네상스 예술은 위대했다.

하지만 정치는 어떠한가? 르네상스 정치를 대변하는 인물은 니콜로 마키아벨리다. 그는 목적은 수단을 정당화하기 때문에 목적의 달성을 위해서 정치가는 수단과 방법을 가리지 않고 모든 일을 해도 좋다는 마키아벨리즘의 창시자로 알려져 있다. 르네상스 예술이 중세적 영혼을 근대라는 새 부대에 담고자 했다면, 르네상스 정치는 교회라는 낡은 부대를 버리고 국가라는 새 부대를 채울 수 있는 국가이성이라는 새 술을 빚어내고자 했다. 국가이성은 국가를 종교나 도덕이 지향하는 가치의 실현에 이바지하는 수단이 아닌 그 자체 생존과 강화를 최고의 목적으로 설정함으로써 국가권력을 그 어떤 것보다도 우위에 두는 개념이다.

르네상스는 예술의 아름다움과 정치의 추악함이 함께 핀 '악의 꽃'의 시대다. 이 책은 메디치가의 살인사건을 재구성하는 방식으로 이러한 르네상스의 초상화를 그려냈다. 초상화의 인물은 그 시대를 대표하는 정치가이자 시인인 로렌초 데 메디치다. 그를 암살하려는 모반의 실패는 피의 보복을 낳았다. 엘리엇이 〈황무지〉에서 노래했던 죽음의 땅에서 새 생명을 잉태하는 봄비는 바로 피였다.

로렌초는 말할 수 없이 잔인하게 정적들을 살해했다. 암살이 미수로 끝난 날로부터 사나흘 동안 너무나 많은 사람들이 살해당해서 마키아벨리는 "길거리가 시체의 이런저런 토막들로 가득했다"고 썼다. 소년들은 밧줄로 시체들을 묶어 온 시내를 돌아다니며 온갖 모욕과 야유를 가했다. 피렌체의 거의 모든 시민이 분노를 표출하는 죽음의 무도회를 벌였다. 누구보다도 그 표적이 된 인물이 파치 가문의 수장 자코포 경이었다. 소년들은 거사 당일인 4월 28일에 죽은 그의 시체를 5월 20일경까지 3주 동안 끌고 다니며 모욕을 주었다. 이러한 그의 운명은 여러 해가 지나도록 피렌체 사람들의 뇌리에 박혀 있었다.

파치 가문에 대한 무차별 공격은 로렌초와 그 측근들에 의해 촉발되었다. 파치가에 대한 능욕과 분노가 크면 클수록 메디치가의 독재 권력은 강화되고 피렌체 공화정의 종말은 앞당겨졌다.

1478년 잔인한 달 4월에 열렸던 피의 제전은 정치적 보복의 의미를 넘어 피렌체 역사의 새 장을 열기 위한 통과의례였다. '중세의 가을'인 르네상스에서 피는 복합적인 의미로 이해됐다. 원죄를 가진 모든 인간은 피로써 속죄해야 한다는 맥락에서 범죄자와 순교자의 피는 같으면서도 다른 것이었다. 절도, 살인, 위조, 위증, 강간, 이단, 반역 등의 범죄를 저지른 죄인이 피를 흘림으로써 죗값을 치러야 했다면, 순교자는 목이 잘리든, 못에 박히든, 화살을 맞든, 화형을 당하든 모든 희생이 인간의 죄를 사해주고 하느님의 사랑을 증명하기 위해 흘리는 피로 여겨졌다.

'피의 4월'이라고 불리는 이 사건은 피렌체 역사에서 하나의 분기점을 이뤘다. 이전의 피렌체는 13세기부터 이어져 온 활기찬 공화국이었으나, 이 사건을 계기로 독재국가로 변해갔다. 이 책은 사건에 연루된 사람들의 복합적인 의도와 그에 얽혀있는 복잡한 사연을 재구성하는 방식으로 피렌체 공화국의 종말을 이야기한다.

메디치가 암살 음모사건에는 당시 이탈리아뿐 아니라 유럽 정치를 이끌던 거의 모든 중요 인물들과 세력이 연루되었다. 이 이야기에는 이탈리아의 최고 권력자가 되려는 야망을 가졌던 로렌초 데 메디치를 비롯해 교회의 부와 권력을 자기 조카들에게 빼돌리는 데 열중한 교황 식스투스 4세, 암살을 출세의 수단으로 삼으려 한 추기경, 나폴리의 왕과 용병으로 고용된 직업군인들, 그리고 피렌체의 거부인 파치 가문의 유력인물들이 등장한다.

이러한 이야기를 구성하는 저자의 관점과 의도는 분명하다. 그는 나중에 교황 클레멘트 7세가 된 줄리오 데 메디치의 위탁으로 《피렌체의 역사》를 썼던 니콜로 마키아벨리 이래 메디치가의 훌륭함을 증명하고 파치가의 몰락을 정당화하는 역사서술의 불균형을 시정하는 것을 하나의 의무로 여기면서 이 책을 썼다고 밝혔다. 특히 정치적 암살 같은 테러를 부정적으로 평가하는 경향이 '피의 4월'이라 불리는 사건에 대한 역사서술을 불공정하게 만드는 요인이 됐다는 것이 저자의 판단이다. 그는 이 사건을 메디치가와 파치가라는 두 가문의 관계를 뛰어넘어 피렌체의 유산계층 전체와 정치구조, 그리고 과거와 미래로 이어지는 역사의 긴 안목에서 조명하고자 했다.

저자는 피렌체 공화정이 몰락한 일차적 책임은 로렌초 데 메디치에게 있다고 보았다. 그는 로렌초가 모든 권력을 자기 한 사람에게 집중시키기 위해 경쟁자들과 반대자들을 반역자로 몰아 정계에서 축출하는 계기로 삼았다는 것을 입증할 목적으로 '피의 4월'이라는 사건의 재구성을 시도했다. 로렌초는 사건이 촉발한 공포심을 조장하여 권력을 장악하고, 사건으로 벌어진 유혈사태의 혼란을 수습할 수 있는 질서를 세운다는 명분으로 독재 권력을 강화했다는 것이다.

당시 로렌초에게는 절대 권력을 행사할 만한 아무런 법적 권한이 없었으나, 공화정 하에서 비공식적으로 군주의 권력을 행사했다. 그는 정부 공금을 전용하면서도 아무런 양심의 가책을 받지 않았으며, 오히려 자신이 피렌체의 충복이자 애국시민이며 수호자임을 자부했다. 저자는 이런 로렌초가 피렌체 공화국을 위기의 벼랑으로 몰아붙인 장본인이라고 주장한다. 그러면서 공화국의 위기가 그의 뛰어난 재능으로도 어쩔 수 없었던 필연적 귀결이었는지, 아니면 바로 그 재능 때문에 일어난 일인지를 묻는다.

저자는 이 물음에 직접적인 답을 내리지는 않지만 충분히 암시하고 있다. 오늘날의 연구자들이 로렌초에게 불리한 사실들을 많이 밝혀냈다는 것이다. 예컨대 피렌체의 외교정책 실종, 정부 공채 조작, 재판 개입, 공금 착복, 요직 장악, 불량주화 발행, 심지어 중매를 빙자해 억지 결혼을 시킨 일 등이 지적됐다. 그런데 공식적인 직책 없이 공화국에서 이런 절대 권력의 행사가 어떻게 가능했을까? 저자는 메디치가만의 독특한 통치방식에서 그 해답을 찾았다.

로렌초의 권력행사는 상당한 범위의 시민들과 가문들이 자유의지에 의해서든, 뇌물이나 강압에 의해서든 동의와 협조를 할 때만이 가능할 수 있었다는 것이다. 그가 만들어낸 인물들이라 할 수 있는 벼락출세자들은 로렌초의 뜻 이외에는 아무것도 생각하지 않았다. 그들은 로렌초의 도움 없이는 공직세계에 발붙일 수 있는 독자적인 정치적 기반이 전혀 없는 사람들이었다. 심지어 그의 아들 피에로조차 그러했다. 아버지의 죽음으로 권력기반이 상실된 얼마 후에 그는 실각하고 말았다. 이러한 비극은 결국 로렌초가 스스로 자초한 일이다. 그는 처음에는 두려움과 기대감을 불러일으켜 놓고, 다음에는 그것을 이용해 절대 권력을 행사하는 이른바 '대중독재'를 확립시켰다. 피렌체 공화국의 국가권력을 메디치가의 전유물로 만들면서 그는 메디치가에게 좋은 일이 바로 피렌체에게 좋은 일이라는 확신을 가졌다. 이러한 확신이 피렌체 공화국의 종말을 초래했다는 것이 저자의 결론이다.

이 같은 저자의 결론은 오늘날 우리에게 중요한 교훈이 된다. 공화국이란 'res publica'라는 어원의 의미 그대로 '공공의 것'이어야 한다. 대한민국 헌법 제1조는 "대한민국은 민주공화국이다"를 제1항으로 적고 있다. 대한민국이 '삼성공화국'이거나 '현대가'의 것이 된다면 피렌체공화국처럼 쇠락의 길로 나아갈 수밖에 없다.

21세기 대한민국 정치는 더 이상 '피의 4월'과 같은 폭력사태로 전개되지는 않는다. 하지만 본질적으로 권력의 폭력은 사라지지 않고, 노르베르트 엘리아스의 말대로 '문명화' 됐을 뿐이다. 권력이란 남을 내 의지대로 강제할 수 있는 합법화된 폭력이다. 신분사회에서 계급사회로 변했고 민주화가 이뤄진 현대에서 폭력은 권력의 형태로 행사된다. "변하지 않기 위해서는 변해야 한다"는 말처럼, 피의 폭력은 문명화된 권력으로 바뀌었을 뿐이다. 예컨대 의회정치에서 국회의원 공천권은 한 개인의 정치적 생명을 좌우하는 권력이다. 공천을 못 받은 정당인은 정치적 죽임을 당하는 셈이다. 오늘날 한국사회에서 권력투쟁의 잔인함과 비정함은 15세기 피렌체에 못지않다.

르네상스 시대 사람들과 오늘의 우리는 얼마나 다른가? 호이징가는 《중세의 가을》에서 이렇게 썼다. "세계가 지금보다 5세기가량 더 젊었을 때, 삶에 일어난 많은 일들은 지금과 현저히 다른 모습과 윤곽을 띠고 있었다. 불행에서 행복까지의 거리도 훨씬 멀게 여겨졌고, 모든 경험은 기쁨과 고통이 어린아이의 정신 속에서 갖는 것 같은 그런 즉각적이고도 절대적인 강도를 띠었다." 하지만 과연 우리는 중세로부터 완전히 졸업한 민주적이고 문명화된 시대를 살고 있는가?

우리시대에도 로렌초 데 메디치는 존재한다. 그는 냉혈한 정치인이면서도 열정적인 시인이었다. 그의 시에는 그런 이중적인 내면이 고스란히 담겨 있다.

내가 가장 갈망하는 것은 내가 가장 싫어하는 것,
영생을 얻기 위해 나는 종말을 동경한다.
죽음을 피하기 위해 죽음을 손짓하여 불러들이며,
안식이 없는 곳에서 평화를 찾는다.
……
불 속의 얼음, 쾌락 속의 경멸,
죽음 속의 생명, 평화 속의 전쟁,
나 자신을 동여맨 이 밧줄을 어찌할 것인가.

로렌초의 시에는 운명과 죽음, 시간과 순교 같은 헌신의 정신이 섬세하게 엮여 있다. 그는 죽음의 고통이 동시에 구원(생명)임을 믿는 기독교인이지만, 종교적인 믿음과 정치적인 권력욕 사이에서 방황하고 있음을 솔직히 고백했다. 그는 마지막 순간까지도 극히 복잡하고 교활하며 모순적인 삶을 살았다. 교황의 정치권력은 이탈리아에 대한 비극적 저주이며, 교회가 지배하는 로마는 '더러운 시궁창'이라고 비난했던 그는 그럼에도 자기 가문에서 추기경이 배출되기를 간절하게 원했고, 그 목적을 달성하기 위해 교황의 사생아에게 딸까지 바쳤다. 그는 암살당한 동생 줄리아노의 사생아 줄리오를 교황 클레멘트 5세에 오르게 했을 때 가장 기뻐했다. 이 모든 것이 종교적 헌신보다는 메디치가의 세속권력을 강화시키기 위한 방책이었다.

하지만 그는 결코 신앙심을 버리지 않았다. 그의 신앙심을 가장 명료하게 보여주는 것이 1492년 3월 세례를 받기 위해 로마로 떠나는 어린 아들 조바니 추기경에게 쓴 편지다. 편지에서 그는 한편으로 로마를 '모든 악의 소굴'로 단정하면서도, 다른 한편으로는 "하느님께서 너를 추기경으로 만들어주신 경이로운 은혜"를 명심하라고 썼다. 자신은 그렇게 살지 못하면서 아들에게는 그런 충고를 하는 아버지의 소망이 이뤄질 리 만무하다. 교황 레오 10세가 된 조바니는 성직매매와 교회의 재산으로 메디치가의 부만을 살찌웠을 뿐이다. 교황 레오 10세의 부에 대한 욕망은 당시 독일에까지 미쳐 1517년 루터가 그의 면벌부(면죄부, 둘 다 가능)에 반대하는 〈95개조(個條)의 논제〉를 발표함으로써 종교개혁의 불길을 당겼다.

로렌초는 말년에 찬송시로 죽음에 임박한 사람의 심정을 드러냈다. 그 시들에는 13세기 움브리아와 14세기 시에나의 신비주의를 돌아보는 내용이 담겨 있다. 그는 이 참혹하고 어둡고 공허한 세상으로부터 벗어나기를 간절히 기도한다. 기도 속에서 그는 사랑과 십자가의 피를 통해 그리스도와 합쳐져 영생을 얻기를 갈망했지만, 실제 삶 속에서는 마지막까지 권력의 화신으로 남아 있었다.

이러한 이중성으로부터 오늘날의 정치인들은 얼마나 벗어났을까? '중세의 가을'로서 르네상스는 신성한 것이 세속화되는 과도기라기보다는 성과 속이 공존하는 이중성의 시대였다. 궁극적으로 우리는 그 시대의 자손들이다. 믿음과 욕망, 성과 속의 공존은 어느 한 시대의 초상화라기보다는 인간의 야누스적 얼굴이다. 르네상스의 위대함은 그러한 인간의 얼굴을 시각적 이미지로 구현하고 행동으로 표출했다는 데 있다. 구스타프 융의 심리학에서 말하듯이, 인간 내면에 숨어 있는 어두운 존재로서 "당신의 그림자는 울고 있다"는 것을 명심할 일이다.

찾아보기

ㄱ

결혼 47~74
곤디, 카를로Gondi, Carlo 85
교황(세속 권력) 10, 11
교황 그레고리우스 11세Gregory XI, Pope 306
교황 니콜라스 5세Nicholas V, Pope 43, 45, 104
교황 레오 10세Leo X, Pope 413, 415
교황령 11, 17
교황 바오로 2세 Paul II, Pope 399
교황 식스투스 4세Sixtus VI, Pope
  경력 291
  나폴리와의 관계 318
  로렌초 데 메디치와의 갈등 256, 264, 271, 277, 287
  로렌초 데 메디치의 항복 요구 309, 311, 312, 314, 315, 321, 325, 326
  메디치 은행과의 관계 293
  메디치가 추기경 배출에 대한 태도 293, 294, 400
  메디치가와의 관계 167~173, 177, 178, 293, 294, 431
  문서 비방전의 표적 299~308
  4월의 음모와의 관련 252~259, 261, 271, 273, 280
  세속적 권력 15, 16, 31, 268, 271
  이몰라 매입 20, 163, 256
  정치적 목적 10, 268
  친척 챙기기 20, 163, 268, 277, 293, 300
  터키군 침공 327
  파치 은행 대출 162~164, 256
  파치 은행으로의 전환 135, 136, 167
  파치가에 대한 지지 173, 180, 349
  파치전쟁 속의 역할 291~327

평화협상 323, 325
피렌체에 대한 양보 177
교황 유게니우스 4세Eugene IV, Pope 112
교황 이노켄티우스 8세Innocent VIII, Pope 23, 24, 26, 323, 402~407, 410~412
교황 줄리우스 2세Julius II, Pope 413
교황 칼릭스투스 3세Calixtus III, Pope 132
교황 클레멘트 7세(줄리오 데 메디치)Clement VII, Pope(Giulio de' Medici) 403, 413
교회분열 306
구아스코니, 지롤라모Guasconi, Girolamo 101, 115
구엘프 당 108
구이디, 세르 조바니Guidi, Ser Giovanni 408
구이치아르디니, 프란체스코Guicciardini, Francesco 93, 264, 272, 374, 391, 396, 401, 425, 427, 428
그라치아니(연대기 작가)Graziani 244
기를란다이오, 도메니코Ghirlandaio, Domenico 12, 48, 170

ㄴ~ㄷ

나르디, 베르나르도Nardi, Bernardo 147
나시, 프란체스코 디 루토초Nasi, Francesco di Lutozzo 131, 135, 343
나폴리 10
  로렌초 데 메디치와의 협상(1478) 313~324, 378, 380, 385, 387
  메디치가와의 관계 103, 313~324, 378, 380, 385, 387
  메디치 은행의 활동 317, 320
  밀라노와의 관계 152, 153, 385
  앙주 왕가의 권리 주장 321
네로니, 디에티살비Neroni, Dietisalvi 81,

찾아보기 485

84, 85, 431
네로니, 조바니(피렌체 대주교)Neroni, Giovanni 84, 399
노리, 프란체스코Nori, Francesco 199, 211
니콜리니, 아그놀로Niccolini, Agnolo 163
니콜리니, 오토Niccolini, Otto 163
단테 알리기에리Dante Alighieri 109
데이, 베네데토Dei, Benedetto 76, 83, 117
드 루버, 레이먼드De Roover, Raymond 68
디니, 안토니오 데 베르나르도Dini, Antonio de Bernardo 420

ㄹ

라다Radda 298
란두치, 루카Landucci, Luca 222
란프레디니, 조바니(대사)Lanfredini, Giovanni 406
람베르테스키 가문Lamberteschi family 126, 129
람베르테스키, 람베르토Lamberteschi, Lamberto 126, 129
람푸냐니 가문Lampugnani family 32, 34, 37, 39, 242
람푸냐니, 조바니 안드레아Lampugnani, Giovanni Andrea 29, 31, 32, 34, 39
레오나르도 다 빈치Leonardo da Vinci 188
로마
 메디치 은행 65
 캄비니 은행 117
 파치 은행 116, 125, 132, 135, 138
 파치가의 사업 135, 346
 피렌체 사람들의 추방(1478) 294, 295
로베레 (델라) 가문Rovere (della) family 268
로베레, 라파엘레 델라Rovere, Rafaele della 278
로베레, 프란체스코 델라(식스투스 4세)Rovere, Francesco della 259, 267
로베르벨라, 그레고리오Roverbella, Gregorio 239
루이 11세(프랑스 왕)Louis XI, King of France 148, 184, 298, 322, 344

루카Lucca 공화국 74, 75, 435
르네René(앙주 군주) 108, 111, 263
리누치니, 알라마노Rinuccini, Alamanno 83, 178, 336, 338, 348, 355~366
 로렌초 데 메디치에 대한 논평 365
 로마 사행 362
 파치 은행 채권자로서 361
 파치가에 대한 지지 358
리누치니 가문Rinuccini family 358, 359, 428
리누치니, 프란체스코 (경)Rinuccini, Messer Francesco 358
리돌피 가문Ridolfi family 402
리돌피, 안토니오Ridolfi, Antonio 163, 202
리아리오, 옥타비안Riario, Octavian 25
리아리오, 지롤라모(백작)Riario, Girolamo 19, 22, 164, 167, 259
 나폴리와의 관계 318
 로렌초 데 메디치의 항복 요구 314, 315
 메디치 습격 음모 252, 254, 255, 259~262, 264, 268
 메디치가와의 갈등 40, 177, 178
 이몰라와의 관계 164
 파치가에 대한 지지 180
 피살 19~21, 27, 242
리아리오, 카테리나 스포르차Riario, Caterina Sforza 20, 22, 24, 29
리아리오, 피에트로(추기경)Riario, Piero 164, 259
리옹 117, 135, 166, 275, 286, 339, 342, 344, 346, 412, 422
리카솔리, 라니에로Ricasoli, Raniero 344
리카솔리, 로렌초Ricasoli, Lorenzo 344
리코르단체 425

ㅁ

마네티 가문Manetti family 95
마네티, 베르나르도Manetti, Bernardo 97, 98,
마네티, 지아노초Manetti, Gianozzo 93~106, 127, 161

마르세유 135
마르티니, 프란체스카 디 조바니(경)Martini,
　Francesca di Messer Giovanni 338
마칭기, 필리포Macinghi, Filippo 54
마키아벨리, 니콜로Machiavelli, Niccolò
　11, 28, 188, 196, 218, 264, 279, 425
마키아벨리, 지롤라모Machiavelli, Girolamo
　79, 80, 431
마페이스, 첼소 데Maffeis, Celso de 31
만프레디 가문(파엔차의)Manfredi family of
　Faenza 27, 149
메디치 가문
　가문의 역사 67~74
　영향력 94
　위상 147
　피렌체의 지지세력 294~298
　결혼관계 48, 50, 51, 65, 399~403
　면죄부 293
　정치전략 75~91
　파치가와의 관계 160, 161
　파치가 재산의 취득 331, 340
　압류 재산 421
메디치 궁전 181, 182, 188, 191, 192,
　194~196, 208, 209
메디치 은행 68~75, 112
　지점들 71, 120
　아비뇽 71, 120
　브루제 7285, 1, 309
　밀라노 71, 309
　나폴리 318, 320
　로마 65
　베네치아 71, 309
　사업방법 270
　교황청과의 사업 135, 167, 173, 293, 406
　스포르차Sforza 가문의 대출 71, 382
　식스투스 4세에의 대출 거부 256
　경영난(1470년대) 393, 431
메디치, 로렌초 데Medici, Lorenzo de' 22,
　228, 230
　가문의 야심 402~415, 437
　건강 369, 370, 400

결혼 47~54, 65, 159
결혼 중매의 역할 27, 47, 149, 397, 436
골동품 수집 373
공개적인 태도 387, 388
공금 착복 309, 393, 420, 435
교육 149, 405
권력 368, 372~382, 392
　그에 대한 반대 316
나폴리와의 협상 315~325, 372, 377, 385
독재자로서 399
리아리오Riario 살해와의 관계 9, 21, 25, 26
마술반지 372
무장 호위대 388, 434
밀라노 공작과의 관계 149, 152. 153, 156,
　210, 382, 383
반대자들의 음모 147, 273, 350, 351, 396,
　397
사절로서 149
살비아티Salviati 대주교와의 갈등 164,
　167~169, 173, 177, 296
성격 376, 377, 391
소년기 149
시인으로서 149, 155, 398
식스투스 4세와의 갈등 431
십인회 활동(1478) 294, 298
암살 시도 9, 187~211
외교 능력 315, 321, 322, 373, 379, 403
외교정책 146, 163, 165
용모 148, 387
의심 많은 성격 391, 392
이노켄티우스 8세와의 관계 402, 407, 411
인맥의 그물 391
재정적 어려움 309, 340, 373, 393~394,
　420, 421, 434, 435
재판 개입 367~369, 389
정치 입문 86, 87
정치전략 139, 148, 161~163
종교단체 가입 247, 390
죽음 370~373, 396, 415, 417
집법관으로서 396
충성에 대한 기대 409

찾아보기 487

측근 220
파문 276, 291, 294~296, 325
파치가 재산압류 관계 340
파치가에 대한 지원 163, 164
파치가와의 갈등 136, 162, 163, 175, 178, 223
파치전쟁 291~339
팔인회 활동(1478) 329
편지 281, 384
헌법상 근거가 없는 위상 172, 294, 370, 388, 390, 395
메디치, 로렌초 디 피에르프란체스코 데Medici, Lorenzo di Pierfrancesco de' 339, 400
메디치, 루이사 데Medici, Luisa, de' 402
메디치, 루크레치아 데Medici, Lucrezia de' 402
메디치, 마달레나 데Medici, Maddalena de' 26, 27, 402, 404~406, 410, 413
메디치, 비앙카 데Medici, Bianca de' 64, 138, 159, 166, 214, 263, 268, 287, 334
메디치, 비에리 디 캄비오초Medici, Vieri di Cambiozzo 68
메디치, 조바니 데(추기경)Medici, Giovanni de', Cardinal 403, 405~410
메디치, 조바니 디 아베라르도(조바니 디 비치)Medici, Giovanni di Averardo 66~69
메디치, 조바니 디 피에르프란체스코 데 Medici, Giovanni di Pierfrancesco de' 338
메디치, 줄리아노 데(1478 사망)Medici, Giuliano de' (d. 1478) 148, 203
 결혼 계획 400
 경력 291, 293, 400
 로렌초와의 관계 154, 157, 180
 보안 270
 살해 159, 187, 189, 194~199, 202~206, 208, 211, 373
 습격 경고 175
 추모하는 시 307
메디치, 줄리아노 데(네무르 공작)Medici, Giuliano de', Duke of Nemours 402
메디치, 줄리오 데(추기경)Medici, Giulio de', Cardinal 413, 414
메디치, 코시모 데Medici, Cosimo de'
 결혼 정책 48, 65
 과도한 권위 429, 430
 권력 398
 마네티와Manetti의 관계 98, 102
 메디치 궁전 188
 소데리니Soderini와의 관계 140, 141
 은행가로서 69~71, 408
 전쟁공채 112, 120
 조세 회피 71, 101
 추방(파도바ㅣ베네치아, 1433) 13, 74, 75
 파치가와의 관계 159, 180
메디치, 피에로 데(로렌초의 아버지)Medici, Piero de' 50, 52
 건강 48, 149
 결혼 65
 리누치니Rinuccini의 비난 361
 반 메디치 반란(1466) 154, 431
 은행가로서 74, 75
 정치전략 82~86, 431
 죽음 139, 156
메디치, 피에로 데(로렌초의 아들)Medici, Piero de' 396, 413
 결혼 400, 401, 404
 망명 420, 425, 435
메디치, 콘테시나 데Medici, Contessina, de' 402
메디치, 피에르프란체스코 데Medici, Pierfrancesco de' 83
메디치, 필리포 데(피사 대주교)Medici, Filippo de', archbishop of Pisa 84, 399
멜로초 다 포를리Melozzo da Forli 268, 269, 277
명반(교황 전매사업) 136, 167, 179, 293, 340
모치, 자코포 데Mozzi, Jacopo de' 131
몬타노, 콜라Montano, Cola 32, 40~42, 351, 397, 434
몬테세코, 조반 바티스타(백작)Montesecco, Giovan Battista 189

메디치 습격에서의 역할 189, 196, 213, 218, 219
진술 251~289, 304
몬테펠트로 가문Montefeltro family 257
몬토네, 카를로 다Montone, Carlo da 296
몰리넬라Molinella 전투(1467) 252
몽펠리에Montpellier 113
미켈로치, 니콜로Michelozzi, Niccollò 408
밀라노Milan 9, 10
  나폴리와의 동맹 313, 314
  메디치 은행의 활동 71, 309
  스포르차 암살(1476) 26~41
  암브로시아 공화국Ambrosian Republic 32
  외교정책 387
  피렌체에 대한 지원 298, 311, 312

ㅂ

바뇨네, 세르 스테파노 다Bagnone, Ser Stefano da 285
바론첼리 가문Baroncelli family 284
바론첼리, 마리아Baroncelli, Maria 285
바론첼리, 베르나르도 반디니Baroncelli, Bernardo Bandini 196, 197, 199, 227, 283~285
바론첼리, 피에란토니오 반디니Baroncelli, Pierantonio Bandini 283
바르디 가문Bardi family 126
바르디, 마테오 데Bardi, Matteo de' 42
바르셀로나Barcelona(파치가 사업) 113~115
바사리, 조르지오Vasari, Giorgio 228
발렌시아Valencia(파치가 사업) 135
발로리, 니콜로Valori, Niccollò 283, 323
백인회Cento(One Hundred) 78, 83, 154, 162, 334, 378
베네치아 공화국Venice, Republic of 9, 10
  메디치 은행 71, 309
  처형 232~234
  '큰 학교' (고행단체) 247
  피렌체와의 관계 101, 102, 298, 312, 315, 316
  형벌 329
베닌텐디, 오르시노Benintendi, Orsino 228

베로키오, 안드레아 델Verrocchio, Andrea del 12, 228, 229
베르니오, 구알테로토 다Vernio, Gualterotto da 391
베스푸치, 피에로Vespucci, Piero 206
베키, 젠틸레Becchi, Gentile 149, 182, 300
베토리 가문Vettori family 309
벤티볼리오 가문Bentivoglio family 149
벤티볼리오, 조바니Bentivoglio, Giovanni 298, 391, 397, 398
보나 데 사보이아Bona of Savoy 31, 40, 313
보로메이 가문Borromei family 168, 180, 220
보로메이 은행(브루제)Borromei Bank, Bruges 120
보로메이, 베아트리체Borromei, Beatrice 180, 220, 295
보스콜리, 프란체스코Boscoli, Francesco 115
보티첼리, 산드로Botticelli, Sandro 12, 14, 22, 52, 158, 188, 227, 228
볼테라Volterra
  반란과 약탈(1472) 285, 388
  파치가 사람들의 구금 218, 227, 325, 341, 346, 348
볼테라, 안토니오 마페이 다Volterra, Antonio Maffei da 285
부세키노Busechino(살인자) 235
브라칠리오니, 자코포Bracciolini, Jacopo 205, 212, 214, 227, 281
브라칠리오니, 포지오Bracciolini, Poggio 281
브러커, 진Brucker, Gene 67
브루제Bruges
  메디치 은행 71, 285, 309
  파치 은행 135~137, 340
브루토, 조반 미켈레Bruto, Giovan Michele 305
비스콘티, 카를로Visconti, Carlo 29, 31, 34, 37
비스티치, 베스파시아노 다Bisticci, Vespasiano da 101~103, 183
비텔리, 니콜로Vitelli, Niccol? 172, 256,

찾아보기 489

273, 296
빌라니, 알베르토Villani, Alberto 210

ㅅ
4월의 음모 10, 187~211
  진행 251~288
  음모자들에 대한 보복 295, 299
  음모자들의 복권(1495) 420, 421
  전환점으로서의 의미 435
  로렌초 데 메디치에 대한 영향 294~295
  파치가에 대한 영향 135
사르노Sarno 166, 175
사보나롤라Savonarola 410, 423
사크라모로, 필리포Sacramoro, Filippo 313
사형 231~242
산세베리노, 로베르토 디Sanseverino, Roberto di 340
산소니 리아리오, 라파엘레Sansoni Riario, Raffaele(추기경) 282
  구금 295
  메디치 습격사건 연루 200, 203, 215, 280, 282, 287
  석방 304
살비아티, 바르톨로메오Salviati, Bartolomeo 280
살비아티, 자코포 디 알라만노Salviati, Jacopo di Alamanno 64, 259
살비아티, 자코포Salviati, Jacopo(음모자) 205, 280
살비아티, 프란체스코Salviati, Francesco(피사 대주교)
  대주교 임명 164, 167~169, 173
  메디치 습격사건 189, 194~196, 203
  반 메디치 음모 254~256, 259, 282, 296, 307
  보티첼리의 그림 227
  처형 295
  파치가에 대한 지지 179
  파치가와의 혈연관계 164
  팔인회의 관계 활동 330
살비아티Salviati 가문 259

메디치가와의 혼인관계 402
메디치 습격사건 연루 212, 213, 219, 224, 228
샤를 7세Charles VII(프랑스 왕) 115
샤를 8세Charles VIII(프랑스 왕) 419
세리스토리, 마달레나Serristori, Maddalena 333
세리스토리, 조바니Serristori, Giovanni 209
소데리니Soderini 가문 141
소데리니, 니콜로Soderini, Niccollò 85, 141, 142, 144, 145, 349, 351, 431
소데리니, 디아노라 토르나부오니Soderini, Dianora Tornabuoni 141
소데리니, 토마소Soderini, Tommaso 139~145, 157, 163, 382, 385, 430
소데리니, 파올란토니오Soderini, Paolantonio 320
소치니, 바르톨로메오Sozzini, Bartolomeo 299
순교 (그림 속의) 245
스칼라, 바르톨로메오Scala, Bartolomeo 291, 304
스테파노Stefano(로렌초의 비서) 23
스투파, 시지스몬도 델라Stufa, Sigismondo della 202, 330
스투파, 아그놀로 델라Stufa, Agnolo della 162
스트로치, 마테오Strozzi, Matteo 55
스트로치, 알레산드라 마칭기Strozzi, Alessandra Macinghi 183
  파치가에 대한 논평 183, 184
  혼담 54, 60, 63
스트로치Strozzi 가문 55, 58, 61
스트로치 궁전 393
스트로치, 팔라 디 노프리Strozzi, Pala di Nofri 68, 69
스트로치, 필리포Strozzi, Filippo 54, 55, 57, 58, 61, 62, 133, 317
스포르차Sforza 가문 10, 210
스포르차, 갈레아초 마리아Sforza, Galleazo Maria(밀라노 공작) 40, 140, 181
  로렌초 데 메디치의 지지 164, 169
  메디치가에 대한 지원 140, 153
  이몰라 매각 164, 256

파치 분쟁과의 관련 176, 181
피살 20, 28~32, 321
스포르차, 루도비코Sforza, Ludovico 26, 313, 314, 321, 385, 419
스포르차, 아스카니오Sforza, Ascanio(추기경) 314, 406, 408
스포르차, 이폴리타 마리아Sforza, Ippolita Maria(칼라브리아 공작부인) 149, 321
스포르차, 프란체스코Sforza, Francesco(밀라노 공작) 35, 72, 79, 101, 153, 320, 382
시에나Siena(공화국) 11, 312
식인 (풍속) 26, 242~249
신붓감 (평가기준) 47~65

ㅇ
아디마리, 피아메타Adimari, Fiammetta 57
아레초 주교Arezzo, Bishop of 291, 306
아르쿠아, 가스파로 (다르쿠아)Arqua, Gasparo d' 234
아비뇽
 메디치 은행 71, 310
 파치 은행 115, 116, 119, 120, 124, 127, 135
아치아이우올리Acciaiuoli 가문 75, 351
아치아이우올리, 네리Acciaiuoli, Neri 350, 351, 397
아치아이우올리, 아그놀로Acciaiuoli, Agnolo 80~82, 85, 431
아콜티, 프란체스코Accolti, Francesco 299
아콰펜덴테Acquapendente 243
아폴로니오 디 조바니Apollonio di Giovanni 353
아피아노Appiano 가문 400
아피아노, 세리만데(다피아노)Appiano, Serimande d' 400
알비치Albizzi 가문 141, 358
알비치, 오르마노 델리Albizzi, Ormanno degli 75, 122
알토비티, 조바니Altoviti, Giovanni 350
에스테, 보르소 (데스테), (페라라 후작)Este, Borso d', Marquess of Ferrara 84, 156
에스테, 에르콜레 (데스테), (페라라 공작)Este, Ercole d', Duke of Ferrara 310
에스투트빌, 기욤 (데스투트빌)Estouteville, Guillaume d' 283, 339
여덟 성인의 전쟁(1375~1378) 306
염세(프랑스 전매사업) 340
오르시Orsi 가문 21, 49
오르시, 루도비코Orsi, Ludovico 22
오르시, 안드레아Orsi, Andrea 25
오르시, 체코Orsi, Checco 22
오르시니Orsini 가문 294
오르시니, 리날도Orsini, Rinaldo 259
오르시니, 비르지니오Orsini, Virginio 401
오르시니, 알폰시나Orsini, Alfonsina 401, 404
오르시니, 클라리체Orsini, Clarice 52~54, 159, 338, 430
오트란토(1479년 터키군 침공) 327
올지아티, 제롤라모Oligati, Gerolamo 29, 32, 37, 39
용병 251, 252, 254, 270, 273, 391
우르비노, 페데리고 다 몬테펠트로(공작)Urbino, Federigo da Montefeltro 10, 257, 268, 275~278, 281, 291, 294, 298, 391
유혈(폭력의 기준) 232
《음모의 회고》(폴리치아노Poliziano) 13, 424
이몰라Imola 19~21, 26, 27, 164, 194, 255, 256
이탈리아
 동맹관계 293
 사형 231~249
 사회유동성 427
 형벌 369

ㅈ~ㅌ
《자유에 관한 대화》 357
장 (앙주 군주)Jean, prince d'Anjou 148
제노바 404
제임스, 토마스(리옹 주교)James, Thomas 286
조바니, 베르톨도 디Giovanni, Bertoldo di 326
주스티, 주스토Giusti, Giusto 208

찾아보기 491

주스티니, 로렌초 (경)Giustini, Messer
　Lorenzo 209, 273~275, 278, 279, 288
〈줄리아노 데 메디치의 죽음〉(시) 307, 355
지암불라리, 베르나르도Giambullari,
　Bernardo 248
체르탈도Certaldo 312
추방 (추방자) 349, 350
치니, 바르톨로Cini, Bartolo 234
치보, 프란체스케토Cibò, Franceschetto
　26, 338, 404, 406
치타 디 카스텔로Città di Castello 256, 273,
　275, 296, 435
카를 5세 (신성로마황제)Charles V, Holy
　Roman Emperor 413
카발칸티Cavalcanti 가문 199
카스타뇨, 안드레아 델Castagno, Andrea
　del 352
카스텔리나Castellina 298
카스틸리오네, 브란다 다Castiglione,
　Branda da 32
카포니Capponi 가문 117
카포니, 네리Capponi, Neri 101
카포니, 지노Capponi, Gino 257
카포니, 프렌체스코 디 니콜로Capponi,
　Francesco di Nicolo 343
칼라브리아 공작(알폰소)Calabria, Alfonso,
　Duke of 152, 312, 316, 398
감비, 조바니Cambi, Giovanni 393
캄비니 은행 (로마)Cambini Bank, Rome 117
코르셀리니, 줄리아노 디 프란체스코
　Corsellini, Giuliano di Francesco 131
코르토나Cortona 312
코리오Corio(역사가) 33
콜레 발 델사Colle Val d'Elsa 312, 316
콜레오니, 바르톨로메오Colleoni, Bartolomeo
　252
타나글리Tanagli 가문 54~56
타나글리, 프란체스코Tanagli, Francesco
　55~57, 59
템페라니, 마노Temperani, Manno 83
토르나부오니Tornabuoni 가문 65, 141

토르나부오니, 루크레치아Tornabuoni,
　Lucrezia 48, 49, 62, 64, 65, 141, 293, 308
토르나부오니, 알레산드로Tornabuoni,
　Akessandro 397
토르나부오니, 조바니Tornabuoni,
　Giovanni 50, 52, 65
토스카넬리, 파올로Toscanelli, Paolo 188
토싱기, 프란체스코Tosinghi, Francesco
　114
톨렌티노, 조반 프란체스코 다 Tolentino,
　Giovan Francesco da
　밀라노 사행 313
　음모자로서 209, 273, 275, 278, 279, 288

ㅍ~ㅎ

파렌티, 마르코Parenti, Marco 58, 62, 63, 185
파엔차Faenza 26, 27
파치 가문Pazzi family
　결혼관계 65
　공채 지분 보유 125, 131
　교황의 지원 173, 180, 349
　교황청 관계사업 125, 132, 135, 136
　기원 107, 108
　납세신고서 133, 148
　로렌초 데 메디치와의 관계 137, 157~167,
　　175~178, 223
　메디치가와의 갈등 175~185
　명예 177, 178
　보로메이가 유산 관계 178, 220
　복권(1495) 420, 423
　불화 126, 135
　4월의 음모의 여파 135~137
　사업 111~135
　세금 110, 111
　야심 164
　여인들 331, 333, 338, 344, 345
　유죄의 증거 330, 331
　재산 121, 134, 331, 334~346
　지지와 동정 180, 181, 349, 358, 420
　처벌 329~355
　초상화 351~354

492 메디치가 살인사건의 재구성

탄압 211, 223~229
통혼 제재 조치 227
투옥 325
파치 궁전 108, 128, 129, 406
파치, 갈레오토 데Pazzi, Galeotto de 214~218, 349
파치, 굴리엘모 데Pazzi, Guglielmo de' 118, 135, 149, 162, 341, 351
  결혼 65, 135, 137, 159, 184
  로렌초 데 메디치의 도움 164
  메디치 습격사건과의 관계 214
  재산몰수 343, 346
  추방 348, 349
파치, 니콜로 데Pazzi, niccolò de' 214, 343, 349
파치, 라파엘레 데Pazzi, Raffaele de' 218
파치, 레나(엘레나) 데Pazzi, Lena(Elena) de' 126, 127
파치, 레나토 데Pazzi, Renato de' 111, 148, 352
  로렌초 데 메디치와의 관계 167, 178
  메디치 습격사건과의 관계 137, 214, 218, 330
  보티첼리의 그림 227
  사업 135, 136, 353
  재산몰수 177
  처형 330, 346
파치, 리사 디 피에로 데Pazzi, Lisa di Piero de' 164
파치, 리오나르도 데Pazzi, Lionardo de' 218
파치, 안드레아 디 굴리엘모 데 (경)Pazzi, Messer Andrea di Guglielmo de' 65, 110, 111, 180, 188
  납세신고서 120, 124, 125
  사업 방법 118~120
  사업 범위 111~125
  세금 126
  전쟁공채 112, 120, 121
  후손의 통혼 제재 조치 227
파치, 안드레아 디 조바니 데Pazzi, Andrea di Giovanni de' 349

파치, 안드레아 디 피에로 데Pazzi, Andrea di Piero de' 135, 218, 349
파치, 안토니오 디 굴리엘모 데Pazzi, Antonio di Guglielmo de' 135
파치, 안토니오 디 피에로 데(사르노 주교)Pazzi, Antonio di Piero de' 167, 341, 434
  나폴리와의 관계 173, 285, 286
  메디치 습격사건과의 관계 137, 214, 349
파치, 알비에라 데Pazzi, Albiera de' 126
파치 예배당 129, 180, 188
파치, 오레타 데Pazzi, Oretta de' 351
파치 은행 109, 129, 180, 188
로마 113, 125, 132, 135
브루제 340
아비뇽 119, 120, 132, 135
교황청 관계사업 111, 125, 132, 163~165, 178, 256, 340
《파치 음모 이야기》 304
파치, 자코포 데 (경)Pazzi, Messer Jacopo de' 109, 168, 180
  경력 262, 263
  납세신고서 135
  로렌초 데 메디치와의 관계 162, 163, 178
  메디치 습격사건 196, 202, 206, 209, 211
  반 메디치 음모 137, 259, 261, 263~267, 270, 273
  보티첼리의 그림 227
  복권(1495) 420
  분가 118
  사업 117, 126, 127, 131, 132, 137
  살비아티 대주교와의 관계 261
  상속 135, 136
  재산몰수 172
  집법관으로서 125
  처형 109, 330~331, 346
  프랑스 염세 사업 344
파치, 조바니 디 안토니오 데Pazzi, Giovanni di Antonio de' 163, 168, 349
  결혼 178, 220, 294
  투옥 214
파치, 조바니 디 피에로 데Pazzi, Giovanni

찾아보기 493

di Piero de' 148
파치, 파초 데Pazzi, Pazzo de' 107
파치, 프란체스코 데Pazzi, Francesco de' 137, 167
  로마에서의 활동 180
  메디치 습격사건 196~199, 209, 330
  반 메디치 음모 252
  보티첼리의 그림 227
  복권(1495) 420, 421
  사업 135
  처형 212, 213, 346
  팔인회의 관련 활동 330
파치, 피에로 데 (경)Pazzi, Messer Piero de' 109
  납세신고서 127, 132
  당당한 피렌체 귀환(1462) 183, 184
  메디치가와의 관계 182, 185
  분가 118
  사업 131~132
  재산몰수 331, 340
  집법관으로서 125
파치전쟁 291~327, 340, 349, 393, 397,
판치아티키 형제Panciatichi brothers 668, 69
페데리고(나폴리 왕자)Federigo, prince of Naples 149
페라라Ferrara 11
  처형 241
  피렌체 주재 대사 367, 370
  피렌체에 대한 지지 310
  페란테(나폴리 왕)Ferrante, King of Naples 11, 149, 281, 399
  로렌초 데 메디치에 대한 반대 173, 175, 286
  로렌초 데 메디치에 대한 위협 391, 295
  로렌초 데 메디치와의 협상 315, 316
  음모가로서의 면모 257, 273, 277, 278, 280, 281
  제노바와의 관계 312
  터키와의 관계 327
  토스카나에 대한 야욕 11, 298
  파치가에 대한 지지 135, 180

페루자Perugia 207, 212, 213
페트루치, 체사레Petrucci, Cesare 205
포르카리, 스테파노Porcari, Stefano 28, 43, 45
포르테브라치, 카를로Fortebracci, Carlo 261
포르티나리, 토마소Portinari, Tommaso 283~285
포를리Forli 19~28, 242
포제스키Poggeschi 82
포지본시Poggibonsi 312
포지오 아 카이아노Poggio a Caiano 397
포지오 임페리알레Poggio Imperiale 311
폴라이우올로, 피에로 델Pollaiuolo, Piero del 30
폴라이우올로 형제Pollaiuolo brothers 11
폴리치아노, 안젤로Poliziano, Angelo 13, 171, 182, 188, 203, 213, 214, 219, 221, 259, 230, 272, 280, 282, 283, 285, 304, 305, 363, 415, 424
푸치, 푸치오Pucci, Puccio 75
풀치, 루이지Pulci, Luigi 295, 308, 388
프란체시, 나폴레오네Franzesi, Napoleone 206, 227
프란초네Franzone(람푸냐니의 하인) 34, 37
프리드리히 3세Frederick III(신성로마황제) 304
피렌체 9~13
  강매채권 126
  결혼 관계 입법 227, 228, 420
  공채 101, 111, 133, 227
    로렌초 데 메디치의 착복 396, 420, 423, 436
    담당 관리 90
    파치전쟁 관련 307
    전쟁공채 112, 120
  검은 형제들 235, 236, 238, 239, 241
  공개투표 90, 91
  공직(순환) 16, 75, 312~314
  공화주 413, 425, 427, 435
  기사 작위 108, 109
  대의회 435
  동맹 298, 312, 315, 316

딸의 상속 금지 178, 220
메디치가에 대한 지지 229, 361
문화와 정치의 활기 424, 425
밀라노와의 관계 74, 38~384
반 메디치 정서 281, 284, 318, 325
반反개혁파 82
발리아Balia 79, 86, 89, 90, 154, 162, 163
백인회 78, 83, 154, 162, 334, 378, 433
백파 109
베네치아와의 관계 9, 101~103, 298, 312, 315, 316
복수와 원한 350
부활절 축제 107, 108, 333, 420
사회 유동성 427
상업재판소 119
세금 97~101, 113, 126, 131
시민총회 79, 84, 85, 90
(국방) 십인회 87, 104, 294, 309
12인 고문단 98
12인 내무위원회 98
17인 개혁위원회 420
외교정책 383, 384, 431, 434
은행업(금융업) 113
익명의 비방 330
전염병(1478년) 309
제노바와의 분쟁 403
조합 63, 110
집법관 77, 396
참사회 17, 63, 66, 75, 86, 89, 90, 433
　교황 식스투스 4세에게 보낸 공개서한 300~303
　기능과 권한 75, 76, 77, 86, 89, 368
　4월의 음모 관계 활동 210, 212, 213, 223~228, 333
　사형 판결 236
　선출방법 82, 83, 85, 154, 161, 162
　파문 296, 325
　파치전쟁 관계 활동 11, 309

처형 235~248
추방자들의 귀환 420
추첨함 관리위원회 79, 81, 90
70인회 377, 434
탑 관리소
　추방자 관계 업무 351
　파치가 관계 작업 339, 340
투표방법 90, 91
파치가 처벌에 대한 반대 333
파치가 탄압 223~228, 329~333, 349
파치전쟁 295
파치 평의회 341~346, 351
팔인 외무위원회 377
팔인회 16, 84, 86, 90, 99, 272, 298
　기능 329, 434
　보안 문제 387, 388
　4월의 음모 관계 활동 211, 212, 214, 220, 222
　수법 397
　추방자 관계 활동 349~351
　파문 295, 325
행정관 207, 208, 214
형벌 329~333
후보 명단 80, 90
흑파 109
피렌체 대성당 Santa Maria del Fiore Cathedral 189~208
〈피렌체 시민들의 변명〉 304
〈피렌체 종교회의록〉 300~302, 306
피사 대주교좌Pisa, Archbishopric 287
피치노, 마르실리오Ficino, Marsilio 182, 259, 434
피티, 루카Pitti, Luca 77~79, 81~84, 102, 133, 263, 430,
환어음 118
후원(의 언어) 408

옮긴이 김기협

1950년 서울에서 태어났다. 서울대학교 사학과에서 동양사 공부를 시작해 경북대학교에서 중국 고대 천문학 연구로 석사학위를, 연세대학교에서 마테오 리치 연구로 박사학위를 받았다. 한국민족문화대백과사전 편집위원(과학분과), 계명대학교 사학과 교수, 중앙일보 문화전문위원과 한국과학사학회 편집위원을 지냈다. 2002년부터 중국 연변과 한국을 오가며 동아시아 역사를 문명사의 관점에서 정리하는 작업을 진행하고 있다. 옮긴 책으로 《바보만들기》, 《반란의 천사들》, 《역사의 원전》, 《소설 장건》 등이 있다.

메디치가 살인사건의 재구성

- 2008년 4월 14일 초판 1쇄 인쇄
- 2008년 4월 29일 초판 1쇄 발행
- 지은이　　　　라우로 마르티네스
- 옮긴이　　　　김기협
- 펴낸이　　　　박혜숙
- 편집인　　　　백승종
- 책임편집　　　신상미
- 디자인　　　　조현주
- 영업 및 제작　변재원
- 인쇄　　　　　백왕인쇄
- 제본　　　　　정민제책
- 종이　　　　　화인페이퍼
- 펴낸곳　　도서출판 푸른역사
　　　　　우 110-040 서울시 종로구 통의동 82
　　　　　전화: 02)720 - 8921(편집부) 02)720 - 8920(영업부)
　　　　　팩스: 02)720 - 9887
　　　　　E-Mail: 2007history@naver.com
　　　　　등록: 1997년 2월 14일 제13-483호

ⓒ 푸른역사, 2008

ISBN　978-89-91510-66-1　03900

· 잘못 만들어진 책은 교환해드립니다.